대한광복회 우재룡

*이 책『대한광복회 우재룡』은 대구광역시 지원을 받아
출판되었습니다.

대한광복회 우재룡

초판 1쇄 발행 2019년 8월 15일

기　획 | 백산우재룡선생기념사업회
후　원 | 독립운동정신계승사업회
지은이 | 이성우
발행인 | 윤관백
발행처 | 도서출판 선인

등　록 | 제5-77호(1998.11.4)
주　소 | 서울시 마포구 마포대로 4다길 4 곶마루 B/D 1층
전　화 | 02)718-6252/6257　팩스 | 02)718-6253
E-mail | sunin72@chol.com

정가 38,000원

ISBN 979-11-6068-288-5 93990

·잘못된 책은 바꿔 드립니다.

대한광복회 우재룡

이성우

도서출판 선인

우재룡(1884. 1. 3.~1955. 3. 3 음력)

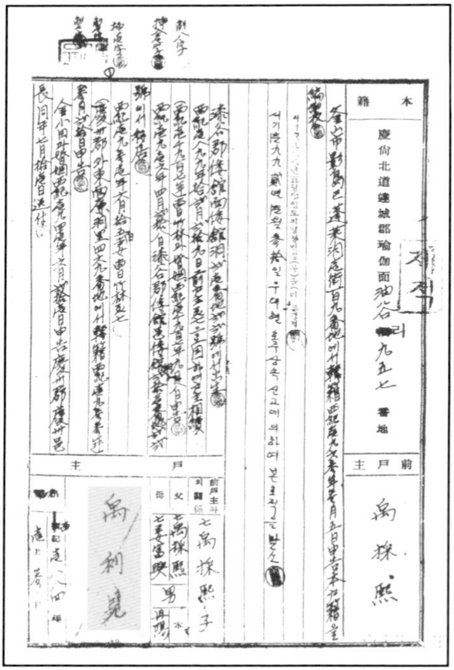

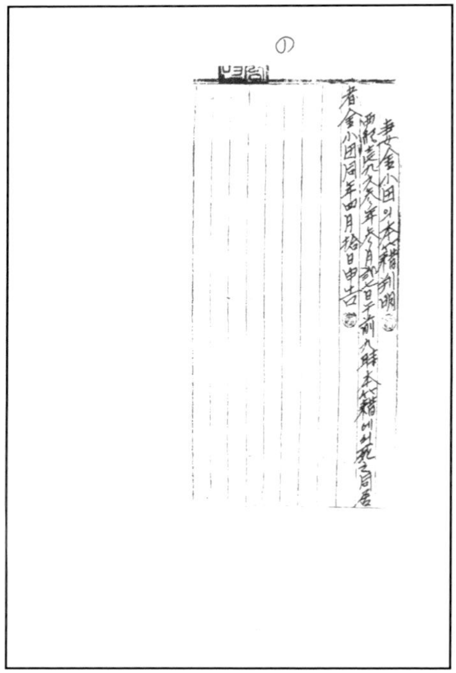

우재룡 제적등본

'우재룡'은 족보상의 이름이고, 독립운동 당시에는 '우이견'으로 활동하였다. 제적등본상의 이름은 '우이견'이다.

우재룡 부인 김소전(金小田)

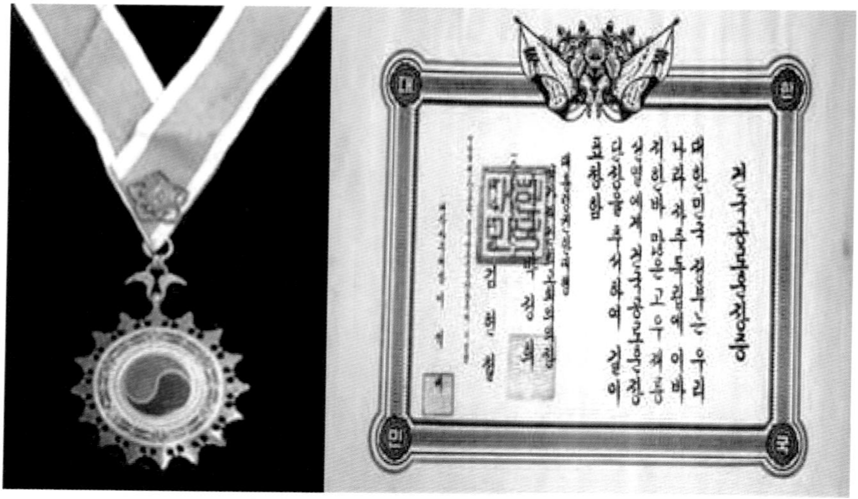

우재룡 훈장과 건국공로훈장증(1963년)

우재룡 묘소(국립현충원)

우재룡 흉상과 공적비(대구 두류공원, 2012년 건립)

희역당. 단양우씨 시조재사(단양군 적성면 애곡리)

단양시향 전경. 단양우씨 시조 시제(단양군 적성면 애곡리 금수산)

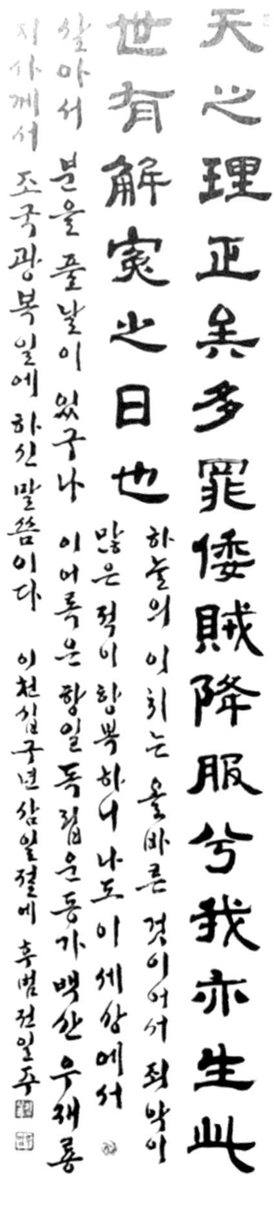
天之理正矣多罷倭賊降服兮我亦生此
世有解寃之日也
하늘의 이치는 올바른 것이어서 죄악이
많은 적이 항복하니 나도 이 세상에서
살아서 분을 풀 날이 있구나 이 어록은 항일독립운동가 백산 우재룡
지사께서 조국광복일에 하신 말씀이다 이천십구년 삼일절에 후범 전일주

우재룡 어록

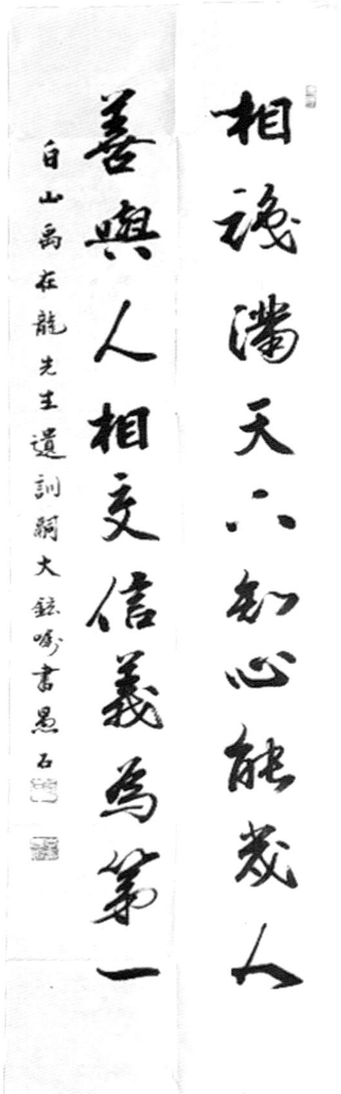
相識滿天下知心能幾人
善與人相交信義爲第一
白山禹在龍先生遺訓

우재룡이 아들 대현에게 남긴 유훈

우재룡이 아들 대현에게 남긴 유훈

相識滿天下知心能幾人

善與人相交信義爲第一

白山禹在龍先生遺訓詞

大鉉囑書愚石.

얼굴을 아는 사람이 온 세상에 가득하지만

마음을 아는 사람은 몇이나 되는가.

사람과 잘 사귀는 데는 신의(信義)가

제일이니라.

백산 우재룡(禹在龍) 선생의 유훈(遺訓),

대현(大鉉)의 부탁으로 우석(愚石)이 쓰다.

백산 우재룡

백산 우재룡. 일반인들에게는 생소한 독립운동가이다. 한국근대사, 한국독립운동사를 전공한 이들도 잘 모르는 경우가 많다. 그의 독립운동이 잘 알려지지 않은 탓이다. 아니, 그보다는 관심이 없었기 때문이라는 것이 옳은 표현일 듯하다.

그는 국가보훈처가 '2009년 1월의 독립운동가'로 선정한 대표적인 독립지사이다. 그는 한말 의병전쟁, 1910·20년대 독립운동을 이끌었다. 산남의진·광복회·주비단 활동이 그것이다. 평생을 독립운동에 헌신했으나 그의 활동은 주목받지 못한 측면이 있다.

필자가 우재룡을 접한 것은 1996년 석사학위논문인 「대한광복회 충청도지부의 결성과 활동」을 작성할 무렵이었다. 대학원에 진학하며 독립운동사를 전공하기로 결정했고, 1910년대 국내 독립운동을 주제로 잡았다. 1910년대는 독립운동의 객관적 조건이 좋지 않았고, 헌병경찰을 동원한 일제의 무단통치로 인해 국내에서 독립운동을 전개하기 가장 어려운 시기라 여겼기 때문이다. 그리고 1910년대 국내 독립운동 단체인 광복회에 관심을 갖고 연구를 진행했다. 광복회 자료를 읽어가면서 주목되는 인물이 있었다. 바로 백산 우재룡이다. 그는 일제의 무단통치를 비웃기라도 하듯 만주와 국내를 오가며 신출귀몰한 활동을 보였다.

우재룡은 1884년 1월, 경남 창녕에서 태어났다. 그는 18세 되던 1902년 대구진위대에 들어갔다. 일제로부터 국권을 회복하는 방법은 무력 대항밖에 없다고 생각한 끝에 결행한 입대였다. 그 후 1907년 군대가 해산되었을 때에도 곧바로 산남의진에 참여했다. 대구진위대에서 근무하던 중 투옥되어 있던 산남의병장 정용기로부터 큰 감화를 받았기 때문이었다. 우재룡은 정용기와 의형제를 맺고 경북 북부지역을 중심으로 항일투쟁을 벌였고, 일본군 장교를 참수하는 전공을 세우기도 했다. 그러나 정용기·정환직 의병장이 순절한 뒤 대구 동화사를 중심으로 활동하던 중 체포되고 말았다. 첫 번째 투옥이었고, 무기징역형을 받았다.

우재룡은 1910년 한일 강제 병합이 되면서 '합방 특사'로 풀려났으나 나라를 망하게 한 책임이 있다는 죄책감으로 은거했다. 그러나 1915년 7월 광복회를 조직해 다시 독립운동의 길로 나섰다. 우재룡은 '만주에 사관학교를 설치하고 독립군을 양성해 무력이 준비되면 일제와 전쟁을 치른다'는 광복회의 독립전쟁론을 구현하기 시작했다. 만주에 길림광복회를 설치했고, 국내와 만주를 오가며 군자금을 모집했다. 경주 광명리에서 일제의 세금 운송마차를 공격하기도 했으며, 친일파를 처단하기도 했다. 그러나 1918년 1월, 광복회가 일제에게 발각되면서 만주로 망명의 길을 떠나야 했다.

만주 망명생활도 잠시, 우재룡은 1919년 3·1운동이 일어나자 곧바로 귀국했다. 그는 충청도와 전라도 지역에 근거를 마련하고 군자금 모집에 착수했다. 일제에 의해 해체된 광복회를 부활시키기 위해서였다. 우재룡은 자금 모집이 이루어지면서 대한민국임시정부와 연계를 추진했다. 이를 위해 한훈과 장응규를 상해에 파견했고, 임시정부와 연계해 국내에서 조선독립군사령부와 주비단을 조직했다. 우재룡은 자금을 모집해 임시정부에 전달하며, 일제의 관리들을 처단하는 의열투쟁을 준비했다.

그러나 1921년 4월, 전북 군산에서 또다시 체포되었다. 두 번째 투옥이었다. 일제 검사는 그에게 '사형'을 구형했다. 일제에 강력하게 투쟁했던 그의 활동으로 볼 때 사형은 막을 수 없었던 일이었다. 그러나 다행스럽게도 일제는 무기징역을 선고했다.

우재룡은 1937년 17년에 이르는 옥중생활을 마치고 풀려났다. 그의 나이 54세 때였다. 그는 다시 동지들을 규합해 독립운동을 준비하던 중 광복을 맞이했다. 18세에 독립운동을 시작했으나 환갑이 되어서야 그토록 바라던 광복을 맞았던 것이다.

그는 생존한 동지들과 유족들을 중심으로 광복회를 재건했다. 광복된 조국에서 새로운 국가를 세우는 데 일조하기 위해서였다. 대한무관학교 설립에 참여하고, 자신의 독립운동의 출발이었던 산남의진의 동지들을 추모하기 위해 '산남의진 위령제'도 거행했다. 그러나 새로운 국가를 건설하겠다는 꿈은 1946년 3월 산산이 부서졌다. 그가 애써 재건한 광복회가 강제 해산되었기 때문이다.

우재룡은 20년에 이르는 수형 생활의 고초를 겪는 등 길고도 험한 '독립운동가'의 삶을 살았다. 조국의 독립을 위해 평생을 헌신했고, 두 번의 무기징역형을 받았다. 그리고 그토록 염원했던 조국의 독립을 쟁취했다. 광복이 되던 날 '하늘의 이치는 올바른 것이어서 죄악이 많은 적敵이 항복하니 나도 이 세상에 살아서 분을 풀 날이 있구나!'라는 그의 절규는 변절하지 않고 단 한 번도 주저함이 없이 항일투쟁을 벌였던 그의 한恨을 말해준다.

국망國亡의 책임을 져야 할 지위에 있었던 것도 아니었지만 그는 평생을 독립운동에 헌신했다. 일제로부터 당한 두 번의 무기징역과, 20년에 가까운 수형생활이 이를 말해준다. 그러나 새로운 국가를 건설하겠다는 그의 꿈은 좌절되었고, 1955년 3월 독립운동가의 삶을 마감했다. 더욱이 그는 평생을 독립운동에 헌신하느라 경제적 기반도 갖추지 못했다. 가족들은 그로 말미암아 발생한 어려움을 오롯이 떠안아야 했다.

우재룡! 그는 항상 독립운동의 현장에 있었다. 잠시 만주에서 생활을 하기도 했으나 그의 독립운동의 근거지는 국내였다. 우재룡은 독립운동 과정에서 대표를 맡는 일이 없었다. 겉으로 드러내기 보다는 묵묵히 자기에게 맡겨진 소임을 실천하는 독립운동가였다. 산남의진이나 광복회에서의 활동이 그러했다.

3·1운동 후 조직되는 주비단이나 광복 후 조직되는 재건광복회처럼, 자신이 실질적인 지도자 위치에 있던 경우에도 이러한 원칙에는 변함이 없었다. 그러나 자신에게 맡겨진 소임은 완수하는 실천력을 갖춘 독립운동가였다. '일제에 대항해 나라를 구함에 있어 일생을 백척불굴百尺不屈의 정신을 발휘했으나 대표적 지위에 앉지 않고 실천을 주로 하여 기민한 작전으로 적을 괴롭혔다'라는 묘비명은 그의 독립운동을 가장 잘 대변해 준다.

평전을 마무리 하면서 백산우재룡선생기념사업회에 감사의 말씀을 드린다. 이 책은 백산우재룡선생기념사업의 일환이었다. 하지만 탈고가 늦어지면서 흉상건립과 함께 출판하겠다는 기념사업회의 일정에 큰 지장을 드렸다. 특히 기념사업회 이명식 회장님께는 송구할 따름이다. 평전의 제목은 유족의 뜻에 따라 『대한광복회 우재룡』으로 하였다. 대한광복회의 원래 명칭은 광복회이며, 필자의 박사학위 논문도 『광복회 연구』이다. 그러나 광복회는 일반적으로 대한광복회로 알려져 있고 평전은 우재룡 선생의 독립운동을 알리는데 목적이 있다. 따라서 본문은 광복회로 서술하였으나 평전 제목은 대한광복회로 하였다.

우재룡 선생의 항일투쟁의 역사와 독립에 대한 열정을 제대로 담아냈는지 두려움이 앞선다. 일제 검사에게 '조선인으로서 국권을 도모하는 것은 의무'라고 당당하게 외쳤던 그의 삶, 그의 꿈을 담아내기에는 필자의 역량이 부족하다는 생각이 든다. 평생을 조국의 독립을 위해 헌신한 그의 공적에 누를 끼치지 않았으면 하는 바람이다.

2019년 8월

저자 이 성 우

차례

01

대한제국 군인이 되어 의병장 정용기를 만나다

대한제국 군인이 되다

우재룡禹在龍은 1884년 1월 3일(음) 경상남도 창녕군 지포면池浦面(현 대지면) 왕산리旺山里 왕미旺米마을에서 태어났다. 증조부는 우홍철禹弘哲, 조부는 우병도禹秉圖, 부친은 우채희禹彩熙(자: 性萬) 모친은 강부여姜富與이다.

그가 태어난 왕산리는 마을 뒤편에 용이 누워 있는 듯한 형세의 와룡산臥龍山이 있고, 앞쪽으로는 물슬천勿瑟川(현 토평천)을 기반으로 기름진 옥토의 어물리들魚頭野이 펼쳐져 있다. 왕미마을은 왕산리의 대표적인 마을로, 와룡산을 병풍삼아 동으로 화왕산火旺山과 창녕 교동 고분군을 마주보고 있는 곳이다.

우재룡의 자는 이견利見, 호는 백산白山, 본관은 단양丹陽이다. 시조始祖 우현禹玄의 27세이며, 파조派祖 문강공文康公 우국진禹國珍의 19세이다. 시조 우현은 고려 향공진사鄕貢進士 정조호장正朝戶長을 역임하고 문하시랑 평장사門下侍郎平章事에 추증되었다. 6세 우중대禹仲大는 문하시중門下侍中을 역임했고, 그의 아들 우천규禹天珪는 남성전서南省典書, 우천계禹天啓는 판서判書, 우천석禹天錫은 문하시중門下侍中에 올랐다. 우천규의 아들 우탁禹倬은 성균관 좨주成均館祭酒, 우천석의 아들 우칭禹偁은 좌대언左代言, 우칭의 아들 우길생禹吉生

우재룡이 태어난 왕미마을

은 삼중대광보국 숭록대부三重大匡輔國崇祿大夫, 우국진禹國珍은 참판參判, 우길생의 아들 우현보禹玄寶는 단양 부원군丹陽府院君 판삼사사判三司事에 오르기도 했다. 이처럼 단양 우씨는 고려 시대 8대 명문 가문 중 하나였으며, 조선 시대에도 문과에 33명, 무과에 75명의 급제자를 배출한 명문 집안이었다.

우재룡 문중이 창녕에 거주하기 시작한 것은 우국진이 삼가현三嘉縣(현 경남 합천군 일원)으로 이주하면서부터이다. 이때부터 단양 우씨 문강공파는 경남 지역에 거주하기 시작했고, 우국진의 아들 우신禹愼이 도마산(현 창녕군 장마면 유리) 일원에 정착하면서 창녕 지역에서 세거하기 시작했다.

창녕 지역 단양 우씨 문강공파의 대표적 세거지는 계팔마을(현 창녕군 고암면 계상리)이다. 이곳은 장마면에 거주하던 10대조 우벽상禹壁相이 임진왜란 당시 정착한 곳이다. 계팔마을에 거주하던 단양 우씨 문중은 창평현감昌平縣監 우봉용禹鳳龍, 공조 참의工曹參議 우시적禹時績, 군자감정軍資監正 우세적禹世績과 우석구禹錫龜·우석간禹錫簡·우하철禹夏哲·우석문禹錫文 등 4명의 대과 급제자를 배출하면서 명문가로서의 전통을 이어갔다. 계팔마을에 세거하던 단양 우씨를 "계팔 우씨桂八禹氏"로 부르는 것도 이 때문이다.

계팔마을에 세거하던 단양 우씨들은 조선 후기 순조 연간 청도·밀양·경

추모재. 단양 우씨 재사

산·영천·울산·양산·경주·김해 등지로 이거移居하기 시작했다. 이때 우재룡의 6대조 우상우禹尙佑가 인근 왕산리에 정착한 이래 지금도 30세 우종식禹鍾植을 비롯한 후손들이 세거지(왕미)를 지키며 살아가고 있다.

우재룡은 많은 이름을 사용했다. 독립운동 중에 '재룡在龍'이라는 이름보다는 '이견利見'이라는 이름을 썼다. 우재룡 본인이 '재룡'이라는 이름은 '족보상의 구명舊名'이고 '이견은 관명'이라고 밝혔듯[1] 독립운동을 펼치는 중에는 '이견'이라는 이름으로 활동했다.

우재룡에게 '이견'이라는 이름을 지어준 이는 오사로吳士老였다. 『백산실기』에 따르면, 오사로는 '공(우재룡)의 이름을 利見(이견)이라고 지어서 그곳(김천; 필자주) 사람들이 在龍(재룡)인 줄 모르게 하였다.'고 한다. 우재룡은 평생을 독립운동에 투신했고, 20년 가까이 수형 생활을 했다. 이익이 되는 일을 보면 그것이 대의에 옳은가를 먼저 생각하라는 뜻의 견리사의見利思義에서 두 글자를 따서 지은 것으로 여겨지는 이름 이견利見은 우재룡의 정체성正體性과 아주 잘 어울리는 작명이라 하겠다.

산남의진 활동으로 투옥되었다 풀려난 우재룡이 경북 김천으로 이사를 한 것은 일제의 감시를 피하려는 의도도 있었고, 대구감옥에서 수형 중 만나 존경하게 된 오사로가 그곳에 거주하고 있기 때문이기도 했다. 오사로에게서 '이견'이라는 이름을 얻은 우재룡은 그 이후 '우이견禹利見'을 즐겨 사용했다. 그래서 우재룡은 '우이견禹利見'으로 많이 알려졌다. 그의 제적등본상 이름도 '우이견'이다.

'우경옥'이라는 이름도 썼다. 우재룡은 1908년 9월 대구지방재판소에서 산남의진 활동으로 '종신유형終身有刑'을 선고 받았는데 당시 판결문상의 이름은 '우경옥禹敬玉'이었다.[2] 그의 이력에도 '변명變名은 경옥景玉'이라고 한 것으로

---

1 「우이견(우재룡) 신문조서」(국사편찬위원회, 『한민족독립운동사자료집』 32, 1997, 183쪽).

2 「우경옥 판결문」(1908년 9월 14일, 대구지방재판소). 우재룡은 산남의진 활동 중 체포되어 대구재판

〈우재룡 가계도〉

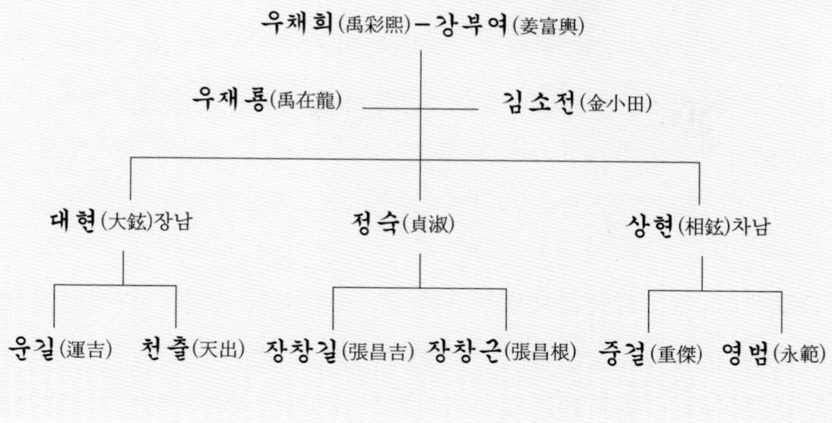

보아[3] '이견'이라는 이름을 사용하기 전에는 '경옥'이라는 이름을 사용한 것으로 보인다. 이밖에도 '김한조金漢朝·김재서金在瑞·김상호金尙浩' 등도 사용했는데 이는 독립운동 중 신분을 감추기 위해 잠시 사용한 이름들이다.

우재룡은 육남매 중 막내로 태어났고, 누이만 다섯이었다. 그의 부친은 집안의 대를 잇기 위해 아들을 간절히 기다렸고, 나이 40을 넘어 우재룡의 출생을 보았다. 따라서 우재룡에 대한 부친의 사랑과 기대는 각별했을 것으로 보인다.

소에서 종신유형(終身流刑, 무기징역: 필자주)을 받았다. 당시 판결문상의 이름은 우경옥(禹敬玉)이었다. 판결문을 보면 경옥은 산남의진에서 활동했는데, 그의 산남의진에서 활동한 지역이 우재룡의 활동한 지역과 일치한다. 또한 우경옥은 25세의 대한제국 군인출신이었으며, 당시 주소가 대구 성서면 신당리였다. 우재룡의 신문조서를 보면 의병활동으로 종신유형을 받았으며, 1910년 한일강제병합으로 풀려나 '대구 성서면 신당리' 자택으로 돌아갔다고 진술했다. 우재룡은 1884년생으로 우경옥과 나이와 주소도 일치한다. 따라서 판결문상의 우경옥은 우재룡이며, 우재룡은 우경옥이라는 이름으로도 활동했음을 알 수 있다.

3 산남의진유사간행위원회, 『산남의진유사』, 1970, 362쪽.

그러나 우재룡의 성장과정에 대해서는 알려진 사실이 거의 없다. 우재룡 스스로 기록을 많이 남기지 않았고, 남긴 기록들도 대부분이 독립운동이나 독립운동 동지들과 관련된 기록들뿐이기 때문이다.

현재 그의 유년시절을 살펴 볼 수 있는 기록은 『백산실기白山實記』가 유일하다. 우재룡은 1955년 2월(음) 산남의진 의병장 정용기鄭鏞基의 손자 정노용鄭路鏞에게 자신의 생애를 구술했고, 정노용은 이를 필사해 『백산여화白山旅話』로 정리했다. 정노용은 1971년 한문체였던 『백산여화』를 국문체로 번역해 『백산실기』를 기록으로 남겼다.[4]

『백산실기』에 의하면 우재룡은 유년시절 자주 이사를 했다. 출생 직후 왕산리를 떠나 경북 청도군 풍각風角으로 이사해 5년을 거주했고, 7살 되던 해에 청송군 유전楡田(현 경북 청송군 현서면 무계리)으로 이사했다. 우재룡은 청송에 거주할 때 심덕여沈德汝의 문하에 들어가 글공부를 시작했다고 한다. 7살 때 청송으로 이주했으므로 7~8세 때부터 글공부를 한 것으로 볼 수 있다.

그는 스스로 '성품이 쾌활하였기에 글공부에는 마음이 없었고 이 때문에 어른들에게 꾸지람을 자주 받았다'라고 회고했다.[5] 그의 이러한 성품은 선천적인 것으로 부친의 영향으로 보인다. 호방한 성격을 지녔던 것으로 전하는 부친 우채희는 정6품 무관직武官職인 사과司果 벼슬을 역임한 경력으로 보아 무인적 소양의 인물이었음이 분명하다.[6]

아들 우재룡도 마찬가지였다. '성품이 쾌활'하였다는 표현은 어릴 적부터

4 우재룡의 『白山實記』는 『白山旅話』를 국한문으로 보완한 것이다. 『백산여화』는 1955년 2월(음) 산남의병장 정용기의 손자 정노용이 우재룡의 생애를 정리한 것이다. 우재룡은 사망하기 직전인 1955년 2월 중순(음력) 정노용을 찾아가 9일 동안 자신의 생애를 구술했고, 정노용은 이를 『백산여화』로 정리했다. 정노용은 1971년 한문체였던 『백산여화』를 국한문체인 『백산실기』로 다시 보완 정리하였다. 『백산실기』는 400자 원고지 58매로 이루어져 있다.

5 우재룡, 『백산실기』, 2쪽.

6 우재룡, 『백산실기』, 1쪽.

정의감이 있고 용감했다는 의미의 다른 수사修辭이기 때문이다. 즉 우재룡이 18세의 나이에 대한제국의 군대에 들어가고, 나아가 국권 회복을 위해 의병전쟁에 투신한 것은 그의 무인적 성향이 크게 작용했다고 볼 수 있다.

정용기 의병장 증손曾孫 정희영鄭熙永에 의하면 '그(우재룡: 필자주)의 용력은 대단하여 장사의 기상을 보였으며, 70의 노령老齡임에도 불구하고 그의 안광眼光은 사람들을 압도했다'고 한다.[7] 산남의진山南義陣 기록인 『산남창의지山南倡義誌』에도 '이 사람(우재룡: 필자주)은 글도 배운 것도 없고 벼슬을 한 일도 없으나 지키는 바 정의는 장량張良을 따랐다'며 기인奇人으로 기술하고 있기도 하다.[8] 그가 독립운동을 펼치면서 한결같이 '무장투쟁'을 주장했던 것도 그의 성품과 무관해 보이지 않는다.

이러한 모습은 일제에 체포되어 신문을 받은 과정에서도 엿볼 수 있다. 일제는 1921년 주비단 사건으로 우재룡을 체포한 후 각종 고문기구를 동원해 그를 고문하려 했다. 이때 우재룡은 "이와 같은 형구로 죄인을 항복받는 것은 정당한 고백이 아니다. 내가 이것으로 고백을 한다면 대장부의 자격을 상실하는 것이다"라며 일제에게 호통을 치기도 했다. 이처럼 우재룡은 의기義氣와 용력勇力을 갖추고 있었고 국권회복운동과 독립운동 과정에서도 이러한 모습에는 변함이 없었다.

우재룡이 세상사에 관심을 갖기 시작한 것은 15세부터이다. 우재룡은 15세 때 모친상을 당했다. 어머니 강부여姜富與는 진양 강씨晉陽姜氏 강치용姜致龍의 따님으로 인자한 성품의 소유자였다고 한다. 늦은 나이에 아들의 출생을 보았으나, 그가 성인이 되기 전에 세상을 떠났던 것이다.

---

7 권대웅, 「백산 우재룡의 항일독립운동」, 『향토문화』 4, 향토문화연구회, 44쪽.

8 『山南倡義誌』 상, 31쪽. 『산남창의지』는 券上 · 券下 2책으로 이루어져 있다. 상권은 1906년 산남의진 봉기와 항전, 변천과정을 기록한 것이고, 하권은 정환직 · 정용기 부자를 비롯한 산남의병장들의 열전으로 이루어져 있다. 『산남창의지』는 1946년 당시 생존해 있던 산남의병장 이순구(李純久), 홍구섭(洪龜燮) 등의 증언으로 이병락(李秉洛), 이종기(李鍾基)가 집필했다고 한다(조동걸, 「산남창의지 자료소개」, 『한국독립운동사연구』 4, 한국독립운동사연구소, 1990, 422쪽).

우재룡은 모친상을 당한 후 잠시 방황의 시간을 보냈다. 그러나 18세 되던 해 상필현尙弼鉉의 딸과 결혼하면서 인생의 전환점을 맞게 된다. 처의 숙부叔父 상백현尙百鉉을 따라 상경하기 때문이다. 상백현은 의녕원 수봉관懿寧園守奉官(1890년), 군무아문 주사軍務衙門主事(1894년)를 역임했고, 군무아문 참의軍務衙門參議(1895년)를 역임했다. 그러나 1895년 비안 현감比安縣監을 역임한 이후 관직 경력이 찾아지지 않는다.[9] 따라서 당시 상백현이 상경한 이유는 알 수 없으나 우재룡은 그를 따라 상경했고 세상사에 눈을 뜨기 시작했다.

우재룡이 상경했던 1900년대 초 대한제국은 러시아와 일제의 이권침탈 경쟁이 첨예하게 대립되던 시기였다. 러시아는 삼국간섭을 통해 만주와 한반도에 영향력이 크게 확대된 상황이었고, 일제는 대한제국 점령과 대륙으로 진출하려는 의도를 노골적으로 드러내던 때였다. 우재룡은 열강의 이권 각축장이 된 대한제국의 현실을 직접 목격하고 기울어져 가는 국운을 걱정하며 귀향했다.

우재룡은 귀향했으나 좀처럼 마음을 잡지 못했다. 이 시기는 많은 민족운동가들도 상경해 대한제국의 현실을 목격하고 기울어져 가는 국운을 걱정하며 민족운동에 투신하던 때였다. 우재룡도 예외는 아니었다. 하지만 우재룡은 경제적 기반도 갖추고 있지 못했다. 그에게는 학문적 스승도 없었고, 근대적 교육을 받을 기회도 없었다. 그저 이름 없는 시골 청년에 불과했다. 그러나 기울어져 가는 국운을 목격한 그로서는 평범한 범부凡夫로서의 삶을 영위할 수만은 없었다. 고민 끝에 그가 선택한 길은 대한제국 군대에 들어가는 것이었다. 우재룡은 서울에서 돌아온 후 청송 유전에서 영천으로, 그리고 대구 성서면 신당리新堂里로 이사했다. 그는 신당리로 이사한 후 곧바

9 『대한제국관원이력서』 16책, 429쪽.

로 대구진위대에 들어갔다. 대한제국 군인이 된 것이다. 우재룡은 대한제국 군대에 들어간 이유를 다음과 같이 밝히고 있다.

나라 형세는 날로 기울어져서 말할 수 없는 모욕이 날이 갈수록 더 심해지고 말경에 그 난리를 못 면할 입장이 되는 지라, 여기서 생각하기를 이 나라를 구원하자면 무력으로 대항해야 할 것이라 짐작하고 나이 20살에 그때의 국군인 병정진兵丁陣에 입대하여 중대장 나호羅鎬의 부하가 되었다.[10]

우재룡은 기울어져 가는 국권을 회복하는 유일한 방법은 무력으로 대항하는 길밖에 없다고 생각했고, 이를 실현하기 위해 대한제국 군대에 들어간 것이었다. 그가 입대한 병정진은 대구진위대였다.

진위대는 1895년 지방의 질서 유지와 변경 수비를 목적으로 설치된 지방군이었다. 진위대는 1900년 전국에 6개 연대로 재편되었으며 1개 연대는 3개의 대대로 구성되었다. 연대 본부는 강화(제1 연대)·수원(제2 연대)·대구(제3 연대)·평양(제4 연대)·북청(제5 연대)·의주(제6 연대)에 두었다. 대구에는 3연대 본부와 1개 대대가 주둔했으며, 대구진위대는 대구, 진주, 경주를 관할 구역으로 두고 있었다.

우재룡이 대구진위대에 들어간 시기는 기록마다 차이가 있다. 『백산실기』에는 '나이 20세 되던 해에 입대해 중대장 나호羅鎬의 부하가 되었으며 3년간 근무했다'고 했다.[11] 그러나 우재룡은 1921년 주비단 활동 중 체포되어 일제의 신문을 받을 때는 '대구진위대 참교參敎[12]로 5년간 근무했다'고 자신의 관원 이력을 진술했다.[13]

---

10 우재룡, 『백산실기』, 3쪽.

11 우재룡, 『백산실기』, 3쪽; 산남의진유사간행위원회, 『산남의진유사』, 362쪽.

12 참교는 현재 하사계급에 해당됨.

13 「우이견(우재룡) 신문조서」(국사편찬위원회, 『한민족독립운동사자료집』 32, 235쪽).

우재룡은 대한제국 군대가 해산되자 군영을 이탈해 의병전쟁에 참여했다. 따라서 군대해산을 기점으로 계산해 보면 1902년, 즉 나이 18세에 대구진위대에 들어갔다고 할 수 있다. 이는 그의 행적을 보도한 1921년 6월 21일자 『동아일보』 '나이 18세에 군대가 들어갔다'는 기사를 통해서도 확인할 수 있다.[14] 시기상으로 보면 상경했다 돌아온 직후였다.

산남의병장 정용기를 만나다

우재룡이 대구진위대에서 근무하던 때는 격동의 시기였다. 1904년 2월 러일전쟁을 시작한 일본은 '한일의정서'를 강제로 체결하고 '조선주차군'을 주둔시켰다. 일제의 침략은 러일전쟁에 승리한 후 더욱 가속되었다. 일제는 1905년 11월 일본군을 서울의 주요 지점에 배치하고 경복궁을 포위한 가운데 '을사늑약'을 체결했다. 일제는 대한제국의 외교권을 빼앗고 '보호'라는 명목 아래 조선을 강제로 점령하기 시작했으며, 1906년 2월에는 통감부를 설치하고 통감정치를 시작했다.

이처럼 민족이 위기에 처하자 전국 각지에서 국권회복운동이 일어났다. 개화 지식인·개명 유학자·개명 관료 등 지식인층은 부국강병을 통해 국권을 회복하기 위해 계몽운동을 전개했다. 항일의병도 다시 봉기했다. 한말의병은 1894년 일제가 일본군을 동원해 경복궁을 무력으로 점령한 갑오변란甲午變亂으로 시작되었다. 1894년 안동의병으로부터 시작된 전기의병(갑오·을미의병)은 1895년 단발령 공포 이후 전국적으로 확대되었으며, 1896년 해산될 때까지 항일 무장투쟁을 전개했다.

한말 의병은 1905년에 다시 봉기했다. 러일전쟁과 통감정치, 을사늑약은

---

14 『동아일보』 1921년 6월 11일자, 「張承遠을 銃殺한 光復會員 禹利見」.

산남의병 제4차 결성지 거동사

전기의병에 이어 중기의병(을사의병)이 봉기하는 결정적 계기가 되었다. 전국적으로 의병들이 봉기해 을사늑약 반대와 친일내각 타도를 기치로 내걸고 의병전쟁을 시작했던 것이다. 중기의병은 1907년 일제에 의해 광무황제가 강제 퇴위되고 대한제국 군대가 해산되면서 후기의병으로 발전했다.

후기의병은 해산당한 군인들이 참여하면서 일본군과 전면전의 성격을 띠는 대일항전으로 발전했다. 한말 의병들은 일제의 침략과 조선의 식민지화에 실질적인 타격을 주었으며, 1910년 한일 강제 병합 이후 만주 지역에서 독립군으로 전환해 항일투쟁을 이어갔다. 이처럼 한말 의병전쟁은 1894년부터 1910년대까지 일제 침략에 맞서 항전했던 대표적인 민족운동이었다.

한말 의병전쟁은 우재룡의 생애도 바꿔놓았다. 산남의병장 정용기를 만났기 때문이다. 산남의병장 정용기가 대구감옥에 투옥되면서 우재룡의 삶은 항일민족운동으로 바뀌게 된다. 산남의진山南義陣은 을사늑약이 체결된 후 경상북도 영천을 중심으로 영덕·흥해·청송·청하·포항·경주 일대에서 활동한 의진義陣이다. 산남의진은 경상북도뿐만 아니라 경남 동북지방에서도 활동했으며, 1906년 3월 봉기한 후 3년 동안 활동한 영남지역의 대표적인 의병이다.

산남의진은 네 차례에 걸쳐 봉기한다. 1차는 1906년 3월 정용기가 주도해

산남의진 유래비(짐망화천지수전세비)
1905년 을사늑약이 체결되자 광무황제는 정환직에게 '경(卿)은 화천(華泉)의 물을 아는가? 짐망(朕望)하노라'라는 밀조를 내렸다.

충효재

충효재

같은 해 7월까지 활동하다 정용기가 체포되면서 중지되었다. 2차는 석방된 정용기가 1907년 4월 재봉기해 같은해 8월까지 입암立巖전투에서 패배할 때까지다. 3차는 1907년 9월부터 정환직이 아들 정용기를 대신해 같은해 12월까지 활동했으며, 4차는 1908년 2월부터 7월까지 최세윤崔世允이 의진을 이끌던 시기이다.[15]

산남의진은 정용기의 부친인 정환직이 광무황제의 밀명을 받고 조직했다. 정환직은 경북 영천군 자양면 검단리檢丹里(현 영천시 충효동) 출신으로 1887년 형조 판서였던 정낙용鄭洛鎔의 추천을 받아 태의원太醫院 전의典醫로 관직 생활을 시작했다. 1897년 10월에는 태의원 별입시別入侍로 광무황제의 시종관이 되었으며 광무황제의 두터운 신임을 받고 있었다.

정환직은 1899년 삼남 검찰 겸 토포사三南檢察兼討捕使로 활동 중 울산과 양산에서 민원을 야기한 일로 봉세관捧稅官(세금징수 업무를 하는 관리)에 의해 송환되어 구금된 적이 있었다. 1905년에는 삼남 도찰사 겸 토포사三南都察使兼討捕使로 활동 중 경주에서 모함을 받아 직권을 박탈당하고 투옥되기도 했다.[16] 그러나 두 번 모두 광무황제의 신임으로 석방되었다. 이는 고종이 정환직을 상당히 신망하고 있었다는 것을 말한다.

광무황제가 정환직을 신망한 데에는 이유가 있었다. 1901년 11월 종묘에 불이 났다. 당시 정환직은 광무황제와 태자를 업고 호위했다.[17] 이 일은 광무황제가 정환직을 신망하는 결정적 계기가 되었으며, 정환직은 고종으로부터 이름과 자호를 하사받았다.[18] 정환직은 초명이 치우致右, 자가 좌겸左兼, 호가 우석愚石이었는데, 1900년 광무황제가 자호를 하사하자 이름을 환

15 홍영기, 『한말 후기의병』, 한국독립운동사연구소, 2009, 111쪽.
16 『산남창의지』 하, 5쪽.
17 박민영, 『한말중기의병』, 한국독립운동사연구소, 2009, 159쪽.
18 『산남창의지』 하, 5쪽.

직煥直, 자를 백온伯溫, 호를 동엄東嚴으로 바꾸기도 했다.

광무황제는 1905년 을사늑약이 체결되자 정환직에게 '경卿은 화천華泉의 물을 아는가? 짐망朕望하노라'라는 밀조密詔를 내렸다. 이는 춘추전국 시대 제경공齊景公이 제후국의 군사들에게 포위되자, 차우장車右將 봉축부奉丑父가 옷을 바꿔 입어 제경공을 구했다는 고사를 인용한 것이다. 광무황제는 일본군에게 유폐되어 있는 자신을 구하고, 의병을 일으킬 것을 독려하기 위해 정환직에게 중국 고사를 인용해 '짐망'이라는 두 글자로 밀조를 내렸던 것이다.[19]

정환직은 광무황제의 밀조를 받고 관직을 사퇴했다. 의병봉기를 위해서였다. 정환직은 아들인 정용기와 함께 창의 계획을 세웠다. 정환직 부자는 영남 지방에서 거병해 서울로 북상할 계획을 수립했다. 즉 영남에서 거병한 후 산악지대를 이용해 북상, 강원도를 거쳐 서울에 도달해 궁궐을 호위하며 일본군과 일전을 벌인다는 것이었다.[20]

신돌석

19 權寧培, 「山南義陣(1906~1908)의 組織과 活動」, 『역사교육논집』 16, 역사교육학회, 1991, 134쪽; 박민영, 『한말중기의병』, 159쪽; 『山南倡義誌』 상, 11쪽. 『산남창의지』에는 '화천지수(和川之水)'라 기록되어 있으나 원고사는 '화천지수(華川之水)'이다.

20 裵勇一, 「山南義陣考」, 『한국민족운동사연구』 5, 한국민족운동사연구회, 1991, 143쪽.

정환직은 거병을 위해 아들인 정용기를 고향인 경북 영천으로 내려 보냈다. 정환직 자신은 서울에서 머물며 의병을 후원하기로 하고 아들 정용기가 영천에서 거병해 북상한다는 계획을 실행하기 위해서였다. 정용기는 1905년 12월 고향으로 내려왔다. 정용기는 이한구李韓久·손영각孫永珏·정순기鄭純基 등과 거병을 결정하고 영남 각지에 격문을 보냈다.

정용기·이한구·정순기 등의 모병은 성공을 거두었고, 1906년 3월 '창의소'를 설치할 수 있었다. 의진의 진호陣號는 '산남의진山南義陣'이라 정하고, 대장에 정용기가 추대되었다. 산남의진의 규모는 정확히 파악되지 않으나 거병 당시 천여 명에 달했다고 하며, 농민·산포수·광부 등 다양한 계층이 참여하고 있었다.[21]

정용기는 각처에 주둔하고 있던 산남의진 부대를 강원도 오대산으로 집결하도록 연락한 후 영천·청송 지방을 거쳐 북상하기 시작했다. 그러나 산남의진이 북상을 시작할 무렵, 경북 영해 지역에서 활동하던 신돌석申乭石 의진의 패전 소식이 전해졌다.

신돌석은 경북 영해 출신으로 1906년 4월 경북 영해에서 200여 명의 장정을 모아 의병을 일으켰다. 신돌석 의병은 경북 동해안 일대를 중심으로 경북 북부, 강원도 남부, 충북 지역에서 활동했다. 신돌석 의병은 유격 전술을 바탕으로 1908년 12월까지 경북 순흥을 점령하는 등 내륙 깊숙한 곳까지 진출하며 혁혁한 항일투쟁을 벌였다.

신돌석 의병은 유격전을 펼치면서도 이강년李康秊·유시연柳時淵 등 다른 의병진과 연합작전을 구사하는 전술을 펼쳤다. 특히 산남의진과는 거병 시기도 비슷할 뿐만 아니라 활동 지역도 산남의진과 같은 경북 북부 지역을 근거로 하고 있었다. 따라서 산남의진은 신돌석 의병과 거병 초기부터 긴밀한

---

21 박민영, 『한말중기의병』, 162~163쪽.

관계를 유지하고 있었다.

정용기는 신돌석 의진을 돕기 위해 영해 방면으로 진군을 시작했고, 중간 지점인 청하淸河(현 포항시 북구 청하면)를 1차 공격 목표로 삼았다. 그러나 청하를 향해 진군하던 정용기는 경주 관내인 우각牛角(현 영일군 신광면 우각동)에 도착했을 때 경주 진위대장으로부터 한 통의 서신을 받았다. '서울에서 정환직으로 추측되는 대관大官이 구금되었으니 만나서 상의'하자는 것이었다.

정용기는 경주진위대의 계략일 것이라고 생각했다. 하지만 무작정 무시할 수만은 없었다. 산남의진은 본인이 이끌고 있지만 거병을 주도했던 이가 바로 부친인 정환직이었기 때문이다. 따라서 정환직이 체포되었다는 것은 의진 결성에 대한 정보가 탈로날 수도 있었고, 무엇보다 부친에 대한 걱정이 앞섰다. 정용기는 의진의 책임을 중군장 이한구에게 위임하고, 진위대를 따라 경주로 들어갔다. 그러나 그것은 우려했던 대로 정용기를 체포하기 위한 경주진위대의 함정이었다.

정용기는 경주에 들어서마자 체포되었다. 산남의진은 활동을 시작하기도 전에 졸지에 대장이 체포되는 수난을 겪게 되었던 것이다. 산남의진은 이한구를 중심으로 정용기를 구출하려는 작전을 세웠으나 정용기가 곧바로 대구감영으로 이송되면서 구출 작전은 실행되지 못했다.[22]

우재룡은 대구진위대에 근무하고 있었고, 정용기가 대구감옥에 수감되면서 그를 만나게 된다. 우재룡은 정용기가 수감되자 전국의 우국지사들이 그를 찾아와 석방 운동을 하는 것을 보고 그를 흠모하기 시작했다고 한다.[23]

우재룡은 정용기에게 큰 감화를 받았고, 독립운동에 투신하게 된 것도 그의 영향이 컸다. 이러한 점은 우재룡의 신문조서와 광복 후 활동에서도 명

---

22 권영배, 「산남의진(1906~1908)의 조직과 활동」, 136~137쪽.

23 우재룡, 『백산실기』, 4쪽.

확하게 드러난다. 우재룡은 1921년 체포되어 일제의 신문을 받았다. 우재룡은 의병전쟁에 참여한 이유를 다음과 같이 밝혔다.

> *문: 우리가 합방이 되고 내선일체로 동일한 민족인데 불온한 행동을 하는 것은 잘못한 것이지?*
>
> *답: 나는 일찍부터 남선의병대장南鮮義兵大將 정용기의 의제義弟다. 의형義兄과 맹서하기를 이 나라를 구하는 데 있어 사생死生을 같이 하자고 하였는데, 의형이 순국하였으니 사상만은 변경할 수 없었다.*
>
> *문: 사상으로서 성과를 얻을 수 있는가?*
>
> *답: 성과를 얻고 못 얻는 것은 고사하고 사람이 이 세상에 한번 났다가 대의大義를 망각할 수 없다.* [24]

이처럼 우재룡의 민족운동 출발에는 정용기가 있었다. 우재룡은 정용기와 의형제를 맺을 정도의 사이였다. 물론 이러한 관계는 산남의진에 참여하면서 맺어진 것이었다.

정용기뿐만 아니라 산남의진은 우재룡의 독립운동에서 중요한 의미를 갖고 있다. 1910년 한일 강제병합 후 다시 독립운동을 시작하는 계기도 산남의진의 경력이 크게 작용했기 때문이다. 우재룡 본인도 산남의진 활동을 자신의 독립운동에서 크게 의미를 부여하고 있었다.

이러한 점은 광복 후 우재룡의 활동에도 그대로 드러난다. 우재룡은 광복 후 광복회를 재건하고 1946년 2월 영천 입암立岩(현 포항시 북구 죽장면 입암리)에서 산남의진 위령제를 거행했다. 입암은 정용기가 일본군과 전투 중 순국한 곳이었다. 산남의진 위령제는 그에게 가장 큰 영향을 미쳤던 정용

---

24 우재룡, 『백산실기』, 41쪽. 『산남의진유사』에는 당시 상황이 다음과 같이 기록되어 있기도 하다.
문: 합방이 되어 일본과 조선이 다같은 백성이 되었는데, 불온한 사상을 갖게 된 이유는 무엇인가?
답: 나는 남선의병장 정용기의 의제義弟이다. 의형義兄과 맹세하기를 이 나라를 구하는데 있어 사생死生을 같이하자고 하였는데, 의형이 순국하였으나 사상만은 바꿀 수 없었다(산남의진유사간행위원회, 『산남의진유사』, 366쪽).

기의 순절과 산남의진을 기리기 위한 것이었다. 그가 사망하기 직전 자신의 독립운동 이력을 정리해 『백산여화』를 구술하기 위해 찾아간 이도 바로 정용기의 손자였다. 그만큼 우재룡에게 정용기는 특별했다.

정용기는 정환직의 노력으로 1906년 9월 석방되었다. 정용기는 1907년 봄 다시 의병봉기를 시작했다. 산남의진은 정용기가 체포되자 중군장 이한구를 중심으로 활동했으나 희생이 늘어나자 진영을 해산했었다. 그러나 정용기가 석방되면서 다시 봉기를 준비했던 것이다.

정용기가 재기를 도모하고 있을 때 일제는 한국강점을 위한 책동을 가속화하고 있었다. 광무황제는 을사늑약이 무효임을 알리기 위해 헤이그에 특사를 파견했다. 일제는 이를 구실삼아 광무황제를 강제로 퇴위시키고 정미 7조약을 체결했다. 정미 7조약은 대한제국 내정을 일제의 '통감'이 장악하기 위한 것이었다.

일제는 일본인들을 요직에 임명했다. 내각을 장악한 일제는 중앙정부뿐만 아니라 지방행정기관에도 일본인 관리를 임명했고, 일본인들이 모든 실권을 장악했다. 이른바 '차관 정치'가 시작된 것이다.

일제는 대한제국의 실권을 장악하면서 대한제국의 군대마저도 강제 해산시켰다. 정미 7조약에는 「부수각서附隨覺書」가 포함되어 있었다. 「부수각서」는 정미 7조약을 구체적으로 실행하기 위한 것이었으며, 대한제국의 사법제도 개편 및 군대해산과 관련된 내용이 포함되어 있었다. 일제는 삼심제三審制를 도입한다는 명분 아래 일본인 판·검사를 임명해 대한제국의 사법권을 장악했다. 그러나 「부수각서」의 핵심적인 내용 중 하나는 군대해산이었다. 「부수각서」 제3항 군비軍備 조를 보면 이러한 점이 명백히 드러난다.

한국 육군의 현상을 보건대 교육은 불완전하고 규율도 엄명嚴明치 못하여 일조一朝 유사시를 당하여 참다운 국가의 간성으로 신뢰할 수 없다. 이것은 필경

용병주의傭兵主義를 취하기 때문에 의용봉공義勇奉公의 신념이 풍부한 연소기예年少氣銳의 장정을 모집할 수 없다는 사실과 사관士官에게 군사적 소양을 가진 자가 적다는 사실 때문이다. 따라서 한국에 있어서도 장래는 징병법徵兵法을 시행하여 정예한 군대를 양성키 위해 지금부터 그 준비에 착수하기 위해 (중략) 현재의 군비를 정리하고자 한다.

이처럼 일제는 '군제를 쇄신해 강력한 군대를 양성'한다는 명분을 내세워 강제로 군대 해산에 착수했다. 일제는 일찍부터 대한제국 군대해산을 추진했다. 1905년 병제 개혁이라는 명분으로 황제 직속 최고 군 통수기관인 원수부元帥府를 해체했다. 원수부를 해체하면서 군대 규모도 절반으로 줄였다. 1907년에는 중앙군인 시위대를 2개 연대, 지방군인 진위대를 8개 대대로 축소했다. 이에 따라 대한제국의 군대는 7천여 명에 지나지 않게 되었다.[25]

일제는 1907년 8월 대한제국 군대를 완전히 강제해산시켰다. 군대 강제해산은 일제의 치밀한 계획 아래 이루어졌으며, 해산된 군인들에게는 은사금을 지급한다거나 일본군 관리로 선발한다는 회유책을 쓰기도 했다. 일제는 8월 1일 서울시위대를 강제해산하고 지방 진위대는 8월 3일 수원 개성 청주, 4일 대구, 5일 안성, 6일 공주 해주 평양, 7일 안주, 9일 광주 의주, 10일 홍주 원주, 11일 강화 문경, 13일 강릉 진남, 14일 전주 16일 안동, 17일 울산 강진, 19일 경주, 23일 강계, 24일 함흥, 9월 2일 진주, 3일 북청진위대를 해산시키고자 했다.[26] 그러나 8월 1일 해산된 서울시위대를 시작으로 원주, 강화, 홍주, 진주 진위대원들이 일제의 군대 강제해산에 맞서 대일항쟁을 전개했고, 해산된 군인들은 전국의 의병진에 참여해 항일투쟁을 이어갔다.

---

25 홍영기, 『한말 후기의병』, 17~18쪽.

26 홍영기, 『한말 후기의병』, 21쪽.

우재룡도 군대해산을 맞았다. 그에게는 두 가지 선택의 길이 있었다. 하나는 고향으로 돌아가 생업에 종사하는 것이었고, 다른 하나는 독립운동에 투신하는 것이었다. 우재룡은 후자의 길을 선택했다. 군대 강제해산은 우재룡에게 오히려 잘 된 일이었다. 일제는 의병탄압에 대한제국의 군대를 동원하고 있었기 때문이다. 우재룡은 대구진위대에 근무하면서도 일제의 침략과 국권침탈에 분개하고 있었다. 이러한 점은 우재룡이 군대 강제해산 당시 병영을 탈출한 이유에서 명확하게 드러난다.

군인 생활을 하는 동안 보고 듣는 일은 모두 나라의 장래를 위하여 도저히 묵인할 수 없는 일이 많다. 왜냐하면 국가의 모든 이권이 자동적으로 왜놈들의 손아귀에 넘어가고 심지어는 국가 간성의 책임이 있는 병정兵丁까지도 왜놈의 손에 교련教鍊 훈련을 받게 되는지라 모든 일에 분통이 터지는 것을 참지 못하여, 동지 수십 명을 더불고 병영을 탈출하였다.[27]

우재룡은 일제의 국권 침탈과 일본인 교관들에게 훈련을 받는 것에 대해 분개하고 있었다. 우재룡이 대한제국 군대에 들어간 것은 일제의 침략을 물리치는 방법은 '무력'으로 대항하는 길밖에 없다고 생각한 결과였다.

그런데 대한제국 군대조차도 일본인 교관들로부터 훈련을 받는 상황에 이르렀다. 이어서 마침내 군대가 강제해산되었다. 그는 동지들과 함께 병영을 이탈했다. 의병전쟁에 참여하기 위해서였다. 우재룡이 생각했던 국권회복의 유일한 방법인 무력 항쟁이 군대해산으로 무산되었기 때문이다. 하지만 무력을 통해서 국권을 회복해야 한다는 생각에는 변함이 없었고, 곧바로 의병전쟁에 참여했던 것이다. 우재룡은 의병전쟁에 참여한 이유를 다음과 같이 밝히고 있다.

---

27 우재룡, 『백산실기』, 3~4쪽.

당시 한국의 상태는 독립국이란 이름만 있을 뿐이고 실질은 없으며, 임금은 있으나 권한은 없으며, 군대를 해산당하였으므로 일본인을 한국 내에서 전부 추방하여 완전한 독립국으로 만들 생각으로 의병에 투신한 것이다.[28]

우재룡은 국권을 침탈하고 있는 일제를 몰아내고, 대한제국을 '완전한 독립국'으로 만들고자 의병전쟁에 참여했다. 우재룡은 해산을 맞은 대구진위대 대원들을 이끌고 산남의진을 찾아갔다. 정용기가 다시 의병을 모집한다는 소문을 듣고 있었기 때문이었다.

그러나 우재룡 일행이 산남의진에 도착했을 때 뜻하지 않은 일이 발생했다. 우재룡 일행이 모두 군복차림인 것이 원인이었다. 의진에서는 이들의 의도를 알 수 없는 상황에서 의심을 품고 조사를 시작했던 것이다.

조사 과정에서 오해가 깊어지기 시작하자, 우재룡은 '우리 대한사람이 대한사람을 속일 리 없는 것이며, 만약에 우리가 그 따위 야심을 가지고 왔을 것 같으면 이 하늘밑에 용서를 못 받을 것이다'라고 크게 외쳤다.[29] 의병전쟁에 참여해 국권을 회복하겠다는 그의 진심을 알아보지 못하는 것에 대한 비분강개한 외침이었다. 우재룡의 의기에 넘치는 말은 정용기에게 알려졌고, 정용기는 우재룡을 일행을 불러 보고 기뻐하며 산남의진에 참여시켰다.[30]

이렇게 우재룡은 의병전쟁에 참여하게 되었다. 이는 그의 독립운동의 출발이었다. 1907년, 그의 나이 24세였다.

---

28 「우이견(우재룡) 신문조서」(국사편찬위원회, 『한민족독립운동사자료집』 32, 235쪽).

29 『산남창의지』 하, 28쪽; 산남의진유사간행위원회, 『산남의진유사』, 363쪽.

30 『산남창의지』 상, 24쪽; 산남의진유사간행위원회, 『산남의진유사』, 36 2~363쪽.

02

의병전쟁에 참여하다

산남의진 연습장이 되다

우재룡이 산남의진에 참여했을 때 의진은 진영을 재편하고 활동을 재개하던 시점이었다. 산남의진은 거병 초기 정용기가 체포되면서 활동을 중단했으나 정용기가 석방되면서 다시 의진을 정비했다. 정환직은 정용기가 1906년 9월 대구감옥에서 풀려나자 경북 영천으로 내려와 다시 의병을 모집해 강릉으로 북상할 것을 상의하고 서울로 돌아갔다.

그러나 산남의진은 재기하는 데 많은 어려움이 있었다. 정용기는 투옥되어 있는 동안 병이 나 반 년여 동안 움직일 수 없었고, 일제의 감시와 탄압으로 의병들을 모집하는 것이 어려웠기 때문이다. 정용기는 이러한 어려움을 극복하고 1907년 봄부터 정순기鄭純基·남석인南錫仁·이세기李世紀·이규필李圭弼·홍구섭洪龜燮 등을 청송·진보·흥해·청하·경주 등으로 파견해 의병을 다시 모집하기 시작했다. 이들의 노력으로 산남의진이 다시 정비되면서 북상 계획도 추진되었다.

산남의진은 1907년 5월까지 관동지방(강릉)으로 북상할 계획이었다. 이를 위해 신돌석 의병과 연합전선을 구축하고, 북상을 위한 길을 모색했다. 그러나 모병과 무기 구입이 여의치 않고, 영해지역에서 활동하던 신돌석의병도 일본군에 자주 패하면서 북상에 많은 어려움을 겪었다. 이러한 문제로 산남의진은 1907년 7월(음)에서야 활동을 시작할 수 있었다.[1] 우재룡이 산남의진에 참여한 것이 바로 이때였다. 우재룡은 진영을 이탈한 해산 군인들과 무기를 가지고 의진에 참여했다.[2]

우재룡만이 아니었다. 고찬高燦·김경문金景文·김성일金聖一·김은집金銀

1 권영배, 「산남의진(1906~1908)의 조직과 활동」, 『역사교육논집』 16, 역사교육학회, 1991, 144쪽.
2 우재룡, 『백산실기』, 6쪽; 『산남창의지』 상, 24쪽; 『매일신보』 1922년 3월 27일자, 「禹利見은 前義兵」.

集·김치현金致鉉·은순택殷淳澤·정춘일鄭春日·조선유趙善裕·최기보崔基輔 등도 대한제국 군인으로 산남의진에 참여한 이들이었다. 이들 중 김성일·정춘일·조선유·은순택은 울산분견대 대원이었으며,[3] 고찬은 대구진위대 대원이었다.[4] 김성일·고찬·조선유·정춘일은 군대해산 후 산남의진에 참여했으며, 최기보·김경문·김은집·김치현은 군인이었다는 기록만 있어 소속과 산남의진 참여 시점은 명확하지 않다.[5] 이처럼 해산 군인들이 의진에 참여하고 모병을 위해 각지에 파견했던 의병장들의 노력으로 산남의진은 다음과 같이 의진을 편성할 수 있었다.[6]

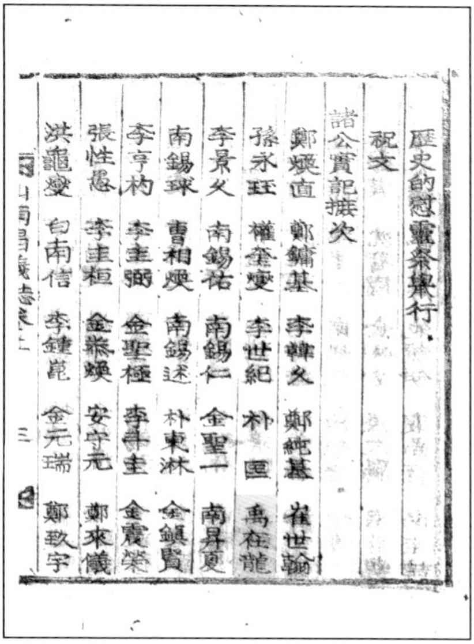

歷史的慰靈祭執行

祝文

諸公實記摭次

鄭煥直 鄭鏞基 李韓久 鄭純基 崔世翰
孫永珏 權奎燮 李世紀 朴匡 禹在龍
李景久 南錫祐 南錫仁 金聖一 南昇夏
南錫琛 曺相煥 南錫述 朴東林 金鎭賢
李亨杓 李圭弼 金聖極 李斗圭 金震榮
張性愚 李圭桓 金縣煥 安守元 鄭來儀
洪龜燮 白南信 李鍾崑 金元瑞 鄭致宇

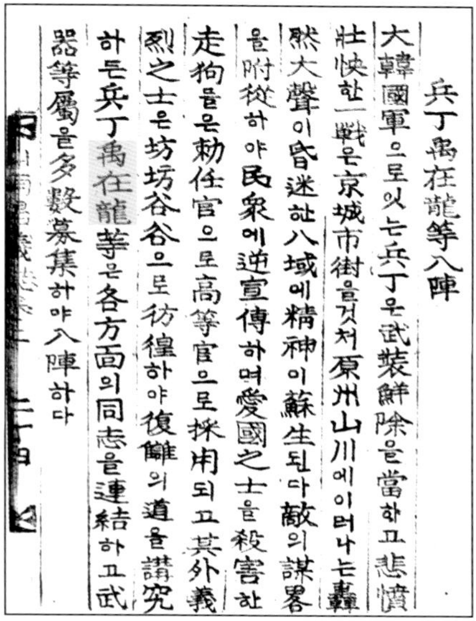

兵丁禹在龍等八陣

大韓國軍으로잇든兵丁은武裝解除을當하고悲憤壯快한一戰은京城市街을것쳐原州山川에이러나는轟然大聲이皆迷한八域에精神이蘇生된다敵의謀畧을附從하야民衆에逆宣傳하며愛國之士을殺害한走狗들은勅任官으로高等官으로採用되고其外義烈之士은坊坊谷谷으로彷徨하야復讎의道을講究하든兵丁禹在龍等은各方面의同志을連結하고武器等屬을多數募集하야八陣하다

우재룡의 산남의진 참여 기록(『산남창의지』)

3 『산남창의지』 하, 20 · 40 · 56 · 70쪽.

4 산남의진유사간행위원회, 『산남의진유사』, 1971, 487쪽.

5 『산남창의지』 하, 53 · 62 · 62쪽; 산남의진유사간행위원회, 『산남의진유사』, 472쪽.

6 『산남창의지』 하, 21쪽; 산남의진유사간행위원회, 『산남의진유사』, 285쪽.

의병부대 모습(1907, 메켄지)
한국군 강제해산 후 대한제국 군인들은 의병부대에 합류하였다.

대　장: 정용기鄭鏞基	*중군장: 이한구李韓久*	*참모장: 손영각孫永珏*
소모장: 정순기鄭純基	*도총장: 박태종朴泰宗*	*선봉장: 홍구섭洪龜燮*
후봉장: 이세기李世紀	*좌영장: 권규섭權奎燮*	*우영장: 이규필李圭弼*
***연습장: 우재룡**禹在龍*	*도포장: 백남신白南信*	*좌익장: 정내의鄭來儀*
우익장: 김성일金聖一	*조포장: 장대익張大翼*	*우포장: 김일언金一彦*
유격장: 임중호林中虎	*척후장: 정성욱鄭成郁*	*점군검찰: 안수원安守元*
장영서장: 김진영金震榮	*군문집사: 이두규李斗圭*	

우재룡은 연습장이라는 중책을 맡았다. 산남의진은 우재룡의 군대 경험을 이용해 병사들을 훈련시켜 전투력을 향상시키려는 의도였다. 군대 강제해산 후 해산된 군인들이 의병에 참여하면서 이들이 가져온 무기는 의병의 무력을 강화시켰다.

또한 해산 군인들이 의병들을 훈련시킴으로써 전투력과 전술이 크게 향상되었다. 산남의진에서 우재룡에게 연습장을 맡긴 이유도 바로 이 때문이며, 군인 출신인 김성일과 김치현도 수시로 병사들의 훈련을 담당했다.[7]

우재룡의 첫 출병은 7월 12일(양력 8월 20일)이었다.[8] 그가 의진에 들어온 것이 7월(음력)이었으므로 의진에 참여하면서 바로 출병했다는 것을 말

7 『산남창의지』 하, 9쪽.
8 우재룡, 『백산실기』, 6쪽.

해준다. 산남의진은 관동 지역으로 북상을 위해 경북 영해 방면으로 진군하기 시작했다.

우재룡의 첫 전투는 청하淸河(현 경북 포항시 북구 청하면) 전투였다. 우재룡은 7월 17일(양력 8월 25일) 산남의진 300여 명과 함께 청하를 공격해 분파소를 소각하고 순사 1명을 사살하는 전과를 올렸다.[9]

산남의진은 8월 초 경북 청송靑松도 공격했다. 그러나 계속되는 장마로 청송 공격은 실패하고 다시 신녕新寧(현 경북 영천시 신령면)으로 이동했다. 신령에 도착한 산남의진은 일본군이 영천에서 청송으로 이동한다는 정보를 입수하고 일본군을 기다렸으나 일본군이 오지 않아 전투를 벌이지는 못했다.

산남의진은 경북 의성을 거쳐 8월 14일(양력 9월 21일) 신돌석 의병부대와 연합해 일본군을 공격했으나 회오리바람을 동반한 소낙비가 내려 일본군을 퇴각시키는 것에 그치고 말았다.[10]

산남의진은 화력이 절대적으로 부족했음에도 전과를 올리고 있었다. 이와 같은 전과를 올릴 수 있었던 요인 중에는 정보전을 벌이고 있었던 것도 크게 영향을 미쳤다. 일본군의 이동 상황에 대한 정보를 입수하고 매복과 산악 지대를 이용해 유격전을 펼쳤던 것이다. 부대가 이동할 때도 의진을 해산하고, 개별적으로 농민·상인 등으로 위장하고 약속한 장소에 집결하는 방법을 사용하기도 했다. 이러한 전술은 8월 24일(양력 10월 1일) 영천전투를 승리로 이끄는 요인이기도 했다.

산남의진은 8월 24일 일본군이 영천에서 자양(경북 영천시 자양면)으로 이동한다는 정보를 입수했다. 산남의진은 부대를 둘로 나누어 1개 부대는 노

---

9 권영배, 「산남의진(1906~1908)의 조직과 활동」, 145쪽; 박민영, 『한말 중기 의병』, 한국독립운동사연구소, 2009, 173쪽. 우재룡의 판결문에 의하면 당시 청하 순사 주재소를 공격한 산남의진은 100여 명이었으며, 당시 사살된 한인 순사는 박내호朴來鎬였다(「우경옥(우재룡) 판결문」(1908년 9월 14일, 대구지방재판소). 우재룡은 정용기와 함께 청하 주재소를 공격해 한인 순사를 처단하고 청하 주재소를 불태웠다(「우경옥(우재룡) 판결문」(1908년 9월 14일, 대구지방재판소)).

10 우재룡, 『백산실기』, 7~8쪽.

항동魯巷洞(**영천시 자양면 노항리**), 다른 부대는 검단동檢丹洞에서 일본군을 포위하고 공격을 감행했다. 우재룡은 작전에 따라 영천의 외곽인 월연동月淵洞에서 매복하고 있었다.

일본군은 영천이 공격을 받자 후퇴를 시작했으나 월연동에서 매복하고 있던 우재룡 부대의 공격을 받았다. 우재룡은 이곳에서 일본군 적장을 참수하는 전공을 올렸다.[11] 당시 우재룡은 홍구섭과 함께 선봉을 맡고 있었고, 그와 함께 일본군 적장을 체포할 수 있었다. 당시 체포된 일본군 적장은 겸절원일兼折元一이었으며, 우재룡은 이를 참수하는 전공을 올렸던 것이다.[12]

이처럼 산남의진은 경북지역에서 전투를 벌이고 있었으나 거병의 목표였던 북상은 지연되고 있었다. 산남의진은 무기와 탄약이 절대적으로 부족했다. 따라서 일본군과 한번 전투를 벌이면 다시 무기와 탄약을 준비해야 했다. 또한 연합전선을 펼치고 있던 신돌석 의병이 일제 군경의 공격으로 활동이 위축되어 있었던 것도 북상을 어렵게 하고 있었다. 따라서 산남의진은 경북 지역에서 일본군과 벌이는 전투도 힘든 상황이었다.

북상이 지연되자 정환직은 다시 영천으로 내려왔다. 산남의진의 북상을 독려하기 위해서였다. 정환직은 일제의 침략을 막아내기 위해서는 전국 의병이 연합작전을 펼쳐 일본군을 축출하는 것이 유일한 방법이라 여겼다. 따라서 산남의진의 북상이 가장 시급한 문제라 믿고 있었다. 당시 정환직은 정용기를 비롯해 의병장들을 모아 놓고 북상 계획 수립을 지시했다. 우재룡도 의병장들의 진중회의에 참석했으며, 당시 상황을 다음과 같이 회고했다.

검단동 대장 사택에서는 그날 밤 중대한 문제가 있어 야간 회의를 열었다. 산남의진의 총지휘대장인 동엄東嚴선생 정환직이 서울에서 그의 아들 단오공丹

---

11 『산남창의지』 하, 24쪽.

12 우재룡, 『백산실기』, 6쪽. 우재룡에게 참수된 일본군 적장은 영천분파 소장이었다(배용일, 「산남의진고」, 『한국민족운동사연구』 5, 한국민족운동사연구회, 1991, 151쪽).

吾公 정용기를 영남으로 내려 보낼 때에 부자가 약속하기를 아버지는 서울에서 모든 일을 준비하고 아들은 영남에서 의병을 일으켜 서울로 올라와 서울군사와 영남군사가 합세하여 왜적을 격퇴시키고 우리나라 국권을 찾아내기로 하였더니 용기가 영남에 내려와서 군사 수 천 명을 증모하고 고을마다 유격대를 조직하여 경상도 전역이 총동원되도록 하고 서울에서 일을 진행하다 왜적들과 충돌되어 무한한 고통을 겪고 병오 · 정미 두 해를 경과하였다. 그렇게 된 관계로 서울에서 준비되었던 군인과 물품을 모두 영남으로 내려 보내고 선생(정환직: 필자 주)도 영남에 내려와 영남의진을 서울로 올라가도록 독촉코자 그날에 마침 향리인 검단에 들어와 의진 상황을 듣고자 진중 요인들을 불렀던 것이다. 그 때문에 대장 정용기는 부하 요인들을 전부 인솔하고 어른 앞에서 그 동안 경과 상황을 아뢰고, 어른은 시국대세를 들어서 여러 사람들을 설복시켰다. 따라서 하루라도 속히 서울에 올라가서 왜적들을 물리치고 이 나라 국권을 찾고자 서울로 올라갈 시일을 결정하게 되었다.[13]

정용기는 진중 회의에서 군사와 무기 부족 등 북상을 하지 못한 이유를 보고했다. 정환직은 '을사년 이후 국가의 위급존망이 경각에 달렸으며, 이러한 때에는 완完, 불완不完을 가리지 말고 나아가야 할 때이다'라며 다시 북상을 독려했다.[14] 정환직이 북상을 독려하자 의진에서는 구체적인 계획을 수립했다. 밤새 진행된 회의에서 북상을 위해 의진을 재정비할 것이 결의되었다. 먼저 의진의 규모를 늘려야 했다. 이를 위해 소모관을 각지에 파견해 의병들을 추가로 모집하기로 했다.

군수품 문제도 있었다. 한말 의병들이 겪는 가장 큰 어려움은 물자였다. 산남의진도 예외는 아니어서 항상 무기와 탄약, 군량미가 부족했다. 근거지인 경북 지역을 떠나 북상을 한다는 것은 군수품 조달에 더 많은 한계를 가질 수밖에 없었다.

---

13 우재룡, 『백산실기』, 9~10쪽.

14 권영배, 「산남의진(1906~1908)의 조직과 활동」, 147쪽; 박민영, 『한말중기의병』, 174~175쪽.

무기뿐만 아니라 대규모 의병 부대가 이동하면서 먹어야 하는 식량의 조달도 큰 문제가 아닐 수 없었다. 의병들의 의복도 문제였다. 북상을 하게 되면 기약할 수 없는 장기전에 돌입하게 되고 추위에 대비한 의복이 필요했기 때문이다. 더욱이 고향을 떠나게 되므로 가족들에게 이러한 사정을 알리는 일도 남아 있었다. 이러한 준비를 위해서는 상당한 시간이 필요했고, 의진은 보현산普賢山(**영천시 화북면 소재**) 주위 마을에 주둔하면서 이를 준비하기로 결정했다.

우재룡은 8월 29일(**양력 10월 6일**) 정용기와 함께 매현梅縣(**현 포항시 북구 죽장면 매현리**)에 지휘 본부인 장영도소將營都所를 설치했다. 북상 준비를 위해 각지에 파견된 이들이 돌아오기를 기다리기 위해서였다.

그러나 의진의 패전을 예견하는 불길한 징조들이 의진에서 일어났다. 갑자기 진중의 대장기大將旗가 바람에 넘어진 것이다.[15] 갑자기 회오리바람이 불어 대장기가 넘어진 것에 불과한 일이었지만 전투를 앞둔 상황에서 갑작스럽게 그 일이 벌어지자 병사들이 동요하기 시작했다. 대장인 정용기는 전투보다 의진의 병사들을 안정시켜야 했다. 정용기는 오나라가 초나라를 공격할 때 손무孫武의 예를 들어 병사들을 진정시켰다.

정용기는 '오초吳楚가 싸울 때 오나라 대장기가 꺾이자, 손무는 대장기가 넘어지면 대장이 죽는 것이라 나는 이것에 응할 것이다. 내가 죽더라도 초나라를 이길 수 있다면 죽음을 두려워하지 않을 것이다' 라며 초나라가 대장기가 넘어졌음에도 오나라를 공격해 대승을 거두었다는 일화를 들어 병사들을 진정시켰다.

또한 비록 '오나라 대장 손무는 죽었지만 결국 오나라가 초나라를 대파하고 오나라 군사가 초나라 수도를 점령하였으니 이것은 우리(**산남의진: 필자**

---

15 『산남창의지』 下, 25쪽; 우재룡, 『백산실기』, 12쪽.

입암전투지 원경

주)가 대승을 할 징조'라는 점도 강조했다.[16] 병사들은 진정되었으나 또 다시 우포장 김일언과 군문집사 이두규가 사소한 일로 다투면서 진중의 분위기는 어수선했다.[17]

산남의진의 대장기가 넘어진 탓일까? 산남의진은 1907년 9월 1일(양력 10월 7일) 운명의 입암전투를 치르게 된다. 매현에서 주둔하고 있던 산남의진은 '일본군이 청송에서 죽장으로 이동한다'는 정보를 입수했다. 정용기는 일본군이 입암立巖(현 포항시 북구 죽장면)에 머물 것으로 예상했다. 정용기는 의진을 4개 부대로 나누었다. 3개 부대는 일본군의 퇴로에서 매복을 하고, 정용기가 이끄는 본진이 일본군을 공격하기 위해서였다.[18]

16 『산남창의지』 하, 26쪽.

17 『산남창의지』 하, 26쪽; 우재룡, 『백산실기』, 13쪽.

18 권영배, 「산남의진(1906~1908)의 조직과 활동」, 148쪽.

산남의진 입암전투지(경북 포항시 죽장면) 입암전투에서 정용기 의병장이 순국하였다.

정용기는 일본군이 입암에서 숙영宿營할 것이고, 새벽 시간을 이용해 일본군을 공격하면 승리할 것이라 여겼다. 따라서 정용기는 본진을 이끌고 입암의 일본군을 공격하고, 우재룡·김일언·이세기가 이끄는 3개 부대는 퇴로를 차단해 도주하는 일본군을 공격한다는 작전을 수립했다. 영천전투와 같은 계획이었다. 우재룡은 계획에 따라 1개 부대를 이끌고 작령雀嶺에 매복하고 있다가 일본군을 공격하라는 임무를 부여받았다.

그러나 입암 전투는 참패로 끝나고 말았다. 매복을 위해 광천廣川으로 가던 이세기가 먼저 입암의 일본군을 공격했기 때문이다. 이세기는 입암의 뒷산을 경유해 광천으로 이동 중 입암에서 숙영하고 있던 일본군을 발견했다.

그런데 입암의 일본군은 소수에 불과했다. 이세기는 본진이 새벽에 공격한다는 계획을 무시하고 일본군을 공격했다. 소수의 일본군을 공격하는데 새벽까지 기다릴 필요가 없다고 본 까닭이었다. 그러나 공격을 시작하자마자 일본군의 역습을 받았다.

입암전투 패전 후 산남의진 집결지 보현산(경북 영천시 화북면)

전투가 벌어지자 산남의진은 입암을 공격하기 시작했다. 그러나 일본군은 입암의 암석 지대를 이용해 공격을 감행했고, 산남의진은 결사 항전했으나 일본군의 공격을 막아낼 수가 없었다. 야간에 전투가 벌어지다 보니, 일본군들은 백색 옷을 입은 의병들을 쉽게 구분할 수 있었으나 의병들은 그렇지 못했던 것이 패전의 요인이었다. 새벽에 기습 공격으로 일본군을 공격하고, 도망치는 일본군을 퇴로에서 처단하겠다는 계획이 완전히 실패했던 것이다. 우재룡은 입암에서의 치열한 전투를 다음과 같이 회고했다.

입암으로 출발하니 산은 높고 계곡은 깊으며, 도로는 좁고 수목은 울창하고, 밤이라 어두워 지척을 분별할 수 없었다. 따라서 조금씩 진격하고 있었는데, 총소리가 천지를 진동하고, 총탄이 빗발같이 쏟아져 의병진은 대장단이 무너지는 참패를 당했다.[19]

19 우재룡, 『백산실기』, 14~15쪽.

입암 전투 피해는 너무나 컸다. 대장 정용기를 비롯해 중군장 이한구, 참모장 손영각, 좌영장 권규섭 등이 전사하고 입암은 초토화되었다.[20] 당시 입암 전투에서 산남의진과 전투를 벌였던 일본군 보병 14연대『진중일지』에 의하면 '정용기가 거느린 의병 150여 명으로부터 기습을 받았으나 공세로 전환하여 정용기 의병장 이하 19명을 사살하였으며, 일본군은 부상 2명'에 그쳤다고 기록하고 있다.[21] 산남의진의 입암전투 피해를 알 수 있는 부분이다.

당시 입암 전투를 벌였던 일본군 소대는 전공을 인정받아 연대장 표창을 받기도 했다.[22] 손무는 죽었으나 오나라가 대승을 거두었던 반면, 산남의진은 대장 정용기가 순절했음에도 승리를 거두지 못했던 것이다. 산남의진은 지휘부를 구성했던 의병장 대부분이 전사하면서 해산 위기에 직면하게 되었다.

정환직을 대장으로 추대하고 재봉기하다

우재룡에게 입암전투는 패전 이상이었다. 그가 독립운동을 시작할 수 있었던 것은 정용기가 있었기 때문이었다. 그가 의형제를 맺으면서 믿고 따랐던 정용기의 죽음은 입암 전투의 패전보다 더 큰 충격이었다. 그러나 슬픔에 잠겨있을 수만은 없었다. 산남의진을 재정비해야 했기 때문이다.

우재룡은 먼저 정순기·이세기 등과 입암 전투에서 순절한 의병들의 장례를 치렀다. 그러나 의진의 정비는 쉽지 않았다. 북상 준비를 위해 각지에 파견되었던 의병들이 돌아오지 않은 상황이었기 때문이다. 가장 시급한 문제는 의진을 새롭게 지휘할 대장을 다시 추대하는 것이었다.

---

20 권영배,「산남의진(1906~1908)의 조직과 활동」, 148쪽;『산남창의지』하, 9 · 26~27쪽.

21 김상기,「'제 14연대 진중일지'를 통해 본 일본군의 의병탄압」,『한국독립운동사연구』44, 한국독립운동사연구소, 2013, 19쪽.

22 김상기,「'제 14연대 진중일지'를 통해 본 일본군의 의병탄압」, 19쪽.

우재룡은 대장 추대 문제를 정순기와 논의했다. 정순기는 북상을 위해 의병을 모집하던 중 입암전투 소식을 접하고 본진에 합류해 있었다. 우재룡은 정용기가 순절한 상황에서 정순기를 가장 믿을 만한 인물로 여겼던 것으로 보인다. 정순기는 산남의진 결성 초기부터 소모장으로 활동했을 뿐만 아니라 정환직의 종질從姪이자 정용기의 재종제再從弟였다. 우재룡은 정순기와 함께 정환직에게 의진의 총지휘를 맡아줄 것을 요청했다.

정환직은 북상을 독려한 후 기계杞溪(현 경북 포항 기계면)에 머물고 있었으나 패전 소식을 접하고 입암에 도착했다. 우재룡은 정순기와 함께 정환직을 새 대장으로 추대했다. 그러나 정환직은 '이제 국가의 존망이 우리의 성패에 있거늘 중도에 우리 장성을 잃었으니 어찌 하늘이 돕지 않는 것인가? 너희들 중에서 지휘할 자격이 있는 자로 나라를 구하라'며 고사했다.[23]

우재룡과 정순기는 '지금 일이 이 지경에 이르러 어떤 부대들은 아직까지 외부에 산재해 있으면서 본부의 상황을 지켜보고 있으며, 잘못되면 삼분오열될 것입니다. 또한 대중(의진: 필자주)이 한번 흩어지면 다시 단합하기 어렵습니다. 대인(정환직: 필자주)께서는 원래 신망이 있어 누구든지 그 자리를 양보할 것이며, 하물며 임금의 밀조密詔를 받아서 이 일을 시작하였으니 이 일을 어떻게 처리해야 되겠습니까'라며 다시 대장을 맡아줄 것을 요청했다.[24]

정환직은 병사들이 울면서 요청하자 사양하지 못하고 의진의 총대장을 허락했다. 산남의진의 제2대 대장에 추대된 것이다. 한말의병전쟁사에서 아버지가 아들의 뒤를 이어 항일전을 벌이는 특이한 사례였다. 정환직의 나이 64세 때의 일이었다.

정환직을 새로운 대장으로 추대한 산남의진은 9월 3일(양력 10월 9일) 청

---

23 『산남창의지』 하, 9쪽.

24 산남의진유사간행위원회, 『산남의진유사』, 165~166쪽.

하 분파소를 공격하는 것으로 활동을 재개했다. 또한 의진을 보현산普賢山(현 경북 영천시 화북면)으로 집결시켰다. 그리고 9월 12일(양력 10월 18일) 의진을 북동대산北東大山(현 포항시 북구 죽장면)으로 옮겼다. 산남의진은 이곳에서 다시 의병들을 모으고 군사들을 훈련시켰다. 우재룡은 이곳에서 의병들의 훈련을 담당했다.[25]

산남의진은 거병 초기부터 산간 지방을 중심으로 유격전을 펼쳤다. 일본군의 동향을 탐색하고 매복과 기습 공격을 감행하는 전술이었다. 이러한 전술은 병사들이 잘 훈련되어 있어야 효과를 밝힐 수 있는 것이었다. 산남의진의 유격전은 해산 군인들이 의병들을 훈련시키면서 이루어졌으며, 우재룡은 그 중심에 있었다. 우재룡이 의진에 편성될 때마다 연습장과 선봉장을 맡은 이유도 바로 이 때문이었다.

정환직은 대장에 추대된 후 재기를 위해 다시 각지에 의병 소모관들을 파견했다. 소모관으로 파견된 정춘일·장성우·손기찬·김성극·김진영·이규항·이규필·구한서 등은 경북 청송·하양·인동·의성·진보·안동·영덕 등지에서 의병들을 모집해 의진에 합류했다. 이들의 노력으로 산남의진은 다음과 같이 다시 의진을 편성할 수 있었다.

대　장: 정환직鄭煥直　　*참모장: 정순기鄭純基*
중군장: 이세기李世紀　　*도총장: 구한서具漢書*
소모장: 김태환金泰煥　　***선봉장: 우재룡**禹在龍*
후봉장: 박광朴匡　　*좌영장: 이규필李圭弼*
우영장: 김치옥金致鈺　　*연습장: 김성일金聖一*
도포장: 고찬高燦　　*좌익장: 정래의鄭來儀*
우익장: 백남신白南信　　*좌포장: 김성극金聖極*
우포장: 이규환李圭桓　　*장영집사: 이규상李圭相*

25 『산남창의지』 하, 9쪽.

군무집사: 장성우張性愚[26]

우재룡은 선봉장을 맡았다. 우재룡은 2차 봉기 때 연습장을 맡았으나 이제는 본진의 선봉장을 맡은 것이다. 우재룡이 선봉장이라는 중책을 맡은 것은 2차 봉기 당시 활약상이 반영된 것으로 보인다. 우재룡은 영천 전투에서 일본군 장교를 참수하는 등 전과를 올리기도 했다. 따라서 다시 의진을 재편하면서 그에게 선봉장을 맡긴 것이다. 특히 정환직은 의병장들의 직임을 정할 때 1차 봉기 때부터 참모 역할을 담당했던 정순기의 추천을 받았다.[27] 따라서 우재룡의 활동을 지켜본 정순기가 선봉장으로 우재룡을 추천한 것으로 보인다.

이러한 점은 정환직이 가장 먼저 안동에서 일본군에게 포위된 홍구섭을 구출하는 데 우재룡을 파견한 것으로도 알 수 있다. 홍구섭은 입암 전투 후 안동에서 일본군에게 퇴로가 차단되어 본진에 합류하지 못하고 있었다. 정환직은 우재룡을 안동으로 급파했다. 우재룡은 일본군을 경북 영양 쪽으로 유인했고, 홍구섭 부대는 무사히 본진에 합류할 수 있었다.[28] 이처럼 우재룡은 산남의진에서 핵심적인 역할을 담당하기 시작했다.

산남의진은 9월 22일(양력 10월 28일)부터 보현산과 북동대산을 근거지로 삼고, 청하·흥해·청송·영덕·의흥 등 경북 지역에서 치열한 항일전을 벌여 나갔다. 이 과정에서 흥해·신령·의흥·영덕의 일본군 분파소를 불태우고 일본군 수십 명을 사살하는 전과를 올렸다.

그러나 산남의진의 공격이 계속되면서 일본군의 탄압도 가중되기 시작했다. 일본군 경북 왜관 수비대장은 산남의진을 공격하기 위해 경북 경무부에

26 『산남창의지』 하, 10~11쪽; 권영배, 「산남의진(1906~1908)의 조직과 활동」, 151쪽.

27 산남의진유사간행위원회, 『산남의진유사』, 161쪽.

28 『산남창의지』 하, 11쪽; 산남의진유사간행위원회, 『산남의진유사』, 161쪽.

병력 지원을 요청했고, 영천·군위·청송·경주·영일 수비대에 병력이 보충되기 시작했다.

일본군은 계속해서 증강되고 있었으나 산남의진은 시간이 지날수록 전력 손실이 커지고 있었다. 가장 심각한 것은 무기와 탄약이었다. 11월 4일 산남의진 100여 명이 의흥 분파소를 공격했을 때 일본군은 '의병들의 3분의 1은 군복을 착용하고 양총을 휴대하였으나 나머지는 한복에 화승총을 가지고 있었다'라고 보고했다.[29] 일본군의 보고이기는 하지만 산남의진의 무기 체계와 군복 등에 대한 현실을 볼 수 있는 부분이다.

일본군 보고에서도 알 수 있듯이 산남의진의 무기는 양총洋銃도 있었으나 주축 화력은 화승총火繩銃이었다. 화승총은 습기가 있으면 발포가 되지 않는 전근대식 무기였다. 그러나 이마저도 구입하기 어려웠다. 일제가 1907년 8월(양) '총포 및 화약 취급법'을 공포해 민간에서 유통되는 무기와 화약에 대해 철저한 단속을 시작했기 때문이다.

산남의진은 1차 봉기 때만 하더라도 대구·부산 등지의 철도 공사장에서 사용되는 화약을 인부들로부터 보급받기도 했다. 하지만 '총포 및 화약 취급법'이 시행되면서 민간에서조차도 화약이나 탄약을 구입할 수 없게 되었다. 따라서 산남의진은 탄약이 떨어지면 직접 탄약을 제조해야 했다.

탄약 제조는 각 요새에서 솥검정, 담배줄기, 고철 파편 등으로 제조했으며, 책임자를 임명할 정도로 전투 이상의 심혈을 기울였다.[30] 그러나 산남의진의 탄약 부족은 심각한 수준이었다.

산남의진은 11월 3일 영덕을 공격해 일본군 4명을 사살했다. 일본군은 의진의 공격을 받자 해로를 통해 도주하기 시작했다. 하지만 의진에서는 탄약이 떨어져 다시 청하로 돌아올 수밖에 없었다. 탄약 부족으로 전투를 벌이

---

29 김상기, 「'제 14연대 진중일지'를 통해 본 일본군의 의병탄압」, 19쪽.

30 산남의진유사간행위원회, 『산남의진유사』, 167쪽.

기 어려웠던 산남의진의 현실을 볼 수 있었던 전투였다.

화승총. 화승총은 습기가 있으면 발포되지 않는 전근대식 무기였다.

산남의진에 대한 일본군의 공격은 집요하게 계속되었다. 일본군은 함선 6~7척을 동원해 포항에 상륙해 공격을 시작했고, 청송·안동·기계에서도 일본군이 출동해 의진을 포위하기 시작했다. 청송에서 공격을 시작한 일본군만도 4~5백 명에 이를 정도로 대규모 부대였다.[31]

산남의진은 일본군의 공격을 피해 북동대산에 집결했으나 탄약이 떨어져 더 이상 전투를 할 수 없는 상황에 이르렀다.[32] 이런 상황에서 일본군의 포위망이 좁혀오자 정환직은 다음과 같이 북상을 지시했다.

> *지금 우리가 군중에 군수품이 핍절되었고, 또 각지로 파견된 부대들도 원료를 구하지 못하여 약탄 제조를 못하고 있다 하니 우리가 빈손으로 사방에 포위된 강적을 대항할 수 없는 사정이오, 또는 귀중한 생명을 일없이 죽을 것이 아니다. 이 지경이 되었다고 이만한 큰 경영(산남의진 봉기: 필자주)을 결과도 없이 포기할 수 없으니 우리는 만 번 죽더라도 이 일은 존속해야 될 것이다. 존속하자면 먼저와 같이 별단 조치를 취하여 약탄 수집을 하고 지대를 얻은 연후라야 할 수 있다. 지금은 약탄을 구하기에도 그 전과 같이 단시일 내에 구할 수도 없으며, 이 지대에서는 활동하기도 어렵다. 나는 결정하기를 의진을 관동 지방으로 옮길 작정이다. 그 이유는 우리가 영남 지방에서는 이보다 더 분투를 못하게 되었으니 관동에 들어가면 그곳은 험준거령이 많은 지대라 우리는 그 요지를 의지하여 서울길을 모색하면서 싸울 것이다. 그러자면 너희들은 각 지방으로 출장하여 그 지방에 주둔한 분대원들에게 물자를 현재에 있는 그대로 가지*

31 『산남창의지』 하, 13쪽.

32 『산남창의지』 하, 13쪽.

고 그 분대들과 같이 관동으로 향하도록 준비를 하여라.[33]

정환직은 현실적으로 일본군과 전투를 벌이는 것이 불가능하다고 보았다. 특히 탄약이 떨어진 상황에서 다시 제조할 시간도 없을 뿐더러, 탄약 제조를 위한 재료조차 구입하기 어려운 현실을 받아들였던 것이다. 그러나 거병의 뜻을 접을 수도 없는 상황이었다.

그래서 생각해 낸 것이 바로 북상이었다. 관동 지방으로의 북상은 산남의진이 처음 거병할 때부터 수립했던 목표이기도 했다. 따라서 의진을 해산한 후 각자가 관동 지방으로 북상할 것을 지시했던 것이다. 그리고 본인은 준비를 하기 위해 먼저 관동 지방으로 들어갈 계획이었다.[34] 정환직의 북상 계획에 따라 병사들은 상인이나 농민, 광부 등으로 위장을 하고 떠나면서 산남의진은 일단 해산을 했다.

우재룡은 의진이 해산된 후 경남 창녕으로 향했다. 군수품을 준비하기 위해서였다. 우재룡은 창녕에서 태어났다. 따라서 자신의 고향에서 군수품을 조달하려 했던 것으로 보인다. 우재룡은 병사 20여 명을 이끌고 창녕으로 갔던 것이다.[35]

그러나 창녕에서 믿을 수 없는 비보를 다시 듣게 되었다. 정환직이 일본군에게 체포되었다는 것이다. 정환직은 12월 11일(양력) 오전 8시 40분 청하군 죽장면 고천(현, 포항시 죽장면 상옥리)에서 이봉수李鳳守·박기원朴基元 등과 함께 체포되었다.[36] 정환직은 강원도로 북상하던 중 고천의 각전角田(일명 뿔밭)에 머물고 있었다. 병을 치료하기 위해서였다.[37]

---

33 산남의진유사간행위원회, 『산남의진유사』, 171쪽.

34 권영배, 「산남의진(1906~1908)의 조직과 활동」, 156쪽; 『산남창의지』 하, 13쪽.

35 산남의진유사간행위원회, 『산남의진유사』, 364쪽; 우재룡, 『백산실기』, 19쪽.

36 김상기, 「'제 14연대 진중일지'를 통해 본 일본군의 의병 탄압」, 20쪽.

37 『산남창의지』 하, 13~14쪽.

하지만 일본군은 산남의진을 계속해서 추격하고 있었고,[38] 정환직을 체포하라는 특별명령까지 내려진 상태였다.[39] 일본군은 산남의진이 해산한 것을 알고 있었으며, 고천의 민간에서 신병을 치료하고 있던 정환직을 급습했다. 결국 정환직은 일본군을 포위망을 뚫지 못하고 체포되고 말았다.

일본군은 정환직을 대구로 호송하던 중 경북 영천의 남교南郊에서 총살했다. 일제는 정환직 대장을 계속해서 회유했으나 굴복하지 않자 고향인 영천에서 총살을 시킨 것이다. 정환직은 다음과 같이 유시遺詩를 남겼다.[40]

身亡心不變 몸은 죽을지라도 마음은 변치 않으리
義重死猶輕 의리가 무거우니 죽음은 오히려 가볍다
後事憑誰託 뒷일은 누구에게 부탁할고
無言坐五更 말없이 긴 밤을 넘기노라

우재룡은 창녕에서 급히 돌아와 정순기·이세기 등과 정환직 구출 작전을 세우기도 했으나 성공을 거두지는 못했다.[41] 우재룡은 산남의진에 참여한 후 벌써 두 번째 대장이 순국하는 시련을 겪었던 것이다. 우재룡뿐만 아니라 각지에서 군수품을 조달해 북상하려던 의병장들도 마찬가지였다. 정환직이 순국하면서 북상 계획도 모두 수포로 돌아갔다. 또 다시 대장을 추대하고 의진을 정비해야 하는 문제가 생긴 상황이었다.

우재룡은 1908년 1월 1일(음력) 보현산 거동사巨洞寺에서 정순기·이세기 등과 함께 정환직을 비롯해 순국한 의병들의 제사를 지냈다. 산남의진에 참여한 후 벌써 두 번째 일이다. 그것도 정용기, 정환직 부자 의병장에 대한

---

38 일본군 보병 제14연대, 『陣中日誌』Ⅰ, 토지주택박물관연구총서 제15집, 3~120·126·136·147·157·176쪽.

39 일본군 보병 제14연대, 『陣中日誌』Ⅰ, 토지주택박물관연구총서 제15집, 4~63쪽.

40 『산남창의지』 하, 14쪽.

41 우재룡, 『백산실기』, 18쪽.

정환직 의병장 순국기념 산남의진비(경북 영천시 조양공원)

제사를 직접 거행했다. 우재룡은 이곳에서 살아 남은 병사들과 최후의 한 명까지 왜적과 싸우기로 맹세를 했다.[42]

산남의진은 최세윤崔世允(일명 최세한崔世翰)을 새로운 대장으로 추대하기로 결정했다. 최세윤을 산남의진의 3대 대장으로 추대한 것은 정환직이 남긴

42 『산남창의지』 상, 28~29쪽; 산남의진유사간행위원회, 『산남의진유사』, 364쪽; 우재룡, 『백산실기』, 20쪽.

유명遺命에 따른 것이었다. 정환직은 1907년 9월 경북 흥해를 공격한 후 천곡사泉谷寺에 머문 적이 있었다. 최세윤은 천곡사에 머물고 있던 정환직을 방문해 의진의 활동에 대해 논의했다. 정환직은 1907년 11월초 다시 흥해를 공격했고, 흥해 보경사寶鏡寺에서 진중 회의가 열렸다.

정환직 의병장이 사용하던 벼루집(독립기념관 소장)

이 자리에서 정환직은 '나는 이미 늙었으니 내일을 기약할 수 없다. 만일 뜻과 같지 않으면 최세한(**최세윤: 필자주**)이 나의 책임을 당할 수 있으리라' 며 만일에 대비해 자신의 후임을 최세윤으로 내정했었다.[43] 따라서 산남의진은 정환직의 유명遺命에 따라 최세윤을 대장으로 추대했던 것이다.

최세윤은 1867년 경북 흥해군 서면 곡성리曲城里에서 태어났다. 최세윤은 을미사변이 발생하자 경북 각 군에 격문을 발송했고, 1896년에는 의병들을 모아 김도화金道和의 안동의진에 참여했다. 따라서 경북 흥해 지역에서 명망이 있었고, 산남의진 봉기 시에는 후방에서 지원 활동을 벌였다. 최세윤은 지병持病이 있어 산남의진에 직접 참여하지는 못하고 있었다. 하지만 정환직이 자신에게 변고가 있을 때 의진을 지휘할 적임자로 최세윤을 지명했고 이를 수락한 것이다.

그러나 최세윤은 정환직이 순국한 후에도 곧바로 의진에 합류하지는 못했다. 지병이 완치되지 않았기 때문이었다. 따라서 정순기가 임시로 대장을

43 『산남창의지』 하, 24 · 34쪽.

맡을 수밖에 없었다. 우재룡은 정순기·이세기 등과 최세윤을 직접 만나 산남의진의 대장을 맡아줄 것을 요청했고, 의병장들의 뜻을 모아 최세윤의 의진 합류를 요청하는 서한을 보내기도 했다. 최세윤도 계속해서 대장을 맡는 것을 미룰 수만은 없었다.

최세윤은 '(나는) 여러 동지들을 더불고 몸을 다 같이 국난에 받치기로 맹서하고 나는 내 일신에 대수롭지 않은 병으로서 이제까지 후방에서 잔명殘命을 보존하고 있었으니 그 동안에 혼돈한 세월이 얼마나 흘러갔으며, 고난한 풍파가 얼마나 덮쳐 왔는가. 먼저 순국한 동지들이 응당히 나를 원망할 것이라. 어떻게 하더라도 나는 이 몸을 그 동지들과 같이 죽어야 될 일인데, 어찌 이 몸에 치료를 빙자하고 또 시일을 허비하리요'라며 의진에 합류했다.[44]

최세윤은 1908년 2월 5일 산남의진 3대 대장을 맡았고, 산남의진은 다시 의진을 재편하고 활동을 시작할 수 있었다.

팔공산 일대에서 유격전을 펼치다

최세윤이 새로운 대장으로 추대되었으나 산남의진이 처한 상황은 변함이 없었다. 일본군이 계속해서 증강되면서 관동 지역으로 북상은 현실적으로 불가능해졌다. 산남의진은 장기전으로 전술을 바꾸었다. 본부는 남동대산에 두고 경북 각지에 부대를 배치하고, 지역의 부대들은 본부의 지시를 받으면서 유격전을 전개하는 것으로 전환했다. 산남의진이 처한 상황에서 선택할 수 있는 최선의 방법이었다.

당시는 의병들의 전국 연합 작전인 13도 창의군이 실패로 돌아간 상황이

---

44 산남의진유사간행위원회, 『산남의진유사』, 325쪽.

었고, 전국의 의병들이 분산되어 독자적으로 활동하던 시기였다. 일제가 의병들을 탄압하기 위해 소위 초토화 작전에 들어간 상황에서 의병들이 지구전을 벌이기 위한 방법이기도 했다. 산남의진도 북상이 현실적으로 어려운 상황에서 경북 지역만이라도 확보하기 위한 전술로 전환했던 것이다. 이를 위해 산남의진은 다음과 같이 의진을 재편했다.[45]

〈본부〉

대　장: 최세윤崔世允
중군장: 권대진權大震
참모장: 정래의鄭來儀
소모장: 박완식朴完植
도총장: 이종곤李鍾崑
선봉장: 백남신白南信
연습장: 김성일金聖一
후봉장: 최치환崔致煥
좌포장: 최기보崔基輔
우포장: 이규필李圭弼
장영집사: 이규상李圭相
군무집사: 허서기許書記

〈지역〉

서종락徐鍾洛: 청송 동부, 주왕산周王山 일대
남석구南錫球: 청송 서부, 철령鐵嶺 일대
이세기李世紀: 영천 북부, 보현산普賢山 일대
우재룡禹在龍: 영천 서부, 팔공산八公山 일대
이형표李亨杓: 영천 남부, 구룡산九龍山 일대
조상환曺相煥: 신령 지역, 화산花山 일대
박태종朴泰宗: 의성 지역, 춘산春山 일대
남승하南昇夏: 군위 지역, 효령孝令 일대
임중호林中虎: 청도 · 경산 지역, 운문산雲門山 일대
손진구孫晋球: 경산 서부 지역, 주사산朱砂山 일대
정순기鄭純基 · 구한서具漢書: 청하 · 죽장 · 기계 지역, 북동대산 일대

45 배용일, 「최세윤 의병장고」, 『사총』 31, 고려대학교 역사연구소, 1987, 60쪽; 산남의진유사간행위원회, 『산남의진유사』, 328쪽.

산남의진은 본부를 남동대산에 설치하고, 유격전을 전개하기 위해 경북 지역을 11개 지역으로 나누고 책임자를 임명했다. 지역 책임자는 우재룡·정순기·이세기 등 본부에서 중책을 맡았던 이들이었다. 의진을 산악 지대를 거점으로 유격대로 정예화하고, 지역 분대를 중심으로 항일전을 전개하기 위해 것이었다.

지역의 유격대는 본부의 지시를 받으면서 경북 지역의 산악 지대를 중심으로 유격전의 준비에 들어갔다. 우재룡은 팔공산을 중심으로 경북 영천의 서부 지역 책임을 맡았다. 그러나 산남의진의 항일 투쟁은 지속되지 못했다. 1908년 7월 최세윤 대장마저 일본군에 체포되면서 산남의진은 해산의 길을 걷게 되었다.

산남의진은 본부와 각 유격대가 연합 전선을 펴거나 독자적으로 항일전을 펼쳤다. 활동 지역은 유격대의 근거지인 영천·경주·흥해·청하·청송·영양 일대였다. 그러나 승전보다는 패전의 연속이었다. 일본군의 집요한 추격과 공격이 더욱 거세졌기 때문이었다. 본부의 거점인 남동대산은 경북 해안 지역에 위치하고 있어, 내륙에 근거를 두고 있던 각 지역의 유격대와 연락이 어려웠던 점도 패전의 원인 중 하나였다.

따라서 지역의 유격대에서는 본부의 거점을 내륙으로 이동해 줄 것을 요청했다.[46] 지역 유격대의 요청으로 산남의진은 본부를 경북 의성으로 이동하기로 결정했다. 그러나 본부를 이동하던 중 최세윤 대장이 경북 장기군 내남면 용동龍洞에서 일본군에게 체포되었다.[47]

산남의진은 또 다시 대장이 체포되면서 의진의 구심점을 잃게 되었다. 최세윤이 체포되자 보현산 일대의 책임자였던 이세기가 흩어진 병사들을 모아 항전을 하기도 했으나, 이세기도 체포되면서 의진은 해산되고 말았다.

---

46 산남의진유사간행위원회, 『산남의진유사』, 332쪽.

47 권영배, 「산남의진(1906~1908)의 조직과 활동」, 162쪽.

산남의진만이 아니었다. 일본군은 경북 지역 의병을 탄압하기 위해 별도의 '토벌대'를 조직했다. 일제는 1904년부터 한국주차군수비대라는 이름으로 보병 24연대를 파병했다. 1905년 러일전쟁 이후에는 제13·15사단을 파병해 주차군수비대를 18,398명으로 증강했다. 일제는 1907년 15사단을 철수시켰으나 1907년 7월 보병 14연대와 47연대로 구성된 여단급 병력을 다시 증파했다. 광무황제 강제 퇴위와 군대 해산에 대비하기 위한 것이었다.[48]

이강년

일본군 보병 14연대는 대한제국 군대가 강제해산된 후 경북 지역 의병 탄압을 시작했다. 경북지역은 산남의진만이 아니라 이강년·신돌석 의병부대가 격렬하게 항일전을 벌이던 지역이었기 때문이다. 보병 14연대장인 기구찌菊池 대좌는 문경지역의 이강년의진을 공격하기 시작했다. 그러나 의병들의 항전이 거세지자 대전大田에 있던 14연대를 대구로 이전하고 봉화·영일·울산·영천·청송 등에 일본군을 추가로 배치하고 소위 의병 '토벌'을 벌였다.[49]

마침내 1908년 7월 최세윤, 이강년 의병장이 체포되었으며, 같은 해 12월에는 신돌석마저 순국하는 비운을 맞았다. 산남의진이 지역의 이점과 기동력을 이용해 정보전과 유격전을 벌였지만 일본군 최정예 부대와의 전투에서 절대적으로 불리할 수밖에 없었던 것이다.

우재룡도 산남의진과 운명을 같이 했다. 우재룡은 팔공산의 동화사桐華寺에 거점을 마련하고 본부와 다른 지역의 유격대와 연락을 취하면서 항일전을 펼쳤다. 우재룡은 팔공산 지역 유격대 책임을 맡으면서 자금 모집에 주력했다. 장기적인 항일전을 벌이기 위해서는 무기를 구입해야 했고, 무기를

48 김상기, 「'제 14연대 진중일지'를 통해 본 일본군의 의병탄압」, 7~8쪽.
49 김상기, 「'제 14연대 진중일지'를 통해 본 일본군의 의병탄압」, 40~41쪽.

우재룡이 산남의진 경북 서부지역 책임을 맡아 본진을 설치했던 팔공산 동화사

구입하기 위해서는 자금이 필요했기 때문이다. 우재룡은 경북 칠곡의 가산동·국곡동 등에서 자금을 모집했다.[50]

우재룡은 모은 자금으로 무기 구입을 시도했다. 우재룡은 1908년 5월 고령高靈의 유격대로부터 무기 50정을 구입했으니 대구에서 수령하라는 연락을 받았다. 우재룡은 무기 대금 1,600냥을 가지고 의병들과 함께 대구로 가서 무기를 수령했다. 우재룡은 부하들과 함께 농부로 위장을 하고 빗자루에 무기 한 정씩을 은닉하고 근거지로 돌아오고 있었다. 하지만 미리 정보를 입수한 일본군에게 체포되고 말았다.

우재룡은 대구로 무기를 수령하기 위해 떠나면서 만일에 대비해 5명의 의병을 동화사에 남겨두었다. 우재룡은 '낮에는 절에 있지 말고 산에서 숨어 있으라'고 지시했다. 그런데 이들이 낮에 동화사에 머물다가 일본군에게 체포되었던 것이다. 일본군은 이들을 심문했고, 결국 대구로 무기 구입을 위해 떠났다는 의진의 비밀을 알아냈다. 그리고 동화사로 돌아오는 길목에서 매복하고 있다가 의병들을 체포했던 것이다.[51]

우재룡의 첫 번째 독립운동은 이렇게 끝나고 말았다. 의병전쟁을 통해 대

---

50 「우경옥(우재룡) 판결문」(1908년 9월 14일, 대구지방재판소).

51 우재룡, 『백산실기』, 21~22쪽.

한제국을 완전한 독립국으로 만들겠다는 그의 의지는 일제에 체포되면서 좌절되었다. 산남의진의 운명처럼, 대한제국의 운명처럼, 일제에 의해 뜻을 이루지 못한 채 투옥되는 운명을 맞았던 것이다. 그의 20년에 육박하는 기나긴 투옥 생활의 시작이었다.

그런데 『백산실기』에는 우재룡이 기유己酉(1909년) 5월에 일본군에게 체포된 것으로 기록되어 있다.[52] 또한 『산남의진유사』에도 '공(우재룡: 필자주)은 팔공산 지역을 담당하며 동화사에 근거를 두고 각도각산各道各山에 기맥을 통하여 2년간 싸움을 계속하였다'고 한다.[53] 우재룡은 1907년 8월에 산남의진에 참여했다. 따라서 2년간 의진에 활동했다면 1909년에 체포되었다는 것을 말한다.

그러나 일제의 기록을 보면 우재룡은 1908년 6월에 체포되었다.[54] 또한 우재룡이 대구지방재판소에서 산남의진 활동으로 종신형을 선고 받은 날도 1908년 9월 18일이다.[55] 따라서 우재룡이 일제에 체포된 시기는 1908년 6월(음력 5월)로 보아야 한다.

우재룡은 대구로 압송되었다. 우재룡은 대구경찰서에서 심문을 받고 대구지방재판소 재판에 회부되었다. 그는 재판 과정에서 의병에 참여한 이유를 다음과 같이 답했다.[56]

문: 의병은 무슨 이유로 하였는가?
답: 나라를 찾고자 한 것이다.
문: 돈 1,600냥은 어디에서 나왔는가?

---

52 우재룡, 『백산실기』, 20쪽.
53 산남의진유사간행위원회, 『산남의진유사』, 364쪽.
54 『폭도에 관한 편책』(충청 · 전라 · 경상도)』 3, 융희 2년 6월.
55 「우경옥(우재룡) 판결문」(1908년 9월 18일, 대구지방재판소).
56 우재룡, 『백산실기』, 24쪽; 산남의진유사간행위원회, 『산남의진유사』, 365쪽.

답: 민간에서 의연금으로 모집하였다.

문: 나라를 찾으려면 자기의 사재로 하거나 국가의 공전으로 하는 것이지 백성에게 모금하는 것은 도적이다.

답 : 국왕이 나라를 도적맞고 백성이 인권을 도적맞은 이때에 사재고 공전이고 어디에 분간할 수 있으랴.

우재룡은 재판 과정에서도 의기를 굽히지 않았으며, 소위 '내란죄'라는 죄명으로 '종신 유형' 처분을 받았다. 즉 무기징역을 선고받았던 것이다. 우재룡은 대구감옥에서 수감 생활을 시작했다.

대한제국은 1910년 8월 일제에 의해 강제 병합되고 말았다. 일제는 강제 병합 직후 소위 '합방 특사'라는 명목으로 국권회복운동으로 투옥된 이들을 석방했다. 우재룡도 '합방 특사'로 풀려났다. 우재룡은 무기징역형을 받아 평생을 감옥에 있어야 했으나 2년 만에 투옥 생활을 마감했던 것이다. 그가 목숨을 바쳐 지키고자 했던 나라가 망한 결과였다.

산남의진 위령제 기념비(경북 포항 죽장면)

03

비밀결사
광복회를 조직하다

다시 독립운동을 시작하다

우재룡은 '합방특사'로 풀려난 후 대구 성서면 신당리 자택으로 돌아왔다. 그러나 돌아온 자택에는 남아 있는 것이 없었다. 우재룡이 체포되던 1908년 부친이 사망했고, 부인과 자식들도 모두 세상을 떠난 뒤였다. 독립운동가들의 삶이 그렇듯이 의병전쟁에 참여하면서 가족들을 돌보지 못한 결과였다. 가족들이 모두 세상을 떠났고, 가족을 버리면서까지 지키고자 했던 나라마저 망했던 것이다. 그에게는 남아 있는 것이 없었다. 의병전쟁에 참여하면서부터 예견했던 일이기도 했다.

우재룡은 은둔생활을 시작했다. 그러나 은둔생활은 길지 않았다. 우재룡은 다시 독립운동을 시작했다. 그는 한일 강제병합 후에도 '구한국의 국권회복을 열망하여, 어떻게 하면 국권회복을 할 수 있을까, 항상 그 일만을 생각하고 있었다.'[1] 일제는 우재룡으로부터 나라를 빼앗을 수는 있었으나 독립에 대한 의지는 빼앗지 못했던 것이다.

이제 그에게는 국권회복이 아니라 빼앗긴 나라를 되찾아야 하는 과제가 놓여 있었다. 우재룡에게 한일 강제 병합은 조국독립을 위한 또 다른 출발이었다.

우재룡은 '특사'로 풀려난 후 여러 차례 이사를 했다. 『백산실기』에 의하면 경북 김천의 지례知禮로 이사했다. 김천 지례는 옥중에서 만나 존경하게 된 오사로吳士老가 거주하고 있던 곳이다.[2] 그러나 우재룡의 신문조서에 의하면 '명치 43년(1910년) 9월경(음) 대구로부터 80여 리 떨어져 있는 신녕(현 영천군 신녕면)으로 이사하여 피륙(옷감)·연초류 장사를 하며 10여 두락 정

1 「우이견(우재룡) 신문조서」(국사편찬위원회, 『한민족독립운동사자료집』 32, 236쪽).

2 우재룡, 『백산실기』, 26쪽.

도의 전답을 경작하며 가족과 함께 3년을 살았다. 그리고 왜관으로 이주해 1년쯤 지내고 경주군 외동면 녹동으로 이사해 소작농을 하면서 생활했다'고 한다.[3] 『백산실기』에는 신녕이나 왜관으로 이사했다는 기록이 없으며, 신문조서에는 김천으로 이사했다는 기록이 없다.

두 기록을 보면, 우재룡은 '합방특사'로 풀려난 후 경북 신녕에서 은둔 생활을 한 것으로 보인다. 그리고 독립운동을 시작하면서 김천에 가족을 거주시킨 것으로 여겨진다. 우재룡은 김천으로 이사할 때 하양河陽에 거주하던 조응서曺應瑞의 따님과 결혼한 상태였다. 김천으로 이사할 때 이미 1남 1녀의 자식을 두고 있었으며, 가족을 김천에 두고 독립운동을 다시 시작했다고 볼 수 있다.[4]

우재룡은 독립운동을 다시 시작했으나 여건은 좋지 않았다. 한국을 강점한 일제는 일본군 2개 사단을 주둔시키고 우리 민족을 철저하게 탄압하는 무단통치를 실시했다. 또한 헌병경찰을 동원해 우리 민족을 물샐틈없이 감시하고 탄압하는 헌병경찰제를 실시했다. 헌병경찰에게는 재판 없이 징역, 구류 처분을 할 수 있는 즉결처분권까지 부여했다.

일제는 헌병경찰을 앞세워 우리 민족의 기본권을 박탈하고, 민족운동가들을 무차별 체포·투옥·고문·살해했다. 일제의 무단통치는 세계역사상 유래를 찾아볼 수 없는 것이었다. 따라서 1910년대에 국내에서 독립운동을 펼친다는 것은 불가능에 가까웠다. 국내에서 독립운동이 어렵게 되자 많은 독립운동가들은 국외로 망명해 해외에서 독립운동을 시작했다.

그러나 우재룡은 해외로 망명하지 않았다. 국내에서 독립운동을 펼치기 위해서였다. 우재룡을 다시 독립운동의 길로 나서게 한 이는 울산 출신 박상진朴尙鎭이었다. 우재룡은 1912년 양제안의 소개로 경북 풍기에서 박상진

3 「우이견(우재룡) 신문조서」(국사편찬위원회, 『한민족독립운동사자료집』 32, 235쪽).

4 우재룡, 『백산실기』, 25쪽.

을 만났다. 박상진이 만나기를 원했기 때문이다.

우재룡은 박상진을 만나 독립운동에 대한 토론을 한 후 곧바로 동지가 되었다. 박상진과는 짧은 만남이었으나 우재룡은 그를 크게 신뢰했다. 이러한 점은 우재룡이 박상진의 활동을 정리한 「우재룡은 고우古友 박상진의 약력略曆을 수초手抄」를 통해서 확인할 수 있다.[5]

박상진의 위대한 포부抱負 중 만주진야滿洲陳野에 조선식 수도水稻를 장려하고 지나노령支那露領에 거주하는 동포同胞 및 재선동지在鮮同志를 내외상응內外相應시킬 방법과 구미제국歐美諸國에 외교할 것과 후위後位에 후임後任으로 향자전손向子傳孫하더라도 않을 수 없는 우리의 임무任務라기에 내심內心으로 참으로 복종伏從지 않을 수 없어 맹세코 허신許身하였다.

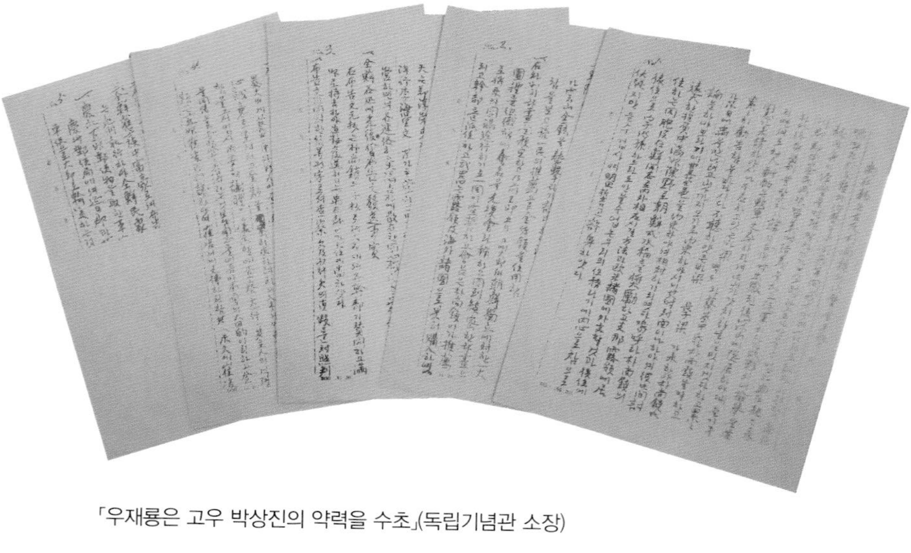

「우재룡은 고우 박상진의 약력을 수초」(독립기념관 소장)

5 「禹在龍은 古友 朴尙鎭의 約曆을 手抄」(독립기념관 소장)

우재룡은 박상진과 '경론을 토론하고 간담肝膽이 상조相照'할 정도로 진심으로 마음을 터놓고 독립운동을 함께할 동지가 되었다.[6] 우재룡은 박상진과 만난 후 독립에 대한 의지에 공감했던 것이다. 박상진이 독립에 대한 구체적인 방략을 갖고 있었기 때문이었다. 또한 박상진이 가지고 있는 특별한 이력 때문이기도 했다.

박상진은 울산 농소農所 송정(현, 울산광역시 북구 송정동) 출신이었다. 박상진 집안은 명문가였다. 박상진의 생부 박시규朴時奎는 한말 성균관 전적·사간원 정언·승정원 승지·규장각 부제학 등을 역임했으며, 출계한 백부 박시룡朴時龍도 홍문관 시독과 교리 등을 역임했다.[7] 따라서 박상진은 가문의 유학적 전통을 계승한 척사유림斥邪儒林이었다.

그러나 박상진은 1905년 서울에서 신교육을 받기 시작했다. 그는 양정의숙養正義塾에서 법률학을 공부했으며, 신민회 인물들과 교류하며 계몽운동 단체인 교남교육회에 참여했다.[8] 박상진은 전통유림이었으나 신교육을 받고 계몽운동을 펼쳤던 것이다. 박상진이 계몽운동에 참여한 것은 스승인 왕산旺山 허위許蔿의 가르침 때문이었다.

왕산 허위는 1854년 경북 선산군 구미면 임은리 태생으로 한말 의병장이었다. 허위는 일제가 을미사변을 일으키자 1896년 이기찬李起燦·조동호趙東鎬 등과 함께 경북 김천에서 김산의진金山義陣을 일으켰다. 허위는 김산의진을 이끌고 충북 진천까지 북상했으나 고종의 해산 명령을 받고 해산했다.

허위는 김산의진이 실패한 후 경북 진보에 거주하던 만형 허훈許薰의 집에

6 「固軒實記 畧抄」(김희곤 편, 『박상진 자료집』, 366쪽).

7 박중훈, 「고헌 박상진의 생애와 항일투쟁」, 『국학연구』 6, 국학연구소, 2001, 60~61쪽.

8 권대웅, 『1910년대 국내독립운동』, 101쪽; 박중훈, 「고헌 박상진의 생애와 항일투쟁」, 76~81쪽. 교남교육회는 1908년 3월 서울에 있던 영남지역 출신들이 교남 지역의 진흥을 목적으로 조직한 계몽운동 단체였다. 회장은 이하영(李夏榮)이었으며, 류인식(柳寅植) · 김응섭(金應燮) · 남형우(南亨祐) · 안희제(安熙濟) · 서상일(徐相日) 등이 회원으로 참여했다. 박상진은 생부인 박시규와 함께 참여했다(김희곤, 「고헌 박상진(1884 - 192 1)의 생애와 자료」(김희곤 편, 『박상진 자료집』)).

머물면서 학문에 정진하고 있었다. 박상진은 이곳에서 허위를 만났다. 박상진은 7세 무렵부터 사종형四從兄 박규진朴㙈鎭으로부터 전통 한학을 수학했다. 박규진은 족친인 박시무朴時戊와 류치명柳致明의 문인으로 경북 진보에서 거주하고 있었다. 박상진은 박규진에게 수학하면서 진보에 거주하고 있던 허위를 만나 사제師弟의 인연을 맺었다.

박상진

허위는 1899년 신기선申箕善의 추천으로 관직에 나가 성균관 박사·중추원 의관 등을 역임했으며, 1904년에는 평리원 재판장을 지냈다. 그러나 일제는 1905년 3월 허위를 구속했다. 그의 항일 활동을 빌미로 삼았던 것이다. 허위는 항일투쟁을 중단하라는 일제의 협박에도 의지를 굽히지 않았고, 1905년 7월 일제에 의해 강제로 고향으로 보내졌다.[9]

그러나 허위는 1907년 9월 경기도 연천·적성 등지에서 의병을 모아 또 다시 거병했으며, 이인영李麟榮·민긍호閔肯鎬·이강년李康秊 등과 13도창의군을 결성하고 서울진공작전을 벌였다. 허위는 동대문 밖 30리까지 진격했으나 본대가 도착하기 전 일본군에 패하고 말았다. 허위는 서울진공작전이 실패한 후 임진강·한탄강을 중심으로 항일전을 벌였으나 1908년 6월 체포되었으며, 같은 해 9월 27일(양, 10월 21일) 서대문 형무소에서

허위

9 조재곤, 「왕산 허위의 관직생활과 항일투쟁」, 『왕산 허위의 나라사랑과 의병전쟁』, 구미시·안동대학교박물관, 2005, 142쪽.

순국했다.[10]

이처럼 허위는 한말의 대표적인 의병장이었다. 그러나 그는 사상적으로 위정척사衛正斥邪만을 고집하지는 않았다. 허위는 서울에서 관직 생활을 시작하면서 신학문을 받아들였고 계몽의식을 갖게 되었다.[11] 허위의 이러한 사상적 특징은 1904년 의정부 참찬으로 임명되면서 건의한 10개조 개혁안에 그대로 드러난다.[12]

허위는 10개조 개혁안에서 '학교 설립·철도와 전기의 증설·노비 해방' 등 국가의 폐단을 고쳐, 봉건적 구습을 청산하고 백성들을 풍요롭게 할 방책을 제시했다. 이처럼 허위는 척사적 성격을 바탕으로 계몽주의 성향을 겸비한 혁신유림革新儒林이었다.[13]

박상진은 허위의 사상을 계승한 혁신유림이었다.[14] 박상진은 1902년 서울로 올라갔다. 허위에게 계속해서 가르침을 받기 위해서였다. 허위가 관직 생활을 하면서 서울에 거주하고 있었기 때문이다.

---

10 신용하, 「許蔿의 의병활동」, 『한국근대사와 사회변동』, 문학과 지성사, 1980, 77쪽.

11 신용하, 「許蔿의 의병활동」, 56쪽.

12 독립운동사편찬위원회, 「왕산허위선생 거의사실 대략」, 『독립운동사자료집』 2, 237쪽; 신용하, 「虛儀의 의병활동」, 59~60쪽. 당시 허위가 건의한 10개조 개혁안은 다음과 같다. 첫째, 학교를 세워 인재를 기를 것. 그 재주가 우수한 자를 골라서 외국에 유학(留學)시킬 것. 둘째, 군정(軍政)을 닦아서 불시의 변에 대비할 것. 군사는 농사에서 나오고, 농사는 군사에서 나오는 것이니 봄 · 가을로 무술을 연습하고 출입하면서 농사군과 교환할 것. 셋째, 철도(鐵道)를 증설(增設)하고 전기(電氣)를 시설하여 교통(交通)과 산업(産業)에 이바지할 것. 넷째, 연탄(煙炭)을 사용하여 산림(山林)을 보호 양성할 것. 다섯째, 건답(乾畓)에는 수차(水車)를 써서 물을 대도록 할 것. 여섯째, 뽕나무를 심어 누에를 치고, 못을 파서 물고기를 기르며, 또 육축(六畜)을 기르도록 힘쓸 것. 일곱째, 해항세(海港稅)와 시장세(市場稅)를 날로 더하고 달로 증가시켜 장사꾼들에게도 공평한 이익을 얻도록 할 것. 여덟째, 우리나라 지폐(紙幣)는 폐단이 심해서 물가(物價)는 몹시 높고 화폐는 지극히 천하여 공사(公私)의 허다한 재용(財用)이 고르지 못한즉, 은행(銀行)을 설치하여 금 · 은 · 동전(銅錢)을 다시 통용시킬 것. 아홉째, 노비(奴婢)를 해방하고 적서(摘庶)를 구별하지 말 것. 열째, 관직(官職)으로 공사를 행하고, 실직(實職) 이외에는 차함(借啣)하는 일을 일체 없앨 것(독립운동사편찬위원회, 「왕산허위선생 거의사실 대략」, 『독립운동사자료집』 2, 1971, 237쪽).

13 조동걸, 「대한광복회 연구」, 『한국민족주의의 성립과 민족운동』, 지식산업사, 281쪽; 신용하, 「許蔿의 의병활동」, 60쪽.

14 혁신유림은 전통적 척사유림의 경력을 갖고 있으면서 위정척사의 성리학적 민족주의에서 탈피해 유림이 전수해 온 봉건주의나 복벽주의(復辟主義)를 극복하고 근대국가이념을 소유한 유림들을 말한다(조동걸, 「대한광복회연구」, 302쪽).

허위 의병장 순국비(대구 달성공원)

박상진은 서울에서 허위에게 정치와 병학兵學을 수학했다. 그리고 허위의 권유에 따라 신사상과 신학문을 수용하기 위해 양정의숙에서 수학하며 법률학을 공부했다. 박상진은 판사시험에도 합격해 평양 법원에 발령까지 받았으나 부임하지 않고 사직했다.[15] 독립운동을 펼치기 위해서였다.

박상진이 독립운동의 길을 선택한 데에는 허위의 순국도 영향을 미쳤다. 박상진은 허위가 서대문형무소에서 순국하자 허위의 장례를 혼자서 치렀다. 장례를 치를 가족이 없었기 때문이다. 허위의 큰형인 허훈許薰은 세상을 떠났고, 둘째형 허겸許蒹은 만주로 망명해 있었다. 박상진은 허위의 시

15 조동걸, 「대한광복회의 결성과 그 선행조직」, 『한국민족주의의 성립과 민족운동』, 지식산업사, 268쪽; 경상북도경찰부, 『고등경찰요사』, 1934, 178쪽; 「고헌 박상진선생 약력」(김희곤 편, 『박상진 자료집』, 344쪽).

신을 수습한 후 김천 지례로 운구해 장례를 치렀다.[16]

박상진은 허위의 순국을 목격하고 장례를 치르면서 무장 투쟁을 통해서만 독립이 가능하다는 것을 느꼈다. 박상진이 한일 강제병합 직후 의병봉기를 추진했던 것도 이와 같은 생각의 결과였다. 박상진을 '의병적 계몽운동·계몽적 의병전쟁'을 지향한 인물로 평가하는 것도 바로 이 때문이다.[17]

이처럼 우재룡과 박상진의 동지적 결합에는 '의병전쟁'이라는 공통분모가 있었다. 허위는 김산의진과 13도창의군의 의병장이었고, 박상진은 그의 제자였다. 박상진은 허위의 사상을 계승해 '무력투쟁'을 통해 조국을 독립해야 한다는 생각을 갖고 있었다. 우재룡은 '무력투쟁'만이 국권을 회복하는 유일한 방법이라는 신념으로 대한제국 군대에 들어갔고, 의병전쟁에 참여했다. 따라서 무력투쟁을 통해 독립운동을 벌이자는 박상진의 생각에 동의했고, 구체적인 계획까지 가지고 있던 박상진과 동지적 결합을 했던 것이다.

박상진이 허위의 제자라는 점도 우재룡에게 큰 믿음을 주었을 것으로 보인다. 허위는 산남의진에 2만 냥의 군자금을 지원했다.[18] 또한 허위가 추진했던 서울진공작전은 산남의진이 봉기 때부터 목표로 삼았던 것이었다. 따라서 우재룡은 허위의 명성을 알고 있었고, 그의 제자인 박상진과 쉽게 동지적 결합을 했던 것이다.

우재룡의 산남의진 활동은 독립운동을 함께 할 동지들을 연결하는 배경이 되기도 했다. 우재룡에게 박상진을 소개한 이도 허위와 함께 의병전쟁을 벌였던 양제안梁濟安이었다. 양제안은 1851년 충북 옥천군 청산면 의지리義旨里 출신이었다. 양제안은 병서를 두루 섭렵해 병술에 뛰어난 재능을 갖고

16 독립운동사편찬위원회, 「왕산허위선생 거의사실 대략」, 『독립운동사자료집』 2, 246쪽; 조동걸, 「대한광복회의 결성과 그 선생조직」, 268쪽.

17 김희곤, 「고헌 박상진(1884 - 1921)의 생애와 자료」(김희곤 편, 『박상진 자료집』).

18 독립운동사편찬위원회, 「왕산허위선생 거의사실 대략」, 『독립운동사자료집』 2, 240쪽.

있었으며, 허위와 의병전쟁에 참여했다.

허위는 30대 후반인 1890년경 고향인 임은리를 떠나 진보의 신한新漢(**현 청송군 진보면 광덕리**)으로 이주했다. 허위는 이곳에서 가문의 전장田莊을 경영하면서 우국지사들과 교유하고 있었다.[19] 양제안은 이곳에서 허위와 만남이 이루어졌고, 허위는 양제안의 도움으로 수륜기水輪機(**물레방아**)를 제작해 수전水田을 경작했었다.[20]

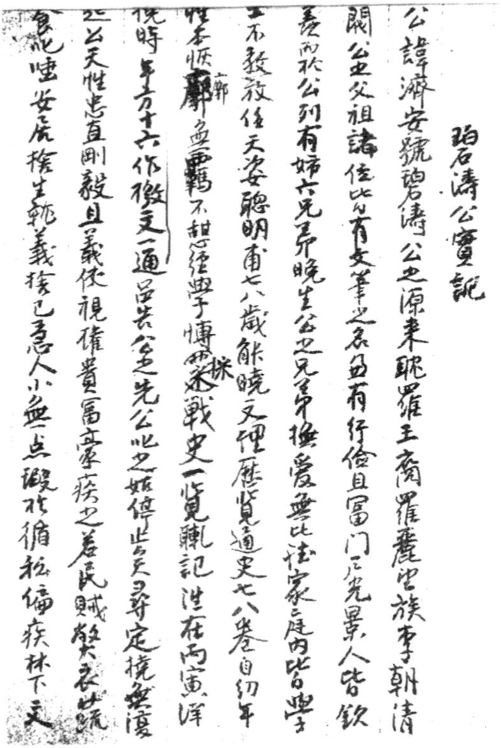
碧濤公實記

公諱濟安號碧濤公之源來新羅王裔羅麗望族李朝清

벽도공 양제안 실기

19 권대웅, 「왕산 허위의 전기의병전쟁」, 『왕산 허위의 나라사랑과 의병전쟁』, 58쪽.

20 권대웅,「왕산 허위의 전기의병전쟁」, 60~61쪽.

우재룡이 은거한 두마리 양한위 집터

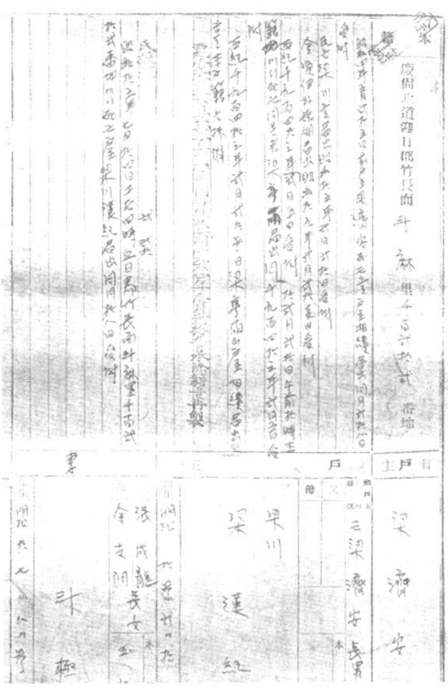

양제안 제적등본

양제안은 허위와 김산의진에 참여했다. 양제안은 1893년 충북 진천에서 허문숙許文叔·조백희趙伯熙 등과 군대를 일으켜 일본군을 몰아낼 계획을 수립했고, 경북 상주·선산 지역에서 봉기하고자 했으나 뜻을 이루지는 못했다.

양제안은 봉기에 실패하자 곧바로 김산의진에 참여했다. 김산의진은 경북 김천·상주·선산·성주 등지의 의병들이 연합해 조직한 의진이었다. 양제안이 진천에서 봉기를 계획할 때 상주·선산 지역을 중심으로 김산의진이 조직되고 있었다. 따라서 양제안은 김산의진에 참여했고 중군장을 맡았다. 당시 허위는 김산의진 참모장이었다.[21]

양제안은 산남의진에 참여해 우재룡과 함께 동화사에서 유격전을 펼친 것으로도 알려져 있다.[22] 양제안은 김산의진에 실패한 후 경북 영일군 죽장면 두마리斗麻里에 은거하고 있었다.[23] 양제안이 은거했던 두마리는 산남의진의 활동 근거지였던 보현산 인근에 위치한 산촌이었다. 따라서 김산의진에 참여했던 양제안도 자연스럽게 산남의진에 참여한 것으로 보인다.

채기중

양제안은 1910년 한일 강제병합 후에도 만주를 오가며 동지들을 규합하던 중 박상진을 만났다. 박상진은 국제정세를 파악하고 동지들을 규합하기 위해 만주·상해·북경 등을 여

21 신용하, 「許蔿의 의병활동」, 57쪽; 권대웅, 「왕산 허위의 전기의병전쟁」, 82쪽.

22 오세창, 「碧濤 梁濟安의 抗日救國運動」, 『윤병석교수화갑기념한국근대사논총』, 278~ 279쪽; 梁漢緯, 「梁碧濤公濟安實記」.

23 양제안은 김산의진이 실패한 후 영일군 죽장면 두마리에 은거하던 중 1906년 충남 홍성에서 봉기한 홍주의병에 참여했다. 양제안은 홍주의병이 홍주성을 점령한 후 의진을 정비하던 중 두마로 돌아왔다(오세창, 「碧濤 梁濟安의 抗日救國運動」, 276~277쪽).

행하고 있었고 만주에서 양제안을 만나게 된 것이었다. 따라서 양제안은 동지들을 규합하던 박상진에게 우재룡을 소개했던 것이다.

우재룡은 박상진을 만나기 전, 양제안의 소개로 경북 풍기에서 광복단을 조직한 채기중蔡基中과도 만남이 이루어진 상태였다. 채기중은 광복단 조직을 확대하는 과정에서 양제안을 영입했고, 양제안은 박상진을 채기중에게 소개했다. 그리고 양제안과 채기중은 우재룡에게 박상진을 연결했다.

그러나 우재룡은 양제안과 채기중의 계속되는 권유에도 박상진과의 만남에 응하지 않았다. 우재룡은 박상진과의 만남을 다음과 같이 회고했다.

> *양벽도(양제안: 필자주)와 채기중 씨가 박상진을 말하고 누누이 (만나 볼 것을; 필자주) 권고 받았으나 듣지 않았다. 양벽도가 장자를 보내 박상진 씨가 모일某日에 우(우재룡: 필자주)를 만나기 위해 산하山下까지 오기로 약속하였으니 그때 대면이나 하고 토론을 해 보라기에 풍기읍에서 만날 것을 약속하고 대면하게 되었다.*[24]

이처럼 우재룡은 풍기광복단을 조직한 양제안, 채기중과 교류를 하고 있었다. 그러나 독립운동에 나서지는 않고 있었고 박상진과의 만남도 미루고 있었다. 그러나 박상진이 직접 풍기까지 방문을 했고, 박상진과 토론을 거친 후 독립운동에 나섰던 것이다.

우재룡은 독립운동을 벌일 때 '의리와 믿음'을 중요하게 여겼고, 동지들을 규합함에도 신중한 모습을 보였다. 우재룡은 은둔 생활 중에도 동지들의 방문에 응하지 않았다. 전쟁에 패해 나라를 잃은 병사라는 자괴감 때문이었다.[25]

그러나 박상진을 만나 독립운동에 대한 방략을 듣고 독립운동의 길로 나

---

24 「禹在龍은 古友 朴尙鎭의 約曆을 手抄」(김희곤 편, 『박상진 자료집』, 373쪽).

25 「禹在龍은 古友 朴尙鎭의 約曆을 手抄」(김희곤 편, 『박상진 자료집』, 373쪽).

섰다. 우재룡이 1884년 1월(음)생이고, 박상진이 1884년 12월(음) 생이므로 나이도 거의 같았다. 우재룡은 박상진과 조국의 독립이라는 목표 아래 동지가 되었던 것이다. 따라서 우재룡은 이미 친분이 있던 풍기광복단에 참여하지 않고 박상진과 함께 독립운동을 다시 시작했다.

하지만 우재룡과 박상진은 이념적으로 차이가 있었다. 우재룡은 한일 강제병합 후에도 복벽주의復辟主義 노선을 고수하고 있었다. 복벽주의는 구체제로의 복귀, 즉 전제군주제專制君主制로의 복귀를 지향하여 조선왕조를 부활시키고자 했다. 의병전쟁은 충군애국에 기반을 두고, 대한제국의 국권을 회복하려 한 국권회복운동이었다. 따라서 의병전쟁에 참여했던 이들은 한일 강제 병합 후에도 대체로 복벽주의 노선을 고수했다.

우재룡의 이러한 성향은 1915년 광복회를 조직한 목적에서도 그대로 드러난다. 우재룡은 1915년 광복회를 조직한 이유에 대해 '광무光武를 회복하는, 즉 구한국의 국권을 회복한다는 의미로 광복회라고 명명한 것이다'라고 밝혔다. 즉 광복회의 목적은 대한제국의 국권을 회복하는 것이었고, 독립운동을 통해 건설하고자 했던 나라도 '왕정복고'였다.[26]

그러나 계몽운동 계열은 공화주의共和主義 노선을 추구했다. 계몽운동은 실력 양성이 국권회복의 유일한 방법이라고 보았으며, 자유민권사상을 수용해 국가의 주권은 국민에게 있다고 보았다. 계몽운동은 대한제국과 같은 왕정국가가 아니라 국민주권에 입각한 국가를 건설하고자 했다. 이런 이유로 계몽운동 계열은 한일 강제병합 후 공화주의 노선을 추구했고, 박상진도 공화주의 이념을 갖고 있었다.

박상진은 한일 강제병합 전 계몽운동 단체인 달성친목회에 참여했으며, 강제병합 후에도 계몽운동 계열인 조선국권회복단에서 활동을 벌였다. 박

---

26 「우이견(우재룡)신문조서」(국사편찬위원회, 『한민족독립운동사자료집』 32, 236쪽).

상진은 달성친목회와 조선국권회복단에 가입하면서 대구를 중심으로 활동 기반을 마련했고, 독립운동을 통해 건설하고자 했던 나라도 공화주의 국가였다.[27] 즉 근대적인 민주공화국을 건설하고자 했다.

우재룡이 거주했던 경주 외동면 녹동리 박상진 집터

이처럼 우재룡과 박상진은 이념적으로 많은 차이점을 가지고 있었다. 그러나 우재룡에게 있어 이념은 크게 문제되지 않았다. 박상진은 무력 항쟁을 통해서만 독립이 가능하다는 것을 믿고 있었고, '비밀·폭동·암살·명령'이라는 구체적인 강령도 갖고 있었다.[28] 우재룡은 박상진의 독립운동 방략에 찬성했고, 그와 함께 독립운동을 함께 하기로 결정했다. 우재룡과 박상진에게 있어 조국의 독립이라는 명제 아래 이념은 크게 문제될 것이 없었던 것이다.

우재룡은 박상진과 만난 후 왜관에서 경주 녹동으로 이사했다.[29] 박상진은 울산 출신이었으나 1887년경 경주 녹동으로 이사해 이곳에서 거주하고 있었다.[30]

27 조동걸, 「대한광복회연구」, 304쪽.

28 박영석, 「대한광복회연구-박상진 제문을 중심으로-」, 『한국민족운동사연구』1, 한국민족운동사학회, 1986, 82쪽.

29 「우이견(우재룡)신문조서」(국사편찬위원회, 『한민족독립운동사자료집』 32, 235쪽); 우재룡, 『백산실기』, 28쪽.

30 박상진의 부친인 박시룡은 1887년경 울산 송정에서 경주 녹동으로 이사를 했다. 당시 박시룡이 이사한 곳은 경주 녹동의 469번지로 보인다. 박상진 판결문을 보면 광복회 활동 당시 주소가 경북 외동면 녹동리 469번지였다(김희곤 편, 『박상진 자료집』, 32쪽)

우재룡의 신문조서나 판결문상의 본적지는 '경북 경주군 외동면 녹동리 469번지'였다.[31] 조국의 독립을 위해 생사를 같이 하기로 맹세한 이상 함께 생활하면서 독립운동을 펼치기 위한 것이었다.

우재룡은 박상진을 만나기 이전부터 복벽주의 계열의 풍기광복단 단원들과 연결되어 있었다. 따라서 그가 풍기광복단 단원들과 함께 독립운동을 시작하는 것은 당연해 보인다. 하지만 우재룡은 경주 녹동으로 거처를 옮기고 나서 독립운동을 함께했다. 그만큼 우재룡과 박상진의 관계는 특별했다. 우재룡이 의병전쟁에 참여하는 데에 정용기가 있었다면, 독립운동을 다시 시작하는 데는 박상진이 있었던 것이다. 그만큼 우재룡은 박상진을 평생의 동지로 여겼다.

광복회를 조직하다

우재룡은 박상진과 만난 후 동지 규합에 나섰다. 독립운동을 펼치기 위해서는 동지들을 모으는 것이 가장 시급한 과제였기 때문이다. 우재룡은 왜관에 거주할 때 2~3회, 녹동에 거주할 때 5~6회 만주를 왕래했다.[32] 경주 녹동으로 거주지를 옮긴 것이 1914년 11월(음)이었으므로, 녹동으로 이사하기 전부터 만주를 오가며 활동했다는 것을 알 수 있다.

당시 우재룡이 왕래한 곳은 서간도지역이었다. 한일 강제병합을 전후한 시기에 해외 독립운동기지 건설을 위한 노력들이 추진되었는데 그 지역은

---

31 국사편찬위원회, 『한민족독립운동사자료집』 32, 183쪽; 「우이견(우재룡)판결문」(경성지방법원, 1922년 4월 13일). 우재룡은 주소를 녹동 469번지에 두었다. 하지만 박상진과 같은 건물에서 거주한 것으로 보이지 않는다. 우재룡은 녹동에 거주하면 박상진의 집을 자주 방문했다. 따라서 주소만 박상진 집에 두었고, 박상진 집 인근에 거주했던 것으로 볼 수 있다.

32 「우이견(우재룡)신문조서」(국사편찬위원회, 『한민족독립운동사자료집』 32, 236쪽).

서북간도를 중심으로 한 중국 동북 지방과 연해주지역이었다. 특히 독립운동기지 건설은 서북간도를 중심으로 건설되었는데 이는 만주가 다른 어떤 지역보다도 독립운동에 유리한 지역이었기 때문이다.[33]

북간도지역은 연길현 용정촌으로 망명한 이상설李相卨이 1906년 서전서숙瑞甸書塾을 설립해 한인 자제들을 교육하면서 시작되었고, 1908년에는 김약연金躍淵이 주도해 명동촌을 건설하고 명동학교를 중심으로 민족주의 교육을 실시했다. 북간도지역 한인들은 '간민자치회·간민교육회·간민회'로 이름을 바꿔가며 자치조직을 결성해 독립운동을 추진해 갔다. 서간도 독립운동기지 건설은 1909년 신민회 회원들이 유하현 삼원포 지역을 중심으로 독립운동기지 건설을 추진하면서 시작되었고, 1911년 4월에는 경학사耕學社가 조직되었다. 경학사는 이회영李會榮·이시영李始榮 형제를 비롯한 신민회원들과 이상룡李相龍·김동삼金東三 등 만주로 망명한 안동 유림들이 주도했다. 경학사는 1912년 부민단으로 계승되었으며 이주 한인들을 대상으로 민족교육과 군사교육을 실시하며 독립운동기지를 건설하고 있었다.

이상룡

우재룡은 만주에 별 연고가 없었다. 그런데도 만주에 자주 출입한 것은 박상진과의 관계

---

33 당시 해외독립운동기지 건설에 있어 만주지역이 객관적인 조건에서 유리했던 이유는 다음과 같다. ①만주는 고구려나 발해의 고지로 한국인에게 역사의 고장으로 한국인의 조국의 연장지역이라는 의식 ②지리적으로 압록강 · 두만강 등과 경계한 인접 지역으로 이민 등의 교통조건, 그리고 독립전쟁상의 전략으로 적절했다는 점 ③역사적으로 이민이 있었고 특히 경술국치와 3 · 1운동을 계기로 망명 이민이 격증하여 동포사회가 형성되어 독립군의 사회적 기반이 있었다는 점 ④광활한 황무지가 많아 개척의 여지가 많았다는 점 ⑤중국의 전통상 또는 오랜 정쟁으로 행정과 치안의 공백지대가 많고 또 그렇지 않더라도 중국에서는 이민의 근대적 개념이 정립되어 있지 않았던 때였으므로 그들의 비위만 상하게 하지 않으면 누구라도 이민이 가능했다는 점 ⑥한국이민이 항상 전통적 우의를 내걸고 있었듯이 양국민 사이에 교류하는 우호적 분위기가 크게 이바지했다는 점이다(조동걸, 「안동유림의 도만경위와 독립운동상의 성향」, 『한국민족주의의 성립과 독립운동사연구』, 지식산업사, 1989, 248~249쪽).

때문이었다. 박상진은 1910년 한일 강제병합 후 만주·연해주·상해 등지를 여행했다. 당시 박상진은 서간도지역에 관심을 가졌다. 서간도지역은 한일 강제병합 후 매년 1~2만 명의 한인이 이주할 정도로 대표적인 독립운동기지가 건설되던 곳이었다. 그러나 계속되는 흉년과 풍토병은 망명자들의 생계마저 위협할 정도였다. 서간도지역에 조직된 경학사가 와해된 것도 바로 이런 이유 때문이었다.

김동삼

따라서 서간도지역 독립운동기지 건설에는 국내 지원이 필수적인 상황이었다.[34]

박상진은 국외를 여행하던 중 경학사를 방문하고 이상룡과 김동삼을 만났다.[35] 이상룡·김동삼 등과 밀접한 관련을 갖고 있었기 때문이다. 허위와 김대락 집안은 매우 가까운 사이였고, 이상룡은 김대락의 매제妹弟였다. 박상진은 1918년 일제의 체포를 면해 안동의 이중업李中業 집에서 은신한 일이 있었는데, 이중업은 이상룡과 동서지간同壻之間이었다. 이중업의 장자인 이동흠李棟欽이 1918년 4월 광복회 자금을 모집하다 체포될 정도로 박상진은 김대락·이상룡·이중업 집안과도 일찍부터 관계를 맺고 있었다.[36]

김동삼은 이상룡이 회장이었던 대한협회 안동지회와 신민회, 대동청년단에도 참여했다.[37] 박상진과 이상룡과의 관계, 그리고 신민회와 대동청년단

---

34 조동걸, 「대한광복회의 결성과 그 선행조직」, 264쪽.

35 조동걸, 「대한광복회의 결성과 그 선행조직」, 266쪽; 박중훈, 「고헌 박상진의 생애와 항일투쟁활동」, 87쪽.

36 김희곤, 「민족의 딸, 아내 그리고 어머니 – 김락의 삶 –」, 『민족을 위해 살다간 안동의 근대인물』, 안동청년도유회, 2003, 468~470쪽.

37 이동언, 「一松 金東三 硏究」, 『민족을 위해 살다간 안동의 근대인물』, 82~90쪽.

과의 관계를 보면 박상진은 김동삼과도 일찍부터 만남이 이루어졌다고 볼 수 있다. 따라서 박상진은 서간도에서 이상룡·김동삼 등과 만난 후 이곳을 지원하기 위한 활동을 시작했다.

박상진은 만주를 방문한 후 서간도 독립운동기지를 지원하기 위해 안동여관安東旅館과 상덕태상회尙德泰商會를 설립했다.

안동여관은 박상진이 1911년 중국 단동에 독립운동 거점으로 설치한 여관이었다. 중국 단동은 국내에서 만주로 들어가는 길목이었다. 박상진은 이곳에 여관으로 위장한 거점을 설치했던 것이다.

1912년에는 대구 본정에 곡물상으로 위장한 상덕태상회를 설립했다. 우재룡이 박상진과 만나 독립운동을 시작하면서 서간도지역을 왕래했던 것도 이와 무관해 보이지 않는다. 우재룡은 박상진과 만난 후 만주지역에서 독립운동을 펼칠 것을 논의했다.[38] 박상진은 우재룡과 만난 자리에서 만주지역의 상황을 설명했고, 이곳에서 추진되고 있는 독립운동기지 건설에 대해 설명했다고 볼 수 있다.

당시 논의되었던 지역이 서간도지역이었음은 미루어 짐작된다. 우재룡이 독립운동을 시작하면서 만주를 자주 왕래한 것으로 보아, 박상진은 독립운동을 시작하면서 만주지역 책임을 우재룡에게 맡겼던 것으로 보인다. 1910년대 일제의 무단통치 상황에서 만주를 오가며 활동한다는 것은 상당한 위험을 감수해야만 했다. 우재룡은 이러한 위험에도 불구하고 만주지역에서의 동지 규합과 거점 확보를 위한 활동을 벌였던 것이다.

이러한 노력은 1915년 비밀결사 광복회 조직으로 결실을 보았다. 우재룡은 박상진과 함께 1915년 7월 15일(음력) 대구 달성공원에서 국내·외에서 활동하던 독립운동가들과 함께 광복회를 조직했다. 광복회를 조직한 이들

38 「禹在龍은 古友 朴尙鎭의 約曆을 手抄」(김희곤 편, 『박상진 자료집』, 373쪽).

은 한말 의병전쟁과 계몽운동에 참여한 이들이 중심이었다. 이들은 한일 강제병합 후 잠시 활동을 중단했다가 광복회 결성에 참여했거나, 1910년대 국내 독립운동단체에 참여한 후 광복회에 합류한 경우였다.

광복회는 1910년대 독립운동에서 큰 의미를 차지하는 단체였다. 광복회 조직에 참여한 이들이 활동했던 단체만 보더라도 풍기광복단, 독립의군부, 민단조합, 달성친목회, 조선국권회복단 등 1910년대 국내에서 조직된 국내 독립운동단체 대부분이 망라될 정도였다. 그러나 이들 단체들은 복벽주의와 공화주의 계열로 나뉘어 있었다. 풍기광복단과 독립의군부, 민단조합은 복벽주의 계열이었고, 달성친목회와 조선국권회복단은 계몽운동 계열이었다.

풍기광복단은 1913년 정월 경북 풍기에서 채기중蔡基中·전원식全元式·정성산鄭性山 등이 중심이 되어 조직한 비밀결사였다.[39] 풍기광복단은 경상도 북부와 충청도 지역의 인물들이 주축이었다. 특히 이강년 의진·홍주 의병 등 한말 의병전쟁에 참여했으며 생활 근거를 잃은 의병적 기질의 인물들이 중심이었다.[40] 즉 의병전쟁에 참여했던 이들이 1910년 한일 강제병합 후 독립운동을 펼치기 위해 조직한 비밀결사였다.

풍기광복단 결성을 주도한 이는 채기중이었다. 채기중은 1873년 7월 경상북도 함창咸昌에서 태어났다. 채기중이 태어난 함창은 동학농민전쟁 당시 일본군이 주둔했던 지역이고, 의병전쟁 때까지 전란이 거듭되던 곳이었다. 또한 일제가 주민들을 직접적으로 압박하던 고장이기도 했다. 이런 이유로 채기중은 34세 되던 해인 1906년에 풍기로 이주했다.

채기중은 근대식 교육을 받지는 않았으나 어려서부터 서당에서 한학漢學을 배워 상당한 수준의 한문 실력을 갖고 있었다. 또한 18세 때부터 한시에 심취하기도 했다.

---

39 양한위, 「양벽도공제안실기」.

40 趙東杰, 「大韓光復會의 結成과 그 先行組織」, 262~264쪽.

채기중이 본격적으로 독립운동에 투신하게 된 것은 풍기로 이주한 이후부터였다. 풍기는 『정감록鄭鑑錄』에 십승지지十勝之地로 알려진 곳으로 전국에서 많은 이주민이 모여들었던 곳이다. 이주민의 출입이 잦은 곳이므로 독립운동을 전개하던 지사들에게는 활동하기 좋은 장소였다. 채기중은 이곳에서 의병전쟁에 참여했던 이들을 규합해 광복단을 조직했던 것이다. 풍기광복단은 군자금 모집을 위해 일본인이 경영하는 중석광에 광부로 잠입해 활동하기도 했으며, 부호들을 대상으로 자금 수합을 벌이기도 했다.[41]

독립의군부는 1912년 곽한일·이식·임병찬 등 최익현의 문인과 한말 홍주의병과 태인 의병에 참여했던 이들이 조직한 단체였다. 독립의군부는 거병을 지향하였으나 먼저 일제 관헌들에게 국권반환요구서를 제출하고, 국권회복운동을 전개하고 있다는 사실을 알리기 위해 장서 투서 운동을 전개하였다.[42]

민단조합은 이동하李東下·이은영李殷榮·김낙문金落文·이식재李湜宰 등이 1915년 경북 문경에서 조직한 비밀결사였다. 민단조합 조직을 주도한 이는 이동하였다. 이동하는 문경 출신으로 이강년 의진의 군자장軍資將을 역임했고, 1908년 이강년이 체포되면서 의진이 무너지자 1911년 12월 만주로 망명했다가 1914년 9월 국내로 돌아와 민단조합을 결성했다. 따라서 민단조합은 조직한 이들은 대부분이 이강년 의진 출신들이 중심이었다.[43] 민단조합은 1916년 6월 경북 북부 지역을 중심으로 군자금 모집을 시도했고, 10월에는 영월 중석광을 습격해 자금 탈취를 시도하기도 했다. 민단조합원들은 독립의군부와 풍기광복단에 관여했던 인물들이 참여한 특징이 있었다.[44] 이

---

41 조동걸, 「대한광복회의 결성과 그 선행조직」, 263~264쪽.

42 조동걸, 「대한광복회의 결성과 그 선행조직」, 262~264쪽.

43 권대웅, 「일제하 항일독립운동단체 「민단조합」, 『한국학보』 74, 일지사, 101쪽;이성우, 「1910년대 경북지역 독립의군부의 조직과 민단조합」, 『한국근현대사연구』87, 한국근현대사학회, 2018, 220쪽.

44 권대웅, 「일제하 항일독립운동단체 「민단조합」, 101쪽.

조선국권회복단 결성장소(대구 안일암)

처럼 독립의군부·풍기광복단·민단조합은 의병전쟁 계열이었다. 또한 평안도·황해도 지역에서 광복회에 참여한 이들도 유인석柳麟錫·최익현崔益鉉의 문인들로 평산의진과 이진룡 의병진에서 활동했던 이들이었다.

달성친목회와 조선국권회복단은 계몽운동 계열의 독립운동단체였다. 달성친목회는 1908년 9월 대구에서 이근우李根雨·김용선金容璇 등이 반일 사상을 교육하기 위해 조직한 계몽운동단체였다. 달성친목회는 한일 강제병합 후 잠시 활동을 중단했으나 1913년 만주와 연해주 지역의 독립운동 상황을 보고 돌아온 서상일徐相日·김재열金在烈·윤창기尹昌基·이시영李始榮 등에 의해 비밀단체로 재조직되었다. 달성친목회 회원들은 대부분 신교육과 신사상을 수용한 인물들이 중심이었다.

이들은 친목 도모를 목적으로 내세웠으나 실제로는 독립운동가들과 기맥을 통하고, 해외 유학생 및 국내 학생들에게 항일의식을 고취시키는 활동을 전개했다. 달성친목회 회원들은 조선국권회복단과 대동청년단에 참여해 독립운동을 전개하기도 했으며,[45] 하부 조직으로 강의원간친회講義園墾親會를 두고 있었다.[46]

조선국권회복단은 달성친목회와 산하 조직인 강의원간친회 회원들이 중

45 權大雄, 『1910年代 慶尙道地方의 獨立運動團體 硏究』, 111~126쪽.
46 권대웅, 『1910년대 국내독립운동』, 168~181쪽.

심이 되어 조직한 비밀결사였다. 조선국권회복단은 경북 달성군 수성면(현 대구시 남구 대명동)의 안일암에서 윤상태·이시영·서상일·홍주일 등이 시회詩會를 가장해 모임을 갖고 조직했다.[47]

이들은 조직을 확대해 20여 명의 동지들을 규합했고, 만주나 연해주지역의 독립운동단체와 연결해 군대 양성과 무기 구입을 위한 자금 모집 활동을 벌였다.[48] 조선국권회복단원들은 대구를 비롯해 경상도 지역의 대부호이거나 중산층으로서 곡물상·금융업·제조업 등에 종사하던 계몽 지식인들이었다. 조선국권회복단은 일명 '대구권총사건'으로 강의원간친회와 달성친목회가 해산당해 세력이 위축되기도 했으나 1919년까지 활동했던 단체였다. 이처럼 광복회 참여한 이들은 이념과 투쟁노선뿐만 아니라 활동 지역도 각기 달랐다.

이처럼 광복회가 이념과 투쟁노선을 초월해 조직될 수 있었던 것은 광복회 결성을 주도한 박상진이 지니고 있던 성향이 크게 작용했다. 박상진은 의병적 성향과 계몽운동 성향을 겸비한 인물이었다. 그의 이러한 성향은 투쟁노선과 이념을 달리했던 세력들을 규합해 광복회를 결성할 수 있었던 요인으로 작용했다고 볼 수 있다.[49]

---

47 조선국권회복단의 결성일에 대해서는 1913년(강영심, 「조선국권회복단의 결성과 활동」, 『한국독립운동사연구』 4, 한국독립운동사연구소, 1990)과 1915년(조동걸, 「대한광복회의 결성과 그 선행조직」; 권대웅, 『1910년대 경상도 지방의 독립운동단체연구』)으로 나뉘어져 있다. 1915년에 설립되었다는 주장은 『현대사자료』 25(471~472쪽)와 『고등경찰요사』, 조선국권회복다 단원이었던 정진영 · 윤상태 · 김재열 등의 신문조서(국사편찬위원회, 『한민족독립운동사자료집』 9)를 근거로 하고 있다. 반면에 1913년에 결성되었다는 주장은 조선국권회복단의 수사기록(국사편찬위원회, 『한민족독립운동사자료집』7 · 8 · 9)을 근거로 하고 있다. 하지만 조선국권회복단원들이 대구를 중심으로 경상도 지역의 계몽 지식인들이 결성했다는 점에는 이견이 없다. 또한 조선국권회복단은 일제가 사건을 조작한 것이며, 조선국권회복단의 활동은 달성친목회 활동으로 보아야 한다는 주장도 있다(김일수, 「서상일의 정치 · 경제 이념과 활동」, 성균관대학교 박사학위논문, 2001).

48 권대웅, 『1910년대 국내독립운동』, 182~205쪽.

49 조동걸은 박상진을 혁신유림이라 했다. 혁신유림이란 척사적 경험 위에 신교육을 받은 유림을 지칭한 것이다. 혁신유림은 유교의 생활윤리를 긍정하면서 봉건성과 모화성을 탈피해 근대국가와 민족적 자주의식을 이념으로 한다고 하였다. 이런 측면에서 박상진도 의병의식을 강하게 가지고 있으며 의병과 계몽주의자 양면을 모두 가진 인물로 보았고, 그의 스승인 허위와 광복회에 참여한 이관구·

광복회의 목적은 무장 투쟁을 통해 독립을 달성하는 것이었다. 광복회의 이러한 목적은 투쟁강령에 명확하게 드러난다.

1. *무력 준비武力準備: 일반 부호의 의연義損과 일본인이 불법 징수한 세금을 압수하여 이로써 무장을 준비함.*
2. *무관 양성武官養成: 남북 만주에 사관학교를 설치하고 인재를 양성하여 사관士官으로 채용함.*
3. *군인 양성軍人養成: 우리 대한의 의병, 해산 군인 및 남북 만주 이주민을 소집하여 훈련하여 채용함.*
4. *무기 구입武器購入: 중국과 러시아에 의뢰하여 구입함.*
5. *기관 설치機關設置: 대한, 만주, 북경, 상해 등 요지에 기관을 설치하되 대구에 상덕태尙德泰라는 상회에 본회의 본점을 두고, 각지에 지점 및 여관, 또는 광무소를 두어서 이로써 본 광복회의 군사 행동의 집회, 왕래往來 등 일체一切의 연락기관으로 함.*
6. *행형부行刑部: 우리 광복회는 행형부를 조직하여 일본인 고등관高等官과 우리 한인韓人의 반역 분자를 수시수처隨時隨處에서 포살을 행함.*
7. *무력전武力戰: 무력이 완비되는 대로 일본인 섬멸전殲滅戰을 단행하여 최후 목적을 완성함.*[50]

광복회의 투쟁 강령은 '무력 준비·무관 양성·군인 양성·무기 구입·무력전'이었다. 투쟁 강령은 독립전쟁을 벌이기 위한 방략이었고, 대부분이 무력 준비에 초점이 맞추어져 있었다.

광복회의 이러한 목적은 1910년대 독립전쟁론獨立戰爭論과 같은 것이었다. 독립전쟁론은 한말 계몽운동과 의병전쟁의 이념과 논리를 통합해 새로운 항일 독립운동의 이념과 전술로 정립된 것이었다. 독립전쟁론은 일제를 몰아

김좌진도 혁신유림으로 보았다(조동걸, 「대한광복회 연구」, 281·302~303쪽).

50 광복회, 「光復會의 沿革」, 『광복회』, 1945(김희곤 편, 『박상진 자료집』, 389쪽).

내고 민족해방과 조국독립을 달성하기 위해 가장 확실한 방법은 우리 민족이 일제와 독립전쟁을 결행한다는 이론 체계였다.[51] 이러한 전략은 독립군을 양성하고 기회를 포착해 독립전쟁을 일으켜 독립을 쟁취하는 전략 이론이며, 신민회에 의해 국외에 독립운동 기지와 사관학교를 설립하면서 추진된 것이었다.[52] 독립전쟁론은 일제로부터의 국권회복은 전쟁을 통해서만 가능하다는 인식 아래 계몽운동의 실력양성론實力養成論과 의병들의 무장투쟁론武裝鬪爭論이 결합된 이론이었다.

광복회의 목적도 독립군을 양성하고 자금을 조달해 군비를 갖춘 뒤 일제日帝와 일전一戰을 벌이는 것이었다. 이를 위해 한인韓人을 만주로 이주시키고 자금을 조달해 전쟁을 수행한다는 방략이었다. 따라서 광복회는 '회會'라는 온건한 명칭을 사용하고 있지만 편제는 군대식이었다. 우재룡은 『백산실기』에서 다음과 같이 광복회를 조직했다고 밝혔다.

〈본부〉

사령관: 박상진朴尚鎭　　*지휘장: **우재룡**禹在龍 · 권영만權寧萬*

재무부장: 최준崔浚　　*사업총괄: 이복우李福雨*

〈각도 지부〉

경기도 지부장: 김선호金善浩　　*황해도 지부장: 이해량李海量*

강원도 지부장: 김동호金東浩　　*평안도 지부장: 조현균趙賢均*

함경도 지부장: 최봉주崔鳳周　　*경상도 지부장: 채기중蔡基中*

충청도 지부장: 김한종金漢鍾　　*전라도 지부장: 이병찬李秉燦*

51 윤병석, 『국외한인사회와 민족운동』, 일지사, 1990, 10~14쪽.

52 愼鏞廈, 「新民會의 創建과 그 國權恢復運動」, 『한국민족독립운동사연구』, 을유문화사, 1985, 100~124쪽.

〈해외〉

단동: 안동여관(손회당孫晦堂)

봉천: 삼달양행(정순영鄭淳榮)[53]

만주 사령관: 이석대李奭大 · 김좌진金佐鎭

광복회는 본부와 각도 지부, 해외 거점으로 조직되었다.[54] 광복회 결성과 활동은 본부가 주도했다. 광복회 본부에는 우재룡 외에도 박상진·최준·권영만·이복우 등이 참여하고 있었다. 본부의 역할은 광복회 활동의 총괄이었다.[55] 따라서 광복회 본부는 사령관을 맡은 경주 녹동의 박상진 집이었

---

53 우재룡, 『백산실기』, 27쪽.

54 광복회 조직에 대해서는 『백산실기』 외에도 「고헌실기약초固軒實記畧抄」와 「광복회의 연혁」에 수록되어 있다. 「고헌실기약초」는 박상진의 6촌인 박맹진이 광복 후 생존 지사들의 구술을 근거로 작성한 것이며, 「광복회의 연혁」은 광복회에 활동했던 생존 지사들이 광복 후 조직한 재건광복회에서 광복회의 연력을 기술한 것이다. 「고헌실기약초」와 『백산실기』의 가장 큰 차이점은 지부장 명단이다. 전라도와 강원도를 제외하면 『백산실기』의 명단과 상이하다. 평안도 지부장과 함경도 지부장은 광복회에서 활동한 기록을 전혀 찾을 수 없으며, 지부장들도 장두환과 김동호를 제외하면 지역에 연고가 없는 경우가 대부분이다. 「광복회의 연혁」은 1946년 생존한 광복회원들이 조직한 재건 광복회에서 작성한 문서이다. 「광복회의 연혁」은 본부 조직과 지부장 명단이 거의 동일하다. 그러나 선전부 · 고문 등에 상당히 많은 인원들이 기록되어 있다. 그런데 이들 인물 중 광복회원으로 확인되지 않는 이들도 상당히 많다. 「고헌실기약초」와 「광복회의 연혁」에 수록된 조직과 임원은 다음과 같다.

○ 「고헌실기약초」: 〈본부〉 사령관: 박상진, 재무부장: 최준, 막빈참모(幕賓參謀): 우재룡 · 배상철(裵相喆) · 김진택(金鎭澤), 경기도 지부장: 채기중, 황해도 지부장: 유창순(劉昌淳), 평안도 지부장:황희덕(黃羲悳), 함경도 지부장: 김병직(金炳稷), 경상도 지부장: 김진만(金振萬), 충청도 지부장: 장두환(張斗煥), 전라도 지부장: 이병찬(「고헌실기약초」(김희곤 편, 『박상진 자료집』 362~363쪽)).

○ 「광복회의 연혁」: 총사령: 박상진, 지휘장:우재룡 · 권영만, 참모장:한훈 · 김상옥(金相玉) · 김용순(김용순) · 임봉주(林鳳柱), 재무무장: 최준, 선전부장: 김경태(金敬泰) · 권상석(權國弼) · 강병수(姜秉洙) · 유창순(庾昌淳) · 장두환(張斗煥) · 양한위(梁漢緯) · 정재목(鄭在穆) · 최현철(崔鉉澈) · 임창현(任昌鉉) · 김교주(金敎冑) · 이병화(李秉華) · 조운환(曺雲煥) · 채치중(蔡致中) · 채경문(蔡敬文) · 표상철(裵相澈) · 정운일(鄭雲馹) · 최준명(崔俊明) · 김진우(金震祐) · 최병규(崔丙圭) · 이시영(李始榮) · 박태규(朴泰圭) · 이정회(李正會) · 박남현(朴南鉉) · 이종하(李鍾夏), 고문: 유인식(柳寅植) · 노상직(盧相稷) · 윤충하(尹忠夏) · 이석홍(李錫弘) · 김후병(金厚秉) · 권계상(權季相) · 이목호(李穆鎬) · 유진태(俞鎭泰) · 이정희(李庭禧) · 이태대(李泰大) · 홍주일(洪宙一) · 김진만(金震萬) · 이정찬(李庭燦) · 박노면(朴魯冕) · 조승태(曺承兌) · 박민동(朴民東) · 박봉래(朴鳳來) · 이○선(李○善) · 이병기(李秉基) · 정순영(鄭舜永) · 윤상태(尹相泰) · 박선양(朴善陽) · 박성주(朴性宙) · 양제안(梁濟安) · 임하제(林河濟), 경기도 지부장: 김선호, 황해도 지부장:이해량, 강원도 지부장:김동호, 평안도 지부장: 조현균, 함경도 지부장:최봉주, 경상도 지부장:채기중, 충청도 지부장:김한종, 전라도 지부장: 이병찬(「광복회의 연혁」(김희곤 편, 『박상진 자료집』, 386~388쪽)).

55 우재룡, 『백산실기』, 27쪽.

광복회 결성지 대구 달성공원

다. 우재룡은 이미 경주 녹동으로 거주지를 옮겼으며, 재무부장인 최준도 광복회 활동 당시 주소가 경주면 교리였다.[56]

우재룡과 함께 지휘장을 맡은 권영만도 광복회 가입 이전부터 경주 인근인 진보에서 활동하고 있었고, 영양군 입암면에서 거주하고 있었다.[57] 본부 조직의 핵심 인물들이 거주하고 있던 경주 녹동의 박상진 집이 광복회 본부 역할을 담당했던 것이다.

이와 관련해 우재룡의 회고를 주목해 볼 필요가 있다. 우재룡은 '경주의 박상진을 만나서 서로 의사를 통하고, 이 나라를 다시 회복시킬 모책을 약속하고 국내 각지를 순방하여 그 일에 가담할 자격이 있는 인사人士를 선택하여 대구 달성공원에서 대회大會를 개최하고 천지신명天地神明께 맹세를 올

56 김희곤 편, 『박상진 자료집』, 35쪽.

57 김희곤 외, 『청송의 독립운동사』, 159~160쪽; 「권영만신문조서」(국사편찬위원회, 『한민족독립운동사자료집』 32, 258쪽).

리고 국권을 회복할 목적으로 대회의 이름을 광복회'로 정했다고 한다.[58] 우재룡의 회고에 의하면 광복회는 이미 회원들이 확보된 상황이었고, 대구 달성공원에서 결성식을 가진 것으로 볼 수 있다.

광복회는 전국적 조직이었고, 다양한 세력이 참여한 비밀결사였다. 광복회원 다수가 모여야 하는 결성식을 경주에서 개최하면 발각의 우려가 있었을 것이다. 반면에 대구는 대도시였다. 대구는 한양·평양과 더불어 조선의 3대 도시 중 하나였고, 1601년 경상감영 설치와 1905년 경부선 철도 개통 이래 영남의 중심지가 되었다. 따라서 대도시이고 사람들의 왕래가 많은 대구 달성공원이 광복회 결성의 최적지였다고 볼 수 있다.

이뿐만이 아니었다. 대구에는 이미 광복회의 기반인 상덕태상회尙德泰商會가 설립되어 있었다. 박상진은 광복회 조직 이전부터 이곳을 중심으로 동지들을 규합하고 있었다. 또한 광복회 결성의 주요 세력인 달성친목회와 조선국권회복단의 근거지도 대구였다. 대구는 전국의 회원들이 모여 결성식을 거행하기에 가장 좋은 여건을 갖추고 있었다고 할 수 있다. 달성공원에 모인 광복회원들은 다음과 같이 천지신명께 맹세를 하고 광복회를 조직했다.

> *우리는 우리 대한독립권大韓獨立權을 광복하기 위하여 우리의 생명을 바칠 것은 물론이요, 우리의 일생에 목적을 달성하지 못할 때는 자자손손子子孫孫이 계승하여 불구대천不俱戴天의 원수 일본인을 완전 축출하고 국권을 완전히 광복하기까지 절대불변하고 일심전력할 것을 천지신명께 맹세함.*[59]

우재룡은 지휘장을 맡았다. 광복회는 비밀결사였고, 국내 지부와 연락 거

58 우재룡, 『백산실기』, 26쪽.

59 원문은 다음과 같다. 吾人은 우리 大韓獨立權 光復하기 爲하야 吾人의 生命을 犧牲에 供함은 勿論 吾人의 一生에 目的을 達成치 못할時난 子子孫孫이 繼承하야 不共戴天의 讐敵日本人을 完全逐出하고 國權을 完全히 光復하기까지 絕對不變하고 一心戮力할 事를 天地神明에 誓함(광복회, 「결의」, 『광복회』, 1945(김희곤 편, 『박상진 자료집』, 389쪽)).

점들이 다원적으로 설치되었다. 따라서 조직 전체를 파악하고 활동을 지휘하는 일을 우재룡이 맡았던 것이다.

지휘장은 남다른 용기와 실천력을 갖고 있어야 했다. 무단통치가 실시되고 있는 상황에서 비밀단체의 활동을 지휘하기 위해서는 상당한 위험을 감수해야 해야 했기 때문이다. 따라서 한말 의병전쟁에 참여했던 의병장들이 맡은 것으로 보인다.

권영만

광복회원 중에는 한말 의병전쟁에 참여한 이들은 많았다. 이진룡은 광복회 조직 당시 만주에서 활동하고 있었다. 더욱이 광복회는 국내 조직뿐만 아니라 만주 독립운동 기지와 연계 활동을 모색하고 있었다. 우재룡은 광복회 조직 이전부터 만주 지역에서 활동을 하고 있었고 국내·외의 거점을 오가며 광복회를 지휘할 최고의 적임자였던 것이다.

우재룡은 광복회에 참여하면서 또 다른 평생의 동지를 만났다. 경북 영양 출신의 권영만權寧萬이다. 그는 우재룡과 함께 광복회 지휘장을 맡았다. 권영만이 광복회에 참여한 것도 박상진과의 관계로 보인다.

권영만은 1914년 논을 개간하기 위해 박상진에게 비용을 빌렸으며, 이때부터 박상진을 알게 되었다고 한다. 이는 권영만이 1921년 체포되어 일제에게 신문을 받는 과정에서 진술한 것이다. 따라서 이전부터 박상진과 인연을 맺고 있었을 가능성도 있다.

박상진은 허위가 김산의진에 실패한 후 경북 진보에 머물 때 사제의 인연을 맺었다. 권영만은 경북 영양 출신이었으나 인근 지역인 진보에서 활동하고 있었다. 권영만이 영양에서 진보로 이사한 이유는 알 수 없으나 1914년 진보향교『유안儒案』에 그의 이름이 등재되어 있다. 이를 통해 보면 권영만은 당시 진보에서 활동하고 있었다고 할 수 있다. 따라서 경북 영양, 진보지역에서 유학자로 명망이 있던 허위 형제와 인연을 맺었을 것으로 보이며, 이때부터 박상진과 인연을 맺고 있었을 가능성도 높다. 권영만이 박상진을 1914년부터 알게 되었다고 하더라도 우재룡과 권영만은 광복회 조직 이전부터 함께 활동한 셈이다.

우재룡은 권영만과 함께 광복회 활동을 벌였고, 이후 주비단 활동도 함께 했으며, 광복 후 광복회를 재건할 때도 그와 함께 했다. 평생의 독립운동 동지를 광복회를 조직하면서 만났던 것이다.

광복회는 결성된 후 지부를 설치하며 전국적 조직으로 발전했다. 광복회 국내 지부는 조직을 확대하는 과정에서 순차적으로 조직되었다. 광복회는 먼저 해당 지역에 연고가 있는 유력 인물들을 가입시켜 지부 조직의 책임을 맡겼다. 국내 지부는 전국 8도에 설치되었다. 가장 활발한 활동을 벌인 지부는 경상도·충청도·전라도·황해도·평안도 지부였다.

경상도지부는 채기중이 지부장이었다. 경상도지부는 조선국권회복단과 달성친목회를 중심으로 한 대구 조직과 풍기광복단·민단조합 등을 중심으로 한 경북 북부지역 조직이 주요 구성원이었다. 대구 조직은 달성친목회와 조선국권회복단원으로 활동하면서 광복회에 참여한 이들이다. 김재열金在烈·이시영李始榮·정운일鄭雲馹·홍주일洪宙一은 달성친목회와 조선국권회복단에서 활동했고, 김진만金鎭萬·최병규崔丙圭·최준명崔俊明은 달성친목회 회원이었다.[60]

이들은 박상진과 교남교육회·달성친목회·조선국권회복단에서 함께 활동한 인연으로 광복회에 참여한 것으로 보인다. 그러나 대구 조직은 '대구권

60 권대웅,『1910년대 경상도지방의 독립운동단체연구』, 121~123쪽.

김한종 생가(충남 예산군 광시면)

총사건'으로 박상진을 비롯해 관련 인물들이 모두 투옥되면서 그 기반이 약화되기도 했다.

풍기광복단에 참여했던 이들도 경상도 지부의 주요 구성원이었다. 채기중·유장렬柳漳烈·유창순庾昌淳·한훈韓焄·양제안梁濟安·정진화鄭鎭華·강병수姜炳秀·정운기鄭雲淇 등이다. 유장렬과 한훈은 전라도 지부에서, 유창순은 충청도 지부에서도 활동했다.

경상도지부의 또 다른 세력은 민단조합이었다. 민단조합원이면서 광복회에 참여한 인물은 강병수·조용필·정운기였다. 특히 강병수는 이강년의진에 참여한 의병 출신으로 풍기광복단과 민단조합에도 참여하기도 했다.

충청도지부는 한말 홍주의병에 참여했거나 그 영향을 받은 인물들을 중심으로 조직되었으며, 지부장은 김한종이었다. 김한종은 1917년 6월 충남 예산에서 김경태·김재창 등과 조선총독 처단을 계획했다. 그러나 일제에게 발각되면서 피신하게 되었고, 이때 박상진을 만나 광복회에 가입했다.

김한종은 천안의 장두환 비롯해 60여 명의 회원을 모집해 충청도 지부를 결성했다. 특히 지부장 김한종 가문의 인물들이 다수 참여했다. 이들은 예산군 광시면 신흥리를 중심으로 거주하고 있던 김령김씨金寧金氏 집안 인물들로 김한종의 부친인 김재정金在貞을 비롯해 김재풍金在豊·김재창金在昶·김성묵金成黙·김원묵金元黙이 참여했다.

장두환은 충청도 지부의 활동에 주요한 역할을 수행했다. 먼저 자신의 재산을 광복회에 헌납했다. 장두환은 광복회 가입 두 달 후 김한종의 집에서 박상진을 만났다. 박상진은 장두환에게 만주 지역에서 활동해 줄 것과 광복회의 무기 구입비로 2천 원을 의연해 줄 것을 요청했다. 그러나 장두환은 부모님을 모시는 관계로 만주 활동은 사양했다. 그리고 충청도지부에서 활동하기로 결정하고 권총 구입비로 자금을 제공했다.[61] 김한종이 충청도 지부의 책임을 맡고 있으면서 경상도나 서울 등 외지에서 많은 활동을 한 반면, 장두환은 충청도지부에서의 활동을 주도했다.

전라도지부는 이병찬이 중심이 되어 조직되었다.[62] 이병찬이 광복회에 가입한 시기는 정확하지 않으나 1918년 채기중 등과 함께 자금 모집을 전개한 것이 확인된다. 이병찬은 지부장이 되어 1918년 1월부터 채기중과 함께 목포·광주·보성의 부호들에게 경고문을 발송하고 자금을 모집하였다.

전라도지부는 이병찬과 채기중이 자금 모집을 하기 이전부터 광복회의 활동이 있었다. 전라도 지부는 친일 부호였던 서도현 처단과 이후 그의 조카 서인선을 납치해 자금을 모집하였다.[63] 이 두 사건은 한훈과 유장렬을 중심

---

61 장두환은 자신의 재산을 광복회의 자금으로 獻納하였다. 그 액수는 정확하게 알 수는 없지만 이천 원을 제공하였다는 기록(「高第4018號 國權恢復ヲ標榜スル不穩團體員發見處分ノ件續報」(강덕상 편, 『현대사자료』 25, 42쪽)과 육백 석가량을 제공했다는 기록(박맹진, 「固軒實記畧抄」)이 있는 것으로 보아 광복회에 많은 자금을 제공하고 있는 것이 확인된다.

62 우재룡, 『백산실기』, 27쪽 ; 박맹진, 「고헌실기약초」.

63 장석홍, 「광복단결사대의 결성과 투쟁 노선」, 『한국근현대사연구』17, 한국근현대사학회, 2001, 50~41쪽.

으로 이병온李秉溫·장남칠張南七·고제신高濟臣·이병화李秉華·김태수金泰守가 중심이 되어 일으켰다. 이처럼 전라도 지부는 이병호·채기중이 자금 모집 전부터 서도현·서인선 사건을 주도했던 인물들을 중심으로 일정한 거점을 확보하고 있었다. 이러한 기반을 통해 채기중이 1918년부터 자금 모집을 할 수 있었다. 우재룡도 3·1 운동 이후 전라도를 중심으로 활동을 재개하고 있는 것을 보면 전라도 지부의 위상을 짐작할 수 있다.

황해도지부는 최익현崔益鉉·유인석柳麟錫·송병선宋秉璿의 문인들이 중심인 것이 특징이다. 지부원 중 양택선梁擇善·변동환邊東煥·조선환曺善煥·윤헌尹櫶·고후주高後凋는 유인석의 문인이었고, 조용승趙鏞昇·조백영趙百泳은 송병선, 오찬근吳瓚根은 최익현의 사상을 계승한 인물이었다. 또한 평산 의진에 참여했던 박원동朴元東과 국망 이후 이진룡과 함께 무장투쟁을 전개한 이근영李根永·이근석李根奭도 유인석 계열의 인물이라 할 수 있다.

지부장인 이관구도 유인석의 문인이었다. 이는 황해도 지부 결성에 유인석 문인들의 학맥이 가장 큰 영향을 미쳤음을 알 수 있게 해준다. 요컨대 지부장 이관구가 유인석의 문인이라는 학문적 배경이 황해도 지부원들을 광복회에 참여시키는 데 크게 작용한 것으로 해석할 수 있는 것이다.

평안도 지부장은 조현균趙賢均이었다. 조현균은 평북 정주 출신으로 그 지역에서 제일가는 부호이자 만석꾼으로 불리던 인물이다. 그는 한때 숭의전 참봉을 지내기도 하였으나 이관구와의 교류를 배경으로 결성 초기부터 광복회에 참여하게 되었다. 그는 자신의 아들을 이관구와 함께 북경에 보내 유학케 할 정도로 이관구와는 일찍부터 교류가 있었다.

이관구

그는 이관구뿐만 아니라 평안도 지역의 인사들과도 폭넓은 친분을 유지했으며, 특히 이진룡·

조맹선趙孟善과도 긴밀한 사이였다. 조현균의 학문적 계보는 명확하지는 않으나 그와 사돈 사이였던 김상운金尙運이 박문일朴文一·박문오朴文五 형제에게 사사한 문인이었고, 평안도 출신 지부원 가운데에는 박동흠朴棟欽(박문오의 아들)·양봉제梁鳳濟 등 박문일과 관련된 인물들이 많았다는 점에서 그도 박문일 계열로 볼 수 있을 것이다.

광복회는 전국적으로 지부를 설치하는 한편 국내·외에 활동 거점을 설치했다. 국내 거점은 대구·영주·삼척·광주·예산·연기·인천 등에 설치되었다.[64] 이 연락 기관들은 광복회 결성 이전 박상진이 설치 운영했던 상덕태상회尙德泰商會·안동여관安東旅館이 효시였다. 초기에는 잡화점을 설치할 계획이었으나 실제로는 대부분 곡물상으로 설치했다. 이렇게 설치된 활동 거점들은 광복회원들의 집회 장소로 이용되었을 뿐만 아니라 군자금 모집이나 의열투쟁시 중요하게 활용되었다.

광복회는 삼척·예산·연기·인천·광주 등에 활동 거점을 설치했는데, 이들 거점들은 모두 곡물상이었다. 광복회 판결문을 보면 이재덕·김재창·황학성·김동호·박장희의 직업이 '미곡상' 또는 '미곡 중개업'이었고, 체포 당시 주소가 이재덕·황학성은 인천, 박장희는 연기, 김재창은 예산, 김동호는 삼척이었다. 따라서 각지에 곡물상으로 설치된 거점에서 활동하고 있었던 것으로 보인다.[65] 곡물상으로 위장한 거점 중 활동상이 명확하게 드러나는 곳은 인천에 설치한 곡물상이었다.

인천에 설치한 곡물상은 장두환張斗煥·강석주姜奭周·이재덕李在德·황학성黃學性·김재창金在昶 등이 참여했다. 인천의 미곡상은 충청도 지부장 김한종

64 조동걸, 「대한광복회 연구」, 287쪽.

65 「高第4018號 國權恢復ヲ標榜スル不穩團體員發見處分ノ件續報」(강덕상 편, 『현대사자료』 25, 41~50쪽); 「예심종결결정」(『박상진 자료집』, 32~35쪽).

에 의해 설치되고 운영되었다.[66] 이곳의 실질적인 책임은 이재덕이 맡고 있었고, 충청도 지부원인 황학성·김재창 등이 파견되어 활동했다.

광무소를 연락 기관으로 설치한 경우는 명확하게 발견되지 않는다. 하지만 충청도 청양 지역에서 활동했던 광복회원들의 연락 기관은 광무소였다. 홍현주는 공주지방법원에서 무죄 판결을 받고 면소되지만 충청도 지역에서 중요한 역할을 담당하고 있었다. 그는 청양에서 중석광과 관계된 일을 하고 있었는데[67] 그가 관여했던 중석광은 광복회 연락 기관으로 보인다. 이는 기재연이 체포 당시 청양 적곡의 금광갱부金鑛坑夫로 되어 있는데 홍현주와 김경태·기재연·강순형·엄정섭이 광복회 활동 당시 주소가 청양군 적곡면 일대였다는 점으로부터 짐작할 수 있다.

대동상점도 경상도 지부의 주요 세력이었다. 대동상점은 영주에서 박제선朴濟璿·권영목權寧睦 등이 설립하고, 이후 이교덕李敎悳·정응봉鄭應鳳·유명수柳明秀·김노경金魯卿·조재하趙在夏가 중심이 되어 조직한 광복회 거점이었다. 대동상점에 참여한 이들은 풍기·영주·내성 지역을 중심으로 사회·경제적으로 일정한 수준을 갖고 있던 이들이었다. 권영목과 박제선은 대동상점의 설치와 운영에 있어 광복회 지도부와 계속해서 협의를 하고 운영하고 있었다.[68]

대동상점은 1915년 8월 권영목·박제선이 중심이 되어 결성했다. 권영목과 박제선은 일본이 배일 사상가로 지목할 정도로 항일 의지가 높았던 이들이었다.[69] 권영목과 박제선은 이교덕·정응봉·유명수·김노경 등을 가입시

---

66 이성우, 「대한광복회 충청도 지부의 결성과 활동」, 『한국근현대사연구』12, 한국근현대사학회, 2000, 78~80쪽.

67 이성우, 「대한광복회 충청도 지부의 결성과 활동」, 80쪽.

68 「박제선 · 이교덕 · 정응봉 · 김노경 판결문」(대구복심법원, 1918년 6월 17일); 「大正8年 刑控第168號 경성복심법원판결문」(『박상진 자료집』, 62쪽).

69 朝鮮總督府警務局, 『國外ニ於ケル容疑朝鮮人名簿』, 1934, 267쪽.

켜 조직을 확대했다. 이들은 풍기·영주·내성 지역에서 일정한 자산과 사회적 지위를 갖추고 있었다. 따라서 결성 초기부터 일정한 자금을 확보하고 있었다. 대동상점은 광복회가 잡화점으로 설치했던 대표적인 거점이었다.

광복회의 국외 거점은 중국 단동과 장춘 등에 설치되었다. 광복회는 안동여관뿐만 아니라 단동에 삼달양행, 장춘에 상원양행 등을 국외 거점으로 설치했다. 삼달양행은 1916년에 이관구李觀求가 자본금 5천 원으로 설치한 곡물상이었다. 이관구 외에도 삼달양행에는 문응극文應極·강응오姜應五·정강화鄭江華·안창일安昌一·양봉제梁鳳濟·이춘식李春植 등도 참여하고 있었다.[70]

상원양행은 이관구·채수일·명문흡이 중심이 되어 조직한 곡물상이었으며 삼달양행이 설치되기 3개월 전에 설치되었다.[71] 이처럼 광복회의 활동 거점들은 곡물상이나 잡화점, 여관 등으로 위장해 설치되었다. 곡물상이나 잡화점, 여관 등은 사람들의 왕래가 많은 곳이기 때문에 일제의 감시를 피하고 비밀을 유지하는 데 효과적이었기 때문이었다.

길림광복회를 조직하다

우재룡은 광복회를 조직한 후 지휘장의 임무를 수행하기 시작했다. 지휘장 우재룡의 면모를 볼 수 있는 사건이 바로 광복회의 우편마차 습격사건이다. 우편마차 습격사건은 일제의 세금 운송 우편마차를 공격해 세금을 탈취한 사건이었다.

우재룡은 권영만과 함께 1915년 12월 24일 새벽 경주에서 대구로 향하는

70 「高第23808號 國權恢復ヲ標榜セル不逞鮮人檢擧ノ件」(강덕상 편, 『현대사자료』 25, 57~ 59쪽).

71 국사편찬위원회, 『한국독립운동사』 2, 480~490쪽; 「刑上第4號 李觀求·成樂奎·朴元東判決文」(1919년 1월 23일 高等法院(국가기록원 소장)); 「高第23808號 國權恢復ヲ標榜セル不逞鮮人檢擧ノ件」(강덕상 편, 『현대사자료』 25, 57쪽).

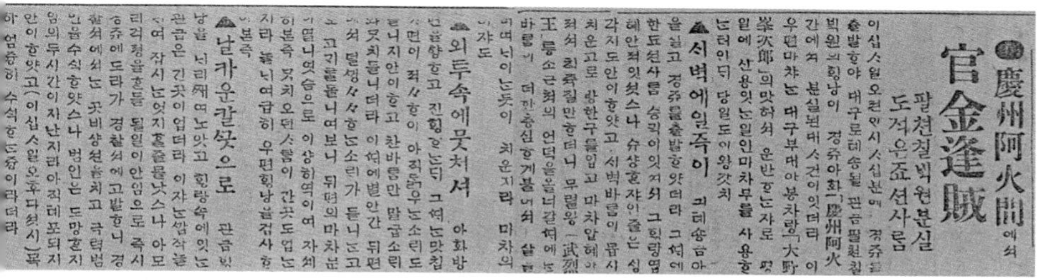

慶州阿火間에셔
官金逢賊
팔천칠빅원분실
도적은죠션사름

이십스일오젼七시스십분에 경쥬를
출발ᄒᆞ야 대구로톄송될 관금팔쳔칠
빅원의횡낭이 경쥬아화「慶州阿火
간에셔 분실된ᄉᆞ건이잇더라 이
우편마챠는 대구부대야봉차랑「大野
峯次郎」의맛허셔 운반ᄒᆞᄂᆞᆫ자로 랏
일에 산용잇ᄂᆞᆫ일인마차부를 사용ᄒᆞ
ᄂᆞᆫ터인ᄃᆡ 당일도이왕갓치

▲새벽에일즉이 그ᄯᅦ송금마
을실고 경쥬를출발ᄒᆞ얏더라 그ᄯᅦ에
한됴션사름 승킥이잇저셔 그희랑편
혜안져잇셧스나 슈상ᄒᆞᆫ자인줄ᄂᆞᆫ 싱
각지도안이ᄒᆞ얏고 새벽바름이 몹시
치운고로 광한구를입고 마차압혜아
져셔 친죽질만ᄒᆞ더니 무렬왕「武烈
王」릉소근쳐의 언덕을올너갈ᄯᅢ에ᄂᆞᆫ
바름이 더ᄒᆞᆫ층심ᄒᆞ게불너셔 살을
에여닉이ᄂᆞᆫ듯이 치운지라 마차의
이쟈도

▲외투속에뭇처셔 아화방
면을향ᄒᆞ고 진힝ᄒᆞᄂᆞᆫᄃᆡ 그ᄯᅦᄂᆞᆫ맛침
사면이 젹々ᄒᆞᆫ이 아직도우ᄂᆞᆫ소리도
들니지안이ᄒᆞ고 찬바름만 맘굽소리
와뭇치들니더라 이ᄯᅢ에별안간 뒤편
에셔 달셩々ᄒᆞᄂᆞᆫ소리가 들니ᄂᆞᆫ고
로 고기를돌니며보니 뒤편의마차는
이멈니엿슴으로 이상히역이여 자셰
히본즉 뭇치오던ᄉᆞ름이 간곳도업ᄂᆞᆫ
지라 놀니여급히 우편횡낭을검사ᄒᆞ
니본즉

▲날카운칼끗으로 관금잇
낭을 너리째며노앗고 횡랑속에잇ᄂᆞᆫ
관금은 간곳이업더라 이쟈ᄂᆞᆫ쌈작놀
니여 잠시ᄂᆞᆫ엇지ᄒᆞᆯ줄를낫스나 아모
리러ᄒᆞᆫ들 될일이안임으로 즉시
경쥬에도라가 경찰셔에고발ᄒᆞ니 경
찰셔에셔ᄂᆞᆫ 곳비상션을치고 극력범
인을수식ᄒᆞ얏스나 범인은 도망ᄒᆞᆫ지
임의두시간이지난지라아직데포되지
안이ᄒᆞ얏고(이십스일오후다셧시)목
하엄즁히 수식ᄒᆞᄂᆞᆫ즁이라더라

광복회 지휘장 우재룡 · 권영만의 우편마차 습격사건 보도기사(『매일신보』 1915.12.26)

우편마차에서 현금 8천7백 원을 탈취했다.[72]

우재룡은 권영만과 함께 우편마차 습격을 위해 치밀한 계획을 세웠다. 먼저 일제가 영일·경주군 일대에서 거두어들인 세금을 우편마차로 경주에서 대구로 이송한다는 정보를 입수했다.[73]

권영만은 우편마차 출발 전날 12월 23일 마부의 집을 찾아가 환자로 가장하고 숙박을 했다. 대구에 있는 병원으로 치료를 받으러 가야 한다면서 다음날 새벽에 출발하는 우편마차 동승을 요청하기 위해서였다. 우편마차에는 동승자를 태울 수 없었으나 마부는 권영만의 요청을 거절하지 못하고 대구까지 태워줄 것을 허락했다.

다음날 새벽 우편마차는 경주를 출발해 대구를 향했다. 권영만이 경주에서 우편마차로 출발할 무렵, 우재룡은 경주의 효현교(현 경주시 효현동)를 파괴하고 기다리고 있었다. 당시 효현교는 나무 다리였다.

---

72 『매일신보』 1915년 12월 25일자, 「慶州阿火間 官金逢賊」; 광복회, 「광복회」, 1946; 박맹진, 「고헌실기약초」(김희곤 편, 『박상진 자료집』, 359쪽). 우재룡과 권영만의 우편마차 습격 사건은 일자와 탈취 금액이 기록마다 차이가 있다. 「고헌실기약초」에서는 우편마차 습격 사건을 '경북우편마차 암습 사건'으로 기록하고 있으며, 탈취한 금액은 1만 8천7백 원으로 기록하고 있다. 반면 재건된 광복회에서 발행한 「광복회」에서는 11월 17일(음) 8천7백 원을 탈취했다고 하며, 『매일신보』 기사에서는 12월 24일 8천7백 원을 탈취당했다고 보도했다. 음력 11월 17일을 양력으로 환산하면 12월 23일이 된다. 재건광복회는 우편마차 습격 시작한 날을 기록한 것으로 보이며, 『매일신보』 기사는 탈취당한 날을 보도한 것으로 보인다. 광복회는 우재룡 · 권영만 등이 중심이 되어 1945년 10월 재건되었다. 따라서 「광복회」의 기록은 실제로 거사에 참여했던 우재룡과 권영만의 진술을 근거로 했을 가능성이 높으며, 『매일신보』 기사를 통해서 보면 탈취한 금액은 8천7백 원으로 보인다.

73 박맹진, 「고헌실기약초」(김희곤 편, 『박상진 자료집』, 359쪽).

우편마차 습격사건 현장 효현교(경주시 효현동)

우재룡이 효현교를 파괴하여 우편마차가 다리를 건너지 못하게 만든 후 주변에서 대기하고 있다는 사실을 알지 못한 채 제방까지 달려온 마부는 그곳에서 멈출 수밖에 없었다. 이때 우재룡은 자신이 대기하고 있음을 권영만에게 신호로 알렸고, 우재룡과 권영만은 우편마차가 효현교 아래로 내려가 하천을 지나는 사이 세금을 탈취했다. 마부는 갑자기 덜컹거리는 소리에 뒤를 돌아보았으나 동승했던 권영만은 사라지고 없고, 세금이 든 행랑은 칼로 찢겨 있었다.

마부는 세금이 탈취된 것을 알고 곧장 경주로 돌아가 신고했다. 일제 경찰은 즉시 수사에 착수했다.[74] 하지만 우재룡과 권영만은 일제의 수사망을 벗어나 안전하게 경주의 녹동으로 돌아왔고, 일제는 범인을 잡을 수 없었다.

---

74 『매일신보』 1915년 12월 25일자, 「慶州阿火間 官金逢賊」.

중국 단동에서 북한 신의주쪽으로 뻗어 있는 '중조우의교'(왼쪽)와 압록강 단교

이 사건은 영구미제 사건이었으나 광복 후 우재룡과 권영만이 사실을 밝힘으로써 광복회의 자금모집 사건임이 밝혀졌다. 우편마차 습격사건은 광복회 결성 직후 본부에서 직접 자금을 모집한 사건이었으며, 지휘장 우재룡과 권영만의 의병적 성향을 보여준 것이었다.

일제의 우편마차는 우편물뿐만 아니라 우편업무에 필요한 현금을 수송하고 있었다. 따라서 한말 의병들은 우편마차를 공격해 자금을 탈취하곤 했다. 이러한 전술은 정확한 정보가 있어야 가능했고, 이를 신속하고 대담하게 실행할 인물이 있어야 한다. 우재룡과 권영만은 의병 출신이었다. 이들은 일제의 현금 수송마차를 직접 공격해 자금을 확보하는 방법을 생각했고, 이를 실천에 옮겼던 것이다.

우재룡은 우편마차 습격 직후 만주 길림으로 떠났다. 길림광복회를 조직하기 위해서였다. 광복회는 만주 길림에 군대양성을 위한 거점을 설치하고자 했다. 길림은 만주의 중앙에 위치하고 있었고, 인근에 한인사회가 형성

되어 있었다. 광복회는 이곳에다 만주거점을 마련해 군대양성 계획을 수립했고, 조직 책임은 우재룡이 맡았다.

하지만 자금이 문제였다. 군대양성을 위한 거점을 마련하기 위해서는 막대한 자금이 필요했다. 그러나 자금 문제는 쉽게 해결되었다. 광복회가 영주에 거점으로 설치한 대동상점에서 자금을 지원했기 때문이다. 우재룡은 길림광복회 설치비용을 대동상점을 운영하고 있던 권영목에게 의뢰했고, 권영목은 7만 원이라는 거금을 지원했던 것이다.

우재룡은 권영목으로부터 서울에서 자금을 전달받았다. 우재룡은 권영목에게 함께 만주로 떠날 것을 요청했다. 권영목은 자금을 휴대하고 만주로 출발하는 것에 대한 우려를 나타냈다. 따라서 자금은 우재룡이 휴대하고 가기로 했으며, 권영목은 별도로 출발해 중국 단동에서 만나기로 약속했다. 우재룡은 먼저 단동으로 향했다. 단동에는 광복회 거점인 안동여관이 있었고, 이곳에서 사전 작업을 하기 위해서였다.

단동은 중국으로 들어가는 길목이었다. 중국 망명길에 올랐던 이들은 서울에서 경의선 열차를 이용해 신의주를 거처 단동을 경유하는 방법을 이용했다. 따라서 광복회는 단동에 안동여관을 설치했고, 신의주에도 여관을 설치해 거점으로 이용했다. 안동여관은 광복회의 대표적인 국외 거점이었다.[75] 광복회는 안동여관에서 의연금 모집을 위해 전국의 부호들에게 통고문을 제작해 발송했고, 이관구·박상진 등은 이곳에서 조선총독 암살을 계획하기도 했다.[76]

우재룡은 단동에서 길림광복회를 조직할 이들에게 길림에서 만나자는 서

---

75 「禹在龍은 古友 朴尙鎭의 約曆을 手抄」(독립기념관 소장); 우재룡, 『백산실기』, 27~28쪽.

76 「大正八年 刑控第168號 경성복심법원판결문」(『박상진 자료집』, 52쪽); 이관구, 『의용실기』, 成樂奎條. 이관구와 박상진은 1916년 중국 안동현에서 조선총독 암살 계획을 세웠다. 광복회 안동거점은 안동여관이었다. 따라서 이곳에서 조선총독 암살 계획을 세웠을 것으로 보인다.

신을 보냈다.[77] 그리고 단동에서 합류한 권영목과 함께 길림으로 출발했다. 길림에 도착한 우재룡은 1915년 12월(음) 손일민孫一民·주진수朱鎭洙·양재훈梁載勳·이홍주李洪珠 등과 길림광복회를 조직했다.[78] 길림광복회를 조직한 이들은 우재룡·박상진과 밀접한 관련을 갖고 있었다.

주진수는 신민회 강원도 책임자였다. 주진수는 105인사건으로 체포되었다가 풀려난 후 만주에서 활동하고 있었다.[79] 주진수는 이상룡과 신민회를 연결시킨 이였다. 따라서 이상룡·김동삼 등 서간도지역에서 활동하던 안동유림들과 밀접한 관련이 있었고, 이들과 인연을 맺고 있던 박상진과의 관계로 광복회에 참여한 것으로 보인다.

손일민은 안동여관의 책임을 맡고 있었다. 우재룡은 광복회가 조직되기 이전부터 만주를 자주 왕래했다. 따라서 안동여관의 책임을 맡고 있던 손일민과는 자주 만났을 것으로 보인다. 양재훈은 대구진위대에서 근무하던 중 군대해산을 맞아 만주로 망명해 활동하고 있었다. 우재룡은 대구진위대 시절부터 양재훈을 알고 있었고, 그와 함께 길림광복회를 조직했던 것이다.[80]

길림광복회 조직에 참여한 이들 중 주목되는 인물이 있다. 백야 김좌진이다. 우재룡은 김좌진이 길림광복회 조직에 참여한 것으로 밝히고 있다. 우재룡은 1921년 주비단 사건으로 체포된 후 일제의 신문을 받았다. 그는 2차 신문에서 '대정 4년(1915년: 필자주) 12월 중 성명불상의 중국인 여관에서 나(우재룡: 필자주)와 주진수·손일민·이홍주'가 길림광복회를 조직

길림광복회 사령관 김좌진

77 「우이견(우재룡) 신문조서」(국사편찬위원회, 『한민족독립운동사자료집』 32, 241쪽).
78 「우이견(우재룡) 판결문」(독립운동사편찬위원회, 『독립운동사자료집』 10, 1976, 1109쪽).
79 조동걸, 「대한광복회의 결성과 그 선행조직」, 273쪽.
80 「우이견(우재룡)신문조서」(국사편찬위원회, 『한민족독립운동사자료집』 32, 241쪽).

했다고 했다.[81]

그런데 3차 신문에서는 '안동현에서 김좌진·양재훈·주진수·손일민 등에게 봉천(길림: 필자주)까지 오라고 하는 서면을 보냈고, (길림광복회 결성: 필자주) 장소는 봉천성 밖 중국인 숙소였고, 회합한 것은 양재훈·주진수·김좌진·손일민·이홍주·권영목·나(우재룡: 필자주) 7명'이라고 밝혔다.[82] 2차와 3차 신문에서 조직 내용은 같으나 참여 인물에서 김좌진과 권영목이 추가되었다.

김좌진은 한일 강제병합 직후 서울에 이창양행, 신의주에 염직회사 등 잡화점으로 위장한 상점들을 거점으로 설치했다. 서간도 지역에서 독립운동을 펼치기 위해서였다. 또한 서간도 지역에서 독립 운동을 전개하기 위해 자금을 모집하던 중 체포되어 서대문형무소에서 옥고를 치른 후 광복회 조직에 참여했다.

김좌진은 1915년 11월부터 최익환崔益煥·이기필李起弼·감익룡甘翊龍·신효범申孝範·성규식成奎植·강석룡姜錫龍 등과 서울과 경북 일대에서 자금을 모집하던 중 체포되었다. 김좌진은 예심에서 면소 판정을 받고 풀려났으나 광복회 결성 초기부터 자금 모집 활동을 벌이고 있었다는 것을 알 수 있다. 김좌진은 풀려난 후 화폐 위조로 자금 조달을 시도했다. 중국에서 중국지폐를 위조한 후 정화正貨로 바꾸어 자금으로 사용하려는 계획이었다.

그런데 김좌진이 위조화폐 제작을 시도했던 곳이 중국 단동이었다. 이처럼 김좌진은 중국 단동과 국내를 오가며 자금 모집 활동을 벌이고 있었다. 광복회 회원인 김좌진이 단동에서 활동했다면 안동여관을 기반으로 했을 것이다. 따라서 안동여관 책임자인 손일민과는 일찍부터 교류를 하고 있었을 가능성이 높다. 김좌진은 길림광복회를 조직한 주진수와도 관련이 있다.

---

81 「우이견(우재룡)신문조서」(국사편찬위원회, 『한민족독립운동사자료집』 32, 236쪽).

82 「우이견(우재룡)신문조서」(국사편찬위원회, 『한민족독립운동사자료집』 32, 241쪽).

김좌진은 한일 강제병합 이전 윤치성尹致晟·노백린盧伯麟·유동열柳東說·이갑李甲 등과 교류했다. 이들은 일본 육군사관학교 출신이거나 대한제국 군인 출신들이었으며 신민회원이었다. 김좌진이 신민회에 참여했는지는 알 수 없으나 신민회 회원들과 교류하고 있었다. 따라서 신민회 회원이면서 길림광복회에 참여하고 있던 주진수와도 일찍부터 인연을 맺고 있었을 것으로 보인다.

김좌진의 길림광복회 조직 당시 참여 여부는 명확하지 않다. 우재룡의 3차 신문조서 내용이 유일하기 때문이다. 그러나 우재룡의 3차 신문 내용은 신빙성이 있어 보인다. 권영목은 조직 비용을 제공했으며, 우재룡과 중국 단동에서 합류해 함께 행동을 했다. 따라서 길림광복회 조직에 참여했을 가능성은 아주 높다.

이를 통해 보면 우재룡의 3차 신문 내용이 더 구체적인 것이라 할 수 있다. 또한 우재룡의 독립운동을 보도한 『동아일보』 기사에도 '당시 봉천에 있는 김좌진을 추천하야 회장을 삼고 독립운동을 하든 터인데'라고 보도하고 있다.[83] 더욱이 김좌진은 박상진과 의형제를 맺은 사이로 알려져 있다.[84] 이를 통해 보면 김좌진도 광복회 조직 초기부터 광복회에 참여했으며, 우재룡과 같이 만주와 국내를 오가며 활동한 것이 아닌가 생각된다.

김좌진이 만주로 망명한 것도 광복회 만주 책임을 맡으면서였다. 광복회는 만주 본부에 부사령을 두고 국내 조직과 연계해 독립군 양성 책임을 맡겼다. 만주 부사령은 황해도 출신 의병장 이진룡이 맡았다. 그러나 이진룡이 운산금광 현금 수송마차 습격 사건으로 체포되자[85] 광복회는 1917년 8월 김좌진을 후임으로 파견했다. 만주로 파견된 김좌진이 향한 곳도 길림이었다.

---

83 『동아일보』 1921년 6월 11일자, 「장승원을 총살한 광복회원 우이견」.

84 박중훈, 「고헌 박상진의 생애와 항일투쟁활동」, 72쪽.

85 『매일신보』 1917년 6월 19일자, 「大賊魁 逮捕의 苦心」

광복회 만주 본부로 설치한 길림광복회가 있었기 때문이다.

김좌진의 만주 파견도 안동여관과 길림광복회에서 활동하던 손일민에 의한 것이었다. 이를 통해 보면 김좌진도 길림광복회 참여한 것으로 보는 것이 타당하다. 길림광복회는 광복회가 군대 양성을 위해 설치한 만주 사령부였다. 이러한 점은 우재룡의 「신문조서」를 통해 확인할 수 있다.

> *문: 그때(길림광복회 설치 당시: 필자주) 어떤 의논을 하였는가?*
> *답: 사령부를 조직하여 시기를 보아 국권회복을 도모하자는 의논을 하였다. 그리하여 서북간도에 거주하고 있는 조선인 독신자를 모아 군사교육을 실시하고 한편으로 농사일에 종사하자는 의논을 하였다.*
>
> *문: 권영목은 7만 원을 가지고 있다고 말하였는가?*
> *답: 그렇다. 이야기하였다. 그리하여 동인(권영목: 필자주)은 그 7만 원을 사령부를 조직하는 데 낼 것이니 써 달라고 말하였다.*
>
> *문: 그렇다면 무력으로 조선에 밀고 들어와 일본의 통치를 배척하고 국권회복을 도모할 생각이었는가?*
> *답: 그랬었다.*
>
> *문: 서북간도에 있는 조선인 독신자가 그렇게 많지는 않았을 것이고, 또 무기를 구하는 데 있어서도 많은 양을 손에 넣을 수는 없을 것이라고 생각되는데, 그 당시 피고(우재룡: 필자주)는 그렇더라도 무력으로 일본의 통치를 벗어나는 일이 가능한 일이라고 생각하고 있었는가?*
> *답: 가능하다든가, 불가능하다든가 하는 일에 대해서는 생각한 일이 없다. 조선인으로서 국권회복을 도모하는 것은 의무라고 생각하고 있었다. 요컨대 일을 도모함은 하늘에 있고, 일을 행하는 것은 사람에게 있다고 하는 생각을 가지고 있었다.*[86]

86 「우이견(우재룡)신문조서」(국사편찬위원회, 『한민족독립운동사자료집』 32, 241~242쪽).

광복회 만주본부인 길림광복회 활동지 길림

우재룡의 「신문조서」에 의하면 광복회는 서북간도의 한인들을 모아 군사 훈련을 시켜 군대를 양성할 계획이었다. 길림광복회는 이러한 계획을 추진할 만주 사령부였고, 광복회의 국외 독립운동 기지 건설 차원에서 설치되었던 것이다. 길림광복회는 1910년대 국외에서 추진되던 독립운동기지 건설과 같은 것이었다.

독립운동기지 건설은 한인들이 이주한 서북간도 지역에 한인들의 집단적 거주지를 만들어 항일독립운동의 근거지로 삼아 일제와 독립전쟁을 준비하는 일이었다. 만주로 이주한 한일들의 경제적 토대를 마련하고 국내·외에서 한인들을 모아 무관학교를 세워 독립군을 양성하고자 했던 것이다.

당시 독립군 양성은 병농일치兵農一致를 기반으로 했다. 길림광복회가 '한인 독신자를 모아 군사교육을 실시하고 한편으로 농사일에 종사'한다는 것은 바로 이런 의미였다. 우재룡은 광복회가 초기 사업으로 '조선 농민을 만주로 유도誘導해 영농營農하여 조선 독립기관 식량을 보장保掌시키고, 만주 심산深山에 사관학교를 설립하여 사관 군대를 양성'하는 사업을 추진했다고 했다.[87] 조선 독립기관은 길림광복회를 말하는 것이며, 이곳에 사관학교를 설립해 군대를 양성하고자 했던 것이다.

길림광복회는 광복회의 만주 본부 기능을 담당했다. 우재룡은 '만주 길림

---

87 「禹在龍은 古友 朴尙鎭의 約曆을 手抄」(독립기념관 소장).

에다 조선 독립기관 본부를 설치'했다고 한다.[88] 길림광복회를 독립군 양성을 위한 사령부이며, 만주본부로 여겼던 것이다. 광복회는 국내에 활동을 총괄하는 본부조직을 갖추고 있었다. 그러나 국외에서의 독립군 양성과 국외 거점을 총괄할 별도의 조직이 필요했고, 이를 위해 길림광복회를 설치했던 것이다. 이러한 점은 우재룡의 행적을 보도한 『동아일보』 기사를 통해서도 확인할 수 있다.

박상진과 비밀히 국권회복을 목적하야 다수한 동지를 모집하야 대정 육년 유월경에 당시 박상진의 집에서 광복회라는 단체를 조직하고 동회 본부를 중국 길림 지방에 설치하고 조선 지방에는 각도에 지부를 설치하며 길림 본부에서는 군대를 양성하고 병기를 사 드리어 한편으로는 조선 안에 있는 각 지부에 배부하여 무력으로 군자금을 모집하였다. 이와 같이 큰 단체를 설치한 운동비도 우이견(우재룡: 필자주)이 각 지방에서 현금 칠천만 원(칠만 원의 오기: 필자주)을 모집하야 당시 봉천에 있는 김좌진을 주고 김좌진을 추천하야 회장을 삼고 독립운동을 하든 터인데(후략).[89]

우재룡이 길림광복회를 조직한 것은 1915년 12월(음)이었다. 이는 광복회가 조직을 확대하는 과정을 보면 상당히 이른 시점이었다. 전국에 국내 지부를 설치하는 과정이었고, 회원들을 모집하면서 조직을 확대하는 과정이었다. 그럼에도 길림광복회를 빠른 시점에 조직한 것은 광복회 지도부의 인식이 반영된 결과였다.

광복회는 독립전쟁을 목표로 하고 있었다. 독립군을 양성하는 것이 가장 중요하면서 시급한 과제였다. 따라서 군대 양성을 위해 만주 사령부를 조직, 초기에 설치했던 것이다.

---

88 「禹在龍은 古友 朴尙鎭의 約曆을 手抄」(독립기념관 소장).

89 『동아일보』 1921년 6월 11일자, 「장승원을 총살한 광복회원 우이견」.

길림광복회 조직은 1910년대 국내 독립운동 단체 중 광복회만이 갖는 특징이었다. 1910년대 독립운동은 국외 독립운동기지가 건설되고, 국내에서 지원을 받는 형식이었다. 그런데 광복회는 국내에서 조직된 단체가 직접 국외 독립운동기지를 건설하고, 지원하는 방식이었다. 국내에 기반을 두고 직접 독립전쟁을 실현하고자 했던 것이다.

물론 길림광복회에서 실제로 군대를 양성했다는 기록은 찾아지지 않는다. 또한 만주로 한인들을 이주하려는 계획이 실현되었는지도 확인되지 않는다. 하지만 광복회는 길림에서 계속해서 무기를 구입해 국내로 반입했고, 국내로 반입된 무기들은 군자금 모집이나 의열 투쟁에 활용되었다. 우재룡도 직접 권총을 구입해 국내로 들여왔으며, 박상진도 길림에서 무기를 구입해 사용했다. 길림광복회가 현실적으로 군대 양성을 실현하지는 못했으나 국내로 무기를 공급하는 임무는 수행하고 있었다고 할 수 있다.

군자금을 모집하다

우재룡은 길림광복회 조직 후 군자금 모집에 주력했다. 군자금 모집은 광복회가 가장 중점적으로 추진한 사업이었다. 군대를 양성해 독립전쟁을 벌이기 위해서는 막대한 자금이 필요했기 때문이다.

광복회의 군자금 모집은 다양한 방법으로 추진되었다. 광복회원 자신들의 재산을 헌납하기도 했으며, 일제의 현금 수송마차를 공격해 자금을 탈취하기도 했다. 일본인 소유의 광산을 공격하거나 중국지폐를 위조해 정화正貨로 바꾸어 사용하기도 했다. 우재룡과 권영만이 경주 우편마차를 공격해 일제의 세금을 탈취한 것도 모두 군자금을 모집하기 위한 것이었다.

우재룡은 1916년 5월 강원도 영월에서 일본인이 경영하고 있던 상동 중석광을 비밀리에 조사했다. 상동 중석광에 잠입해 자금을 탈취하기 위해서였다. 상동 중석광 조사에는 박상진의 동생인 박하진朴河鎭도 동행했다.

우재룡은 탐문을 마친 후 풍기로 향했다. 풍기를 근거로 활동하고 있던 채기중과 중석광 공격을 상의하기 위해서였다. 우재룡은 풍기에서 2달여 머물면서 상동 중석광 공격을 치밀하게 준비했다. 그러나 뜻하지 않은 사건이 발생했다. 대구에서 자금을 모집하던 광복회원들이 일명 '대구권총사건'으로 일제에 체포되었던 것이다.

대구권총사건은 1916년 9월 정운일鄭雲馹·최병규崔丙圭·최준명崔俊明·김진만金鎭萬·김진우金鎭瑀·김재열金在烈·이시영李始榮·홍주일洪宙一·권상석權相錫·임봉주林鳳柱(일명 세규世圭) 등이 대구 부호 서우순에게 자금을 모집한 사건이었다.

대구를 중심으로 한 자금 모집은 광복회 조직 이후부터 이어졌다. 광복회는 1915년 11월 대구 부호인 정재학·이장우·서우순에게 자금을 요청하는 편지를 보냈다. 지정된 자금을 중국 길림으로 가져다 줄 것을 요청했던 것이다. 독립자금인 만큼 자발적으로 자금을 제공할 것으로 기대했다. 그리고 자금을 수령하기 위해 김진우를 길림에 대기시키기도 했다. 그러나 이들은 아무도 자금 모집에 응하지 않았다.

애국지사 백농 김재열 선생 현창비(경북 고령)

대구지역에서 자금을 모집하는 일은 잠시 중단되었다. 광복회가 국내 지부와 길림광복회 설치 등 조직을 확대하는 과정이었기 때문이다. 광복회는 조직이 정비되면서 다시 자금 모집을 시도했다. 대상은 서우순이었다. 서우순은 대구부호로 현금을 많이 보유하고 있었기 때문이다.

자금 모집에 참여한 김진만은 서우순의 사위였

우재 이시영 선생 순국기념탑(대구 앞산공원)

다. 따라서 김진만은 서우순의 집안을 잘 알고 있었고, 자금 모집이 원활하게 이루어질 것으로 여겼다. 광복회는 서우순의 처남인 서남규의 협조 약속을 받아낸 후 자금 모집을 결행했다. 김진만·정운일·김진우·권상석·임봉주 등은 1916년 9월 3일 서우순의 집으로 향했다.

그러나 서우순 집에 잠입해 집안 동정을 살피던 중 발각되었고, 서우순이 도주하면서 실패로 돌아가고 말았다. 이 과정에서 서우순 하인이 총상을 입었고, 남기고 간 신발이 단서가 되어 참여자들 모두가 체포되었다. 이들은 1917년 4월과 6월 두 번의 재판을 받았고, 김진우·김진만·정운일·최병규 징역 10년, 최준명 징역 2년, 김재열·박상진 징역 6개월, 홍주일 징역 5개월, 이시영 징역 4개월 등 유죄 판결을 받고 투옥되었다.

대구권총사건은 광복회 활동을 위축시켰다. 광복회의 핵심 조직 중 하나인 대구 지역 광복회원들 다수가 투옥되었기 때문이다. 사령관 박상진마저 투옥되면서 광복회는 활동에 제한을 받을 수밖에 없었다. 그러나 회원들은 비밀을 유지했고, 일제는 광복회 실체를 알아내지 못했다.

박상진이 피체되면서 우재룡의 책임은 무거워졌다. 박상진은 광복회 총책임자였다. 박상진이 투옥되면서 본부 조직의 핵심은 지휘장인 우재룡이 맡을 수밖에 없었다. 광복회는 비밀단체였다. 광복회 전체 규모와 활동을 파악하고 있는 곳은 본부 조직과 국내 지부장들 정도였다. 따라서 지휘장의 역할은 더욱 막중해졌다. 광복회 조직을 정비하고 활동을 지속해야하는 책임이 그에게 주어졌던 것이다.

우재룡은 광복회 활동을 이어갔다. 산남의진 당시 정환직·정용기 의병장이 순절했을 때 의진을 정비하고 새로운 대장을 추대했던 경험도 있었다. 우재룡은 조직이 위기에 처할 때마다 조직을 유지하면서 새로운 돌파구를 마련한 것이었다.

산남의진에 비하면 사령관 박상진의 투옥은 큰 문제가 아니었다. 박상진은 징역 6개월을 선고받았기 때문이다. 따라서 우재룡은 박상진이 투옥된 후에도 비밀을 유지하며 광복회 자금모집 활동을 진행했다. 김낙문金洛文·채기중蔡基中·이식재李湜宰·조우경趙禹卿·권재하權在河 등은 1916년 10월 영월 중석광을 습격했다. 우재룡·박하진 등이 추진했던 영월중석광 습격 계획이 실행에 옮겨진 것이었다. 1916년 10월은 박상진 등 대구권총사건에 참여했던 이들이 투옥되어 있던 시점이었다. 이들이 투옥된 상황에서도 광복회 자금 모집은 중단되지 않았던 것이다.

광복회의 군자금 모집은 박상진이 석방된 후 더욱 활발하게 펼쳐졌다. 우재룡은 1917년 6월(음) 채기중·김한종 등과 박상진의 집을 찾았다. 대구권총사건으로 옥고를 치른 박상진과 함께 광복회 활동을 협의하기 위해서였다. 박상진이 석방된 후 광복회 지도부가 다시 모임을 갖고 향후 활동을 협의하는 자리였던 것이다.

당시 모임에서 논의된 것도 자금모집이었다. 광복회는 계속해서 자금모집을 벌였으나 경주 우편마차 습격 외에는 별다른 성과가 없었기 때문이다. 대구권총사건이 대표적인 경우였다. 국내·외에 설치한 거점들도 모두 광복회원들이 사재를 출연해 설치한 것이었다. 그러나 광복회의 목적인 '독립전쟁'을 실현하기 위해서는 군대가 필요했고, 군대를 양성하기에는 광복회 자금은 절대적으로 부족한 상황이었다.

따라서 광복회는 자금모집 범위를 확대하고 체계적으로 전개할 필요성이 제기되었다. 논의 결과 전국에서 '의연금'을 모집하는 것으로 결론이 모아졌다. 전국의 자산가들에게 의연금을 요청하는 '통고문'을 보내고, 광복회원들이 직접 찾아가 의연금을 수령하는 것이었다. 전국의 자산가에게 독립의 당위성을 설명하고 '애국심'에 호소해 자발적으로 제공하는 자금을 모집하는 방법이었다. 따라서 광복회가 착수한 첫 사업이「포고문布告文」발송이었다.

우재룡은 포고문 발송 책임을 맡았다. 우재룡은 박상진이 한문으로 작성한 포고문을 가지고 중국 단동으로 갔다. 광복회원들이 자산가들을 조사하는 동안 포고문 발송을 준비하기 위해서였다. 우재룡은 중국 단동에서 포고문을 한글로 번역했다. 그리고 손일민孫逸民·이홍인李洪寅 등과 함께 등사謄寫를 마쳤다. 우재룡은 포고문 발송 준비를 마치고 1917년 8월 7일(음) 경주로 돌아왔다.

우재룡이 단동에서 포고문 발송을 준비하는 동안 국내에서는 경상도지역 자산가 조사가 완료되어 있었다. 우재룡은 채기중이 작성한 경상북도 지역 자산가의 명단, 자산 정도, 주소 등이 자세히 기록되어 있는 '경상북도慶尙北道 15군郡 조사기調査記'를 전달받았다. 채기중은 우재룡이 중국으로 떠난 뒤 경상북도지역 자산가들을 조사해 60여 명의 명단을 작성해 두었었다.[90]

---

90 김희곤 편,『박상진 자료집』, 103쪽. 광복회원의 예심종결결정서에는 당시 작성된 명단은 20여명이라는 기록도 있다(김희곤 편,『박상진 자료집』, 42쪽).

우재룡은 8월 16일(음) 포고문 발송을 위해 다시 중국 단동으로 향했다. 국내로 돌아온 지 채 열흘이 되기 전 다시 만주로 향했던 것이다. 단동에 도착한 우재룡은 1917년 8월말(음) 경상북도 지역 자산가에게 의연금 모집을 위해 다음과 같은 포고문을 발송했다.[91]

아아! 슬프다. 우리 동포여! 지금이 어느 때인가? 사천 년의 종묘사직이 흔적도 없이 사라지고 이천 만 민족은 노예가 되었고 나라의 치욕과 백성의 욕됨이 그 극에 이르렀다. 아아! 저 섬나라 오랑캐가 오히려 이에 배부른지 모르고 나날이 악정과 폭행을 가하여 우리들의 생명과 재산을 멸망케 하려 하고 있다. 그러나 우리 동포들은 아직 이를 깨닫지 못하고 점차 가라앉아 장차 화가 미칠 것을 알지 못하고 편안함만 도모하려 한다. 보금자리가 깨진 곳에 어찌 알이 완전할 수 있겠는가? 백자천손이 모두 원수의 희생이 되고 천창만상이 역시 다른 사람의 창고로 들어가지 않을 수 없으니, 말과 생각이 여기에 이르니 피눈물이 흘러내린다.

우리 조국을 회복하고 우리 원수를 몰아내어 우리 동포를 구함은 실로 우리 민족의 천직으로서 우리들이 반드시 해야만 하는 의무이다. 이는 본회가 성패와 영리하고 우둔함을 따지지 않고 죽음을 무릅쓰고 이를 창립한 까닭으로 이미 10여 년이 지났다. 그간 경과한 엄청난 어려움은 일일이 나열할 겨를이 없다. 내외의 동포로부터 이 의거에 동정을 보내지 않은 사람이 없다. 그러나 지금 본 회의 목적을 달성하기에 이르지 못함은 실로 우리 동포가 한마음이 되지 못하고 머뭇거리며 제대로 결심을 하지 못함 때문이다. 이제 큰 소리로 급히 우리 동포에게 고하노니 이를 가벼이 여기지 말고 마음을 기울여 한번 생각하기 바란다.

예전에 한무제漢武帝가 흉노를 공격하여 백등白登의 치욕을 갚으려 할 때 한

---

91 광복회가 발송한 「포고」 원문은 전하지 않는다. 다만 일제가 광복회원들을 조사하는 과정에서 압수한 포고문을 일어로 작성한 내용이 남아 있다(「고제4018호」(강덕상 편, 『현대사자료』)). 이것을 국사편찬위원회에서 한글로 번역했다(국사편찬위원회, 『한국독립운동사』 2, 1966, 427~430쪽). 박상진을 비롯한 광복회원의 판결문에도 포고문의 요지가 실려 있기도 하다(김희곤 편, 『박상진 자료집』 51 · 80쪽). 본문에 인용한 「포고」문은 박걸순 번역(박걸순, 『독립전쟁론의 선구자 박상진』, 한국독립운동사연구소)을 인용한 것임.

나라의 세력이 흉노에 열 배였으나 도리어 식式은 지혜로운 자라도 변추邊陬에 죽는다. 재산이 있는 자는 마땅히 재산을 내놓으라고 하였다. 이는 즉시 식이 한족에 대하여 그 의무를 다하려고 한 바이다. 지금 우리 민족은 그렇지 않아서 지략이 있는 자라도 이를 개인의 재력으로써 능히 이룰 바 아니라 하고 이의 연조捐助를 동의하지 않고 있다. 우리 동포의 생각지 못함이 어찌 이다지 심하냐. 백의 하나를 들어 무리를 지어도 오히려 여유가 있다.

재물로써 보조를 하여도 힘이 부족함이 아니다. 단지 부족한 것은 일치한 열성이 없는 것이다. 이 어찌 통곡하고 울 일이 아닌가. 바라건대 우리 동포는 식의 마음으로서 마음을 지녀 지혜가 있는 자는 서로 충정을 알리고 비밀리에 단결하여서 본 회의 의로운 깃발을 동쪽으로 가리킬 때를 기다리고 재력 있는 자는 각기 의무를 다하여 미리 저축을 하여서 본 회의 요구에 응하라. 나라는 회복할 것이오 적은 멸할 것이오 성공은 약속하여 기다릴 것이다. 어찌 쾌하지 아니하고 어찌 장하지 아니한가. 만일 흉적에 아부하여 기밀을 누설하여 화를 동포에 끼치고 또 본 회의 규약에 따르지 않고 기회를 그릇되게 하는 자 등의 제재 방법에 대해서는 본 회의 정해진 규칙이 마땅히 있다. 명호嗚呼라. 우리 동포는 스스로 오해함이 없이 성심열혈로서 기회에 부응하여 방조幇助를 주고 각각 천직을 다하기를 바란다.

광복회 창립 제십삼년 정사丁巳 팔월 일
광복회(인)

광복회 포고문 발송은 치밀하게 추진되었다. 우재룡은 단동뿐만 아니라 평안북도 신의주와 정주에서도 발송을 했다.[92] 포고문을 한 곳에서만 발송했을 때 발생할 수 있는 위험을 줄이기 위해서였다.

포고문 수령자 중에는 광복회 재무부장 최준崔浚도 포함되어 있었다. 최준은 광복회 자금을 총괄하고 있었다. 최준이 광복회 포고문을 받았다는 것은 그가 광복회와 무관하다는 것을 증명하기 위한 조치였다. 광복회 자금

92 김희곤 편, 『박상진 자료집』, 60 · 103쪽.

모집이 발각되었을 때 재무부장의 신변을 보호하기 위한 치밀한 장치였던 것이다.

이뿐이 아니었다. 광복회원들은 자신들이 조사한 자산가 명단은 소금물로 작성했다. 소금물로 문서를 작성하면 평소에는 보이지 않으나 불을 쬐어야만 글씨가 보이는 점을 이용했던 것이다.

광복회원들은 '광부 한 명을 얻었다', '금광 1개소를 발견했다'와 같은 용어도 사용했다. 이는 '광복회원 1명을 입회시켰다', '자금 조달할 회원 1명을 찾았다'라는 뜻이었다. 광복회원들이 비밀을 유지하기 위한 은어隱語였다.

포고문에는 광복회 명의의 인장을 날인하고 이를 절반으로 잘라 한 쪽을 포고문에 첨부하고, 다른 한쪽을 광복회원이 자금 수령시에 제시해 광복회 회원임을 증명하는 방법도 사용했다. 포고문 수령자들에게 자금을 받으러 오는 이들이 광복회 회원이라는 것을 증명하기 위한 것이었다. 이처럼 광복회는 은어를 사용하고 자금 모집과 무기 전달에 합표合標를 만들어 사용할 정도로 군자금 모집은 치밀하게 전개되었다.

국내로 돌아왔던 우재룡은 1917년 11월 16일 다시 중국 단동으로 향했다. 두 번째 포고문 발송을 위해서였다. 두 번째 포고문 발송 대상은 충청도와 강원도 자산가들이었다. 충청도 지부의 김한종·장두환·엄정섭 등은 충청도 일대의 자산가를 조사했고, 강원도 지부에서는 김동호가 명단을 작성했다. 이들이 작성한 충청도·강원도 자산가 명단은 박상진을 통해 우재룡에게 전달되었고, 우재룡은 중국 단동·봉천 등지에서 국내로 발송했다.

충청도와 강원도 지역 자산가들은 경상도 지역에 비해 상대적으로 적은 인원이었다. 그럼에도 우재룡은 1917년 12월 29일부터 다음해 1월 3일까지 날짜를 나누고 중국의 단동과 봉천 등지에서 발송하는 치밀함을 보였다.

광복회가 포고문만 발송한 것은 아니었다. 광복회의 의연금 모집은 두 가지 방법으로 진행되었다. 대자산가에게는 포고문을 발송하고, 소자산가는 각도지부에서 별도로 통고문을 발송해 자금을 모집하는 형식이었다. 경상도와 전라도지부에서는 「경고문」을 발송했고, 충청도 지부에서는 「고시문」을 발송했다. 황해도지부에서는 「배일파」라는 통고문을 발송했다.

대자산가는 본부에서 전개한 자금모집 대상이었다. 따라서 지휘장을 맡은 우재룡이 책임을 맡아 전개했다. 대자산가에게는 5만 원에서 10만 원, 소자산가에게는 2천 원에서 2만 원 사이의 의연금을 배정해 자금 모집에도 차등을 두었다. 이처럼 광복회 자금 모집은 본부와 각도 지부에서 다원적으로 전개되었다.

그러나 광복회의 자금모집은 원활하지 못했다. 통고문을 받은 자산가들이 협조하지 않았기 때문이다. 자산가들은 독립 자금 제공에 회의적이었다. 나라를 빼앗긴 지 얼마 되지 않은 시점이었으나 식민 지배에 안주하려는 모습을 보인 것이다.

이러한 점은 충청도 지부의 자금 모집을 통해서도 알 수 있다. 충청도지부에서는 포고문을 받은 자산가들에게 '앞서 발송한 포고문을 받았을 것이나 비밀을 엄수하고 배당금을 준비하여 본회원의 요구를 기다려 교부해야 한다. 본 회의 군율은 엄격함으로 생명자포의 폐단에 빠지지 않도록 유의하라'는 「지령장」을 발송했다. 지령장은 비밀 엄수와 의연금 준비를 촉구하는 것이었다.

충청도지부에서 지령장을 보낸 것은 포고문을 수령한 이들이 일제에 신고하는 것을 예방하기 위한 것이었다. 그러나 우려는 현실로 드러났다. 통고문을 받은 대부분의 자산가들은 일제에 신고를 했고, 의연금 내는 것을 거부했다. 따라서 광복회의 의연금 모집은 700여 원에 머무를 수밖에 없었다.

친일파 처단에 참여하다

광복회는 친일파를 처단하는 의열 투쟁도 벌였다. 광복회는 독립전쟁을 실현하기 위해 조직된 단체였다. 광복회의 군자금모집도 만주에서 군대를 양성하기 위한 것이었다. 그러나 광복회는 '일인 고관 및 한인 민족반역자를 처단한다'는 강령을 채택하고 국내에서 친일파를 처단하는 의열 투쟁도 전개했다. 의열투쟁은 소수의 인원으로 일제에게 가장 큰 타격을 줄 수 있는 가장 효과적인 독립운동의 방략이었기 때문이다.

특히 광복회의 의열 투쟁 대상은 한인 민족반역자였으며 의연금모집 이후 조직적으로 추진되었다. 광복회는 의연금 모집에 상당한 기대를 하고 있었다. 독립운동에 사용될 자금이라면 부호들이 자발적으로 의연금을 낼 것으로 기대했다. 그러나 나라를 빼앗긴 지 얼마 되지 않은 시점임에도 의연금 모집은 자산가들에게 철저하게 외면 받았고, 밀고하는 이들이 대다수였다. 따라서 광복회는 의열투쟁을 통해 일제의 식민 지배 기반인 친일세력을 처단해 민족적 각성을 일깨우고자 했다.

광복회의 의열투쟁은 전라도·충청도·경상도에서 실행되었다. 전라도지부에서는 서도현徐道賢·양재학梁在學, 경상도지부에서는 장승원張承遠, 충청도지부에서는 박용하朴容夏를 처단했다. 우재룡은 경북 칠곡 부호 장승원 처단에 참여했다.

장승원은 한말 허위의 추천으로 경상도 관찰사가 되었다. 장승원은 관찰사로 추천을 받기 전 뒷날 허위가 의병을 일으키면 자금을 지원하겠노라 약속했다. 그러나 장승원은 허위가 의병을 봉기하면서 자금지원을 요청하자 거절했다. 약속을 지키지 않은 것이다. 또한 1913년 허위의 형 허혁許赫이 군자금을 요청하자 이를 밀고하기까지 했다.

이뿐이 아니었다. 장승원은 조선 왕실의 재산을 편취했을 뿐만 아니라, 경북 왜관 김효현金堯賢의 처를 구타해 사망시키는 등 경북지역의 대표적인 친일인물이었다. 따라서 광복회는 장승원을 처단했다.

우재룡은 1916년 6월(음) 대구에서 박상진·권상석·정운일 등과 모임을 가졌다. 경북 칠곡부호 장승원 처단계획을 논의하기 위해서였다. 우재룡은 권상석과 함께 장승원 처단의 책임을 맡았다. 장승원은 관찰사를 역임한 거물이었으므로 그를 처단하는 데에는 상당한 위험 부담이 따랐다. 처단에 성공하더라도 계속해서 일제의 추적을 받아야 하는 일이었다. 따라서 일제의 감시를 피해 만주를 오가며 지휘장 임무를 수행하고 있던 우재룡이 적임자였던 것이다.

우재룡은 의열투쟁에 대한 대비도 하고 있었다. 그는 1914년 길림에서 독일제와 일본제 권총 2정과 탄환 60여 발을 구입해 보관하고 있었다. 만주에서 만난 바 있는 이용李龍으로부터도 밀양에서 권총 2정을 추가로 구입해 놓은 상황이었다.

우재룡이 구입한 무기는 광복회 회원들의 자금 모집과 의열투쟁에 활용되었다. 우재룡만이 무기를 구입한 것은 아니었다. 박상진과 김재열도 각각 2정의 권총을 구입했다. 하지만 이들이 구입한 권총은 1916년 '대구권총사건' 당시 일제에 압수당했다. 따라서 광복회원들이 사용할 수 있는 무기는 우재룡이 구입한 무기가 유일했다고 볼 수 있다.

우재룡은 장승원 처단 계획을 실행하기 시작했다. 우재룡은 7월 3일(음) 권상석·임봉주와 함께 장승원 집을 탐문했다. 장승원 집(경북 칠곡군 북삼면 오태리, 현 구미시 오태동)은 뒤쪽으로 산이 있고, 앞쪽으로는 낙동강이 있었다. 문제는 거사를 치른 후 퇴로였다. 우재룡은 좀 더 철저한 준비가 필요하다고 여기고 대구로 돌아왔다.

두 번째 시도는 7월 8일에 이루어졌다. 우재룡은 거사 후 탈출을 위해 낙동강변(칠곡군 석전면 중지동 저전) 선착장에 나룻배를 대기시키도록 했다. 첫 번째 시도에서 확보하지 못했던 퇴로를 준비했던 것이다. 그러나 두 번째도 실행되지 못했다. 장승원은 칠곡의 부호였다. 따라서 장승원 집은 노비들을 비롯해 소작인들의 왕래가 많은 곳이었다. 거사 당일에도 집안에 사람들이 너무 많아 처단을 연기할 수밖에 없었다.

세 번째 시도에서도 마찬가지였다. 우재룡은 7월 13일 권상석·임봉주와 함께 다시 거사를 시도했다. 하지만 집안에 마을 사람들이 많이 모여 있어 포기할 수밖에 없었다.

이처럼 우재룡의 장승원 처단은 세 번에 걸쳐 시도되었으나 실행하지 못했다. 그러나 우재룡은 장승원 처단에 더 이상 참여할 수 없었다. 그가 장승원 처단을 실행하던 중 대구권총사건이 발생했기 때문이다. 대구권총사건으로 광복회 대구지역 조직이 일제에 발각된 것이었다. 특히 장승원 처단에는 박상진과 정운일이 깊게 관련되어 있었다. 그런데 이들이 체포되면서 일단 은신해야 했기 때문이다. 더욱이 장승원 처단에는 대구에 거주하고 있던 손기찬孫基瓚이 무기의 은닉과 퇴로 확보를 담당하고 있었다. 이런 상황에서 장승원 처단을 결행했을 경우 광복회 조직 전체가 위험에 빠질 수도 있었기 때문이다.

장승원 처단은 1917년 8월에 다시 시도되었다. 대구권총사건으로 투옥되었던 박상진이 풀려나고, 광복회가 다시 본격적으로 활동을 재개했기 때문이다. 우재룡은 8월 6일과 11일(음) 권상석·임봉주·채기중과 함께 장승원 처단에 나섰다. 당시 우재룡은 거사에 참여할 형편은 아니었다. 광복회의 군자금 모집 계획에 따라 중국 단동에서 통고문 발송 준비를 마치고 돌아온 직후였기 때문이다. 그럼에도 우재룡은 장승원 처단에 참여했다. 이미 세 차례에 걸쳐 거사를 시도했던 경험이 있었기 때문이다. 따라서 우재룡의 참여는 반드시 필요했다.

그러나 6일에는 장승원이 집에 없었고, 11일에는 소작인들이 모여 있어 실행하지 못했다. 결국 장승원 처단은 다음 기회로 미룰 수밖에 없었다. 그러나 우재룡은 더 이상 장승원 처단에 참여할 수 없었다. 포고문 발송을 위해 만주로 떠나야 했기 때문이다. 우재룡이 맡았던 책임은 채기중에게 주어졌다. 우재룡은 정재목鄭在穆을 통해 채기중에게 권총을 전달했고, 채기중은 9월 23일(양력 11월 10일) 유창순庾昌淳·강순필姜順必·임봉주林鳳柱와 함께 장승원을 처단했다. 채기중·유창순·강순필·임봉주는 장승원을 처단한 후 그의 집과 마을 어귀에 '나라를 광복하려 함은 하늘과 사람의 뜻이니 큰 죄를 꾸짖어 우리 동포에게 경계하노라(曰維光復 天人是符 聲此大罪 戒我同胞), 경계하는 이 광복회원(聲戒人 光復會員)'이라는 문구가 적힌 사형 선고문을 붙이고 돌아왔다. 광복회의 장승원 처단이 조국의 광복을 위해 친일파를 처단했다는 것을 명백히 밝히기 위한 것이었다.

우재룡은 충청도지부의 박용하 처단에도 참여했다. 우재룡은 1917년 10월 5일(음) 서울에서 충청도지부원 장두환을 만났다. 의열투쟁에 필요한 무기를 제공하기 위해서였다. 그는 경상도에서 장승원을 처단한 것처럼 충청도에서도 의열투쟁을 펼칠 것을 지시하면서 사용할 무기를 제공했다.

우재룡은 무기를 제공하는 것에 머물지 않았다. 우재룡은 같은 달 충남 예산군 광시면 신흥리 충청도 지부장 김한종의 집을 찾았다. 충청도 지역 의열투쟁을 협의하기 위해서였다. 김한종 집에는 김한종·장두환·김경태·김재풍 등 충청도지부의 핵심적 인물들이 모였다. 이 자리에서 우재룡은 친일 조선인 및 악질적 재산가를 처단해 조선 독립운동가의 기세를 보여주어야 한다고 역설했다.[93] 모임에 참석한 이들은 모두가 동의했다.

충청도 지부원들은 우재룡과 함께 장승원 처단에도 깊이 관여했던 이들이

93 독립운동사편찬위원회, 『독립운동사자료집』 10, 1110 · 1114쪽.

었다. 특히 지부장 김한종은 채기중이 장승원 처단에 유보적인 입장을 취하자, 장승원을 지금 처단하지 않으면 모든 일이 허사虛事로 돌아간다며 강력하게 거사 거행을 주장하기도 했다. 또한 우재룡과 함께 채기중에게 권총을 전달하기도 했다.

우재룡은 충남 예산에서 의열투쟁을 독려한 뒤 김한종과 함께 상경했다. 그리고 권총 2정을 추가로 전달했다. 장두환에게 전달한 권총만으로는 무기가 부족했기 때문이다. 김한종은 다시 예산으로 내려와 충청도 지부원들과 의열투쟁을 논의했다. 대상은 아산 도고면장 박용하였다.

박용하는 광복회 통고문을 일제 헌병에게 건네주었을 뿐만아니라 지역에서 많은 악행을 저지르고 있던 친일 면장이었다. 김한종과 장두환은 1917년 12월 11일(양력 1918년 1월 24일) 임봉주와 김경태에게 권총을 전달하며 박용하처단을 지시했고, 임봉주와 김경태는 다음날 박용하를 찾아가 처단했다. 광복회는 박용하 처단 때도 「사형 선고문」을 남겼다.

광복회의 의열투쟁은 중요한 의미를 갖는다. 한국독립운동사의 가장 큰 특징은 의열투쟁이다. 의열투쟁은 자신의 생명을 희생하며 민족독립의 대의를 밝힌 것이었다. 따라서 의열투쟁은 테러와는 많은 차이가 있다. 의열투쟁은 거사의 목적과 이유, 주체를 명확하게 밝힌다는 점에서 테러와는 명백하게 구분된다. 광복회가 의열투쟁을 전개할 때 「사형 선고문」을 남기지 않았다면 누구도 알 수 없는 비밀이 될 수 있었다. 그러나 광복회는 거사의 목적과 주체를 명확히 밝혔다.

광복회의 의열투쟁은 1919년 조직된 의열단에도 크게 영향을 미쳤다. 의열단은 광복회의 의열투쟁 정신을 계승했고, 광복회의 경험과 전통을 발전적으로 계승한 단체였다. 뿐만 아니라 1920년대 활동했던 무장투쟁 단체들에도 광복회의 방략과 정신은 계승되었다.[94]

---

94 김영범, 『한국근대민족운동과 의열단』, 창작과 비평사, 1997, 59~68쪽.

04

주비단을 조직하다

만주로 망명하다

일제는 1917년 10월경부터 광복회의 존재를 파악했다. 광복회에서 발송한 통고문이 일제에 발각되었기 때문이다. 1917년 10월 대구부호 서창규徐昌奎에게 발송한 통고문이 단서를 제공했다. 경상도뿐만 아니었다. 광복회 통고문은 각도 경찰서에서 신고되기 시작했다. 통고문을 수령한 부호들이 신고하기 시작했던 것이다.

광복회는 일제의 수사가 진행되는 도중에도 계속해서 통고문을 발송했고, 1918년 1월에도 경상도에서 20여 통, 충청도에서 40여 통이 추가로 발각되었다. 발송처도 중국 단동, 정주, 평양, 김천, 상주, 경주, 대전 등 전국적이었다.

일제는 긴장했다. 헌병경찰을 동원해 무단통치를 실시하고 있는 상황에서 전국에서 군자금 모집 통고문이 발견되었기 때문이다. 일제는 무단통치를 실시만 하면 조선 민중들이 식민정책에 순응할 것이라 여겼다. 그러나 '광복'이라는 명칭을 사용하는 단체가 조직되어 자금을 모집하고 있었고, 활동무대가 국내라는 점은 일제를 당황케 했다. 더욱이 일제의 무단통치를 비웃기라도 하듯 자신들의 정체를 명백히 밝히고 있었고, 장승원과 박용하 처단에는 사형 선고문까지 붙이는 대담함을 보여주고 있었기 때문이다.

일제는 광복회원 체포에 경찰력을 집중했고, 대상은 충청도지역이었다. 일제는 통고문 수신자 주소가 정확하고, 의연금 요구액이 자산정도에 비례한다는 점에 주목했다. 이는 해당지역을 자세히 알고 있는 사람만이 할 수 있는 일이라고 여겼다. 따라서 광복회 통고문이 가장 많이 발견된 충남 지역을 집중적으로 조사하기 시작했다.

광복회의 박용하 처단은 일제가 충남지역 광복회원들을 주시하던 중에 일어났다. 그리고 천안에서 충청도 지부원 장두환이 체포되었다. 일제는 장두환이 서울과 인천 등으로 자주 왕래하고, 외부인이 그의 집을 자주 방문하는 것을 의심하고 있었다. 이러한 상황에서 박용하 처단이 이루어지자 곧바로 그를 체포했다. 장두환의 체포는 1918년 1월 27일(양)에 이루어졌다. 박용하 처단이 1월 24일(양)이었던 점을 감안하면 상당히 빠른 시점이었다. 그만큼 일제는 광복회원들을 주시하고 있었다.

일제는 장두환의 집을 수색하던 중 광복회가 통고문에 첨부했던 의연금 용지를 찾아냈다. 광복회는 통고문을 발송할 때 의연금을 기입하고 번호를 붙였다. 그리고 통고문을 수령하는 이의 이름을 표시한 후 반을 잘라 통고문에 첨부하고, 나머지 반쪽은 의연금을 수령할 때 통고문 수령자에게 보여주어 광복회원임을 증명하는 방법을 사용했다. 그런데 장두환의 집에서 천안 부호 황윤근黃倫根에게 보낸 통고문의 첨부 문서가 발견된 것이었다. 장두환이 광복회원이라는 결정적 증거였다.

일제는 이를 근거로 광복회원들을 잡아들이기 시작했고, 대상은 충청도 지부원들이었다. 먼저 예산에 거주하던 충청도 지부장 김한종이 체포되었고, 1918년 2월말까지 37명이 체포되었다. 이 중에는 총사령 박상진도 포함되어 있었다.

박상진은 일제의 검거 열풍을 피해 경북 안동 하계마을 이동흠李棟欽의 집에 머물고 있었다. 한일 강제병합에 항거해 자결순국한 이만도李晩燾의 손자인 이동흠은 광복회원으로서 자금모집 활동을 해온 이였다. 박상진은 이곳에 머물면서 만주로 망명할 기회를 엿보고 있었다. 일제의 감시를 피하기 위해 낮에는 토굴에 숨어 지냈고, 밤에만 이동흠의 사랑채에서 머물렀다. 당시 박상진을 은신시켜준 이는 이동흠의 모친이자 예안 3·1운동 당시 일제의 고문으로 순국한 독립운동가 김락金洛이었다.

박상진은 만주 망명의 길을 떠나려 했다. 그러나 경주 본가에서 모친이 위독하다는 소식이 전해졌다. 박상진은 경주 본가로 돌아가야 했다. 그러나 일제의 감시가 이루어지고 있는 상황에서 경주 집으로 돌아간다는 것은 곧 체포를 의미했고, 사형을 선고받을 것이라는 것이 예견되는 상황이었다. 만주 망명과 자식의 도리를 다해야 하는 선택 상황에 놓이게 되었던 것이다.

박상진은 자식의 도리를 선택했다. 그가 경주 본가에 도착했을 때 모친은 이미 세상을 떠난 뒤였고, 출상을 앞두고 있었다. 박상진은 상주의 도리를 다했으나 곧바로 일제 경찰에 체포되고 말았다.

총사령 박상진과 충청도 지부장 김한종이 붙잡히면서 광복회는 조직 후 가장 큰 위기에 직면했다. 그러나 광복회원들은 활동을 멈추지 않았다. 광복회는 비밀조직이었고, 충청도와 경상도를 제외한 나머지 조직이 유지되고 있었기 때문이다.

1918년 2월 박상진, 김한종 등이 체포된 후 광복회 활동은 전라도 지부가 중심이었다. 전라도 지부장 이병찬은 1918년 1월 전라도 지역의 자산가 명단을 작성했고, 같은 해 5월 목포의 현기남, 광주의 임병용, 보성군의 양신묵·박남현 등 전라도 지역 자산가들에게 다음과 같은 「경고문」을 발송했다.[1]

「경 고 문」

조선은 일본에 병합되어 우리들 조선인은 분개 막심하다. 무릇 사람으로서 국가 없는 사람이 없다. 따라서 우리는 전력을 다해 국권을 회복하지 않으면 안 된다. 모사謀事는 사람에 달려 있고 성사成事는 하늘에 있으므로 충의의 선비를 모아 민국民國을 조직하고 병사를 기르고 농회農會를 개장開場하는 데 있어 가장 어려움은 역시 금전이다. 여기에서 생각 끝에 유지有志 자산가들에게 간청하여 원조를 구하게 되었다. 이 경고에 위배하거나 불응하지 않으면 첫째

1 김희곤 편, 『박상진 자료집』, 55 · 69쪽.

는 국가의 행복이요, 둘째는 귀하의 생색生色될 것이니, 보통 세상의 예사로운 자들과 동일시 말고, 얼마간의 금액을 며칠까지 준비하여 본 회本會의 간사인幹事人의 지시를 기다려 서둘러 율령시행律令施行과 같이 이행해 주기 바란다. 만일 반동反動을 놀거나 또는 본 회원에게 추호의 해를 끼치는 자 있으면 즉시 본 회로부터 결사대決死團을 파견하여 보구報仇할 능력이 완전하므로 십분 유의하기 바란다.

광복회
지령원 도초만

경고문은 경상도 지부에서 사용했던 통고문이었다. 그런데 전라도 지부에서도 경고문을 통고문으로 사용했다. 이것은 경상도 지부장이었던 채기중이 전라도 지부에서 활동했기 때문으로 보인다. 채기중은 일제가 수사망을 좁혀오자 전라도로 활동 지역을 옮겼다. 일제의 검거 열풍은 충청도와 경상도를 중심으로 이루어졌다. 따라서 경상도 지부장 채기중은 경상도에서의 활동을 중지하고 전라도 지역으로 피신했던 것으로 보인다.

채기중과 이병호는 1918년 6월 보성군 통고문 수령인들로부터 자금 모집을 시도했다. 그러나 일제의 감시 때문에 실행하지는 못했다. 광복회 조직이 노출된 상황에서 자금모집은 어려울 수밖에 없었던 것이다. 채기중과 이병호는 보성에서의 자금 모집을 중단하고 광주로 돌아올 수밖에 없었다. 그러나 이들도 7월 14일 목포에서 체포되고 말았다.

일제의 광복회원 신문과 조사는 충남의 공주경찰서에서 이루어졌다. 충청도 지부원들이 가장 먼저 체포되면서 공주경찰서가 관할 경찰서가 되었고, 광복회원들의 재판도 공주지방법원에서 이루어졌다. 광복회원들은 공주지방법원에서 1918년 10월 19일 처음으로 예심 재판을 받았다.[2]

---

2 공주지방법원에 회부된 광복회 회원은 다음과 같다. 박상진 · 채기중 · 김한종 · 장두환 · 유창순 ·

그 결과 홍현주·권준흥·김재정·기재연·이정희·최준·김논경·강병수는 면소되었고, 나머지 32명은 1심 재판에 넘겨졌다. 광복회 회원들의 1심 판결은 1919년 2월 28일 이루어졌다. 공주지방법원 1심 판결문은 찾아지지 않는다. 그러나 1919년 9월 22일 경성고등법원 판결, 당시 1심 판결을 보도한 『매일신보』 기사, 그리고 광복회 회원들의 「수형인 명부」를 통해 1심 판결 내용을 파악할 수 있다. 이들 자료를 종합해 보면 당시 광복회 회원들은 다음과 같이 유죄판결을 받았다.

사형: 박상진 · 채기중 · 김한종 · 임세규 · 김경태 · 유창순 · 장두환

징역 7년: 김재창

징역 3년: 손기찬 · 김재풍

징역 2년 6개월: 김재철 · 조종철

징역 1년: 강석주 · 윤창하 · 김상준 · 이재덕 · 정태복 · 황학성 · 이병호 · 최면식 · 신양춘

징역 6개월: 김동호 · 김원묵

징역 5개월: 조재하

무죄: 권성욱 · 성문영 · 조용필 · 정진화 · 유중협 · 성달영 · 정우풍 · 정운기

경성복심법원에서 장두환은 징역 7년, 손기찬은 태 90, 김재풍은 태 90, 윤창하는 태 90으로 감형되었으나 나머지 인물들은 항소가 기각되었다. 이후 박상진·채기중·김한종·임세규·김경태·김재창이 고등법원에 상고했으나 박상진과 김한종은 대구복심법원으로 다시 환송되고 나머지 인물들은 상고가 받아들여지지 않아 형이 확정되었다.[3] 대구복심법원으로 환송된 박상

임세규 · 권상석 · 김경태 · 김재창 · 손기찬 · 조종철 · 김재풍 · 강석주 · 성문영 · 조용필 · 이재덕 · 김상준 · 정태복 · 황학성 · 김동호 · 윤창하 · 정진화 · 유중협 · 김원묵 · 김재철 · 성달영 · 조재하 · 정우풍 · 이병호 · 최면식 · 신양춘 · 정운기.

3 「大正8年 刑上第986號 박상진 · 채기중 · 김한종 · 임세규 · 김경태 판결문」(1920년 3월 1일 고등

法廷의 大殺人團

◇조청광복회동류의공판
◇피고젼부가범죄를인뎡

▼豫審決定結果

명칠는예심면소

각디에셔 살인강도 공갈의흉악호 악힝을 힝호던조청광복회원오십四명은충쳥남도 경무부에셔 검거호야취됴호 결과이번공쥬 디방법원에셔 공판을기뎡호게 되얏슴은 임의보호바와 갓거니와 공쥬디방법원의예심에 붓친자 삼십구명즁에셔 예심을힝호결과 그즁여덜명은 예심에셔면소방송되고 기외삼십일명은 공쥬디방법원의 공판에 붓치게 된바예심 결뎡셔의 쥬요호것이아리와 갓더라

＜豫審終結決定書

慶州郡外東面鹿洞里四百六十九番地 朴尙鎭〔三五〕
榮州郡豐茶面東部洞農 蔡基中〔四六〕
禮山郡光時面新興里農 金漢鍾〔三五〕
天安郡歡城面三龍里 張斗煥〔二五〕
修身面卜多會里農 庾昌淳〔三八〕
榮州郡鳳峴面烏佐洞 林鳳柱事 金世圭〔三九〕
長壽面葛山里 權國弼事
天安郡北面松里 權相錫〔五一〕
青陽郡赤谷面冠峴里 金永根事 金敬泰〔四十〕
禮山郡光時面新興里
當時仁川府松峴里米穀商 金在昶〔三一〕
漆谷郡石積面漢溪里 孫基瓚〔三三〕
天安郡歡城面三龍里農 趙鍾哲〔二七〕
禮山郡光時面新興里漢學教師 金在豐〔三四〕
牙山郡松岳面東花里農 姜奭周〔三三〕
道高面石堂里農 成文永〔三三〕
醴泉郡知保面知保里漢文教師 趙纘弼〔五一〕
禮山郡新陽面加支里
仁川府松峴里四十九番地米穀商 金在德〔三十〕
禮山郡光時面新興里農 金商俊〔三一〕
洪城郡長谷面新豐里元面長
青陽郡飛鳳面淸水里 鄭泰復〔三一〕
當時仁川府松峴里米穀商仲介業 黃學性〔三五〕
三陟郡芦谷面軍川里
當時同郡延德面校河里米穀商 金東鎬〔四一〕
醴泉郡知保面新豐里 尹昌燮〔三五〕
同郡豊壤面豐岱里農 鄭鎭華〔四一〕
天安郡歡城面山中里農
禮山郡光時面新興里農 柳重協〔二八〕
同所農 金元默〔二七〕
天安郡天安面星牛里 金在哲〔四六〕
禮山郡光時面新興里農 成達永〔四一〕
青陽郡赤谷面花山里 金在貞〔五七〕
同面冠峴里農 奇載璉〔四八〕
榮州郡豐基面西部里四十三番地農 洪顯周〔三七〕
龍九事
牙山郡靈峙面芳峴里 趙在夏〔四六〕
當時同面石斗里農 鄭雨豐〔四十〕
淸道郡梅道面溫幕里農廷禧事 李庭禧〔三八〕
安東郡豐西面佳谷里農 權準興〔三八〕
慶州郡慶州面校里農 崔浚〔三五〕
京城府八判洞四十六番地訓導 金魯鉀〔三五〕
寶城郡福內面詩川里測量業 李秉昊〔三三〕
抱川郡新北面加采里
當時京城府長沙洞 崔勉植〔二九〕
槐山郡文光面玉城里農 申陽春〔三十〕
同所農 鄭雲洪〔四一〕
奉化郡在山面葛山里農 李顯弼〔三七〕

右保安法違反、恐喝、殺人、放火、强盜、犯人藏匿、銃砲火藥類取締令違反、橫領被告事件의豫審을遂行호야決定홈이如左홈

主 文

本件을公州地方法院合議部公判에付홈

被告洪顯周、權準興、金在貞、奇載璉、李庭禧、崔浚、金魯鉀、姜顯弼을免訴호고放免홈

被告朴尙鎭의朴容夏殺害의點、被告金漢鍾强盜의點、被告林世圭의張承遠을殺害호고放火호얏다는點、被告成文永의治安을妨害훈點、被告趙纘弼、鄭雲洪의犯人藏匿의點、被告申陽春、[illegible]의恐喝의點、被告姜奭周의殺人幇助의點은各其此를免訴홈(理由는省略홈)

광복회 회원들의 1심 판결 보도기사(『매일신보』 1919년 2월 16일자)

진과 김한종도 재심을 거쳤으나 이 역시 기각되어 형이 확정되었다.[4]

황해도·평안도 지부원들은 해주지방법원과 평양복심법원에서 판결을 받았다. 이관구李觀求 징역 2년, 박원동朴元東 징역 5년, 성낙규成樂奎 징역 7년, 오찬근吳瓚根 징역 15년, 이근영李根永 징역 5년을 선고받았다.[5] 이처럼 광복회는 회원들이 체포되어 유죄판결을 받으면서 해체될 위기에 처했다.

우재룡은 광복회원들이 체포되던 1918년 2월, 서울에 머물고 있었다. 우재룡은 동지들이 체포되는 것을 안타까워할 겨를도 없었다. 일제의 검거 열풍을 피해 서울을 떠나야 했다.

그러나 일제는 경의선·경원선·경인선·경부선 철도를 중심으로 검문을 실시하고 있었고, 남대문역(서울역)은 물샐틈없는 경비가 이루어지고 있었다. 철도를 이용해 탈출하는 것은 포기해야 했다. 우재룡은 장꾼으로 위장한 후 송파나루를 거쳐 경기도 이천에 도착했다. 경상도 방면으로 탈출하기 위해서였다. 이천으로 오는 도중 일제의 검문을 받기도 했다.

일제는 장꾼으로 위장한 그를 알아보지 못했다. 우재룡은 이천을 떠나 강원도 영월·경북 영주를 거쳐 청송에 도착했다. 우재룡은 이곳에서 정재목으로부터 여비를 지원받았다. 그리고 포항 죽장면 두마리 양한위梁漢緯를 찾았다.[6] 우재룡은 양한위의 집에 머무르며 상황을 지켜보기로 했다. 그의 집은 은신처로 삼기에 안전한 곳이었다.

양한위는 산남의진에서 함께 활동했고, 풍기광복단에서 활동하면서 우재룡에게 박상진을 소개시켜 준 양제안의 아들이었다. 또한 포항 죽장은 산남의진의 주요 활동무대 중 하나였다. 우재룡에게 인근 지리는 너무나 익숙한

법원, 국가기록원 소장).

4 김희곤 편, 『박상진자료집』, 164쪽.

5 이관구, 『의용실기』, 自敍傳 · 朴元東 · 成樂奎 · 吳瓚根 · 李根永條.

6 우재룡, 『백산실기』, 30~31쪽.

곳이었기 때문에 유사시 탈출하는 데 큰 어려움이 없는 곳이었다. 뿐만 아니라 주변에는 산남의진의 동지들이 많아 도움을 받을 수 있는 곳이기도 했다.

우재룡이 양한위의 집에 은신 중 인근에 거주하던 산남의병장 이순구를 찾아간 것도 이런 이유였다. 우재룡은 광복회 거점들이 일제에 발각되면서 은신할 곳이 없자 결국 산남의진의 동지들을 찾았던 것이다. 그만큼 우재룡은 산남의진의 동지들을 믿고 있었다.

하지만 우재룡은 계속해서 포항에 머물 수 없었다. 그에게는 광복회를 재정비해야 하는 과제가 주어져 있었다. 정용기·정환직 의병장이 순국했을 때도, 박상진이 대구권총사건으로 투옥되었을 때도, 그는 항상 조직을 정비하는 데 주력했었다.

그러나 이번에는 상황이 달랐다. 박상진을 비롯해 지도부를 구성했던 대부분의 광복회 회원들이 체포되었기 때문이다. 더욱이 일제의 체포망이 계속해서 좁혀오는 상황이었다. 우재룡은 만주 망명을 생각했다. 더 이상 국내에서의 활동은 어렵다고 본 것이다. 광복회 국내 조직은 일제에게 발각되었으나 국외조직은 건재했기 때문이다.

우재룡은 이들 거점들을 중심으로 광복회 활동을 다시 시작하고자 했다. 우재룡은 포항에서 경북 울진의 죽변竹邊으로 향했다. 죽변항에서 출발하는 배를 타기 위해서였다. 그는 경북 영덕을 거쳐 죽변에 도착했다. 하루에 160여 리를 이동하는 강행군이었다.

이동 도중 우재룡은 일제의 검문을 받기도 했다. 그러나 우재룡은 이미 서울에서 탈출할 때부터 김한조金漢朝라는 가명을 사용하고 있었고, 양한위가 제공한 광석업鑛石業 관련 증서를 보여주고 체포를 피할 수 있었다.

우재룡은 죽변항을 거쳐 원산에 도착했다. 하지만 우재룡은 원산에서 다시 서울행 열차를 탔다.

우재룡은 무엇 때문에 어렵게 탈출한 서울로 다시 돌아간 것일까? 그가 서울로 다시 돌아간 이유는 파악되지 않는다. 다만 우재룡이 원산에 도착한 후 체포된 광복회 회원들의 소식을 알아보았다는 사실에서 그 까닭을 유추할 수는 있다. 그는 만주 망명의 길을 가고 있었으나 체포된 동지들의 소식이 궁금했던 것이다. 그렇다면 그의 서울행은 재판을 받고 있는 동지들을 돕기 위한 것이 아니었나 생각된다. 그러나 우재룡은 서울에 잠시 머문 뒤 다시 만주로 떠났다. 일제의 감시가 지속되는 상황에서 동지들의 소식을 알아보는 것 외에는 할 수 있는 일이 없었던 것이다. 우재룡은 서울에서 신의주를 거쳐 압록강을 건너 중국 단동에 도착했다. 망명 생활의 시작이었다.

광복회를 부활시키다

우재룡이 만주 망명지로 선택한 곳은 길림이었다. 우재룡은 중국 단동에서 봉천을 거쳐 길림에 도착했다. 길림은 광복회 만주거점인 길림광복회가 설치된 곳이었다.

길림광복회는 우재룡이 1915년 12월에 만주거점으로 설치했던 기관이었고 김좌진이 책임자로 파견되어 활동하던 곳이기도 했다. 우재룡은 광복회를 재건할 수 있는 최적의 장소를 길림으로 여겼던 것이다. 우재룡은 이곳에서 이상룡李相龍·김동삼金東三·윤세복尹世復·김좌진金佐鎭·이시영李始榮 등과 함께 활동했다고 한다.[7] 이들은 당시 만주 독립운동을 이끌고 있던 지도자들이었다.

그런데 당시 김좌진을 제외하면 이들의 활동지역은 길림이 아니었다. 이상룡과 김동삼은 서간도지역에 머물면서 백서농장白西農莊을 운영하고 있었

7 우재룡, 『백산실기』, 33~34쪽.

고, 윤세복은 서간도로 망명한 후 무송현에서 대종교도를 이끌고 독립운동을 벌이고 있었다. 따라서 우재룡이 이들과 함께 활동했다는 것은 「대한독립선언서」와 관련된 것으로 보인다.

「대한독립선언서」는 1919년 2월 김동삼金東三·김약연金躍淵·이동휘李東輝·이상룡李相龍·박용만朴容萬·신채호申采浩·박은식朴殷植·안창호安昌浩 등 39명의 독립운동가들이 일제에 독립전쟁을 선포한 선언문이었다. 일제의 한국병합은 일본이 한국을 사기와 강박, 무력을 동원하여 강제로 합병한 것이므로 무효임을 주장하고, 한국이 완전한 자주독립국이며 민주자립국임을 선언했다. 또한 일본을 응징해야 할 적으로 규정하고 독립군의 총궐기와 한민족 전체의 육탄혈전을 촉구했으며, 독립전쟁은 하늘의 뜻과 대동평화를 실현하기 위한 신성하고 정의로운 전쟁임을 선언했던 것이다.

大韓獨立宣言書

대한독립선언서(일명 무오독립선언서)

「대한독립선언서」에 서명한 이들은 국외에서 활동하고 있던 독립운동의 최고 지도자들이었다. 우재룡도 「대한독립선언서」가 발표될 때 길림에 머물고 있었다. 그러나 「대한독립선언서」에 서명하지 않았다. 「대한독립선언서」에는 길림에서 우재룡과 함께 광복회를 조직한 김좌진과 손일민만 참여했다.

김좌진은 당시 30세로 독립운동가로 명성을 얻기 전이었다. 그런 그가 「대한독립선언서」에 서명할 수 있었던 것은 광복회 활동과 관련이 있다고 볼 수 있다. 광복회는 1910년대 대표적인 독립운동단체였다. 1919년 김원봉이 길림에서 조직한 의열단도 광복회의 정신을 계승해 조직될 정도였다. 따라서 「대한독립선언서」에 김좌진이 서명할 수 있었던 것은 광복회 만주 책임자라는 경력 때문으로 보인다.

김좌진은 이후 대한독립의군부大韓獨立義軍府에도 참여하고 있었다. 우재룡이 만주로 망명하던 시점에 독립운동계는 큰 변화가 있었다. 1918년 11월 독일이 항복하면서 1차 세계대전이 끝났다. 프랑스 파리에서는 1차 세계대전의 마무리를 위해 강화회의가 열리게 되었고, 국외 독립운동 세력들은 이를 이용해 독립을 쟁취해야 한다는 생각을 하고 있었다.

상해에서 활동하던 신규식申圭植·여운형呂運亨 등은 김규식金奎植을 파리강화회의에 대표를 파견하기에 이르렀다. 이러한 분위기에 힘입어 길림에서는 대한독립의군부가 조직되었다. 대한독립의군부는 1919년 1월 27일(양력 2월 27일) 조직되었으며, 여준呂準(총재), 박찬익朴贊翊(총무 겸 외무), 황상규黃尙圭(재무), 김좌진金佐鎭(군무), 정원택鄭元澤(서무), 정운해鄭雲海(선전 겸 연락) 등이 중심이었다.[8] 이들은 길림에서 활동하던 독립운동가들이었고 김좌진도 참여하고 있었다. 이처럼 길림에서는 국제정세를 이용해

8 정원택, 『지산외유일지』, 탐구당, 1983, 182쪽.

독립을 달성하고자 새로운 독립운동단체들이 조직되고 있었다.

이처럼 우재룡이 망명했던 만주 길림에서는 1차 세계대전이 끝나는 것을 이용해 독립운동이 활발하게 전개되고 있었다. 그런데도 우재룡은 대한독립선언서에 서명하거나 대한독립의군부에 참여하지 않고 있다. 이것은 두 가지 측면에서 생각해 볼 수 있다. 첫째는 우재룡의 독립운동상의 특징이다. 우재룡은 독립운동을 펼침에 있어 대표를 맡는 일이 없었다. 겉으로 드러내기 보다는 묵묵히 자기에게 맡겨진 소임을 실천하는 독립운동가였다. 산남의진이나 광복회에서의 활동이 그러했다.

3·1운동 후 조직되는 주비단이나 광복 후 조직되는 재건광복회처럼, 자신이 실질적인 지도자 위치에 있던 경우에도 이러한 원칙에는 변함이 없었다. 그러나 자신에게 맡겨진 소임은 완수하는 실천력을 갖춘 독립운동가였다. '일제에 대항해 나라를 구함에 있어 일생을 백척불굴百尺不屈의 정신을 발휘했으나 대표적 지위에 앉지 않고 실천을 주로 하여 기민한 작전으로 적을 괴롭혔다'라는 묘비명은 그의 독립운동을 가장 잘 대변해 준다.

둘째는 우재룡의 망명 시점이다. 우재룡의 망명 시점은 정확하게 파악되지 않는다. 『백산실기』에 의하면 우재룡은 포항 양한위의 집에 도착해 공주지방법원에서 진행된 광복회 회원들의 재판 소식을 접했으며, 사형만 7명이라는 사실을 알았다고 한다. 그리고 만주로 망명해 3년 동안 활동했고, 국내에서 3·1운동이 일어나자 국내로 귀국했다고 한다. 이것은 『백산실기』 작성 시기와 관련이 있어 보인다. 우재룡의 『백산실기』 구술은 1955년, 그의 나이 71세 때였다. 따라서 자신의 독립우동을 구술하는 과정에서 일시적으로 착각을 한 것으로 보인다.

광복회 회원들이 체포되기 시작한 것은 1918년 2월이었고, 채기중을 비롯한 전라도 지부원들이 체포된 것은 1918년 7월이었다. 그리고 우재룡은 1919년 4월경부터 국내에서 다시 활동을 시작했다. 그렇다면 우재룡이 만주에서 생활한 것은 길게 보아도 1년이 채 안 되는 기간이다. 즉 우재룡이 만주로 망명해 본격적인 활동을 재개하기 전에 3·1운동이 일어났고 곧바로 국내로 돌아왔다고 보는 것이 타당하다.

그리고 그의 활동 기반은 국내였고 광복회였다. 따라서 만주에서 조직된 단체에는 참여하지 않은 것으로 보인다. 그가 3·1 직후 곧바로 국내로 돌아와 광복회 활동을 재개한 것도 이런 이유로 보인다. 이처럼 우재룡의 망명 생활은 길지 않았다. 망명한 지 얼마 되지 않아 국내에서 3·1운동이 일어났기 때문이다.

3·1운동은 우리 민족의 독립 의지와 자주 정신을 전 세계에 알린 거족적인 항일 독립운동이었다. 1차 세계대전이 끝난 후 개최된 파리강화회의에서는 14개조 평화안이 발표되었다. 평화안에는 미국 대통령 윌슨이 제안한 민족자결주의가 포함되어 있었고, 평화안은 제국주의 열강들의 식민 지배를 받고 있던 약소국민에게 독립에 대한 열망을 고조시켰다.

이러한 상황에서 광무황제가 세상을 떠나자 거족적으로 반일 기운이 팽배했고, 일본 유학생들이 중심이 되어 선언한 2·8독립선언이 국내로 전해지면서 전국에서 3·1운동이 일어났다.

3·1운동은 독립운동에도 많은 영향을 미쳤다. 독립운동을 체계적이고 조직적으로 전개하기 위해 상해 대한민국임시정부가 조직되었으며, 평화적인 방법으로 독립이 불가능하다는 인식 아래 무장독립운동으로 전환하는 계기를 마련하기도 했다.

우재룡은 길림에서 3·1운동 소식을 접했다. 그는 곧바로 귀국길에 올랐다. 국내로 돌아와 다시 독립운동을 펼치기 위해서였다. 우재룡은 평양을 거쳐 서울에 도착했다. 그러나 활동 기반은 예전과 같지 않았다. 광복회 국내지부 뿐만아니라 전국에 설치되었던 거점들이 모두 일제에 발각된 상황이었고, 총사령 박상진을 비롯해 광복회 지도부를 구성했던 인물들이 모두 투

3 · 1운동 당시 경성 종로의 조선인 군중

옥되었기 때문이다.

그래도 다행인 것은 그와 함께 지휘장으로 활동했던 권영만은 체포를 면했고, 귀국과 동시에 그와 함께 활동을 벌일 수 있었다. 우재룡은 귀국 후 권영만과 함께 광복회 동지들을 규합했으며 활동의 중심은 충남 논산과 전북 군산이었다.

우재룡은 1919년 6월부터 권영만權寧萬 · 이재환李載煥 · 안종운安鍾雲 · 소진형蘇鎭亨 · 김도수金道洙 · 정인석鄭寅錫 등과 함께 활동을 시작했다. 우재룡이 국내 활동을 시작하면서 도움을 받은 이는 논산 출신의 이재환이었다. 이재환은 1917년부터 우재룡과 알고 지내는 사이였다. 이때는 우재룡이 광복회에서 가장 활발한 활동을 전개했던 시기였다. 이재환은 이미 이때부터 광복회 회원들과 연계되어 있었다고 볼 수 있다.

광복회 회원 중에는 1918년 일제의 검거 열풍을 피해 체포되지 않은 회원들이 많았다. 광복회가 비밀결사였고 광복회 회원들이 수사 과정에서 비밀을 잘 유지한 결과로 보인다. 이재환도 당시 체포되지 않은 광복회 회원이었다. 이재환은 논산에 거주하던 안종운을 우재룡에게 연결시켜 주었고, 안종운에 의해서 소진형도 참여하면서 우재룡은 논산 지역을 중심으로 활동할 수 있는 기반을 마련했다.

우재룡은 이들과 함께 충남 논산 지역을 중심으로 자금을 모집했다. 자금모집 방법은 광복회의 자금모집 방법과 같았다. 논산 지역의 부호들을 조사하고, 통고문을 보낸 후 자금을 수령하는 것이었다. 우재룡은 '상해임시정부 특파원을 출장시켰으니 군자금 모집에 응하라. 그대들은 군자금 모집에 응할 수 있는 자력資力을 가지고 있는 것으로 인정된다. 만약 군자금 모집에 응하지 않을 경우에는 폭탄대를 파견하여 그대들은 물론 가족 전부를 사형에 처한다'라는 통고문을 충남 논산 일대의 부호들에게 발송했다.[9]

당시 발송된 통고문의 전문을 알 수는 없으나 광복회 통고문보다 좀 더 단호한 문구를 사용했다. 광복회 통고문 대부분이 일제에 신고되어 발각되었던 경험 때문으로 보인다. 이러한 통고문은 김재엽·김유현(논산군 연산면), 김철수(논산군 채운면), 윤일병(논산군 성동면), 윤지병(논산군 광석면) 등에게 20여 통이 발송되었으며, 이들로부터 7천여 원의 의연금을 모집했다.

당시 우재룡의 활동은 광복회 활동이었다. 우재룡은 3·1운동 후 국내로 돌아오면서 해체된 광복회를 다시 부활해야 한다는 생각을 갖고 있었다. 투옥된 광복회원들이 풀려난 후 다시 독립운동을 펼칠 수 있도록 광복회의 명

9 국사편찬위원회, 『한민족독립운동사자료집』 32, 165쪽.

맥을 계속 유지해야 한다는 생각이었다. 그가 귀국한 후 옥중에 있는 총사령 박상진과 계속해서 연락을 취하고 있었던 것도 바로 이 때문이다.[10] 따라서 우재룡은 논산 지역에서 자금을 모집할 때도 자신을 '광복회원'이라 했고, 그와 함께 활동하던 이들도 '광복회원'임을 자처했다. 이 점은 우재룡과 함께 활동했던 안종운의 신문조서를 통해서도 확인된다.

(모금된 군자)금액 중에서 1천2백 원씩을 권영만·이재환·소진형·우리견(우재룡: 필자주) 및 피고(안종운: 필자주)가 상해임시정부에 송금할 목적으로 분할 보관하였다. 피고는 1천2백 원을 소진형에게 교부하였더니 동인은 보관금 전부를 경성에서 상해임시정부에 송금할 목적으로 이규李珪에게 교부하였다. 그리고 우리견(우재룡: 필자주)은 광복회의 수령이 되었다.[11]

우재룡은 3·1운동 후 귀국하면서 광복회의 총책임을 맡았던 것이다. 우재룡은 광복회 지도부가 해체된 상황에서 전체 사정을 가장 잘 알고 있는 본인이 광복회의 명맥을 유지해야 한다고 여겼던 것이다. 당시 군자금 모집 방법이 광복회 방법을 그대로 답습했던 것도 이와 같은 이유였다. 우재룡의 귀국 후 활동에서 더욱 주목되는 부분은 조선민족대동단(이하 대동단)과 대한민국 임시정부(이하 임시정부)와 연계한 활동을 추진한 점이다. 우재룡은 귀국 후 활동을 다음과 같이 회고했다.

국내에 만세운동이 발전되는 소식을 듣고 평양에 돌아와서 서울에 연락을 취하고 서대문외 윤충하尹忠夏의 집에 와서 대동단大東團 총무 전협全協과 연락을 취하고 5월에 송월동 이종노李鍾魯의 집에서 단원들과 약속을 정하고 동지들을 더불고 전라도로 출발하다. 이때 권영만權寧萬·이재환李載煥·안종운安鍾雲·소진형蘇鎭亨·임계현任桂鉉 등을 데리고 군산에 도착하여 한성기생조합

---

10 『동아일보』 1922년 3월 27일자, 「朴尙鎭差入關係」.

11 독립운동사편찬위원회, 『독립운동사자료집』 10, 1116쪽.

> *漢湖妓生組合에 근거를 두고 백운학白雲鶴 · 임창현任昌鉉 · 기생 강국향姜菊香 등의 주선으로 고등계 형사 최기배崔基培 · 김병순金秉淳 등을 결탁하고 지방 유력자를 방문하였으나 효과를 못보고 무단적으로 시위를 보이고져 하여 애국 금영수관 박황朴晃과 광복회 대표 한훈韓焄을 상해임시정부에 파견시키고 운동을 중지하다.*[12]

우재룡의 회고는 1919년 4월경부터 1920년 1월까지의 활동이 축약된 것이다. 그런데 초기 활동에서 주목되는 점은 대동단의 전협과 연락을 취하고 있다는 사실이다.

3·1운동 후 국내에서는 수많은 비밀결사들이 조직되었다. 비밀결사는 1910년대부터 전개되었던 국내 독립운동의 큰 흐름이었다. 1910년대는 광복회를 비롯해 10여 개 비밀결사들만이 조직되었다. 그러나 3·1운동 후에는 그 수가 급격히 증가해 1922년까지 100여 개의 비밀결사들이 조직되었다. 이는 3·1운동 후 고양된 독립에 대한 열망과 기대에 힘입은 바가 컸다.

이들 단체 중 대표적인 단체가 대동단이다. 대동단은 1919년 3월 전협全協·최익환崔益煥 등이 독립을 위해 조선민족의 정신통일, 실력양성을 목표로 결성한 독립운동단체였다. 대동단은 각종 인쇄물을 배포해 독립사상을 고취하는 활동을 벌였으며, 일제의 천장절인 10월 31일 '제2 독립만세시위'를 추진하기도 했다. 아울러 대동단 본부의 상해 이전과 의친왕義親王의 상해 망명을 추진했다.[13]

우재룡과 대동단의 관계는 구체적으로 밝혀진 바는 없다. 그러나 대동단과 연계해 활동을 펼치려 했던 것은 분명해 보인다. 이러한 점은 대동단 결

전협 최익환

---

12 우재룡, 『백산실기』, 34쪽.

13 장석홍, 「조선민족대동단 연구」, 『한국독립운동사연구』3, 한국독립운동사연구소, 1989, 270~275쪽.

성의 핵심 인물인 전협과 최익한이 광복회와 관련 깊었다는 점에서 찾을 수 있다. 김좌진은 서울에서 자금 모집 중 체포되어 1911년 징역 2년형을 선고 받고 서대문형무소에 투옥되었다.[14] 이때 전협과 최익환도 서대문형무소에 투옥되어 있었고, 김좌진과의 만남이 이루어졌다.

최익환은 1905년 광무일어학교光武日語學校에 입학하면서 당시 일진회 총무였던 전협과 알게 되었으며, 1909년 각자 자금을 탈취해 만주로 망명할 계획을 수립했다.[15] 따라서 최익환은 서천군 재무주사로 있으면서 공금을 자금으로 탈취하려 했으나 실패했고, 결국 징역 7년형을 선고 받고 서대문형무소에 투옥되어 있었다.

최익환은 충남 홍성 출신으로 김좌진과 동향이었다. 따라서 쉽게 의기투합했으며, 출옥 후 계속해 김좌진과 함께 자금 모집 활동을 벌였다. 전협도 토지불법매각사건으로 징역 3년형을 선고 받고 투옥 중이었다. 김좌진과 전협은 이때 의형제를 맺었다고 한다.[16] 이처럼 대동단을 조직한 전협과 최익환은 김좌진과 밀접한 관계가 있었다. 특히 최익환은 김좌진과 함께 위조지폐를 만들어 광복회 자금으로 사용하려는 계획에 참여했었다. 따라서 우재룡은 귀국하면서 대동단 활동을 벌이고 있던 최익환과 연계를 추진했던 것이다.

우재룡과 대동단의 관계는 귀국 후 그와 함께 활동을 벌였던 권영만·안종운·소진형의 행적을 통해서도 알 수 있다. 안종운은 우재룡·권영만 등과 함께 군자금을 모집한 이유에 대해 다음과 같이 진술했다.

---

14 이성우, 「백야 김좌진의 국내민족운동」, 『호서사학』44, 호서사학회, 2006, 68~69쪽.

15 전협과 최익환은 일진회 활동을 벌였던 이들이다. 그러나 민족적 각성을 거쳐 과거 친일행적을 청산하고 만주로 망명할 계획을 수립했다. 특히 전협은 만주로 망명했다 다시 귀국했는데, 이는 민족의식의 발로였다(장석흥, 「조선민족대동단 연구」, 258~260쪽).

16 이성우, 「백야 김좌진의 국내민족운동」, 69쪽.

권영만이 나에게 이강李堈(의친왕: 필자주) 공을 꾀어내어 상해로 가려고 생각해서 찬성하고 돈을 모집해 달라고 말했으므로 그것에 찬성하고 김유현金裕鉉 등에 돈을 내라고 부탁하여 6,200원을 받았던 것이다. 그런데 전협 일파의 대동단이 검거되고 이강공 유출에 대한 일이 실패로 끝났기 때문에 소진형蘇鎭亨 등과는 손을 끊었다.[17]

안종운의 진술을 통해 보면 우재룡은 논산 지역에서 모금된 의연금을 대동단에 제공하려 했다는 것을 알 수 있다. 즉 대동단의 의친왕 망명 계획에 광복회도 밀접한 관련이 있었던 것이다. 그러나 대동단과의 연계 활동은 성공을 거두지 못했다. 대동단이 1919년 10월 의친왕을 상해로 망명시키려 했으나 실패했고, 전협·최익환 등 주요인물들이 일제에 체포되면서 조직이 발각되었기 때문이다.

우재룡은 대동단과의 연계 활동이 실패하자 곧바로 대한민국임시정부와 연계를 추진했다. 우재룡이 임시정부와 연대를 모색한 것은 시대적 흐름이기도 했다. 3·1운동 후 국내에서 조직된 비밀결사들은 서울과 평양 등 대도시에 본부를 두고 전국 각지에 지부를 설치하며 조직을 확대했다.

이들 비밀결사들은 독립운동을 효과적으로 전개하기 위해 임시정부를 구심점으로 연대를 추진하고 있었다. 대동단 외에도 대한독립애국단·대한민국청년외교단·대한민국애국부인회·대한국민회 등 수많은 비밀결사들이 활발한 활동을 벌였으며, 이들 단체들은 임시정부와 연계한 활동을 벌였다.

대한민국임시정부도 상해에서 수립되었으나 지지 기반은 국내였다. 임시정부도 국내 지지기반을 확보하기 위해 수립 초기부터 연통제와 교통국을 설치하고 특파원·공채 모집원·선전원 등을 파견해 국내 기반을 확보하려 했다. 그러나 임시정부의 독립 방략이 외교론에 치우친 관계로 자금모집이

---

17 「안종운 신문조서」(국사편찬위원회, 『한민족독립운동사자료집』 32, 1997, 188쪽).

상해 대한민국임시정부 청사
우재룡은 대한민국임시정부와 연계를 추진하면서 의열투쟁 단체 조직을 구상하였다.

나 임시정부 선전활동 등에 국한되었다. 따라서 1919년의 국내 비밀결사들은 비무장적 투쟁단체가 주류를 이루었다.

그러나 1920년에 접어들면서 무장투쟁적 성격을 가진 단체들이 조직되기 시작했다. 이는 임시정부가 '외교론'에서 '독립전쟁'으로 독립방략을 전환한 것과 관련이 있었다. 임시정부는 1919년 11월 이동휘가 국무총리로 취임하면서 독립전쟁에 대한 의지를 강력하게 표명했고, 안창호 역시 1920년을 '독립전쟁의 해'로 선포하면서 군사조직 구축의 필요성을 주장했다. 1920년대 초 국내 비밀단체들이 군사작전이나 의열투쟁을 목적으로 조직되는 것도 당시 임시정부의 노선 변화와 맥을 같이하는 것이었다.

따라서 우재룡은 임시정부와 연계를 추진하면서 의열투쟁 단체 조직을 구상했다. 광복회는 이미 의열투쟁을 벌였던 단체였고, 친일파 처단을 주도했었다. 우재룡은 광복회의 이러한 성격을 계승해 조직적인 의열투쟁을 전개할 필요성을 느꼈던 것이다. 우재룡은 1919년 8월(음)경, 안종운·권영만과 함께 유황·마초 등을 배합해 폭탄을 제조해 성능을 실험하기도 했으며, 안종운과 소진형은 모집된 자금으로 폭탄 구입을 시도하기도 했다.[18] 의열투쟁을 전개하기 위한 대비였다.

우재룡은 이러한 구상을 실천하기 시작했다. 먼저 1920년 2월 한훈韓薰·박문용朴文鎔(이명: 朴桓) 등과 함께 '조선독립군사령부' 조직을 논의했다. 조선독립군사령부를 조직해 '독립군을 모병하고, 암살단을 조직'한다는 계획이었다. 즉 국내에서 인재를 선발해 국외에서 독립군을 양성하고, 국내에서는 암살단으로 일본 관리 및 친일파를 처단해 경각심을 일으켜 군자금을 모집한다는 것이었다.[19]

이러한 구상은 광복회 방략과 같은 것이었다. 광복회도 국내외에서 독립

---

18 「우이견(우재룡)신문조서」(국사편찬위원회, 『한민족독립운동사자료집』 32, 257쪽).

19 장석흥, 「광복단결사대의 결성과 투쟁 노선」, 59쪽.

군을 양성하고 기회를 포착해 독립전쟁을 벌인다는 목적을 가지고 있었다. 또한 친일파를 처단하기 위해 행형부를 두기도 했었다. 우재룡은 광복회 지휘장으로 장승원·박용하 처단에 참여했었고, 한훈도 전라도 지부에서 친일파 처단에 참여했었다. 따라서 조선독립군사령부 조직은 광복회의 방략을 계승해 의열투쟁을 전개하기 위한 조직이었다.

우재룡은 조선독립군사령부 구상을 마친 후 임시정부와의 연계를 추진했다. 이를 위해 한훈과 박문용을 상해의 임시정부에 파견했다.[20] 한훈은 광복회 대표로 파견된 것이고, 박문용은 그를 임시정부와 연계하기 위해 파견된 것이었다.

박문용은 보성군 겸백면 면장을 지내다가 1913년 중국으로 망명해 북경의 회문대학匯文大學을 졸업하고 1917년 천진에서 조직된 불변단不變團에서 부단장을 맡았었다. 불변단원들은 단장 명제세明濟世 등이 1919년 8~9월경 국내로 들어와 대동단과 함께 제2만세운동을 추진했다. 박문용도 1919년 7월 임시정부에서 안창호安昌鎬를 만난 후 국내로 들어와 대동단과 함께 만세운동을 추진했다.

우재룡이 한훈과 함께 박문용을 상해로 파견한 것도 박문용의 이러한 경력 때문이었다. 광복회에는 임시정부와는 연결고리가 없었다. 대부분이 국내와 만주에서 활동을 했고, 참여자들도 임시정부와 연계된 이들이 없었다. 따라서 임시정부와 연계할 수 있는 인물이 필요했고, 우재룡은 박문용을 선정했던 것이다.

한훈

우재룡은 귀국 후 제일 먼저 대동단과 연계한 활동을 벌였다. 따라서 대동단과 함께 독립운동을 벌

20 우재룡, 『백산실기』, 34쪽.

였던 박문용을 알게 되었고, 임시정부와 광복회를 연결해 줄 적임자로 여겼던 것이다. 박문용이 임시정부의 안창호와 연결되어 있었기 때문에 더욱 그러했을 것으로 보인다.

안창호는 임시정부의 국내 조직 책임자였다. 임시정부는 1920년을 독립전쟁의 해로 선포하고 군무부를 독립군 근거지인 만주로 이동시키는 방안까지 강구하면서 독립전쟁을 적극적으로 추진하고 있었다. 1920년대 초 임시정부는 만주 독립군과 국내 조직을 연계해 3·1운동으로 고조된 독립에 대한 분위기를 이어가고자 했으며, 그 중심에 안창호가 있었다.

임시정부에 파견된 한훈은 박문용의 소개로 임시정부 교통차장 김철金澈을 만났다. 한훈은 1920년 2월 26일 임시정부 요인들을 초청해 만찬회를 개최했다. 당시 만찬회에는 이동휘李東輝를 비롯해 안창호·이동녕李東寧·이시영李始榮 등 임시정부 각료들 대부분 참석했다.[21] 이처럼 만찬회에 임시정부 주요 요인들이 대부분 참석할 수 있었던 것은 한훈이 광복회 대표라는 측면이 크게 작용한 결과였다. 1910년대 국내 독립운동을 주도했던 광복회 대표가 개최하는 만찬회인 만큼 임시정부 요인들도 큰 관심을 갖고 있었던 것이다.

한훈은 만찬회에서 '조선독립군사령부' 설립 계획을 설명하고, 무기 구입 등 임시정부의 지원을 요청했다. 한훈은 이틀 뒤인 2월 28일 다시 안창호를 방문해 지원을 요청하고 3월 7일 귀국했으며, 박문용은 한 달 뒤인 4월 8일 귀국했다.

우재룡은 한훈과 박문용의 상해에서의 활동을 듣고 5월 3일경(음 3월 15일경) 조선독립군사령부(광복단결사대)를 조직했다.[22] 조선독립군사령부는

21 장석흥, 「광복단결사대의 결성과 투쟁노선」, 59쪽; 국사편찬위원회, 『독립운동사자료집』 10, 1055쪽; 「도산일기」 1920년 2월 26일자(『도산안창호전집』 4권, 868쪽).

22 우재룡이 당시 한훈, 박문용 등과 조직한 단체는 조선독립군사령부이다. 그러나 조선독립군사령부는 일명 광복단 결사대로도 알려져 있다. 조선독립군사령부가 조직된 날짜는 1920년 5월 3일경으

제1 모병, 제2 결사 암살을 목적으로 조직되었다. 모병은 군사령부의 장교를 상해 임시정부로 보내 양성하고 병졸은 만주로 보내 양성하고자 했다. 결사 암살은 결사대를 조직하고 이들 중 암살단을 선발해 조선총독·정무총감·이완용·송병준·조선인 형사 등을 처단하고자 했다.[23] 이러한 구상은 한훈과 박문용이 임시정부에 파견하기 전 구상했던 것이었다. 우재룡은 한훈과 박문용으로부터 임시정부 지원을 확인하고 조선독립군사령부를 공식적으로 조직했던 것이다.

주비단을 조직하다

우재룡은 조선독립군사령부 조직 후 군자금모집에 주력했다. 『백산실기』에 의하면 우재룡은 전북 강경을 중심으로 전라도 금구·남평·화순·동복·만경·김제·나주 등지를 돌며 자금모집을 벌였다.

한훈과 박문용도 고제신高濟臣·임성태林聲泰 등과 함께 전주·군산·김제·광주 일대에서 자금을 모집했다. 우재룡은 자금을 모집하며 의열투쟁을 벌일 기회를 기다리고 있었다. 기회는 의외로 빨리 찾아왔다. 미국 의회 의원들이 8월에 서울을 방문한다는 것이었다. 미국 의원단은 관광을 목적으로 상·하 의원과 가족이 1920년 8월 5일 상해에 도착해 남경·북경·천진을 거쳐 서울로 들어와 8월 25일 부산을 출발해 동경에 도착할 예정이었다.[24]

로 보인다. 조선독립군사령부는 한훈과 박문용이 임시정부에 파견되었다 돌아온 후 공식적으로 조직되었다. 박문용이 상해에서 귀국한 날은 4월 8일이었다. 그리고 박문용은 일제의 신문과정에서 조선독립군사령부는 1920년 3월 15일(음) 조직되었다고 진술했다. 1920년 음력 3월 15일을 양력으로 환산하면 5월 3일에 해당된다. 이글에서는 원래 단체이름인 조선독립군사령부로 서술하고자 한다.

23 장석흥, 「광복단결사대의 결성과 투쟁노선」, 60쪽; 국사편찬위원회, 『독립운동사자료집』 10, 1055쪽.

24 박영석, 「1920년대의 미의원단 내한과 민족운동의 동태」, 『일제하 독립운동사연구』, 일조각, 1984,

조선독립군사령부는 미 의원단 방문시 환영을 나온 일제 관리들을 처단해 우리 민족의 독립의지를 전 세계에 알리고자 했다. 조직 목적을 실현할 절호의 기회를 맞은 것이었다.

당시 미 의원단은 관광단이라는 명목으로 중국과 일본을 방문하는 것이었으나 제1차 세계대전 후 극동 지역의 정세를 시찰하는 의미를 갖고 있었다. 따라서 의거에 성공만 한다면 전 세계로부터 큰 주목을 받을 수 있는 기회였다. 그렇다보니 조선독립군사령부뿐만 아니라 임시정부와 만주의 광복군총영, 암살단·불변단 등 국내외 독립운동세력들도 의열투쟁을 준비했다. 따라서 이들 단체들은 투쟁을 준비하는 과정에서 자연스럽게 결합해 연합투쟁을 벌이게 되었다. 조선독립군사령부는 김상옥의 암살단과 연합해 거사를 추진했다.

당시 조선독립군사령부와 암살단이 수립한 계획은 다음과 같았다.

첫째, 미국 의원단이 남대문역에 도착할 때 암살단이 준비한 취의서 및 통고문 등을 군중들에게 배포하고 만세운동을 벌인다.

둘째, 자동차로 총격전을 준비하고 폭탄으로 총독이하 일본 관리들을 처단한다.

셋째, 총격전이 벌어지는 동안 자동차를 이용하여 일제 관공서 및 경찰서 등을 폭파한다.[25]

이를 위해 한훈은 7월, 만주에 가서 북로군정서 최우송崔宇松으로부터 권총과 탄약 등을 지원받아 귀국하기도 했다. 그러나 미국 의원단이 도착하기 하루 전인 8월 23일 일제의 대대적인 예비 검속이 이루어졌고, 이 과정에서 한훈을 비롯해 김동순·서대순·이운기·신화수·김화룡·최석기·이돈구·조만식·명제세·최영만·유연원·윤익중·서병철·김태원·박문용 등이 체포되

263~374쪽.

25 장석홍, 「광복단결사대의 결성과 투쟁노선」, 65쪽.

고 말았다. 암살단의 김상옥만 탈출에 성공했다. 준비한 의거도 실패하고, 조선독립군사령부와 암살단의 주요 인물들이 모두 체포된 것이다.[26]

당시 우재룡은 체포를 면했다. 우재룡은 조선독립군사령부를 조직했으나 미 의원단 방한 시 거사에는 직접 참여하지 않은 것으로 보인다. 1945년 10월 재건된 광복회에서 광복회의 역사를 정리한『광복회』를 보면, '동년(1920년: 필자주) 3월경 당시 조선총독이라는 사이토 마코토齋藤實의 포살砲殺 목적하고 집행위원은 본회 지휘장 우재룡씨가 담당하야 우인右人 남대문역 하차下車의 기회를 기다리다가 기회를 잃어 실행치 못하다'라고 기록되어 있다.[27]

조선독립군사령부는 1920년 3월경(음) 조직되었다. 따라서 '조선총독을 남대문역 하차의 기회로 삼아 포살'을 계획했다는 것은 조선독립군사령부의 활동을 말한다고 볼 수 있다. 특히 조선독립군사령부의 처단 대상 1순위는 바로 조선총독이었다. 이를 통해 보면 당시 우재룡의 활동은 조선독립군사령부 활동이라 할 수 있다. 그러나 조선독립군사령부원과 암살단원들의 재판기록이나 당시 신문기록 등에서 우재룡의 활동상은 찾아지지 않는다.

이는 당시 우재룡이 주비단을 조직하고 전라도와 서울을 오가며 군자금 모집에 주력하고 있었기 때문으로 보인다. 우재룡은 조선독립군사령부를 조직한 후 별도로 주비단을 조직했다. 주비단은 1920년 6월 서울에서 조직된 비밀단체였다. 우재룡은 권영만·안종운·소진형 등과 충남 논산에서 자금을 모집하면서도 서울로 활동 영역 확대를 추진했다. 우재룡은 안종운의 소개로 이민식李敏軾을 만났고, 이민식은 여준현呂駿鉉·장응규張應圭 등을 중심으로 조직을 갖추어 나가기 시작했다.

이민식은 대한제국의 관리 출신으로 주비단을 조직하고 활동하는 데 중심

26 장석흥, 「광복단결사대의 결성과 투쟁노선」, 66쪽.

27 「光復會復活趣旨及沿革」(광복회, 『광복회』, 1945년 10월).

역할을 담당했다.[28] 이민식과 여준현·장응규는 이웃에 거주하면서 1917년부터 친밀하게 지내던 사이였다. 서울에서의 조직은 이민식과 여준현 가를 중심으로 활동을 시작했는데 안종운과 여준현도 이민식의 소개에 의해 함께 활동을 시작했다

우재룡은 이들과 연합해 광복회 조직을 서울로 확대하고, 경성신문사를 인수해 거점으로 삼고자 했다. 신문사 인수는 경영을 목적으로 한 것이 아니라 일제의 감시를 피하고 지속적인 독립운동을 벌이기 위함이었다. 당시 경성신문사는 경영난에 빠져 있었다. 따라서 이를 인수해 인쇄 등을 하고 활동 근거지로 삼고자 한 것이다.

우재룡은 서울로 조직을 확대하면서 임시정부와의 연계를 도모했다. 독립운동을 전개하기 위해서는 독립운동의 구심점인 임시정부의 지원이 절실했기 때문이다. 따라서 1920년 2월(음) 장응규를 임시정부에 파견했다. 장응규는 여준현이 여운형에게 보내는 소개의 편지를 가지고 상해에 파견되었고,[29] 임시정부로부터 「주비단 규칙서」를 가지고 1920년 5월에 귀국했다.[30] 장응규는 임시정부로부터 '경성에서 주비단을 조직하여 조선독립운동을 전개하라'는 지시를 받고 귀국했다.[31] 우재룡은 임시정부의 지시와 주비단 규칙서를 바탕으로 1920년 6월 서울 경신학교 교정에서 주비단을 조직했다.

임시정부와의 연계를 도모하자는 논의는 1919년 8·9월경부터 있었다. 그러나 실질적인 연계를 위한 노력은 1920년 음력 1월부터 구체화되었다.[32] 우재룡은 1920년 1월 이미 한훈과 함께 임시정부에 선이 닿아있던 박문용과

28 이민식은 대한제국의 시종무관 · 주전원경 · 봉상제조의 관력의 소유자였다.

29 장응규는 상해로 파견될 때 임시정부에서 활동하고 있던 서병호의 처와 동행했다.

30 당시 장응규는 「주비단규칙서」 외에 「적십자규칙서」·「신한청년」 등을 가지고 귀국하였다.

31 국사편찬위원회, 『한민족독립운동사자료집』 32, 200쪽.

32 「이재환 등 17명 예심종결결정」(독립운동사편찬위원회, 『독립운동사자료집』 10, 1107쪽); 「이재환 등 15명 경성지방법원판결문」(『독립운동사자료집』 10, 1111쪽).

만남이 이루어진 상태였다. 따라서 우재룡은 1920년 2월 박문용과 한훈을 임시정부에 파견했고, 이들이 돌아오면서 조선독립군사령부를 조직했다. 그런데 우재룡은 한훈이 귀국한 직후 장응규를 다시 임시정부에 파견했다.

한훈이 3월 7일, 박문용은 4월 8일 귀국하면서 우재룡은 한훈, 임기현 등과 조선독립군사령부 조직에 착수했다.[33] 그런데 우재룡은 다시 장응규를 임시정부에 파견했다. 장응규가 임시정부에 파견된 시점이 음력 2월 5·6일경(**양력 3월 24·25일경**)이었고, 한훈이 상해로부터 귀국한 것은 3월 7일이었다. 우재룡은 한훈이 임시정부에서 귀국한 후 20여 일이 지난 후 장응규를 다시 임시정부에 파견했다.[34]

우재룡이 장응규의 파견에 직접적으로 개입했다는 기록은 발견되지 않는다. 그러나 우재룡은 장응규를 파견하는 데 주도적인 활동을 벌인 안종운安鍾雲·이민식李敏軾 등과 함께 임시정부와의 연계를 도모하자는 논의를 하고 있었다. 또한 충남 논산 지역에서 모금된 의연금을 임시정부에 송금까지 하였다. 그렇다면 우재룡은 장응규 파견에 대해서 자세히 알고 있었다고 할 수 있다. 또한 우재룡은 이들을 지휘하는 위치에 있었기 때문에 장응규의 파견은 그의 지시에 의해 이루어졌다고 할 수 있다.

우재룡은 한훈을 파견하기 전 이미 손진현孫晉鉉을 상해에 파견하기도 했다.[35] 그렇다면 우재룡은 임시정부와의 연계를 위해 손진현, 한훈, 박문용, 장응규 등을 파견한 셈이다. 그리고 한훈과 박문용이 귀국한 후 조선독립군사령부, 장응규가 귀국한 후 주비단을 조직했다. 우재룡과 한훈은 1919년

33 「刑控 641 · 642 · 643 · 644 · 645號」(『독립운동사자료집』 10집, 10 55쪽); 김상기, 「해방 후 광복단의 재건과 신도지부」, 『한국근현대사연구』 17, 2001, 198쪽.

34 장응규의 임시정부 파견은 음력으로 기록되어 있고, 한훈의 파견시점은 이러한 구분이 없는 관계로 양력으로 기록한 것으로 보이며 같은 판결문에서도 이러한 구분이 명확하다. 따라서 인용상에 음력과 양력을 구분하였다.

35 광복회, 「光復會復의 沿革」, 『광복회』, 1945; 광복회, 「排日運動의 元祖 光復會 再現」.

3·1운동 후 함께 활동을 시작했고 조선독립군사령부를 조직했다. 그러나 한훈은 주비단에 참여하지 않았다. 즉 우재룡과 한훈은 조선독립군사령부를 조직한 후 한훈은 조선독립군사령부, 우재룡은 주비단 활동에 주력했다. 따라서 우재룡은 조선독립군사령부 책임을 맡고 있었으나 미 의원단 내한시 의거에는 직접 참여하지 않은 것이다.

우재룡과 한훈의 이러한 노선상의 차이는 광복 후 별도의 재건 조직을 만드는 원인이 되기도 했다. 우재룡과 우재룡은 광복회에서 활발한 활동을 벌였던 이들이다. 그럼에도 3·1운동 후 노선상의 차이를 보이고 있었다. 이러한 차이는 우재룡과 한훈의 광복회 내에서의 위상과 관련이 있어 보인다. 우재룡은 박상진·채기중·김한종 등과 광복회 지도부의 주요 구성원이었다. 충청도 지부장이었던 김한종이 '본인은 우재룡의 명령에 따라 행동했다'고 할 정도로 우재룡은 본부 조직의 핵심 인물이었다.

이처럼 우재룡은 광복회 활동의 중심에 있었고 광복회에서 그의 비중은 상당히 컸다. 반면 한훈은 광복회에 참여했으나 광복회 활동의 중심에 있지는 않았다. 한훈은 전라도 지역에서 활동을 벌였고, 서도현 처단 외에 광복회에서 그의 활동은 알려진 사실이 그리 많지 않다. 광복회가 비밀결사이기 때문에 드러나지 않은 사실이 있을 수도 있겠으나 광복회 활동에서 중심에 있지는 않았다.

따라서 광복회원들이 3·1운동 후 우재룡을 중심으로 활동을 재개한 것은 당연했다. 이런 과정에서 한훈이 임시정부에 다녀온 후 광복회 내에서 우재룡과 한훈의 위상 문제가 발생한 것으로 보인다. 그리고 우재룡을 중심으로 한 조직이 장응규를 임시정부에 다시 파견했다고 할 수 있다.

이러한 갈등은 한훈의 임시정부 파견에 대해 광복 후 기록에서 극명하게 드러난다. 우재룡은 『백산실기』에서 '이때에 권영만·이재환·안종운·소진형·임계현 등을 데리고 군산에 도착하여 한호예기조합에 근거를 두고 백운학·임창현·기생 강국향 등의 주선으로 고등계 형사 최기배·김병순 등과 결탁하고 지방 유력자를 방문하였으나 효과를 못 보고 무단적으로 시위를 보이고져 하여 애국금 영수관 박황朴晃과 광복회 대표 한훈韓焄을 임시정부에 파견시키고 운동을 중지'했다고 한다.[36]

반면 한훈은 광복 후 자신의 이력을 작성하는 과정에서 '군산 백운학白雲鶴 선생과 상의 후 일경 고등계형사 김병순金炳淳·최기배崔基培를 포섭 3·1운동에 사용할 무기 구입 목적으로 국내 대표로 중국 상해에 가다'라고 기록했다.[37] 이처럼 한훈의 임시정부 파견에 대해 한훈과 우재룡은 서로 다르게 기록했다. 물론 한훈이 서술 내용을 간략하게 서술했을 수도 있으나 우재룡의 기록과는 많은 차이가 있다. 하지만 한훈은 광복단결사대를 조직하는 과정에 대해 다음과 같이 진술했다.

> *자기(한훈: 필자주)는 경성 황금정에 거주하고 있었는데 박환朴桓 및 김재수金在洙(우재룡: 필자주)·임기현任箕鉉 등과 협의하고 조선독립군사령부 조직에 착수하여 먼저 군사령부의 장교는 상해 임시정부로 보내 양성하고*[38]

한훈의 진술 내용을 통해보면 우재룡이 광복단결사대에 참여했다는 것을 한훈이 인정하고 있는 셈이다. 또한『백산실기』에 보이는 임계현은 조선독립군사령부를 조직할 때 참여했던 임기현任箕鉉으로 보이며 박황은 박문용의 이명인 박환朴桓이다. 이를 통해『백산실기』의 내용이 한훈의 판결문이나 신문기사 내용과 거의 일치하고 있음을 알 수 있고, 활동 당시의 내용을 좀 더 객관적으로 서술했다고 볼 수 있다. 물론 한훈이 본인의 기록을 작성하는 과정에서 우재룡과의 관련 기록을 생략했을 수도 있다. 그러나 이러한

---

36 우재룡,『백산실기』, 34쪽.

37 한훈,「대한광복단」.

38 「경성지방법원판결문」(『독립운동사자료집』 10집, 1054쪽).

문제는 이미 1920년대부터 내재되었다고 볼 수 있다.

이러한 갈등은 광복 후 광복단(이하 재건광복단)과 광복회(이하 재건광복회)를 재건하는 과정에서 극명하게 드러난다. 재건광복단은 「광복단약사光復團略史」를, 재건광복회는 「광복회 부활 취지 및 연혁光復會復活趣旨及沿革」·「광복회光復會의 연혁沿革」을 1945년 10월에 작성했다.

그런데 「광복단약사」는 1910년대 광복회 활동은 약술하고, 1920년대 조선독립사령부의 활동과 암살단 활동을 주로 기술하였다. 반면에 「광복회 부활 취지 및 연혁」과 「광복회의 연혁」은 1910년대 광복회 활동과 조직 체계를 서술했고, 1920년대 활동은 주비단과 권영만의 활동만을 약술했다. 그리고 1920년대 조선독립군사령부의 활동이나 암살단 활동은 기록하지 않았고, 1915년에서 1918년 광복회 활동에 초점이 맞추어져 있다.

특히 「광복회의 연혁」에서는 한훈이 광복회 활동에 참여한 것으로 기술했음에도 불구하고 그의 활동을 1920년 상해로 파견했다는 기록으로 끝내고 있다. 이것은 재건광복회가 한훈이나 김상옥의 활동을 광복회의 활동으로 보지 않고 있다는 것을 의미할 수도 있고, 당시 표출된 갈등으로 인해 의도적으로 생략했을 수도 있다.

광복회원들은 3·1운동 이후 활동을 재개하면서 많은 어려움이 있었다. 광복회가 설치했던 기관뿐만 아니라 국내 지부도 모두 와해되었기 때문이다. 더욱 심각한 문제는 사령관 박상진을 비롯해 지도부 구성원들이 체포된 것이었다. 따라서 광복회를 다시 이끌어갈 지도부의 구성이 가장 시급한 문제였다. 다행히 우재룡·권영만·한훈은 체포를 면할 수 있었고, 이들을 중심으로 광복회는 활동을 재개할 수 있었다.

우재룡·권영만·한훈은 새로운 지도부를 구성하는 데 문제가 없었다. 우재룡과 권영만은 박상진과 함께 본부에서 활동하고 있었기 때문이다. 광복회는 비밀결사였기 때문에 국내 지부와 연락기관들이 다원적으로 설치되고 운영되었다. 그러므로 전체 조직을 알고 있었던 이들은 본부 구성원과 국내 지부장 정도였다고 볼 수 있다.

우재룡은 본부에서 활동하면서 만주와 국내의 연락 책임자였고, 통고문 발송과 자금 모집에 모두 관여하고 있었다. 길림광복회 설치 책임을 맡았기 때문에 만주 조직과의 관계도 알 수 있었다. 한훈도 벌교 부호 서도현의 처단과 서인선 납치를 통한 자금 모집을 했고, 헌병대를 습격해 무기를 탈취하는 등 전라도 지역에서의 활동 경력을 갖고 있었다. 따라서 1920년 들어서면서 광복회의 지도부 구성에서 문제가 발생한 것으로 보인다. 따라서 우재룡은 조선독립군사령부와 주비단을 조직했으나 주비단 활동에 주력하면서 조선독립군사령부에서는 직접적인 활동을 하지 않았다고 볼 수 있다.

주비단은 1920년 6월 1차로 조직을 결성한 후 3차례에 걸쳐 조직을 개편하였다. 주비단은 조직을 갖춘 후 따로 행동강령이나 규칙을 정하지 않고 임시정부에서 보내온 주비단 규칙서를 그대로 따르기로 결정하고 주비단이 조직되었다는 것을 임시정부에 통보하였다.

주비단 조직표[39]

편제	1차 (1920년 6월)	2차 (1920년 8월)	3차 (1920년 9월)
단 장	심영택	심영택	이민식
사 령 장		이민식	
부사령장		안종운	
부 단 장	안종운		신석환
참 모 장	이민식		
교 통 장	장응규	장응규	장응규

39 경상북도경찰부, 『고등경찰요사』, 204쪽; 독립운동사편찬위원회, 『독립운동사자료집』 10, 1112쪽; 국사편찬위원회, 『한민족독립운동사자료집』 32, 178 · 180쪽.

재 무 장	여준현	여준현	여준현
서 기		이규승	
도 단 장			소진형

주비단의 주요 활동은 자금 모집이었다. 그런데 주비단의 자금 모집은 두 가지 특징을 갖고 있었다. 첫째는 대한민국임시정부와 연계된 것이고, 다른 하나는 김좌진을 지원하기 위한 것이었다. 주비단은 조직 후 김좌진과 연계된 활동을 전개했다. 김좌진은 계속해서 길림에서 독립운동을 전개했고[40] 길림군정서와 북로군정서에 참여하였다.[41]

주비단에는 김좌진과 관련된 이들이 다수 참여했다. 대표적 인물이 친동생 김동진이다.[42] 김동진은 서울에서 주비단 조직을 주도한 이민식과 친분이 있었고, 그와의 관계에 의해 주비단에 참여한 것으로 보인다. 김동진에 의해 김성진金聲鎭·김준한金晙漢·김양한金陽漢·이상만李相滿 등이 주비단에 가입했다. 김성진은 김좌진의 종질從姪이며 김준한은 김좌진과 종숙 관계였다.[43] 그리고 김양한·이상만은 김성진과 보성고등보통학교 동기생이었다.[44] 이밖에도 김두섭·서세충·유병아·이관규·이규승·이철구·조경준 등이 가입하였는데 어떤 경로로 가입하게 되었는지는 알 수 없다.

김준한은 1919년 9월 중에 길림에서 활동하고 있던 김좌진과 직접 만났으며,[45] 이때 독립운동에 사용하기 위해 권총 등을 수령해 국내로 반입하였

40 鄭元澤, 『志山外遊日誌』, 탐구당, 1983, 175~178쪽.

41 박환, 『만주한인민족운동사연구』, 일조각, 1991, 98쪽~108쪽.

42 국사편찬위원회, 『한민족독립운동사자료집』 32, 220쪽.

43 국사편찬위원회, 『한민족독립운동사자료집』 32, 222쪽; 국사편찬위원회, 『한민족독립운동사자료집』 32, 233쪽.

44 「김동진신문조서」(국사편찬위원회, 『한민족독립운동사자료집』 32, 230쪽).

45 김시현과 김준한은 이때 길림에서 같이 김좌진을 만났다. 김준한은 길림에 김좌진의 가족을 데려다주기 위해 방문한 상태였고, 김시현은 상해로부터 와서 길림에 머물고 있던 시기였다(국사편찬위원회, 『한민족독립운동사자료집』 32, 232~234쪽). 김시현은 일제의 기록에 주비단 관련자로 나타나

다.[46] 주비단은 조직을 끝낸 후 군정서 총사령관 직인을 제작하고 김좌진의 군자금 모집에 착수했다.[47] 주비단은 군정서 도장과 영수증을 바탕으로 자금 모집을 위한 계획을 수립하기도 하였다.

안종운도 주비단원을 확보하는 과정에서 "길림에는 군정서도 나왔으므로 독립은 된다"고 할 정도로 당시 주비단은 길림군정서와 밀접한 관련이 있었다.[48] 또한 "대한독립군정서"라는 인장을 새겨 도단장을 인명하는 사령장을 제작하기도 하였다. 주비단은 임시정부의 지시에 의해 조직되고 임시정부를 지원하기 위한 단체였다. 하지만 길림에서 활동을 계속하고 있었던 길림광복회 인사들과의 연계를 통한 활동도 모색했던 것으로 보인다.

주비단은 임시정부에서 보내온 공채를 매각하는 방법으로 자금을 모집했다. 주비단은 임시정부에서 파견한 정효룡鄭孝龍으로부터 애국공채를 교부받았다.[49] 정효룡은 임시정부 선전원으로 이미 1920년 경성에 파견되어 선전대 활동을 하고 있었다.[50] 정효룡은 임시정부가 발행한 공채증권 만 원분(백원권 30매, 오백원권 6매, 천원권 4매)을 교부받아 이것을 이민식·여준현·신석환·이규승에게 교부하여 그 공채에 의하여 군자금을 모집하고 이를 상해 임시정부로 보냈다.[51]

고 있지만 실제로 어떠한 활동을 하였는지에 대해서는 밝혀지지 않았다(梁亨錫, 「김시현(1883~1966)의 항일투쟁」, 『안동사학』 제3집, 안동사학회, 1998, 135~139쪽).

46 국사편찬위원회, 『한민족독립운동사자료집』 32, 232~233쪽.

47 金英漢, 「抗日志士 蘇鎭亨家의 生涯」, 『향토연구』 12, 충남향토연구회, 1992, 38쪽. 김영한은 주비단에서 도단장으로 활동했던 소진형의 조카이다(현재 대전시 동구 중리동 거주). 김영한의 외삼촌인 소진형은 김영한 집에 자주 들렀다고 한다.

48 국사편찬위원회, 『한민족독립운동사자료집』 32, 264쪽.

49 국사편찬위원회, 『한민족독립운동사자료집』 32, 201쪽.

50 『동아일보』 1921년 5월 21일자, 「임시정부 선전원 정효룡, 공판은 오늘」; 『동아일보』 1921년 6월 4일자, 「가정부선전원 정효룡 징역 일년」.

51 독립운동사편찬위원회, 『독립운동사자료집』 10, 1112쪽.

투옥과 옥중생활

우재룡은 희망을 갖기 시작했다. 광복회를 부활해야 한다는 소망이 이루어지고 있었기 때문이다. 또한 조선독립군사령부도 조직되었고, 주비단도 조직되면서 다시 독립운동을 벌일 수 있는 기반이 조성되었기 때문이다.

그러나 그에게 또 다른 시련이 다가왔다. 광복회 지휘장으로 그와 함께 생사를 같이했던 권영만이 1920년 6월 27일 대구에서 체포된 것이다.[52] 권영만은 체포 당시 다량의 폭탄을 가지고 있었다. 권영만은 조선총독부 정무총감인 미즈노렌타로水野錬太郎를 폭살시키는 계획을 추진하다 체포된 것이었다.

권영만은 1919년 9월(음) 경북 영천에서 양한위梁漢緯, 권태일權泰一 등과 활동을 시작했다. 양한위는 우재룡과 함께 산남의진과 광복회에서 활동했던 양제안의 아들이다. 특히 우재룡은 만주로 망명하기 전 양한위의 집에서 은신했고, 우재룡이 만주로 망명하는 데 김재서라는 위조증명서를 만들어 주어 망명을 도왔던 이였다. 따라서 우재룡과는 밀접한 관계였다. 이러한 관계로 볼 때 권영만이 양한위와 활동을 시작한 것은 당연해 보인다. 권영만은 양한위·권태일 등과 경북 영천에서 독립신문과 경고문 등을 허병률許秉律·조선규趙善奎 등으로 하여금 대구에 배포하도록 했다.

또한 양한위는 1920년 1월 허병률이 자금 8천 원을 제공하자 이를 임시정부에 전달하도록 상해로 보냈으며, 권태일은 모금된 자금 180원을 임시정부에 전달하기도 했다. 이들은 자금 모집에 머물지 않고 의열투쟁도 준비했다. 권영만은 1920년 6월 양한위·권태일과 함께 일제 관리와 친일파 처단

52 『동아일보』 1920년 7월 2일자, 「大邱에서 逮捕된 重大犯人은 權寧萬」.

을 위해 폭탄을 구입했으나 일제에 발각되었다.[53] 당시 권영만을 비롯해 양한위·조기홍趙氣虹·김영우金永佑·조선규趙善奎·오진문吳進文·김원식金元植 등도 함께 체포되었다.[54]

당시 권영만·양한위의 활동은 광복회 부활과 관련해 주목되는 부분이다. 권영만이 양한위 등과 활동을 시작한 것은 1919년 9월(음)이었다. 당시 권영만은 우재룡·안종운·소진형 등과 충남 논산에서 자금을 모집하고 있었다. 이를 통해 보면 우재룡과 권영만은 3·1운동 후 다시 독립운동을 시작하면서 활동 지역을 나누었던 것으로 보인다. 즉 권영만은 대구를 중심으로 경북 지역을 담당했고, 우재룡은 군산을 근거로 전라도 지역을 담당했던 것으로 보인다.

우재룡이 논산을 중심으로 자금 모집을 하고 있을 때 권영만은 대구에 머물고 있었다. 즉 대구를 중심으로 경북 지역을 중심으로 광복회에 참여했던 이들을 중심으로 새로운 조직을 만들고 자금을 모집했던 것이다.

특히 우재룡과 권영만은 자금 모집에 머물지 않고, 의열투쟁을 준비했다. 우재룡이 권영만과 함께 논산에서 직접 폭탄을 제조했던 것도 이같은 이유였다. 권영만은 대구에서도 폭탄을 제조하는 일에 주력했었다. 폭탄 제조의 성공 여부와 위력은 알 수 없다. 하지만 전라도에서 우재룡이 제조한 폭탄이 사용되어 일대 혼란이 있었다는 것을 보면, 폭탄 제조도 일정 부분 성공을 거둔 것으로 보인다.[55]

우재룡은 1920년 초 전국 8도에 책임자를 두어 연락 거점을 설치하고자 했다.[56] 광복회가 전국에 거점을 설치했던 것처럼 전국 8도에 책임자를 두

53 『매일신보』 1920년 7월 20일자, 「獨立運動團 過激手段을 計劃코저 대구남문시장에 몰래 모여 꾀하던 중에 체포되다, 大邱第三搜査班에게」; 경상북도경찰부, 『고등경찰요사』, 1934, 269~270쪽.

54 경상북도경찰부, 『고등경찰요사』, 270쪽.

55 우재룡, 『백산실기』, 38쪽.

56 우재룡, 『백산실기』, 37쪽.

고 활동을 하고자 했던 것이다. 즉 8도에 책임자를 임명하고, 책임자 외에는 서로가 알지 못하도록 함으로써 유사시 체포되더라도 피해로 보지 않게 하기 위함이었다.

우재룡의 이러한 구상을 고려해 볼 때 대구·경북 지역 책임자는 권영만이 맡았던 것으로 볼 수 있다. 광복회의 거점은 대구를 중심으로 한 경북 지역이었다. 따라서 우재룡은 광복회를 부활하면서 권영만을 경북 지역 책임을 맡겼다고 볼 수 있다. 하지만 권영만이 체포됨으로써 경북지역 조직이 발각된 것이었다. 그러나 다행인 것은 당시 일제는 권영만을 '광복회 잔당' 정도로 파악할 뿐 우재룡과의 관계를 파악하지는 못했다.[57] 또한 양한위는 증거불충분으로 면소되었고, 허병률은 체포를 피할 수 있었다. 하지만 권영만이 체포됨으로써 광복회를 전국적 조직으로 부활시키려던 계획은 큰 타격을 받을 수밖에 없었다.

이뿐만이 아니었다. 광복회를 부활시키겠다는 우재룡의 꿈은 조금씩 무너지기 시작했다. 조선독립군사령부원들은 1920년 8월 미 의원단 방한 시 의거를 추진했으나 실패하고 체포되었으며, 임시정부를 지원하기 위해 조직한 주비단도 1920년 12월 자금을 모집하던 중 단원 대부분이 체포되었기 때문이다. 주비단은 조직된 지 6개월이 지나기도 전에 조직이 발각된 것이었다.

주비단원들이 체포되면서 일제도 우재룡을 주목하기 시작했다. 주비단 조직의 핵심적인 인물을 우재룡으로 본 것이다. 먼저 1921년 1월, 대구지검 안동지청에서 조사를 받던 권영만이 경성지검으로 이송되었다. 일제가 권영만을 주비단 관련자로 파악한 것이다. 주비단원들이 조사를 받은 과정에서도 우재룡은 군산과 서울을 오가면 계속해서 활동을 지속하고 있었다. 하지만 우재룡도 일제의 수사망을 벗어날 수 없었고, 1921년 4월 군산에서 체

---

57 『동아일보』 1920년 7월 2일자, 「대구에서 체포된 중대범인은 권영만」.

포되고 말았다.

우재룡은 1921년 4월 17일 서울에서 대전을 거쳐 군산에 도착했다. 군산에 도착한 우재룡은 하룻밤을 머문 후 안종운의 동생 안종화安鍾和의 방문을 받았다. 우재룡은 이들과 함께 식당을 찾아 식사를 하던 중 일제 경찰의 기습을 받아 체포된 것이다.

우재룡은 군산으로 오는 도중 대전에서 안종운의 이종사촌을 만났고, 군산에서 안종화 등과 면회를 하던 도중 체포되었다. 이유는 정확히 알 수 없으나 우재룡의 체포에는 이들이 관련되어 있었던 것으로 보인다. 우재룡이 체포되는 과정에서 그들을 향해 '이놈들아! 너희들이 나를 이렇게 속이는 것은 천도를 어기는 법이다'라고 호령했다는 점이 이를 말해준다.[58]

우재룡은 군산경찰서로 연행되었으나 곧바로 경기도 경찰부에서 파견된 황옥黃玉에 의해 서울로 압송되었다. 우재룡을 주비단 관련자로 조사하던 경기도 경찰부에서 그의 신변을 인수했던 것이다. 일제에게 두 번째 체포된 것이며, 17년 투옥 생활의 시작이었다.

우재룡은 경찰 조사를 받고 경성지방법원 검사국으로 이송되었다. 검사는 주비단보다는 광복회 관련 조사에 집중했다. 우재룡을 광복회 핵심 인물로 파악했던 것이다.[59] 일제는 갖은 고문을 가하며 그의 독립운동을 추궁했다. 그러나 우재룡은 일제에 굴복함이 없이 독립운동을 당당히 진술했다. 그가 당당할 수밖에 없었던 이유가 그의 신문 과정에 그대로 드러난다.

> *문: 그렇다면 무력으로 조선에 밀고 들어와 일본의 통치를 배척하고 국권회복을 도모할 생각이었는가?*

58 우재룡, 『백산실기』, 39쪽.

59 당시 우재룡의 신문과정은 국사편찬위원회에 소장되어 있다. 총 5회의 신문과정이 남아 있으며, 4회는 광복회 나머지 1회가 주비단과 관련된 것이다. 일제도 우재룡을 주비단보다는 광복회 관련 인물로 조사하고 있었다는 것을 알 수 있다.

답: 그랬었다.

문: 서북간도에 있는 조선인의 독신자가 그렇게 많지는 않았을 것이고, 또 무기를 구하는 데 있어서도 많은 양을 손에 넣을 수는 없을 것이라고 생각되는데, 그 당시 피고(우재룡: 필자주)는 그렇더라도 무력으로 일본의 통치를 벗어나는 일이 가능한 일이라고 생각하고 있었는가?

답: 가능하든가, 불가능하든가 하는 일에 대해서는 생각한 일이 없다. 조선인으로 국권을 도모하는 것은 의무라고 생각하고 있었다.

우재룡은 독립운동이 조선인이라면 반드시 벌여야 하는 의무라고 여기고 있었다. 우재룡은 1921년 12월 경성지방법원에서 예심을 받고, 권영만·이재환·소진형·안종운 등과 경성지방법원에서 1심 재판을 받았다. 우재룡은 재판 과정에서도 당당함을 잃지 않았다.

우재룡은 체포되면서 일제에게 고문을 받아 재판정에서 제대로 서 있을 수 없을 정도였다.[60] 그럼에도 '우리견(우재룡: 필자주)의 행동은 자못 씩씩하여 조금도 굴하는 빛이 없으며, 다만 자기의 목적을 달성치 못하고 잡힌 것이 큰 한이다'라는 기사를 보면, 그가 법정에서도 당당함을 잃지 않고 있었다는 것을 알 수 있다.[61]

우재룡의 의연함은 재판 과정에서 광복회 동지들을 구명하기 위한 진술에서 더욱 두드러진다. 우재룡은 재판 과정에서 광복회는 '1915년 12월 길림에서 주진수·양재훈·손일민 등과 함께 본인이 직접 조직한 것이라 주장했다.[62] 이러한 주장은 신문 과정이나 재판 과정에서 한결 같았다. 본인이 직접 조직한 것이며, 단장은 본인(우재룡: 필자주)이라 주장했다.[63]

---

60 『동아일보』 1922년 3월 27일자, 「朴尙鎭差入關係」.

61 『동아일보』 1921년 6월 21일자, 「장승원을 총살한 광복회원 우리견」.

62 독립운동사편찬위원회, 『독립운동사자료집』 10, 1109쪽.

63 「우이견(우재룡)신문조서」(국사편찬위원회, 『한민족독립운동사자료집』 32, 236쪽).

또한 광복회 사건으로 사형 판결을 받은 채기중·김한종·임세규·김경태 등은 자신의 지휘에 의하여 자신이 준 권총으로 친일파를 처단했다고 진술했다.[64] 조사 과정이나 재판 과정에서 불리한 진술을 하면 죄가 가중된다는 것은 인지상정임에도 우재룡은 한결같이 광복회 조직과 책임자는 본인이라고 주장했다.

우재룡이 체포된 것은 1921년 4월이고, 경성지방법원에서 예심을 받은 것은 같은해 12월이었다. 광복회 재판은 1920년 11월 4일 모든 재판이 완료되어 박상진·채기중·김한종·임세규·김경태는 모두 사형이 확정된 상황이었다. 특히 장두환은 우재룡이 체포되는 1921년 4월 일제의 고문을 이기지 못하고 마포형무소에서 옥사한 상태였다.

따라서 우재룡은 광복회 조직뿐만 아니라 책임자가 본인이라는 진술을 할 필요도 없었고, 실제로 그렇지도 않았다. 그럼에도 한결같이 모든 책임을 본인에게 돌려 광복회 동지들을 구명하려는 진술을 했다. 우재룡은 1922년 4월 13일 경성지방법원 판결 과정에서도 재판부에 '박상진·김한종' 등과의 대질신문을 요구했다. 대질신문을 통해서도 그들이 죄가 없다는 것을 증명하고 싶었던 것이다.

그러나 대질신문은 불가능했다. 박상진·채기중·김한종·임세규·김경태는 1920년 3월 1일, '보안법 위반 및 총포 화약률취체령' 위반 등으로 사형을 선고받았다. 다만 박상진과 김한종만이 고등법원에서 경성복심법원의 판결을 파기하고 대구복심법원으로 이송되었다.

박상진과 김한종만이 다시 재판을 받은 것은 박상진 생부 박시규의 구명 활동 때문이었다. 박시규는 박상진의 구명을 위해 한국인·일본인 변호사를 선임해 사형 판결만은 막고자 했다. 그러나 대구복심법원에서 사형이 확정

64 독립운동사편찬위원회, 『독립운동사자료집』 10, 1114쪽.

되자, 일본으로 건너가 일본 내각에까지 건의해 감형 활동을 벌였다.

김한종도 3대 독자로 집안에서 변호사를 선임해 구명 활동을 벌였다. 그러나 구명 활동은 성공을 거두지 못했다. 결국 박상진·김한종은 1921년 8월 11일, 채기중·임세규·김경태는 8월 13일 사형이 집행되어 순국했다.

따라서 우재룡이 재판부에 요구한 박상진·김한종과의 대질신문은 불가능했다. 그럼에도 대질신문을 요구했다는 것은 우재룡이 광복회원들의 재판 과정과 결과를 모르고 있었다는 사실을 말한다. 우재룡이 조사 과정이나 재판 과정에서 이들의 형량을 감형시키려는 진술을 한 것은 바로 이 때문이었다.

박상진에 대해서는 더욱 그러했다. 우재룡은 박상진과의 관계를 묻자 다음과 같이 진술했다.

> *내가 믿고 있는 바를 말하겠다. 나는 동인(박상진: 필자주)과 아는 사이가 되어서부터 함께 국권회복에 힘을 다하고자 의논하고 동인은 찬성했다. 또 동인은 재산가이고, 아는 친지에도 재산가가 많이 있다. 그렇기 때문에 나는 동인에게 독립운동에 필요한 비용을 부탁했었다. 동인은 취지에 찬성하여 비용 조달의 일을 담당해 주었다. 그런데 언제까지 기다려도 조달해 주지 않으므로 재촉하면 조달한다고 할 뿐으로 끝내 조달해 주지 않았다. 당시의 그의 재산 정도와 신용을 이용하여 운동하면 비용의 조달은 용이함에도 불구하고 조달해 주지 않으므로 동인은 열의 있는 국권회복 희망자는 아니라고 생각한다.*

이처럼 우재룡은 박상진을 광복회에 자금을 조달해주기로 한 단순 가담자로 진술했으며, 이마저도 협조하지 않은 인물이라 주장했다. 우재룡은 박상진을 평생의 동지로 여기고 있었다. 우재룡은 국망 이후 은거하던 중 박상진의 설득으로 독립운동에 참여했고, 그의 집으로 주소를 옮겨가며 독립운동에 매진했다. 박상진만은 사형을 피할 수 있도록 해야 한다는 생각이 간절했을 것이다. 또한 그가 살아 있어야 후일을 도모할 수 있었기 때문이다.

그것이 바로 우재룡이 광복회 조직부터 책임자가 본인이라고 주장할 수밖에 없었던 이유이다. 우재룡의 재판을 보도한 신문들이 주비단이 아니라 광복회에 초점을 맞추어 보도한 것도 이 때문이다. 결국 우재룡은 검사로부터 '사형'을 구형받았다.[65] 그의 독립운동을 볼 때 검사가 사형을 구형하는 것은 당연했다.

그런데 재판부는 1922년 4월 13일 '살인교사 및 대정 8년 제령 제7호 위반'이라는 죄목을 붙여 무기징역을 선고했다. 권영만(**징역 8년**)·이재환(**징역 5년**)·안종운(**징역 6년**)·장응규(**징역 4년**)·소진형(**징역 4년**)·여준현(**징역 2년**)·이민식(**징역 3년**)·김성진(**징역 1년**)·신석환·김양한·유병의·이상만·이규승·심영택(**이상 징역 6월**) 등도 유죄를 선고 받았다.[66]

우재룡을 비롯해 유죄판결을 받은 이들 모두 항소를 포기해 형이 확정되었다. 우재룡과 권영만을 제외하면, 활동상에 비해 가혹한 형량이었다. 우재룡은 두 번째 무기징역이었으며, 그의 나이 39세 때였다.

우재룡은 원산형무소에서 수형 생활을 했다. 무기징역이었으므로 기약 없는 수형 생활이었다. 우재룡은 투옥 중 세상사를 잊고 사서삼경四書三經 공부에 매진했다고 한다.[67] 유년 시절에는 형편이 어려워 할 수 없었고, 젊은 나이에는 독립운동에 투신하느라 하지 못했던 공부를 하기 시작했던 것이다.

감옥에서는 독립운동을 함께 했던 허병률이 유일한 벗이었다. 우재룡의 아들 대현大鉉에 의하면, 우재룡은 원산 감옥에서 수감 생활 중 허병률과 가장 친분이 두터웠다고 한다.

허병률은 경북 경산 출신으로 1921년 8월, 경성복심법원에서 소위 '정치범 처벌령 위반'으로 체포되어 원산형무소에서 수감 생활을 했다. 허병률은

65 『매일신보』 1922년 3월 31일자, 「우리견에 사형구형」.
66 독립운동사편찬위원회, 『독립운동사자료집』 10, 1109쪽.
67 우재룡, 『백산실기』, 43쪽.

1919년 9월(음) 권영만·양한위 등과 자금 모집을 벌였다. 허병률은 1920년 6월 권영만·양한위 등이 모두 체포되었으나 다행히 체포를 면할 수 있었다.

허병률은 동지들이 체포되자 곧바로 서울로 올라가 박용선·조한명·이동찬 등과 자금을 모집했다. 허병률은 박용선·조한명·이동찬으로부터 6연발 권총과 탄환 6발을 수령하고, 대한민국임시정부 재무부 명의의 애국금 납입 통지서를 엄홍섭嚴弘燮에게 전달하고, 그로부터 2만 원의 자금을 모집했다. 그러나 곧바로 일제에 발각되었고, 1921년 6월 24일 경성지방법원에서 징역 5년형을 선고받았고, 같은 해 8월 8일 경성복심법원에서 상고가 기각되어 형이 확정되었다.[68]

허병률이 광복회 회원이었는지 여부는 명확하지 않다. 하지만 권영만·양한위 등과 활동한 것으로 보아 일찍부터 이들과 관계를 맺고 있었던 사이로 보인다. 특히 권영만·양한위와의 관계로 볼 때 우재룡과는 일찍부터 알고 있었다고 볼 수 있다. 따라서 함께 원산형무소에서 수감 생활을 하면서 더욱 친분이 두터워졌던 것이다. 그러나 이것도 잠시, 허병률이 1925년 출옥하면서 또 다시 외로운 수감 생활을 해야 했다.[69]

허병률의 아들 동복東福에 의하면 우재룡은 투옥되어 있던 동지들에 대한 애정이 각별했다고 한다. 일제 간수들이 동지들에게 위해를 가하지 못하도록 했으며, 콩밥을 구해 떡을 만들어 영양실조에 걸린 동지들에게 나누어주었다고 한다. 물론 허병률에 의해 전해지는 이야기지만, 우재룡은 당당함을 잃지 않고 동지들을 살피며 옥중 생활을 했다는 것을 알 수 있는 대목이다.

우재룡은 1937년에 풀려났다. 피체된 지 17년 만의 일이었다. 37세 때 피체되어 54세가 되어서야 풀려난 것이다. 인생의 황금기인 30~40대를 대부분에 감옥에서 보냈다. 투옥 기간이 길었던 만큼 세상도 많이 변해 있었다.

---

68 「허병률 · 이동찬 · 조한명 · 박용선 판결문」, 경성복심법원, 1921년 8월 8일.

69 『동아일보』 1925년 1월 25일자, 「朴容善 許秉律兩氏 出獄, 制令違反으로 收監되엇다가(元山)」.

독립운동을 함께 했던 동지들도 많은 이들이 순국한 상태였다. 가장 안타까운 것은 독립운동을 함께 했던 박상진·채기중·김한종·김경태·임세규·장두환의 순국이었다.

독립운동의 여건도 예전같지 않았다. 우재룡이 출옥한 1937년 일제는 중일전쟁을 일으켰다. 일제는 일본으로부터 군수물자 조달이 불가능하더라도 대륙에서 전투를 수행할 수 있도록 식민지 조선에 대규모 군수 공장을 건설하기 시작했다. 일제는 '국가 총동원법'을 기반으로 '총동원 체제'를 구축했다. 일제는 내선일체內鮮一體·황국 신민화皇國臣民化를 내세우며 민족 말살 정책을 더욱 강화하기 시작했다.

이런 상황에서 우재룡이 다시 독립운동을 하기에는 어려웠다. 우재룡은 대략 20년 만에 만난 아들 흥태興泰와 함께 부산으로 향했다. 조씨부인은 세상을 떠났으나 아들 흥태와 중림重林이 그곳에 거주하고 있었기 때문이다. 그러나 그의 부산 생활은 오래가지 않았다.

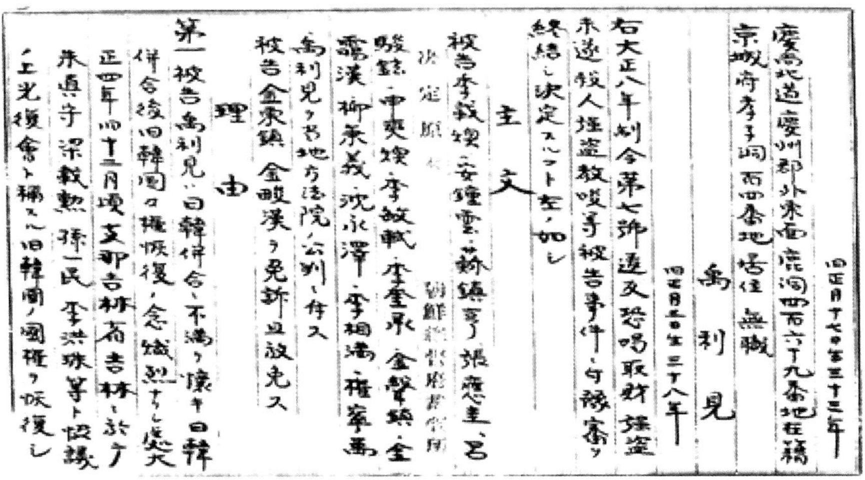
慶尚北道慶州郡外東面鹿洞四百六十九番地在籍
京城府孝子洞百四番地居住 無職
禹利見
右大正八年制令第七號違反恐喝取財強盜未遂殺人強盜教唆等被告事件ニ付豫審ヲ終結シ決定スルコト左ノ如シ
主文
被告李鼓煥、安鍾雲、蘇鎭亨、張應圭、呂駿鉉、申更煥、李鼓軾、李奎承、金聲鎭、金震漢、柳秉義、沈永澤、李相溝、權寧禹
禹利見ヲ當地方法院ノ公判ニ付ス
被告金東鎭、金震漢ヲ免訴且放免ス
理由
第一 被告禹利見ハ日韓併合ニ不満ヲ懷キ日韓併合後旧韓國ノ國權恢復ヲ念熾烈ナルモノ
正四年四十二月頃支那吉林省吉林ニ於テ朱鎭守、梁載勲、孫一民、李洪珠等ト協議
上光復會ト稱スル旧韓國ノ國權ヲ恢復シ

주비단관련 우재룡 판결문(경성지방법원, 1922년 4월 13일)

05

광복 후
광복회를 재건하다

광복회를 재건하다

우재룡은 동지들을 규합하던 중 광복 소식을 경북 영천에서 들었다. 20대 초반에 독립운동을 시작했으나 광복은 62세 되는 환갑에야 맞을 수 있었다. 평생을 독립운동에 헌신했던 그로서는 광복의 감회가 남달랐을 것이다.

조국이 광복되면 무엇을 하겠다는 계획은 없었다. 하지만 속수무책으로 있을 수만은 없었다. 이제 광복된 조국에 새로운 정부를 세우고 새로운 국가를 만들어야 했기 때문이다. 때마침 박상진의 손자 박문태朴文泰가 찾아왔다. 서울에 있던 동지 이정희李庭禧로부터 경주와 영천에서 '백산 선생'을 찾아오라는 부탁을 받고 찾아온 것이다.

이정희는 광복회 활동을 함께했던 동지였다. 그도 1918년 광복회 회원들과 함께 체포되었으나 증거불충분으로 면소되어 옥고를 치르지는 않았지만 1922년 조선독립운동후원의용단朝鮮獨立運動後援義勇團 사건으로 체포되어 3년간의 옥고를 치렀다. 이정희는 광복회 총사령 박상진과는 사돈 관계였다. 그의 장녀 석규錫圭와 박상진의 아들 경중敬重이 1916년 결혼을 했기 때문이다. 덕분에 이정희는 광복회 활동에 대해 누구보다 자세히 알고 있었다.

당시 이정희는 서울에 거주하고 있었고, 박상진의 동생 박하진朴河鎭은 경기도 김포에 거주하고 있었다. 따라서 광복 후 광복회를 재건하기 위해 가장 먼저 우재룡을 찾았던 것이다.

우재룡은 박문태와 함께 9월 5일 서울에 도착했다. 생존한 동지들을 모아 신국가 건설 사업에 참여하기 위해서였다. 우재룡은 서울에 있던 광복회 옛 동지들과 재회했다. 가장 반가운 이는 권영만이었다. 광복회 조직 때부터 함께 했고, 주비단 활동도 함께 했던 동지와 광복된 조국에서 다시 만난 것이다. 권영만은 이정희 등과 함께 광복회 본부 설립을 추진하고 있었다.

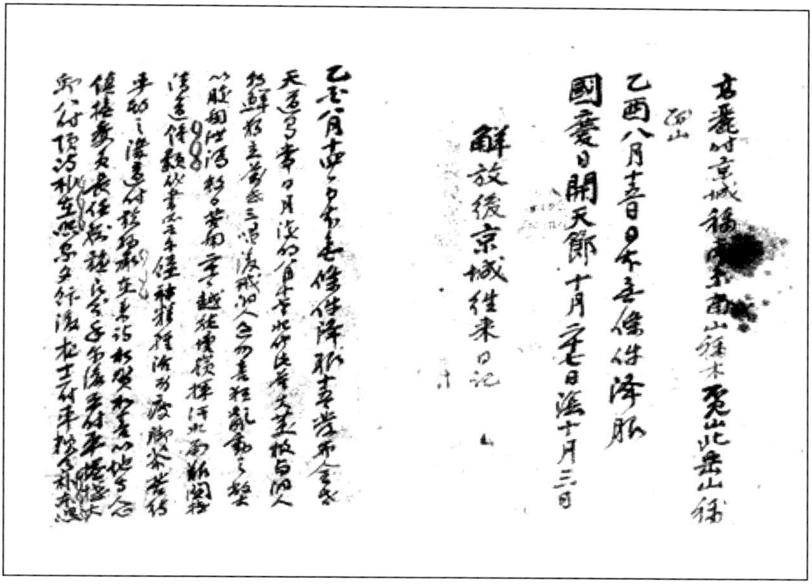

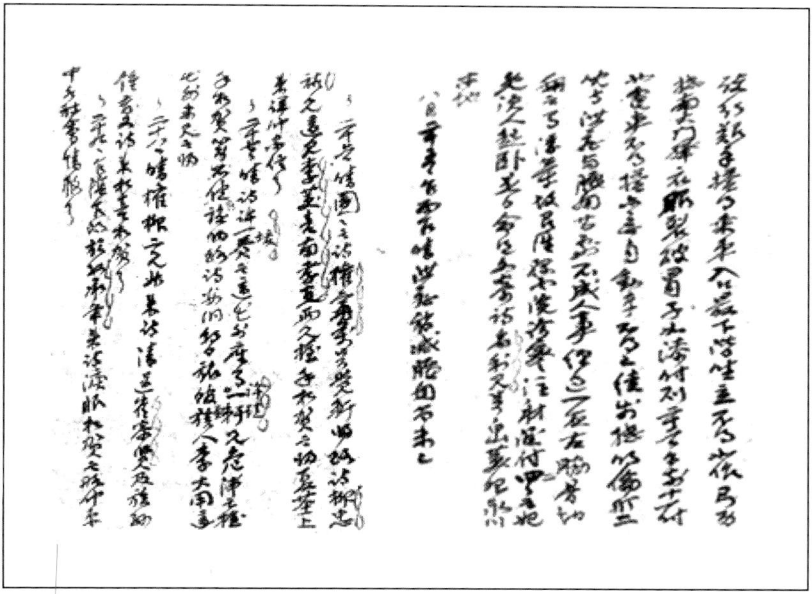

광복회 재건과정을 기록한 매운 이정희 일기(1945년)

우재룡이 상경하면서 광복회 재건 계획은 탄력을 받기 시작했다. 1918년 광복회가 일제로부터 해체된 후 광복회를 이끌었던 것처럼 그는 해방정국에서도 광복회의 주역이었다. 우재룡은 일제강점기 항일투쟁을 벌였던 정신을 되살려 건국 사업에 참여하기 위해 광복회 재건에 착수했다.

우재룡뿐만 아니라 다른 광복회원들도 서울로 모이기 시작했다. 광복회 전라도 지부장을 역임한 이병찬, 조선독립군사령부에서 활동한 한훈, 주비단에서 활동한 안종운 등 그와 함께 독립운동을 펼쳤던 동지들이 서울에 모였다.

우재룡이 가장 먼저 착수한 사업은 「광복회 연혁」과 「광복회 선언문」을 작성하는 것이었다. 그가 일제강점기에 펼쳤던 광복회의 역사를 정리하고, 광복회 정신을 계승해 신국가 건설에 참여한다는 것을 알리기 위해서였다. 그리고 1945년 9월 19일 서울의 견지정 111번지(전 중앙일보사)에 광복회 본부를 마련하고 현판식을 열었고, 10월에는 광복회의 연혁과 활동상을 기록한 『광복회』를 발간해 광복회가 재건되었음을 알렸다.

『광복회』에 따르면, 재건광복회는 박하진朴河鎭(회장)·권영만權寧萬(총무)·우재룡禹在龍(총무)·이석홍李錫弘(고문)·이정희李庭禧(고문)·안종운安鍾雲(간사)·안종태安鍾泰(서기)·이헌구李憲求(서기) 등이 주요 임원이었다.[1] 박하진은 박상진의 동생이었고, 안종운은 주비단, 이정희는 권영만과 함께 대구에서 자금을 모집했던 이였다. 우재룡은 권영만과 함께 총무를 맡았다.

이를 통해 보면 재건광복회는 우재룡과 권영만을 중심으로 재건되었음을 알 수 있다. 그렇다 보니, 광복회 총사령인 박상진의 동생을 회장으로 추대한 것으로 보인다. 박상진이 총사령을 맡았던 것처럼, 우재룡은 그의 동생을 회장으로 추대해 의리를 지켰던 것이다. 이들은 재정을 출원해 광복회를

---

1 광복회, 「光復會復活趣旨及沿革」(1945년 10월).

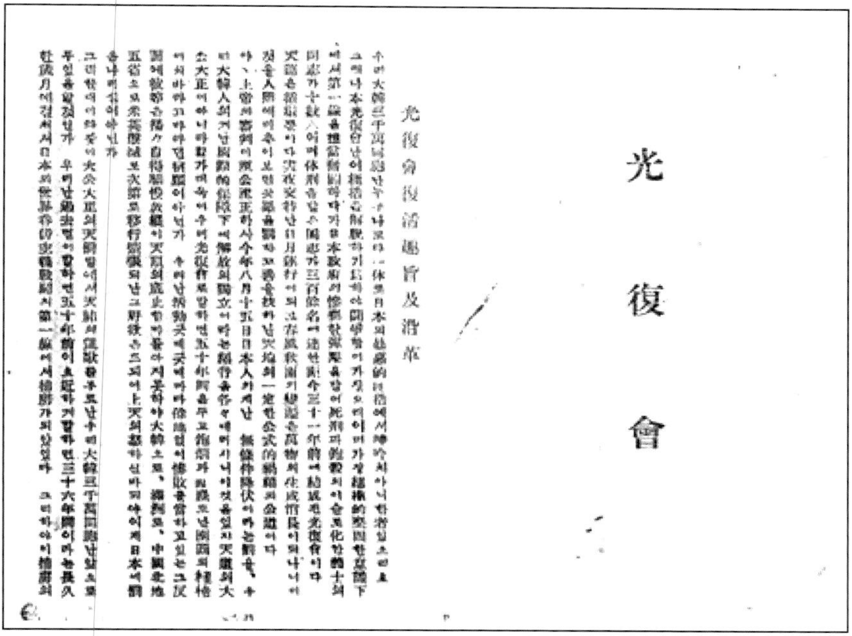
光復會

光復會復活趣旨及沿革

재건광복회가 발간한 『광복회』(1945년)

재건했고, 재건광복회 운영에 중추적 역할을 담당했다.[2]

재건광복회는 구체적인 조직 체계를 갖추기 시작했다. 먼저 회장·부회장을 중심으로 4국 12부 3대를 설치하고 본부에는 고문·이사·감사·평의원을 두었다.

재건광복회는 본부·지부·지회·분회를 갖추고자 했다. 서울에는 본부와 지부를 두고 각도에 지회를 설치하고자 했으나[3] 현재까지 본부와 지부 조직까지만 확인되고 지회나 분회의 실체는 확인되지 않는다. 또한 회원이

2 광복회, 「政黨及團體證明屆」. 안종운·박하진·이정희·권영만은 광복회를 재건하기 위한 재정을 출원하기도 했다(광복회, 「政黨及團體證明屆」).

3 이러한 조직은 '本會는 本部를 漢城에 支部를 各道에 支會를 各府群島에 分會를 各邑面에 設置함'(광복회, 「광복회 회칙」)을 통해 알 수 있다.

3,450명이라는 기록이 있으나[4] 실제 회원 수는 정확하지 않다. 본부와 전라도·천안 지역의 회원 명부가 남아 있어 정확히 파악되는 회원은 100여 명 정도이다.[5]

본부 임원은 회장·부회장을 포함해 임기를 모두 2년 이내로 제한했고 재임이 가능하도록 했다.[6] 회장은 '회를 대표하여 회무를 통할한다'라는 조항으로 보아 재건광복회의 실질적인 대표였다. 그러나 최고의결기구는 총회였으며 임시총회와 평의원회의에 의해 운영되었던 합의제 단체였다.

총회는 정기총회와 임시총회로 구분되었고, 정기총회는 매년 4월에 3일의 회기로 개회하며 본부임원 및 각도各道 지부장支部長, 각도 군도읍면各郡島邑面의 분회장은 반드시 참석하도록 규정했다. 총회의 주요 기능은 회칙 개정, 회계 보고, 예산 결정, 회장 추대로 실질적인 의결기구였다.[7]

재건광복회는 본부가 조직되면서 지부 조직에도 착수했다. 지부는 본부 조직에 준해서 조직하는 것을 원칙으로 했다.[8] 확인되는 지부는 경기도 양주군과 충청남도 조치원 지부 두 곳이다. 그러나 양주군 지부는 지부장 이범재李范宰의 신상만 기록되어 있어 지부원이나 조직 체계는 알 수 없고, 1946년 2월 이전에 설립되었음을 알 수 있는 정도이다.[9] 조치원 지부의 경우도 1946년 2월 안종운이 조치원 지부를 방문하고 작성한 보고서만 남아 있어 지부의 규모나 회원 등을 파악하기 어렵다.[10]

두 지부 외에도 전라도 지부와 천안 지부의 회원 명단이 있는 것으로 보아

---

4 광복회, 「政黨及團體證明屆」.

5 광복회, 「全羅道光復會員住所氏名」·「天安光復會員名錄」.

6 광복회, 「光復會會則」.

7 광복회, 「光復會會則」.

8 「光復會會則」을 보면 각도 지부와 지회는 본회 회칙에 준하여 작성한다고 한 점으로 보아 지부나 지회 회칙도 본부 회칙에 준하여 작성되었을 것으로 보인다.

9 광복회, 「政黨及團體證明屆」.

10 「안종운 보고서」(1946년 2월. 안종운→광복회장 이종태).

지부가 설립되었을 가능성이 높다.[11] 전라도에서는 총 92명이 재건광복회에 참여했다.

전라도 회원들의 명단과 주소를 보면 매우 주목되는 점이 있다. 회원들의 주소는 보성(60명)·화순(5명)·남평(5명)·익산(4명)·해남(4명)·곡성(3명)·군산(2명)·순천(2명)·담양(2명)·낙안(1명)·김제(1명)·광주(1명)·태인(1명)·금산(1명) 등으로, 보성 지역에 집중되어 있다.

보성 지역에서 다수의 인사들이 재건광복회에 가입한 이유는 이 지역이 일제강점기 광복회의 주요 활동 무대였던 점이 작용한 것으로 보인다. 한훈은 1916년 5월부터 서도현을 처단하고 헌병 분견대를 습격하는 등 전라도에서 활동을 전개했는데, 활동의 중심지가 바로 보성이었다.[12]

또한 광복회 전라도 지부장이었던 이병찬도 바로 보성 사람이었다. 특히 구체적인 인척 관계는 확인되지 않으나 항렬자를 통해보면 이병찬 집안 인물들의 참여가 많았던 것도 지부장 이병찬의 영향이 크게 작용하고 있었다고 할 수 있다.

전라도 회원들의 주소 분포는 우재룡이 3·1운동 후 광복회 활동을 다시 시작한 지역과도 관련이 깊어 보인다. 우재룡은 주비단을 조직하기 이전 충청도 논산일대와 전라북도 지역에서 주로 활동했다. 군산을 중심으로 금산·남평·화순·만경·김제·나주 등지에서 활동했는데[13] 재건광복회에 가입한 전라도 회원들이 이 지역을 중심으로 하고 있음을 알 수 있다.

---

11 현재 전라도와 천안 지역의 회원 명단이 남아있으나 이들 명단이 작성된 시점과 작성자가 알려져 있지 않다. 때문에 이들 지역의 지부 설치 여부는 명확하지 않다. 그러나 회원 명단이 존재하고 이들 지역이 광복회가 활발한 활동을 전개했던 지역임을 감안할 때 지부가 결성되었거나, 아니면 지부를 설치하기 위한 움직임이 있었던 것으로 보인다.

12 조동걸, 「대한광복회연구」, 301쪽; 홍영기, 「1910년대 전남지역의 항일비밀결사」, 『전남사학』 19, 전남사학회, 2002, 412쪽.

13 우재룡, 『백산실기』, 35쪽.

재건 광복회 조직도

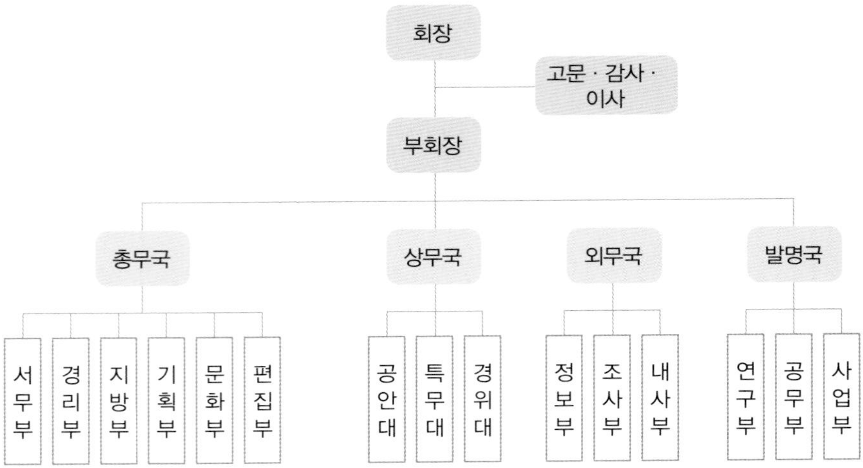

우재룡은 당시 전북지역에서 함께 활동한 인물로 서맹수·최기배·김병순·강국향·박문용을 언급했는데[14] 강국향을 제외하고 모두가 전라도 회원 명단에서 찾아볼 수 있다. 이처럼 재건된 광복회원 중 전라도지역 회원이 많은 것은 우재룡의 활동과 밀접한 관련이 있었다. 우재룡은 광복회가 재건된 직후인 9월 30일 광복회 선언문을 전라도지역에 배포하며 회원 모집을 벌였다. 일제 강점기 자신이 활동했던 지역을 중심으로 회원을 모집했다는 점은 미루어 짐작된다.

당시 우재룡과 함께 회원 모집에 나섰던 이는 전라도 지부장을 역임한 이병찬이었다. 이병찬은 광복 직후 상경해 광복회 재건에 참여했으며, 우재룡과 함께 전라도 지역 회원 모집을 벌였다. 따라서 전라도 지역 회원들은 일제강점기 광복회 전라도 지부에서 활동했던 생존 지사들과 이들의 유족들이 다수 참여했다.[15]

---

14 우재룡, 『백산실기』, 36~37쪽.

15 우재룡은 당시 전북지역에서의 활동을 광복회활동이라고 하였다. 또한 광복회에서 사용했던 방법

전라도 회원 중 김병순과 최기배는 주목되는 인물이다. 이들은 당시 일제 경찰 신분이었으나 광복회에 포섭되어 광복회 활동에 기여한 인물로 알려져 있다.[16] 특히 해외에서 광복회로 전달되는 무기 반입을 도와주어 이들이 전라도지역에서 쉽게 무기를 소유할 수 있었고, 광복회원들이 전북 일대에서 비밀리에 활동하는 데 크게 기여를 했기 때문이다.[17]

전라도 회원 중에는 광복회에서 활동했던 유장렬·이병화·이재환·박문용이 참여하고 있는데 유장렬·이병화는 전라도 지부원이었고[18] 이재환은 우재룡과 함께 광복회와 주비단에서 활동했던 인물이었다.[19] 그러나 박문용과 이병화는 명단에는 있으나 박문용이 1929년, 이병화는 1944년에 사망했으므로 회원으로 기록만 했다고 할 수 있다. 이처럼 재건광복회 전라도 지역 회원들은 바로 일제강점기 광복회 활동과 관련된 지역을 중심으로 참여했다. 이러한 경향은 천안지역에서 두드러지게 나타난다.

먼저 광복회에서 활동했던 유창순·유중협·장두환·한우석·조종철·성달영·김재호·김정호는 광복회 충청도 지부원이었다. 이밖에 유동세는 유창순의 아들이며, 김상철은 김정호의 아들이다. 명단에 보이는 인물들의 성씨와 항렬자를 고려해 보면 생존 지사들과의 친인척 관계임을 짐작할 수 있다. 천안 지부도 전라도 지부처럼 이미 사망한 인물도 있어 회원 명부를 작성할 때 과거 광복회에서 활동했던 인물들과 광복 후 가입한 회원들을 모두 기록했다고 할 수 있다.

또한 충청도와 전라도 회원 명부만이 남아 있어 정확한 작성 동기는 알 수 없지만 광복회가 재건되면서 전라도와 충청도 지역에서 먼저 지부를 조직하

으로 자금모집에 전념했었다(우재룡, 『백산실기』).

16 한훈, 「自筆履歷書(大韓光復團)」; 우재룡, 『백산실기』, 34쪽.

17 우재룡, 『백산실기』, 35쪽.

18 홍영기, 「1910년대 전남지역의 항일비밀결사」, 412~414쪽.

19 이성우, 「주비단의 조직과 활동」, 『한국근현대사연구』 25, 한국근현대사학회, 2003, 327쪽.

기 위한 모임이 있지 않았나 생각된다. 그러나 명부 작성은 정확한 조사를 통해 이루어진 것으로는 보이지 않는다. 이미 사망한 광복회원들도 명단에 포함시켰지만 많은 회원들이 누락되었기 때문이다. 이것은 천안과 전라도 회원 명부를 작성하면서 해당 지역과 관련 있는 광복회원들만을 기록한 결과로 보인다.

재건광복회는 외부 인사 영입에도 주력했다. 광복회원과 유족들만으로는 조직을 운영하기 어렵다고 본 것이다. 이에 따라 1945년 12월경, 새롭게 영입된 인사들을 중심으로 새로운 조직을 갖추게 되었다. 당시 개편된 임원진을 보면 다음과 같다.

회　장: 이종태
부회장: 우재룡
고　문: 오세창 · 권동진 · 김창숙 · 김석홍
국　장: 권영만(총무) · 이화사(외무) · 안종운(발명) · 유남수(상무)
부　장: 이병찬(서무) · 이집천(경리) · 이철헌(문화) · 이계철(정보) · 이경우(선전) · 이정근(조사) · 이광현(내사) · 장연송(연구) · 심명섭(공안) · 조재명(사업)
대　장: 이진일(공안) · 김인한(특무)

개편된 임원진을 보면 회장이었던 박하진 대신 이종태가 새로 영입되어 회장을 맡았다. 이밖에 오세창·권동진·김창숙·김홍석이 새로 고문으로 영입되었다. 그러나 이들이 실제로 고문직을 수행했는지는 알 수 없다. 권동진·오세창이 본인들의 승낙 없이 조선인민공화국의 의원 또는 고문으로 발표된 데 대해 하등의 관계가 없다는 성명서를 발표했던 실례에서 보듯,[20] 해방정국에서 대부분의 단체들이 성명서에 본인 승낙 없이 이름을 적어 놓는

20 심지연, 「해방정국에서의 주도권 논쟁」, 『해방정국논쟁사』 I , 한울, 1986, 21쪽.

경우가 많았기 때문이다.

재건광복회 총무국장인 권영만은 1945년 9월 '대한민국임시정부 및 연합군 환영준비회'에 경호부원으로 참여했는데 이때 위원장이 권동진이었고 오세창은 위원으로 참여하고 있었다.[21] 또한 외무국장이었던 이관구가 1939년과 1949년에 오세창으로부터 받은 유묵이 있는 것으로 보아 오세창과 이관구도 이미 친분이 있었다고 할 수 있다.[22] 이들이 권영만·이관구와의 인연으로 재건광복회의 고문직을 맡았을 가능성도 있다.

개편된 조직에서도 우재룡(부회장)·권영만(총무국장)·이관구(외무국장)·안종운(발명국장)이 주요부서의 임원으로 활동하는 것을 보면 광복회 생존지사들이 중심이었음을 알 수 있다. 재건광복회는 생존지사들을 중심으로 1945년 10월 1일에 설립되어 본부 조직에 착수했고, 외부인사들을 영입해 조직을 강화했다. 이를 바탕으로 1945년 12월을 전후한 시기에 확대 개편된 조직을 갖출 수 있었고 목적했던 사업에 착수했음을 알 수 있다. 이후 지방으로 조직을 확대해 양주와 조치원 지부를 설치했음을 알 수 있다. 설치 시기가 정확한 양주와 조치원 지부가 1946년 2월에 관련 기록들이 보이는 것을 보면 실질적인 활동은 1946년에 들어서면서 시작되었다고 할 수 있다.

이처럼 재건광복회는 우재룡을 중심으로 재건되었다. 우재룡에게 있어 광복회의 재건은 독립운동의 연속선상에 있었다. 우재룡은 3·1운동 후 광복회 부활을 시도했으나 실패했고, 결국 광복된 조국에서 다시 광복회를 재건한 것이었다. 그리고 그의 곁에는 항상 권영만이 있었다.

권영만은 우재룡과 함께 광복회를 재건하는 데 핵심적인 역할을 담당했다. 재건광복회의 핵심적인 역할을 담당한 총무국장을 계속해서 맡고 있다는 점이 이를 말해준다. 특히 우재룡과 권영만은 당시 서울의 명륜정 4정목

21 「대한민국임시정부 및 연합군 환영준비회」(국사편찬위원회, 『자료대한민국사』 1권, 49~50쪽).
22 李觀求, 『光復義勇記』(華史李觀求記念事業會, 『言行錄』, 434~435쪽).

127-21번지에서 함께 거주하고 있었다. 이후 계속해서 권영만이 거주한 것으로 보아, 명륜정의 우재룡 거처는 권영만의 집이었던 것으로 보인다. 우재룡의 아들 우대현에 의하면 서울 명륜동 권영만의 집을 방문했을 때 이곳에서 부친과 함께 거주했던 곳이라 소개했다고 한다. 우재룡은 서울로 상경하면서 권영만과 함께 거주했다는 것을 알 수 있다. 우재룡은 광복회를 재건함에 있어 가장 든든한 지원자는 역시 권영만이었던 것이다.

따라서 우재룡은 권영만과 함께 광복회를 재건하면서 총무를 맡았다고 할 수 있다. 그러나 늘 그렇듯이 우재룡은 재건광복회에서도 대표를 맡지 않았다. 재건 초기에는 박하진을 회장으로 추대했고, 12월 조직 개편시에는 이종태를 회장으로 추대했다.

그런데 1946년 2월에 작성된 '정당 및 단체 증명계政黨及團體證明屆'를 보면 우재룡은 광복회 대표대리직을 수행하고 있었다.[23] 이유는 알 수 없으나 새롭게 회장으로 추대된 이종태가 회장직을 수행하지 못하자, 부회장인 우재

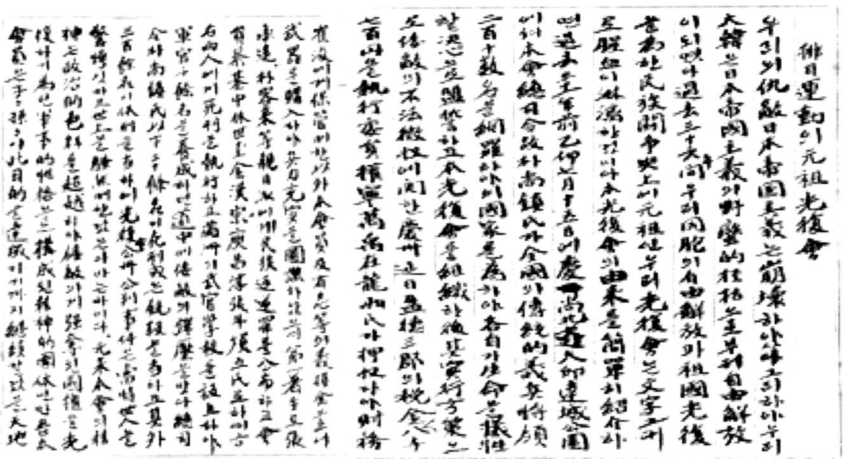

排日運動의 元祖 光復會

배일운동의 원조 광복회 (1945년 12월)

23 광복회, 「政黨及團體證明屆」, 1946.2.

룡이 대표대리를 맡은 것으로 보인다. 따라서 우재룡은 재건광복회의 조직과 활동에서 실질적인 대표였다고 볼 수 있다.

광복회는 생존한 광복회 회원과 유족 중심으로 조직되었다. 우재룡은 생존 지사들 중 광복회에서 가장 활발한 활동을 벌였던 이였다. 따라서 재건광복회가 그를 중심으로 조직되고 운영되는 것은 당연한 결과이기도 했다. 그러나 이러한 점은 한훈이 재건광복단을 조직하면서 광복회 재건 과정에서 또 다른 문제가 되기도 했다.

광복회가 재건되는 과정에서 한훈을 중심으로 별도의 광복단도 재건되고 있었다. 재건광복회가 「광복회 부활 취지 및 연혁光復會復活趣旨及沿革」과 「광복회光復會 연혁沿革」을 1945년 10월에 발표했는데 한훈도 「광복단 약사光復團略史」를 같은 해 10월에 발표하면서 광복회와는 다른 단체를 조직하기 위한 활동을 하고 있었다. 한훈이 「광복단光復團 재흥再興의 동기動機」를 11월에 발표하는 것으로 보아 광복단은 11월과 12월 사이에 재건되었다고 할 수 있다.[24] 광복단 재건 일자가 명확하지는 않지만 광복회보다 뒤에 재건된 것은 확실해 보인다.

한훈은 우재룡과 함께 광복회 재건에 참여했다. 광복회 현판식에도 참석했고, 광복회 선언문 작성도 함께 했다. 특히 우재룡·권영만·이병찬과 함께 숙식을 하며 광복회가 재건되는 데 힘을 보태고 있었다. 그런데 10월 4일 갑자기 광복회 탈퇴를 선언하고 별도의 광복단 재건을 시작했다. 광복회가 자리를 잡아가고 있었던 시점임에도 별도의 조직을 만든 것이다.

한훈이 광복회를 탈퇴하고 별도로 광복단을 재건한 것은 3·1운동 후 주비단과 광복단결사대를 결성하는 과정에서 야기된 갈등이 해방 후에도 그대로

---

24 김상기, 「해방 후 광복단의 재건과 신도지부」, 201쪽. 김상기는 '光復團再興의 動機'가 11월에 작성되었으나 '광복단을 재흥케 하야 본래의 사명을 다하고자 합니다'라는 문구로 보아 광복단을 재건하기 전으로 보았으며 광복단 재흥과 관련된 신문기사를 바탕으로 광복단의 설립시기를 12월로 상정하였다.

표출된 결과로 보인다. 특히 재건광복회가 우재룡과 권영만을 중심으로 조직되면서 한훈은 별도로 재건광복단을 조직했던 것이다.

재건광복단은 한훈을 중심으로 조직되었고 광복단 또는 광복단중앙총본부라 했다. 참여자 중 광복회 생존 지사는 광복단이 발표한 「격檄」에 '한훈韓焄·양한위梁漢緯·윤홍중尹鎣重'이 확인되고,[25] 「광복단 선서光復團宣誓」에 '한훈·김동순·양한위·윤형중·엄정섭'을 확인할 수 있다. 양한위는 풍기광복단에서 함께 활동했고, 김동순은 암살단에서 활동했기 때문에 한훈과 노선을 같이 한 것으로 볼 수 있다. 재건광복단은 견지동 80번지에 본부를 설치하고 조소앙과 신익희를 총재와 부총재로 추대하고 한훈을 단장으로 선임하면서 활동을 시작했다.[26] 재건광복단은 민족교육과 산업진흥을 위해 광복의숙과 실험농장을 설치하려 했으며, 신탁통치 반대투쟁과 민족문화의 창조화 운동을 전개하기 위해 내외사정조사회內外事情調査會를 설립하기도 했다.[27]

무관학교 설립에 참여하고, 산남의진 위령제를 거행하다

광복회의 재건 목적은 신국가 건설에 동참해 민중의 발전과 복리를 증진시킨다는 것이었다. 재건광복회는 이러한 목적을 「회칙會則」에 다음과 같이 밝히고 있다.

25 광복단, 「檄」, 1945.
26 김상기, 「해방 후 광복단의 재건과 신도지부」, 202쪽.
27 김상기, 「해방 후 광복단의 재건과 신도지부」, 201~209쪽.

본 회는 국권 회복에 희생된 선배 제현先輩諸賢의 의열義烈을 추앙 경모推仰敬慕하는 동시에 초주의적 정의 정도超主義的正義政道에 의하여 신국가 건설 제시책新國家建設諸施策에 적극적 협력하며 영구한 민중의 발전과 복리 증진을 목적으로 함.[28]

재건광복회는 일제강점기 항일투쟁에 앞장섰던 광복회 회원들의 희생과 정신을 바탕으로 조직되었고, 해방 정국에서 광복회 정신을 계승해 신국가 건설에 이바지하기 위해 재건되었다. 또한 민중의 발전과 복리를 증진하는 데 재건 목적이 있었다.[29]

재건광복회의 이러한 목적은 광복회가 재건되면서 작성한 「광복회 부활 취지 및 연혁」에서 '우리 광복회는 우리 대한 오천년大韓五千年 전통적 충의傳統的忠義의 정신과 또한 귀중한 동지 선배의 충혼으로 화化한 그의 유지遺志에 의하여 금일 우리 대한광복과 동시 신국가 건설에 만일萬一의 성誠을 진盡코져 하야 전 광복회원 일동全光復會員一同의 회집會集을 요망要望하는 소이所以이다'을 통해서도 알 수 있다.[30] 또 재건광복회는 목적을 실천하기 위해 3개 조의 '건국建國의 요무要務'를 발표하고 구체적인 활동 목적도 제시했다.

건국의 요무[31]

1. *우리 광복회는 정당의 명리를 떠나서 단순히 진충보국의 정신으로써 우리 중경 신정부新政府를 환영하며 지대함을 경警함.*
2. *우리 대한 삼천만 동포 생활력 회복에 필요한 농업제도 개선, 토지의 분양의 적정, 공업 및 과학의 발명에 대한 장려, 보호, 지도.*

28 광복회, 「光復會會則」.
29 광복회, 「排日運動의 元祖 光復會 再現」; 『중앙신문』 1945년 12월 27일자, 「광복회개편」.
30 광복회, 「光復會復活趣旨及沿革」.
31 광복회, 「光復會復活趣旨及沿革」.

3. 교육 및 자선기관 설치 및 옹호, 장려.

4. 우리 신정부의 명령 및 정책에 절대 협력.

'건국의 요무'를 보면 재건광복회는 임시정부를 지지하며 동포들의 생활력 회복에 노력할 것을 다짐하고 있다. 구체적으로 농업제도의 개선, 토지의 적절한 분배, 공업 및 과학의 발명, 교육기관 및 자선기관의 확립 등이 중심이었다. 이는 해방 직후 결성된 수많은 단체들이 정치적 색채를 띠고 있었던 점과는 차이가 있었다.

'건국의 요무'는 광복회가 재건을 시작한 시점에 작성된 것으로 광복회원들을 모집하는 과정에 있었고, 재건된 지 얼마 되지 않은 시점이었기 때문에 대략적인 설립 목적만을 기술했다. 이후 26개 조의 회칙을 작성하면서 재건광복회가 달성하고자 하는 구체적인 목적을 다시 제시했다.[32]

제5조 본회의 목적을 달성하기 위하야 좌의 사업을 실행함

1, 대한육군사령부 설치

2, 대한무관학교 경영

3, 정규군 양성(정부계통군)

4, 발명 급 공업 발전

5, 특무에 관한 사항

6, 문화사업

7, 국민생활 안정대책 강구

8, 정부정책에 대한 건의

9, 기타 필요사항

회칙에 제시된 재건광복회 목적을 보면 '건국의 요무'에서 제시했던 국민의 생활력 회복이라는 측면은 그대로 유지했다. 이는 8개조의 목적 중 4항·6항·7항이 모두 이 부분과 관련된 내용이기 때문이다. 특이한 점은 발명이나 공업에 대한 관심이 높았다는 것이다. '발명 및 공업 발전'이라는 조

32 광복회, 「光復會會則」.

항을 넣었을 뿐만 아니라 조직에도 발명국을 두고 산하에 연구부·공무부·사업부를 둘 정도로 이 분야에 대한 관심은 상당히 높았다.

이것은 새로운 발명과 공업 부문을 발전시켜 해방정국에서 경제발전을 위한 하나의 방안을 제시한 것으로도 볼 수 있으며, 재건광복회가 지속적으로 활동하기 위한 재정문제를 해결하기 위한 방안이었을 것으로 추측된다. 이러한 발명에 대한 부분은 우재룡과 안종운의 의도가 깊이 개입된 것이었다. 왜냐하면 이들은 이미 주비단 시절부터 발명에 대한 관심이 높았으며 폭탄 발명을 시도했었기 때문이다.

이들이 폭탄 발명에 주력한 이유는 의협투쟁에 필요한 무기의 부족을 극복하고 군자금 모집에 불응하는 자의 집을 파괴할 목적도 가지고 있었다.[33] 이를 위해 우재룡·안종운 등은 폭탄을 발명해 성능 실험까지 했고 재건광복회를 주도했던 우재룡과 안종운이 발명국이라는 부서를 두어 안종운이 국장이라는 직책을 맡았던 것이다.

다음으로 재건광복회는 국방 문제에 역량을 집중하려 했다. 이는 사업목적 중 '대한육군사령부 설치·대한무관학교 경영·정규군 양성(정부계통군)·특무에 관한 사항'이 모두 군사 부문이다. 광복회의 주요 목적 중에 하나가 군인 양성과 무관학교 설립이었다는 것을 보면 이러한 전통을 계승하여 실천하려 했음을 알 수 있다. 조직에 상무국을 두었던 이유도 이러한 목적을 실현하기 위한 의도로 보인다. 이는 재건광복회가 '군쟁적 성격으로 구성된 정신적 단체'를 강조하고 있는 것을 통해서도 알 수 있다.[34]

따라서 재건광복회는 대한무관학교 설립에 참여했다. 대한무관학교의 설립은 한말 군인 출신들이 중심이 된 대한군인회와 임시정부 산하 한국광복군 출신들이 중심이 된 '광복군 직속 대한무관학교 창립 준비위원회(이하 창

---

33 국사편찬위원회, 『한민족독립운동사자료집』 32, 257쪽.

34 광복회, 「排日運動의 元朝 光復會 再現」.

립위원회)'가 결성되면서 시작되었다.[35]

창립위원회는 '군인이 없고서는 국방은 물론이요 인민의 생명과 재산을 보호하기 어렵다'고 보고, 국군 중견 간부를 양성해 정부에 공헌하려 했다. 대한무관학교는 1945년 11월 30일 '군적을 소유했고 중등학교의 졸업 정도의 학력'을 가진 청년들을 대상으로 신입생 모집을 한 후[36] 입학시험을 통해 합격자를 선발했다.[37] 학생 모집에 700여 명이 지원했고, 혈서를 제출해서라도 합격하고자 할 정도로 입학에 대한 열기는 뜨거웠다.[38] 창립준비위원회는 이러한 열기 때문에 원래 모집하려 했던 300명의 정원보다 많은 344명의 합격자를 선발했다.[39]

창립준비위원회는 신입생 모집을 시작으로 1946년 2월 개교를 목적으로 사업을 추진했고, 재건광복회도 여기에 동참했다. 재건광복회는 1945년 12월 12일 백미 200석을 합숙용으로 구입했다.[40] 많은 쌀을 구입한 이유는 대한무관학교 급식용으로 제공하기 위함이었다. 또한 재건광복회 관련 자료들 중에는 '광복군 직속 대한무관학교 창립 준비위원회'라고 인쇄된 용지를 사용하고 있었다. 그런데 이들 용지들은 창립준비위원회가 사용하고 있던

---

35 『매일신보』 1945년 11월 10일자, 「대한군인회 대한무관학교설립 추진」; 『조선일보』 1945년 11월 27일자, 「義捐金遝至 大韓武官學校 創立 準備委員會」.

36 『매일신보』 1945년 11월 10일자, 「대한군인회 대한무관학교설립 추진」.

37 『조선일보』 1945년 12월 26일자, 「殉國의 至誠으로 大韓武官學校에 志願者 殺到」; 『동아일보』 1946년 1월 7일자, 「大韓武官學校 入學者 發表」; 『조선일보』 1946년 1월 5일자, 「334명 무관학교 신입생」. 당시 대한무관학교에 대한 열기는 상당히 높았던 것으로 보인다. 700여 명의 지원자 중에는 변호사 · 교사 · 대학생 등이 상당수 포함되어 있었다(『조선일보』 1945년 12월 26일자, 「殉國의 至誠으로 大韓武官學校에 志願者殺到」).

38 『동아일보』 1945년 12월 5일자, 「純忠에 넘치는 眞情의 혈서」; 『조선일보』 1945년 12월 26일자, 「殉國의 至誠으로 大韓武官學校에 志願者殺到」; 『조선일보』 1945년 12월 15일자, 「國軍建立에 愛國의 至誠」.

39 『동아일보』 1946년 1월 7일자, 「대한무관학교 입학자를 발표」. 대한무관학교는 1차로 서울운동장에서 학생을 모집한 후(『매일신보』 1945년 11월 10일자, 「대한군인회 대한무관학교설립 추진」), 12월 25일~28일 나흘간이나 입학시험을 치렀다(『조선일보』 1945년 12월 26일자, 「殉國의 至誠으로 大韓武官學校에 志願者殺到」). 그리고 1월 4일 합격자 344명을 발표했다(『조선일보』 1946년 1월 7일자, 「大韓武官學校 入學者發表」).

40 광복회, 「運搬確約書」, 1945년 12월 14일.

용지였다.[41] 이를 통해 보면 재건광복회는 대한무관학교 설립에 참여하고 있었고 외무국장을 맡고 있던 이관구가 그 책임을 맡고 있음을 알 수 있다.

이관구는 창립준비위원회에 의연금을 제출했으며,[42] 대한무관학교의 최고 고문으로 추대되었다.[43] 그런데 창립준비위원회와 재건광복회는 개교를 앞둔 시점에서 갈등을 빚었다. 창립준비위원회가 광복군을 중심으로 운영되었고, 1946년 1월 김구를 교장으로 추대하고 부교장에 김성호 등이 취임하면서 이들을 중심으로 한 학교 운영이 갈등의 원인이 아니었나 추측해 볼 뿐이다.[44]

이러한 점은 재건광복회가 1946년 2월 '사무소 및 합숙소, 국방위원회'로 사용하기 위해 적산敵產 사용 신청을 하고 있는데, 대한무관학교와의 관계가 원만하게 해결되지 않자 학교나 국방문제를 다루는 새로운 기구를 설치하려는 의도였던 것으로 보인다.[45] 하지만 재건광복회의 이러한 활동은 미군정청이 '사설 군사 단체 해산령'을 내리면서 더 이상 진전되지 못했다.[46] 미군정은 1946년 발족한 국방경비대와 해안경비대만을 유일한 군사단체로 인정하고 모든 사설 군사단체 해산령을 내렸다.[47] 이를 계기로 대한무관학교는 개교와 동시에 해산되었으며 재건광복회도 더 이상 국방 문제와 관련

---

41 광복회 관련 자료들을 보면 '光復軍直屬大韓武官學校創立準備委員會'라고 인쇄된 용지를 사용하고 있었다. 안종운 1946년 1월 조치원지부를 방문한 결과를 광복회장에게 제출한 보고서(「안종운보고서(안종운→광복회장)」, 1946년 1월)와 산남의진위령의 축문(광복회, 「山南義陣慰靈祭祝文」, 1946년 2월), 광복회에서 박상진 문중에 보내 서한(1946년 3월 3일) 등이 모두 같은 용지를 사용하고 있는데 이 용지들은 창립준비위원회가 광복회장에게 보낸 질의서 용지와 같은 용지였다.

42 『조선일보』 1945년 11월 27일자, 「義捐金遝至 大韓武官學校創立準備委員會에」.

43 「대한무관학교최고고문추대장, 경성대한무관학교직원일동→이관구」(독립기념관소장).

44 『조선일보』 1946년 1월 2일자, 「大韓武官學校 金主席就任承諾」.

45 광복회, 「不動産使用許可願」, 1946년 2월 18일.

46 『조선일보』 1946년 1월 22일자, 「경무국, 국방경비대를 제외한 사설 군사단체에 대해 해산령」; 『중앙신문』 1946년 1월 29일자, 「군정청, 사설 군사단체의 해산명령에 대해 재차 담화 발표」.

47 『서울신문』 1946년 1월 29일자, 「군정청 국방국장 해안경비대 설치계획 발표」; 『조선일보』 1946년 3월 6일자, 「군정청 무기불법소유자의 납부기간 설정」.

된 활동을 할 수 없었다.

재건광복회는 독립운동 희생자들에 대한 선양사업도 실시했다. 광복회는 일제강점기 항일투쟁을 끊임없이 전개했고 많은 희생을 치른 대표적인 국내 독립운동 단체였다. 때문에 독립운동 희생자들에 대한 추모와 현창이 생존 지사와 유족들을 중심으로 재건된 광복회의 가장 실질적인 목적이었다고 할 수 있다. 그리고 첫 사업이 바로 '고 산남의진 순절 제공 위령제故山南義陣殉節諸公慰靈祭(이하 산남의진위령제)'의 거행이었다.

산남의진위령제는 우재룡의 뜻이 강하게 반영된 것으로 보인다. 우재룡의 독립운동은 산남의진에서 출발했다. 그리고 광복회와 주비단 활동 중에도 산남의진의 동지들로부터 많은 도움을 받았다. 독립운동을 전개할 때도 먼저 세상을 떠난 산남의진 동지들에 대한 그리움과 미안함을 갖고 있었다. 그러나 일제강점 상황에서 그들에 대한 위령제는 꿈도 꿀 수 없었다. 하지

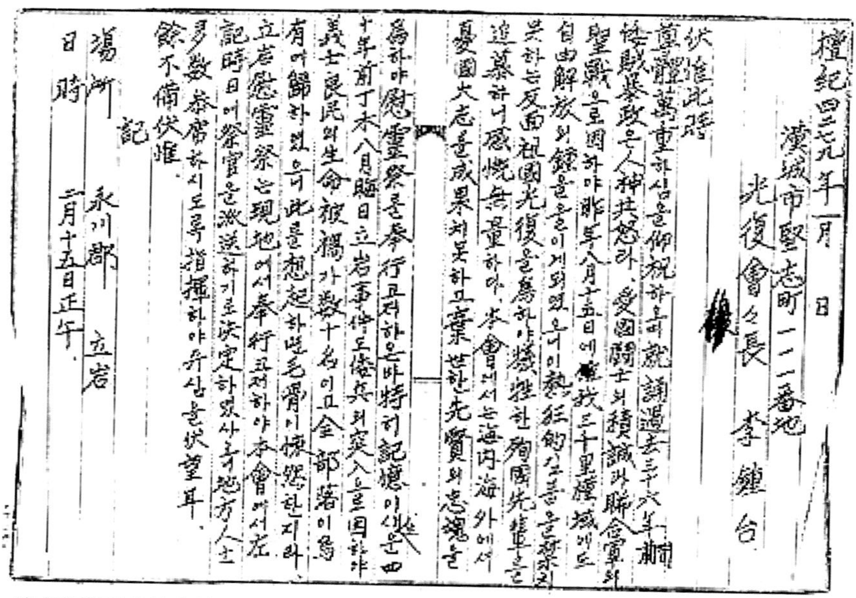
檀紀四二七九年一月 日
漢城市堅志町一一一番地
光復會々長 李鍾台
伏惟此時
尊體萬重하심을仰祝하오며就諭過去三十六年間
倭賊暴政은人神共怒라, 愛國鬪士의積誠과聯合軍의
聖戰으로因하야昨年八月十五日에解放三千里槿域에도
自由解放의鍾을울이게되였오니이熱狂的인喜를禁치
못하는反面祖國光復을爲하야犧牲한殉國先輩를
追慕하니感慨無量하야, 本會에서는海內海外에서
憂國大志를成果치못하고虛業世한先賢의忠魂을
爲하야慰靈祭를奉行코저하온바特히記憶이새로운四
十年前丁未八月晦日立岩事件도倭兵의突入으로因하야
義士良民의生命被禍가數十名이고全部落이烏
有에歸하였음에此를想起하면毛骨이悚然한지라
立岩慰靈祭는現地에서奉行코저하야本會에서左
記時日에祭官을派遣하기로決定하였사오니地方人士
多數參席하시도록指揮하야주심을伏望耳.
餘不備伏惟
記
場所 永川郡 立岩
日時 二月十五日正午.

산남의진위령제 초대장(1946년 1월)

만 광복된 조국에서 당당하게 그들의 위령제를 거행하고 싶었을 것이다. 우재룡은 그들에 대한 의리를 지키고자 했으며, 그 결과물이 바로 위령제 거행이었을 것이다. 따라서 재건광복회의 실질적인 대표였던 그에게는 반드시 거행해야 할 첫 번째 추모사업이었던 것이다.

재건광복회는 위령제를 거행하기 1946년 1월, 영남지역의 사회단체, 각 문중에 산남의진 위령제 초청장을 발송했다. 그리고 1946년 2월 15일 경북 영천(현 포항시 죽장면 입암리)에서 '산남의진 위령제'를 거행했다.[48]

산남의진 위령제는 '제관서림·국기 게양·애국가 합창·헌작·주제자 독축·각 단체 독축·일동 배례·추도가 합창·만세삼창·사신·대표자 답사' 순으로 진행되었다. 위령제가 재건광복회 주관으로 거행된 관계로 주제자 독축은 '이종태·우재룡·권영만·안종운' 명의로 작성되었고, 독축이 이루어졌다. 위령제는 주제자인 광복회의 답사로 끝났다. 재건광복회 총무국장인 안종운이 낭독한 답사에는 재건광복회의 성격을 그대로 담고 있었다.

우리 독립운동자들은 처음에 의병으로 단결하여 6·7년간 왜적들을 더불고 무력으로 항전하다가 말경에 군수물자 불급으로 참패를 당하고 또 광복회로 조직하여 팔도 동지를 연결하고 운동을 전개하여 만주에 있는 독립군을 도우다가 실패를 당하고 그 다음은 주비단으로 의열단으로 보류補流하여 만주에 사관학교를 양성하고 상해임시정부에 연락을 취하고 오가다 이것도 모두 실패를 당하고 그 무렵에 세계 2차대전이 발발되었다. 우리는 이 좋은 기회를 얻어서 국외 국내에서 활동하던 동지들은 오늘 고국에 다시 집합되어 건국 준비를 하고 있으니 천추의 소원이 성취된 것이다. 그렇지만 원통하게도 50년 동안에 이 목적을 달성코저 하여 전장에서 전사하고 감옥에서 옥사하고 극한지대에서 동사하고 무인지대에서 아사하고 이역산하에서 무주고혼으로 객사하고 그 시대를 비관하여 투수자사하고 단식자사한 생명을 받친 선열이 얼마나 될 것인가. 그 선

48 「歷史的慰靈祭擧行」(『山南倡義誌』 卷上, 34쪽).

열의 인원 수를 합산하여 볼 것 같으면 우리나라 현존 인구와 비례될 것이다.[49]

안종운의 답사는 우리 독립운동사를 설명하는 내용이었다. 그런데 독립운동의 전통을 한말의병에서 시작했고, 광복회와 주비단, 그리고 의열투쟁으로 연결하고 있다. 이는 우재룡의 독립운동을 축약해 놓은 것이다.

재건광복회는 우재룡이 중심이 되어 재건되었다. 그렇다보니 본인의 독립운동을 축약해 답사를 했던 것이다. 비록 안종운이 답사를 했지만, 그 내용은 우재룡의 독립운동사였던 것이다. 재건광복회가 제일 먼저 산남의진위령제를 거행한 것도 우재룡의 독립운동이 산남의진에서 시작했기 때문이기도 했다.

산남의진위령제는 우재룡의 의지가 반영된 것으로 볼 수 있다. 우재룡은 정용기와 의형제를 맺을 정도였고, 그가 의병전쟁과 독립운동을 전개함에 있어 가장 큰 영향을 준 인물이었기 때문이다. 그래서 위령제 장소도 정용기가 순절한 입암이었던 것이다.

---

49 산남의진유사간행위원회, 『산남의진유사』, 1970, 652쪽.

06

서거와
남겨진 가족들

우재룡의 신국가 건설에 참여하겠다는 꿈은 실현되는 듯했다. 동지들을 규합해 광복회도 재건했고, 대한무관학교 설립도 무리 없이 진행되고 있었다. 산남의진 위령제도 성대하게 거행되면서 재건광복회가 구상했던 사업들이 순차적으로 진행되고 있었다. 광복회 재건 사실이 신문에 보도되고, 회원들이 증가하면서 재건광복회의 명성도 높아지고 있었다.[1]

재건광복회는 1946년 2월, 환국한 임시정부의 '과도정부' 수립을 위한 '비상 국민회의'에도 초청을 받았다. 비상국민회의는 1945년 12월 28일, 모스크바 3국 외상회의 결과 신탁통치 문제가 불거지자 반탁 운동을 이끌었던 임시정부가 주도한 '과도정부' 수립을 위한 비상정치회의였다. 재건광복회는 1946년 1월 20일, '비상정치회의 제1차 주비회'에서 비상국민회의에 참석할 단체로 초청을 받았고,[2] 같은 해 2월 개최된 비상국민회의 단체대표에 이름을 올렸다. 이처럼 재건광복회는 해방정국에서 정치적 영향력을 확보해 가고 있었다.[3]

그러나 우재룡의 꿈은 곧바로 물거품이 되었다. 재건광복회는 조직된 지 5개월이 되지 못해 해산을 당하고 말았다. 재건광복회는 1946년 2월 미군정에 '정당 및 사회단체 등록계'를 제출한 후 활동상을 찾아볼 수 없다. 1946년 3월경 해산을 맞은 것이다.

재건광복회가 해산을 당한 이유는 정확히 알 수 없다. 다만 광복회 유족들은 한결같이 당시 수도경찰청장이던 장택상張澤相 때문이라고 증언한다. 장택상은 광복회가 친일파로 지목하고 처단한 장승원의 아들이었다. 따라서 광복회원들에 대한 감정이 좋지 않았을 것이라는 점은 미루어 짐작된다.

1 『동아일보』 1945년 12월 27일자, 「광복회 조직」; 『자유신문』 1945년 12월 27일자, 「광복회를 재편, 회원들에 소집명령」.

2 송남헌, 『현대정치사』, 225쪽.

3 『동아일보』 1946년 2월 1일, 「비상국문회의 금일 개막」.

재건광복회 해산에 장택상이 개입되어 있다는 것은 재건광복회에서 활동했던 회원들의 유족들이 생전에 들은 이야기라는 점에서 상당히 신빙성이 높다. 이들은 한결같이 장택상과 수도경찰청에 의해서 재건광복회의 간판이 내려졌다고 증언하고 있다.

이러한 점은 천안에 '독립투쟁 의사 광복회원 기념비獨立鬪爭義士光復會員記念碑(이하 기념비)'를 건립하는 과정에서도 그대로 드러났다. 기념비는 천안출신 광복회 회원들을 기념하기 위해 1969년 4월 25일 세워졌다. 그런데 건립일자 1969년의 '9'자는 비석이 파여진 상태에서 새롭게 글자가 새겨져 있다.

기념비는 1964년 천안지역 초·중·고 학생들이 성금을 모아 제작했다. 그런데 건립 과정에서 문제가 발생했다. 천안출신 독립운동가들을 현창하기 위해 학생들이 모금한 내용이 신문에 보도되면서 성금을 되돌려 주고, 완성된 기념비도 세우지 못했다. 광복회 후손들은 장택상 집안에서 기념비 건립

독립투쟁의사광복회원기념비(천안)

을 반대하고 압력을 행사한 때문이라고 증언한다.

다행히 1969년에 기념비는 다시 세워질 수 있었다. 장택상이 1969년 8월 사망했기 때문이다. 광복회원 후손들은 '당시 장택상은 자신의 아버지를 처단한 광복회원의 이름이 비석에 새겨지는 것을 용인할 수가 없었다고 한다. 그래서 기념비를 세울 수 없었으나 장택상이 사망하면서 세울 수 있었다'고 말한다. 이처럼 조국 광복을 위해 투쟁한 광복회원들의 기념사업조차 어려움을 겪었다.

기념비 건립은 1960년대 일이었다. 하물며 1946년 광복 직후의 혼란 상황에서 절대적 권력을 갖고 있던 장택상에게 광복회는 대항할 힘조차 없었던 듯하다. 결국 재건광복회는 신국가 건설의 목표를 포기하고 해산당할 수밖에 없었다. 우재룡이 꿈꿨던 새로운 세상도 그렇게 묻히고 말았다.

재건광복회 해체는 우재룡에게 큰 상처를 안겼다. 18세의 젊은 나이에 대한제국 군대에 들어가 평생을 조국 독립을 위해 투쟁한 그였다. 국망國亡의 책임이 있는 것도 아니고, 독립운동을 펼쳐야 할 의무도 없었지만 생애 전체를 바쳐 조국 독립을 위해 투쟁했다.

하지만 두 번의 무기징역과 20년에 가까운 감옥 생활을 버티며 맞이한 광

달성군 유가면 유곡동 전경(우재룡이 마지막으로 정착했던 곳)

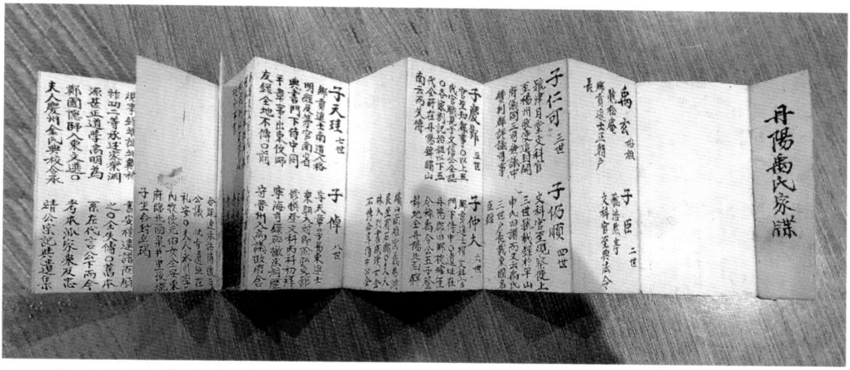

우재룡이 남긴 유일한 유품 「단양우씨 가첩」

복된 조국은 그에게 아무런 보답을 하지 않았다. 독립운동가들이 삶이 흔히 그렇듯, 우재룡 또한 광복된 조국에서 어떠한 보답을 바란 것은 아니었다. 그러나 평생을 투쟁해 되찾으려 한 조국은 친일파들의 득세하는 그런 나라는 아니었다. 하지만 광복된 조국은 그러한 나라가 되어 있었다.

우재룡은 재건광복회가 해체된 후 세상사에 관심을 두지 않았다. 아니, 둘 수가 없었다. 오히려 장택상의 탄압을 피해 은신해야 하는 처지였다. 독립운동을 위해 수없이 은신과 도피를 해야 했던 그에게 광복된 조국에서도 변한 것은 없었다.

이제 생계마저 걱정해야 하는 처지가 되었다. 우재룡은 재건광복회가 해체된 후 경기도 김포에서 박하진과 이웃에서 살았다. 독립운동을 함께 한 박상진과의 인연 때문이었다.

우재룡의 가족들은 6·25전쟁 직전 김한조金漢朝의 도움으로 충북 중원군 엄정면으로 멀리 거처를 옮겼다. 김한조는 당시 약방을 운영하고 있었다. 하지만 우재룡 본인은 가족들과 함께 지내지 못하고 홀로 서울에 숨어 살았다. 아들 대현은 "초등학교 3학년까지 그곳에 살았는데 아버지는 한 번도 오지 않았다."면서 "어머니가 '저녁마다 사람들을 잡아간다. 오늘도 많이 끌려갔다. 아기까지…' 하고 낮게 말하던 모습이 지금도 생생하다. 밤이면 마을 뒤 아카시아 숲에서 총소리가 요란했다. 요즘도 몸서리가 쳐진다."라고 회상했다. 몸서리가 쳐지는 6·25 전후의 처참한 좌우 학살에 대한 증언이다.

우재룡은 6·25전쟁이 끝나자 1954년 가족들을 이끌고 종제從弟 우재병禹在丙이 있는 경북(현 대구) 달성군 유가면 유곡리로 이사했다.[4] 그때 우재룡은 김소전의 손에 자신이 만든 「가첩家牒」을 쥐어주었다. 아들 대현은 '아버지께서는 그 무렵 자신의 생이 얼마 남지 않았다는 사실을 예감하셨던 것같다. 자식들이 도시에 살면 생계는 어떻게든 유지하겠지만 뿌리를 잃어버리지 않을까 걱정하셨던 듯하다.'고 회고했다. 우재룡은 김소전에게 '작은 족보'를 쥐어줄 때 일가들이 많은 자신의 고향에서 아내가 자식들을 키워주기를 바랐을 것이다.

우재룡은 1955년 2월(음), 경북 영천 검단리(현 충효동) 정노용鄭路鎔을 찾아갔다. 정노용은 산남의병장 정용기의 손자였다. 우재룡은 '나는 일생을 두고 독립운동에 몸을 받쳤으나 그 흔적이 전부 수포로 돌아갔다'며 자신의 독립운동을 기록으로 남기기를 원했다.[5] 평생을 바쳐 투쟁한 독립운동이 '수포'로 돌아갔다고 여기고 있었던 것이다.

그는 거의 20년을 감옥에서 보내면서 길고도 험한 '독립운동가'의 삶을 살았다. 한번 펼치기도 어렵다는 독립운동을 평생을 통해 전개했고, 두 번의 무기징역형을 받았다. 그리고 그토록 바라던 조국의 독립을 쟁취했다. 우재룡은 광복이 되던 날 '하늘의 이치는 올바른 것이어서 죄악이 많은 적敵이 항복하니 나도 이 세상에서 살아서 분을 풀 날이 있구나!'라고 했다.[6] 변절하지 않고 단 한 번도 주저함이 없이 항일투쟁을 벌였던 그의 한恨이 어떠했

4 우재룡, 『백산실기』, 48쪽.
5 우재룡, 『백산실기』, 55쪽.
6 『동아일보』 1986년 8월 12일자, 「경북 청송일대 항일의병지휘관 우재룡 독립운동자료발견」.

는가를 알 수 있는 부분이다.

그러나 광복된 조국은 남북으로 갈라져 반쪽의 독립을 이루었고, 친일 세력들이 다시 사회주도층이 되면서 민족정기는 바로 서지 못했다. 우재룡은 당시 상황을 '독립운동가들의 삶이 시주하고 흙떡을 맞은 격'이라고 했다.[7] 우재룡의 아들 우대현에 의하면, 우재룡은 평소에도 '아직 광복이 되지 않았다'는 말을 자주했다고 한다. 우재룡은 광복된 조국에서 일제에 협력했던 친일세력들이 처벌은 커녕 다시 사회주도층으로 살아가는 것을 보면서 진정한 광복은 이루어지지 않았다고 본 것이다.

또한, 우재룡은 광복회가 해체된 후 좌익으로 몰려 피신 생활을 했다. 6·25전쟁 직전 충북 중원군 엄정면 용산리로 가족이 이사를 한 것도 그런 이유였다는 증언이다. 광복 후 친일세력들은 독립운동가를 좌익으로 몰아 탄압했다. 특히 사회주의 계열의 독립운동가들에게는 더욱 그러했다. 우재룡은 사회주의 이념을 갖고 있지도 않았다. 그럼에도 좌익이라는 굴레를 씌웠던 것이다.

그래서 그는 자신의 독립운동을 기록으로 남기고자 했다. 민족정기는 바로 서지 못했으나 역사의 기록으로 남겨야 한다는 생각이었을 것이다. 그것이 우재룡이 정노용을 찾아간 이유였다. 우재룡은 9일에 걸쳐 자신의 일생을 정노용에게 구술했고, 정노용은 이를 『백산여화白山旅話』로 정리했다. 백산 우재룡의 지나온 이야기라는 뜻이었다.

『백산여화』의 구술은 그의 마지막 행적이었다. 우재룡은 구술을 끝내고 집으로 돌아가기 직전 병을 얻고 말았다. 중풍이었다. 정노용의 가족들은 혼신의 힘을 다해 치료했고, 5일 만에 앉을 수 있을 정도로 회복되었다.

우재룡은 정노용과 함께 유곡의 집으로 돌아왔다. 그러나 건강을 회복하지

---

7 우재룡, 『백산실기』, 53쪽.

못하고 1955년 3월 3일(음) 한 많은 독립운동가의 삶을 마감했다. 향년 71세, 광복된 지 10년이 지난 후였다. 장지는 그가 거주하던 유곡리 옥녀봉玉女峰 아래 개좌원癸坐原이었다.

우재룡이 국가로부터 독립운동 공적을 인정받은 것은 1963년이었다. 1963년 3·1절을 맞아 박상진·채기중·장두환·임봉주·강순필·김한종·김경태 등과 함께 건국공로훈장 독립장을 수여받았다.[8] 광복된 지 18년, 타계한 지 8년 만의 일이었다. 그와 함께 광복회에서 활동하다 사형선고를 받고 순국한 동지들과 함께였다는 점이 그나마 위안이었다. 독립장을 수여 받음과 동시에 산남의진기념사업회에서 묘비를 제막했으며, 그의 유해는 1967년 6월 서울 동작동 국립묘지로 이장해 안장되었다.[9]

山南義陣先鋒將 丹陽禹公之墓

禹氏의 先世丹陽人이니 易東先生의 後라 曾祖弘哲 祖秉圖라 벼슬하지 안았고 考邦熙武司果요 妣晋陽姜氏致龍의 女로 四二一七 甲申正月 三日 公이 났으니 諱在龍 字는 利見 號는 白山이라. 弱冠時 위급한 國勢에 慷慨하여 南營參校로 들어감이 그의 救國心의 첫發現이라. 마침 山南義將整容器잡히다. 市民의 슬퍼함을 보고 敵의 指使를 받고 官兵은 守國의 干城이 못됨을 깨달아 곧나가 青松에서 募士하다가 鄭公의 出獄再擧함을 듣고 參盟하니 그 의기에 느낀 鄭公은 서로 兄弟의 誼를 맺고 鍊習將으로함에 卒伍를 教訓하고 每戰에 先登하더니 鄭公 등이 立巖에서 敗死하니 救國活動의 첫 꺾임이라 이에 다시 鄭公의 父都察使煥直을 받들어 轉戰하다가 昌寧武器庫의 彈藥을 襲取하려고 一隊를 이끌고 火旺山으로 行軍中 都察使公이 清河에서 被擒하니 이 그 두 번째 꺾임이요 大將을 中途奪還하려고 八空山으로 急遽回軍하였으나 때 이미 늦었다. 또 彈藥을 求하려고 離陣中 部下들이 그의 節度에 어기어 붙잡혀 能히 끝까지 主將所在를 가리키지 않고 차례로 就死하고 公도 마침내 붙잡혀 無期를 받았으나 이 그 세 번째 꺾임이요.

8 『경향신문』 1963년 2월 23일자, 「三 · 一節에 6百 70名 表彰」.

9 『동아일보』 1967년 5월 31일자, 「國立墓地 安葬의결 愛國志士 13명」.

合併後 特放되자 同志들과 光復會를 組織하여 國外養兵 國內募資하다가 諸同志被逮하고 그는 外國으로 빠졌으니 그 네 번째 꺾임이라. 己未運動後 들어와 籌備團을 일으키고 青年과 勞動層 團結蹶起케하여 八城에 縱橫無盡의 活動을 폈으나 敵장의 密告로 또 無期刑을 받았으니 이 그 다섯 번째 꺾임이라. 世界大戰의 胎動하던 丁丑 囹圄의 十九年을 치르고 나와 또 동지를 찾았도다. 敵이 降服한 乙酉 上京하여 光復會의 깃발을 거듭 내걸고 同志 權寧萬 등과 會를 代表하여 立巖戰地에 故將들의 慰靈祭를 行하고 敵獄에서 얻은 宿疾로 乙未三月三日沒世하여 達成郡瑜伽面油谷玉女峰癸坐에 묻혔다. 그는 抗敵救國의 一生에 百尺不屈의 精神을 發揮하였으되 늘 代表的地位에 않지 않고 實踐을 主하여 機敏閃忽한 作戰으로 敵을 괴롭혔다. 配昌寧曺氏 仲賢의 女로 公의 滯獄中先逝하고 一子 興泰 또 早卒 一女 崔萬庸에게 嫁하고 繼配慶州金氏熙完의 女로 一女張實京에게 嫁하고 二男 大鉉 相鉉이 있다. 癸酉三一節 建國功勞賞이 追施되고 本會에서 그 起義永川의 紀念碑와 鄭公父子 李韓久義士 및 公의 墓에 表碣할세 不佞이 그 家乘과 忠蹟을 略述하고 이여 노래를 받치노니

비슬의 푸른 뫼 여기 大韓의 의기남자 禹利見 白山이 누웠네 의기에서 살았으며 의기로서 싸우기 죽는 날까지 석자 더꺼친 흙더미 님의 일곱자 짧은몸 묻혔으되 그 의기는 묻지 못해 긴 무지게처럼 구만리 창공에 뻗고 억만년내세에 드리워 기리기리 이 나라 이 겨레를 지켜나가리.

癸卯年　月　日

山南義陣紀念事業會 建

豊山 柳奭佑 撰

光州 盧在環 書

우재룡의 가족사도 그의 삶과 같은 고난의 연속이었다. 우재룡은 18세 되던 해에 상필현의 따님과 결혼했다. 그러나 산남의진에 참여하면서 가족을 돌보지 못했고, 가족들은 모두 세상을 떠났다.

우재룡은 광복회에 참여하기 전 하양河陽에 거주하던 조응서曺應瑞(曺仲賢) 따님을 다시 아내로 맞았다. 조씨부인과의 사이에서 1남(흥태) 1녀(중림)를 두었다. 그러나 조씨부인과의 결혼 생활은 1914년까지였다. 조씨부인은 우재룡이 1914년 다시 독립운동을 시작하면서 독립운동가 아내의 삶을 살아야 했다.

조씨부인은 우재룡이 만주와 국내외를 오가며 독립운동을 펼쳤기 때문에 만나는 것 자체도 어려웠다. 그러나 남편을 원망하거나 불평을 하지 않았다. 남편을 위한 길이 곧 독립운동가 아내의 숙명이며, 자신이 할 수 있는 작은 독립운동이라 여겼던 것이다. 그리고 1921년 주비단사건으로 투옥되면서 남편과는 영원히 이별을 해야 했다.

조씨부인은 우재룡의 투옥 중 사망했고, 더 이상 세상밖에서 그를 만나지 못했다. 산남의진에 참여하며 가족을 돌보지 못했던 것처럼, 17년 동안 갇혀 지내면서 가족을 돌보지 못한 결과였다. 우재룡이 주비단 사건으로 조사를 받는 과정에서 나눈 대화는 더욱 가슴을 아프게 한다.

우재룡은 조씨부인이 남매를 데리고 면회를 오자 '나는 남의 가장이 되고 남의 아비가 되어 처자를 이렇게 고생시켜 죄스럽지만 나의 포부는 이것(독립운동: 필자주)뿐이다. 마지막으로 부탁하고 싶은 말은 이 아이들에게 성은 우가禹氏라고 가르치시오'라 했다. 사형선고가 예상되는 상황에서 부인에게 남긴 마지막 유언이었던 것이다.

조씨부인은 사형만은 피할 수 있을 것이라는 희망을 가졌다. 하지만 검사가 사형을 구형하자 법정에서 울음을 터뜨리고 말았다.[10] 그러나 우재룡은 무기징역을 선고 받았다. 그녀의 바람이 이루어진 셈이었다.

하지만 그녀는 기약 없는 무기수의 아내의 삶을 살아야 했다. 우재룡이 가족들의 소식을 접한 것은 원산 형무소에서 출옥한 1937년이었다. 출옥하는 날, 권영만이 아들 홍태를 데리고 왔다. 아들 홍태는 조씨부인이 세상을

---

10 『매일신보』 1922년 3월 31일자, 「우리견에 사형 구형, 방청석 판편에 있던 여자 1명이 사형이란 말을 듣고 통곡해」.

떠나 해운대에 묻혔으며, 중림은 최만강崔萬康에게 출가해 부산 영도에 거주한다는 소식을 전했다.

우재룡의 불행은 이것이 끝이 아니었다. 감옥에서 풀려난 우재룡이 부산으로 중림을 찾아갔지만 딸은 이미 폐결핵으로 죽음 직전에 몰려 있었다. 출감하는 날 형무소 앞에서 만나지 못했을 때 불길한 예감이 먹구름처럼 밀려왔었는데, 걱정은 기우가 아니라 현실이 되어 있었다. 골방에 버려져 죽는 날만 기다리고 있는 딸을 보며 우재룡은 통곡을 했다. 독립운동 하랴, 감옥에 갇혀 지내랴, 따뜻하게 돌보며 키우지 못해 늘 미안하고 가슴 아픈 딸이었다. 그런데 그 딸이 그토록 어렵게 살다가 원통하게 죽음을 맞이하는 것을 차마 맑은 정신으로 바라볼 수가 없었다. 뒷날 김소전은 아들 대현에게 "네 아버지가 딸 생각하며 그 후에도 많이 울었다."고 한다.

우재룡의 불행은 조씨부인과 딸 중림의 죽음으로도 끝나지 않았다. 아들 흥태마저 1948년 폐결핵으로 세상을 떠났다. 그렇지 않아도 재건광복회가 해산을 당하는 바람에 넋을 잃고 울분에 차 있던 우재룡은 장남의 죽음까지 지켜봐야 하는 혹독한 시련을 겪어야 했다.

우재룡이 김소전金小田을 배우자로 맞이한 것은 1941년이었다. 우재룡은 출옥 후 동지들을 규합하던 중 경주의 여관에 머문 일이 있었다. 그런데 여관 주인이 인근의 처녀를 소개하면서 배우자로 맞이하면 좋겠다고 권했다.

그 무렵 우재룡은 전국을 떠돌아다니며 살아가고 있었다. 아내도 딸도 불의에 세상을 떠났고, 독립운동을 하고 수감 생활을 하느라 재산도 없었다. 게다가 일제의 감시는 너무나 엄중했다. 한곳에 머물러 있을 수가 없었고, 생계를 위해 직업을 가지는 것도 가능하지 않았다.

전국 곳곳에서 우재룡을 불렀다. 의병 생활과 독립운동을 함께 한 동지들뿐만 아니라, 그의 명성을 익히 들어 만나보고 싶어하는 사람들이 앞다투어 찾았다. 방방곡곡을 다니며 한 곳에서 3~4개월씩 머물렀다. 사람들은 그의 독립운동 활동상을 듣느라 하얗게 밤을 지새웠고, 그는 경청하는 이들 속에서 다시 독립운동을 재개할 기미를 찾느라 여념이 없었다.

경주에서도 마찬가지였다. 경주 현곡리에 살고 있던 김소전도 우재룡의 '사랑방 모임'에 참여했다. 많은 사람들 틈에 섞여 앉아 우재룡의 독립운동 이야기를 듣는 동안 그녀의 마음은 점점 우재룡을 흠모하게 되었다.

김소전은 1915년생으로, 부친은 김희완熙完이다. 그러나 부친의 갑작스런 죽음으로 말미암아 편모슬하에 있으면서 삼촌 김희린金熙隣의 도움을 받아 성장했다. 삼촌의 친구 중 한 사람이 여관을 경영하고 있었는데, 사람들은 우재룡을 그 여관에 모시고 이야기를 들었다. 삼촌의 친구인 여관 주인이 김소전의 애틋한 마음을 눈치 채었다. 그가 두 사람의 가약을 성사시키겠노라 나섰다. 우재룡은 이 나이에 무슨 결혼이냐며 펄쩍뛰었다.

이윽고 김소전이 직접 우재룡을 찾아나섰다. 그녀는 '선생(우재룡: 필자 주)은 평생을 이 나라를 위해 독립운동을 하신 애국지사이니 선생을 모시고 애국지사의 아내로 살고자 한다'면서 적극적으로 결혼을 청했다.[11] 너무나 진실하고 애틋한 26세 예쁘장한 아가씨 김소전의 구애 앞에서 57세에 이른 초로의 우재룡은 어쩔 줄을 몰랐다.

전말을 알게 된 주위 사람들도 우재룡에게 성화를 보내었다. 마침내 우재룡은 김소전을 아내로 맞이하기로 결심하였다. 두 사람은 저녁 해질 무렵, 현곡리 삼촌집 뒤뜰에서 정화수 한 그릇을 떠놓고 혼례를 올렸다.

우재룡·김소전 사이에는 1녀(貞淑) 2남(大鉉, 相鉉)가 태어났다. 다시 장남 대현은 2남(運吉, 天出), 차남 상현은 2남(重傑, 永範)을 두었다.

우대현은 1944년생으로, 11세 되던 해 부친을 여의었다. 형인 흥태가 사망했으므로 그가 장자가 된 셈이었다.

---

11 우재룡, 『백산실기』, 46쪽.

그는 항상 두루마기를 입고 중절모와 안경을 쓴 부친의 모습을 또렷하게 기억하고 있다. 또 우대현은 어린 시절 부친으로부터 '친구는 죽음도 같이 할 수 있는 사람이다'라는 말을 자주 들었다고 한다. 주비단 활동 중 체포된 것도 바로 동지의 배신이었던 것처럼, 죽음도 같이 할 수 있는 '의리'있는 사람을 친구로 사귀라는 가르침이었던 것이다. 이것은 우재룡이 독립운동을 펼치면서 가졌던 신념이기도 했다.

남겨진 가족들의 삶은 가난의 연속이었다. '독립운동을 하면 3대가 망한다'라는 말은 우재룡의 가족에게도 예외는 아니었다. 우재룡이 독립운동에 생애를 바치느라 가족을 돌보지 못했으므로, 그의 아내와 자녀에게는 남겨진 것이 없었다.

우대현 3남매도 단칸방에서 홀어머니와 살아야 했다. 가난한 살림이라 야간학교에 다니면 고학을 했다.[12] 우대현은 '철없던 시절에는 생활이 어려워 독립운동만 한 아버지를 이해하기 힘들었다'면서 독립운동가 부친을 원망한

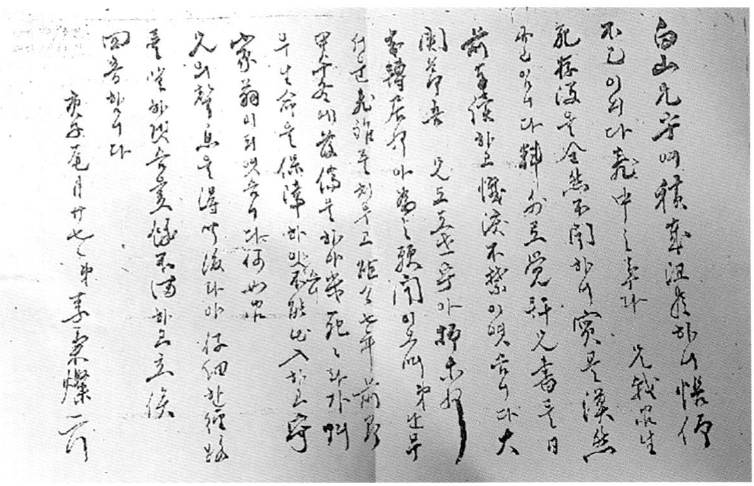

광복회 전라도지부장 이병찬이 우재룡에게 보낸 편지(각헌 권영만의 광복회 재건과 선양 사업에 대한 편지를 받고 감동하여 올린 편지)

12 『매일신문』 2009년 1월 14일자, 「1월의 독립운동가 우재룡 선생 아들 우대현씨」.

적도 있다고 회상한다. 그러나 철이 들면서 독립운동에 헌신한 부친을 존경하게 되었다고 한다.[13]

우대현은 모친 김소전을 가장 존경한다고 한다. 김소전은 40세의 젊은 나이에 남편을 잃고 3남매를 키웠다. 김소전은 가난한 살림에도 자식들에게 독립운동가 집안이라는 자부심을 일깨우며 자식들을 성장시켰다고 한다. 『명심보감』 등 고전에도 밝아 직접 한문으로 된 책을 펴놓고 자녀들을 가르쳤다고 한다. 대현은 '아버지는 물론 평생 어느 누구도 원망하는 일 없었고, 중심이 확실해 누가 뭐라 해도 아니 흔들리시는 분이 나의 어머니'라고 했다. 김소전은 100세가 넘은 2019년 현재에도 텔레비전 자막을 읽고, 빠른 대화를 이해하는 데 전혀 어려움이 없을 만큼 건강하시다.

우재룡에 대한 기념사업은 1963년 산남의진기념사업회의 묘비 제막 이후 진행된 것이 없었다. 우재룡 기념사업이 본격화 것은 2009년부터이다. 국가보훈처와 독립기념관은 우재룡의 공적을 높이 평가해 2009년 1월의 독립운동가로 선정했다. '이 달의 독립운동가'로 선정되면서 우재룡의 항일 독립운동은 새롭게 조명받기 시작했다. 서대문형무소역사관에서 '우재룡의 항일 독립운동'이라는 주제의 강연회도 개최되었다.

기념사업은 2009년 대구 지역의 뜻있는 이들이 중심이 되어 '백산우재룡선생기념사업회(이하 기념사업회)'가 조직되면서 본격적으로 진행되었다. 기념사업회는 김국주(전 광복회장)·문희갑(전 대구시장)·김범일(대구시장) 등 5명의 고문과 이인술(광복회 대구경북 지부장) 등 15명의 자문위원 등으로 조직되었으며, 이명식(대구대 명예교수)이 회장을 맡았다.

우재룡의 활동상에 비해 기념사업회 조직이 너무 늦은 감이 없지 않다.

---

13 『매일신문』 2009년 1월 14일자, 「1월의 독립운동가 우재룡 선생 아들 우대현씨」.

그나마 대구 지역의 뜻있는 시민들이 자발적으로 참여해 기념사업회를 조직했다는 점에 큰 의의가 있다. 이명식 회장은 '2003년 항일운동기념탑 건립 수석부위원장으로 일할 때 1,800여 명의 독립운동가 공적을 조사했고, 이들 독립운동가들 중 우재룡 선생의 항일투쟁의 공적이 단연 으뜸'이었다며, 이것이 기념사업회의 조직 배경이라고 한다.[14] 기념사업회는 2012년 대구 두류공원에 우재룡의 흉상과 '백산 우재룡 애국지사 공적비'를 제막하는 등 기념사업들을 진행하고 있다.[15]

백산 우재룡 애국지사 공적비

白山 禹在龍 愛國志士 功績碑

백산 우재룡 지사님은 구한말(舊韓末)에서부터 일제(日帝) 강점기(强占期)를 거쳐 자유당 정부에 이르기까지 생애를 오직 국가와 민족을 위한 삶을 살아 오셨다. 지사님은 일제를 처음부터 무력투쟁(武力鬪爭)의 대상으로 삼고 그 기세를 꺾기 위하여 종횡무진으로 활동하였으며 1. 2차에 걸쳐 21년간이라는 오랜 세월을 감옥살이를 하시면서도 꿋꿋하게 기개(氣槪)를 지키신 분이다.

지사님은 1884년 1월 3일 경남 창녕군 대지면 왕산리에서 부 우채희(禹彩熙)님과 모 진주강씨(晉州姜氏)의 1남 5녀 중 막내로 출생하였고 호(號)는 백산(白山) 자(字)는 이견(利見)이다. 지사님은 19세 때인 1903년 대한제국 육군의 대구진위대(大邱鎭衛隊)에 입대하여 참교(參校)로 5년간 복무하셨고 일제의 강요로 우리 군대가 해산을 당하자 24세 때인 1907년부터 산남의진(山南義陣) 연습장(鍊習將)을 맡아 항일투쟁에 큰 공을 세우셨으며 1년여 만에 체포되어 종신징역형을 선고 받아 2년을 복역하던 중 1910년에 소위 합방특사(合邦特赦)라는 이름으로 석방 되었으나 1915년에 박상진(朴尚鎭) 등과 대한광복회를 결성하고

---

14 『매일신문』 2010년 10월 14일자, 「이명식 '애국지사 백산 우재룡선생기념사업회' 회장」.

15 『매일신문』 2012년 2월 29일자, 「독립운동가 우재룡 선생 재조명, 흉상 · 기념비 사업 결실 맺었다」.

이 조직의 지휘장(指揮長)을 맡아 동지 권영만(權寧萬)과 함께 일제의 현금 수송 우편마차를 습격 거금을 탈취하여 독립군 자금으로 사용하는 등 전국을 무대로 동지를 규합하고 활동하였다.

그 후 만주로 건너가 길림광복회를 조직하고 이상룡(李相龍), 김동삼(金東三), 김좌진(金佐鎭) 등과 함께 항일투쟁을 계속하였으며 1919년에 다시 국내로 잠입하여 평양과 경성 등지에서 무력투쟁을 전개하면서 군자금 모금에 노력하였고 1920년에 임시정부의 밀명을 받아 주비단(籌備團)을 조직하여 활동하던 중에 체포되어 무기징역형을 언도받아 18년간 복역하시고 54세 때인 1938년에 출옥하셨다. 출옥 후 서울을 래왕하시면서 옛 동지들과 함께 대한광복회 재건사업과 독립운동으로 희생되신 분들에 대한 선양사업(宣揚事業) 등 애국운동을 계속하시다가 1955년에 71세를 일기로 서거하셨다.

1963년에 건국훈장 독립장을 추서 받으셨고 유해는 국립 서울 현충원 애국지사 묘역에 안장되었다. 백산 우재룡 애국 지사님은 우리나라 독립운동사에 길이 남을 위대한 업적을 남기신 분으로서 그의 투철한 애국정신(愛國精神)과 희생정신(犧牲精神)은 후세를 살고 있는 우리들에게 큰 귀감(龜鑑)이 되고 있다. 우리 모두는 백산 우재룡 지사님의 거룩한 애국 애족 정신을 마음에 새겨서 더욱 부강한 대한민국의 건설을 위해서 노력할 수 있기를 비는 마음 간절하다.

애국지사 백산 우재룡 선생 기념사업회 회장 문학박사 이명식

백산 우재룡의 삶과 자취

○ 1884년 1월 3일(음) 경상남도 창녕군 지포면(현 대지면) 왕산리에서 우채희와 강부여의 1남 6녀 중 막내로 태어남.

○ 1902년(18세) 상필현의 딸과 결혼. 대구진위대 입대, 참교로 근무.

○ 1907년(24세) 대한제국 군대가 해산되면서 병영을 이탈. 산남의진에 참여해 연습장이 됨. 산남의진의 청하 전투에 참여해 일제의 분파소를 소각하고 순사 1명을 사살. 경북 월연동에서 일본군 겸절원일兼折元一 처단. 경북 입암 전투에서 패한 후 정환직을 산남의병장에 추대하고 선봉장을 맡음.

○ 1908년(25세) 경북 영천에서 정환직 의병장이 순국하자 보현산 거동사에 순국한 산남의병들의 제사를 거행. 최세윤을 산남의병장으로 추대하고 팔공산을 중심으로 경북 영천 서부 일대 책임을 맡음. 대구에서 자금과 무기를 구입하던 중 일본군에 체포됨. 대구지방재판소에서 무기징역을 받고 투옥됨.

○ 1910년(27세) '합방 특사'로 풀려남. 나라를 빼앗긴 자책으로 은둔 생활 시작

○ 1913년(30세) 울산 출신 박상진을 만난 후 다시 독립운동 시작. 만주와 국내를 오가면 동지 규합과 자금을 모집함.

○ 1915년(32세) 박상진·채기중·권영만 등과 함께 대구에서 비밀결사 광복회를 조직하고 본부에서 지휘장을 맡음. 권영만과 함께 경주에서 대구로 우송되던 우편마차를 공격해 독립자금 8천7백 원을 탈취함. 만주 길림에서 손일민, 주지순, 양재훈, 이홍주 등과 길림 광복회 조직.

○ 1916년(33세) 강원도 영월에서 자금모집을 위해 일본인이 경영하던 중석광을 조사.

○ 1917년(34세) 광복회 군자금 모집을 위해 중국과 국내에서 의연금 모집 통고문 발송. 칠곡의 친일파 장승원을 3차례에 걸쳐 처단 시도. 채기중, 임세규 등이 장승원 처단 시 무기 제공.

○ 1918년(35세) 충청도 지부장 김한종 집에서 김한종 장두환 등과 협의한 후 도고의 친일면장 박용하 처단을 지시하고 무기를 제공. 일제에 의해 광복회원들이 체포되면서 만주로 망명

○ 1919년(36세) 1919년 3·1 운동 후 국내로 돌아와 광복회 부활시킴. 충남 논산 일대에서 안종운, 이민식, 소진형 등과 자금 모집. 최익환 등을 통해 조선민족대동단과 연계 추진.

○ 1920년(37세) 대한민국임시정부와 연계하기 위해 한훈, 박문용, 장응규를 중국 상해에 있는 대한민국임시정부에 파견. 한훈과 박문용이 귀국한 후 조선독립군사령부(광복단 결사대)를 조직. 장응규 귀국 주비단을 조직. 만주에서 활동하는 김좌진과 대한민국임시정부를 지원하기 위해 자금을 모집함

○ 1921년(38세) 전북 군산 일대에서 자금을 모집하던 중 일제 경찰에 체포됨. 주비단원들과 재판을 받아 1922년 4월 경성지방법원에서 무기징역형을 받고 원산형무소에 투옥됨

○ 1937년(54세) 감형을 받아 석방됨. 투옥되어 있는 동안 부인 조씨 사망.

다시 독립운동을 전개하기 위해 전국을 돌며 동지들을 규합함.

○ 1941년(57세) 김소전과 결혼

○ 1945년(62세) 광복 후 서울에서 광복회 동지들을 모아 재건광복회를 조직하고(9월 19일) 총무를 맡음. 광복회의 항일투쟁을 기록한 『광복회』 발행. 재건광복회가 외부인사들을 영입해 조직을 강화하면서 부회장을 맡음(12월경).

○ 1946년(63세) 경북 입암에서 산남의진 위령제 거행.

○ 1955년(72세) 경북 영천 검단리 정노용을 찾아가 자신의 독립운동을 구술. 정노용은 이를 정해 『백산여화』로 정리. 3월 3일(음) 서거. 경북 달성군 유가면 유곡리(현 대구광역시 달성군 유가면 유곡리)에 안장.

○ 1963년 정부로부터 건국공로훈장 독립장 수여됨.

○ 1967년 산남의진기념사업회에서 묘비 제막. 서울 동작동 국립묘지로 이장해 안장.

○ 2009년 1월, 국가보훈처·독립기념관 '이 달의 독립운동가' 선정, 서대문형무소역사관에서 '우재룡의 항일 독립운동' 강연회 개최.

○ 2012년 대구 두류공원 인물동산에 '백산 우재룡 애국지사 공적비'와 흉상 건립

○ 2019년 정만진 소설가 『소설 대한광복회』 출간

○ 2019년 이성우 교수 『대한광복회 우재룡』 출간

부록

우재룡 관련자료

백산실기
우재룡의사 약력
우재룡(우이견) 판결문(국가기록원 소장)
우재룡은 고우 박상진의 약력을 수초(독립기념관 소장)
신문기사(『동아일보』·『중외일보』·『매일신보』)
매운의사이공전
우재룡(우이견)이 박상진의 아들 박응수에게 보낸 편지
권영만이 이병찬에게 보낸 편지
고등경찰요사(번역·원문)
책 끝에 남은 기억을 첨부함(정노용)
비문

白山實記(백산실기)

『白山實記』는 『白山旅話』를 국한문으로 보완한 것이다. 『백산여화』는 1955년 2월(음) 산남 의병장 정용기의 손자 정노용이 우재룡의 생애를 정리한 것이다.

우재룡은 사망하기 직전인 1955년 2월 중순(음력) 정노용을 찾아가 9일 동안 자신의 생애를 구술했고, 정노용은 이를 『백산여화』로 정리했다. 정노용은 1971년 한문체였던 『백산여화』를 국한문체인 『백산실기』로 다시 보완 정리하였다.『백산실기』는 400자 원고지 58매로 이루어져 있다.

禹在龍(우재룡)은 자는 利見(이견)이오, 호는 白山(백산)이라. 그가 독립운동을 할 때의 變名(변명)을 景玉(경옥), 變姓(변성)을 金海金(김해김)가라 하여, 어느 때는 金漢朝(김한조), 金在瑞(김재서), 金尙浩(김상호)라고 변성명한 일도 있었다. 관향은 丹陽(단양)인데 易東先生(역동 선생) 倬(탁)의 21세손이라.

단기 4217, 서기 1844(1884의 오기: 편자 주), 갑신년에 경상남도 창녕군 旺山里(왕산리)에서 출생하다. 부 邦熙(방희)는 성품이 호방하였기에 무과로 司果(사과) 벼슬을 하였고, 모 晋州姜氏(진주강씨)는 성품이 인자하였다. 그들은 딸 오 형제를 낳고, 아들 낳기를 기원하다가 방희의 나이 40에 재룡을 낳고 기뻐하였다.

그의 가정은 이사를 자주 하게 되었다. 방희는 가족을 데리고 처음에 淸道郡(청도군) 豊角(풍각)으로 옮겨서 그곳에서 오 년을 경과하고, 또 청송군 楡田(유전)으로 이주하니, 그때에 재룡의 나이 일곱 살이라 글을 배울 때가 되었으므로 沈德汝(심덕여) 씨의 문하에 입학하였다. 공은 타고난 성품이 쾌활하였기에 어릴 때부터 분주한 장난을 좋아하였고 글공부에 항심이 없었다. 그 때문에 어른들에게 꾸지람을 자주 받고 하는 일 없이 세월을 보냈다.

행년이 겨우 15세에 모친 강씨가 세상을 떠나고, 재룡은 그 후로부터 앞길을 생각하고 나왔다. 나이 16세에 尙弼鉉(상필현) 씨의 사위로 되어 처숙부인 참의 상백현(尙百鉉) 씨를 따라서 서울을 구경하였다. 그때에 벌써 서울에는 외국 사람들이 많이 내왕하고 세태는 복잡한 시기로 되더라. 이러한 세태를 보고 구구한 가정생활이 마음에 없어지고, 자연히 객지로 방랑하였으며, 그동안 가정은 청송 유전에서 永川(영천) 大田(대전)으로 옮겼다가, 영천 대전에서 대구 新堂(신당)으로 옮겼고, 그 밖의 나라 행세는 날로 기울어져서 가위 말할 수 없는 모욕의 날이 갈수록 더 심해지고 말경에 그 난리를 못 면할 입장이 되는지라. 여기서 생각하기를 이 나라를 구원하자면 무력으로 대항해야 될 것이라 짐작하고, 나이 20살에 그때의 국군인 兵丁陣(병정진)에 입대하여 중대장 羅鎬(나호)의 부하가 되었다.

공은 군인생활을 하는 3년 동안에 보고 듣고 하는 일이 모두 이 나라 장래를 위하여 도저히 묵인할 수 없었다. 왜냐하면 국가의 모든 이권이 자동적으로 왜놈들의 손아귀에 넘어가고, 심지어는 국가 간성으로 책임이 있는 병정까지도 왜놈의 손에 교련을 받게 되는지라, 모든 일에 분통이 터지는 것을 참지 못하여 동지 수십 명과 더불어 병영을 탈출하였다.

乙巳勒約(을사늑약)이 실행되고 우리 민족은 국권을 탈환하고자 하여, 국내 여러 곳에서 의병을 일으켜 왜적들에게 무력으로써 대항하는 운동이 활발하였다.

우리는 결국 병영에 있을 때에 山南義陣大將(산남의진 대장) 鄭鏞基(정용기)가 대구에 滯囚(체수)되매 각지의 우국지사들이 모두 찾아와서 석방운동을 협조하고, 우리도 정용기의 인격을 흠모하였더니, 지금 우리는 병영을 탈출하여 정용기의 소식을 탐문하니 그는 의병을 다시 모집하여 각 읍으로 순회하여 왜적을 격퇴시킨다 하는지라, 그 소문을 듣고 그를 뒤따라서 청송 지방에 들어섰다.

그곳에서 우국지사로 유명한 梁主事(양 주사)를 찾아서 하룻밤이 새도록 서로 의사를 교환하고, 그 이튿날에 양 주사는 우리를 데리고 삼남의진에 들어가서 소개하였다. 이때에 우리는 모두가 머리를 깎고 군복을 입는 차림 그대로 군문에 들어섰다. 군문에 수위하는 군사들은 우리를 협잡배로 보고 조사하는데 문답이 심각한 정도로 되었다.

공은 그때서야 慷慨(강개)한 음성으로 답을 하기를 "우리 대한 사람이 대한 사람을 속일 수도 없는 것이며, 만약에 우리가 그따위 야심을 가지고 왔을 것 같으면, 이 하늘 밑에 용서를 못 받을 것이라"고 하였다. 조금 되어 將營(장영)에서 우리를 들어오라고 명령이 내렸다. 우리는 줄을 연하여 들어서니 삼남의진 대장 정용기는 우리를 보고 크게 기뻐하며 우리를 모두 각 부대에 편입시켜 주고 재룡을 練習將(연습장)으로 지명하고 대장으로는 재룡을 더불어 義兄弟(의형제)로 結誼(결의)하니, 이때에 대장은 나이 46세요 재룡은 나이 24세인데, 때는 단기 4240년, 서기 1907년, 隆熙元年(융희원년) 丁未(정미) 7월이라. 그날로부터 死地(사지)를 밟게 되었다.

7월 12일에 청송서 출발하여 清河(청하)를 습격하니 왜적들은 응전하다가 해중으로 도망하는지라 시간이 벌써 밤중이 되었으므로 적을 추격 못 하다. 그 이튿날에 성 중에 들어가서 성 중에 장취하여 있는 軍器(군기)를 모두 압수하여 옛날 차란 등속은 새미재泉嶺(천영)에 와서 감추어 두고 청송읍을 경영하고 향하다. 그때 비가 내려서 장마로 여러 날 계속되는지라, 중도에 비를 피하여 전진을 못 하고 유련하였으므로 비밀이 모두 탄로 되었는지라, 부득이 청송을 그만두고 新寧邑(신녕읍)을 경영하고 향하다.

정보를 받으니 왜적이 영천에서 출발하여 청송으로 들어간다 하는지라,

그날 밤에 노구재와 배나무재에 복병을 시켜 두고 기다렸으나 왜적을 만나지 못하고, 다시 정보를 받으니 왜적들이 안동으로 향하였다 하는지라, 그 뒤를 따라서 안동 쇳재鐵嶺(철령)를 넘어서 접선을 경영하였다가 왜적을 만나지 못하고 義城(의성) 鹿坪(녹평)으로 돌아오다 정보를 받으니 왜적이 청송 땅에 들었다 하는지라, 우리도 청송으로 향하여 가는데 중도에 新城(신성)에서 밤을 새우게 되었다.

왜적이 침입하는 것을 듣고 복병하였더니 그날 밤에 우리는 李致玉(이치옥)이 전사하고, 그 이튿날이 바로 8월 15일이라. 왜적을 추격하여 秋江(추강) 뒷산에 포위하여 두고 기다리다가 석양에 소낙비가 내리고 회오리바람이 크게 일어나므로 부득이 복병을 거두었더니, 왜적은 그 틈을 타서 도망하였더라. 청송 등지에 유련하여 각지의 유격대에 연락을 보내고 탄약 등속을 준비하여 영천 방면으로 회군하다.

8월 24일 경주 玉山(옥산)에서 정보를 받으니 영천에 분파되어 있는 왜적이 紫陽面(자양면)으로 들어간다 하는지라, 옥산서 守城洞(수성동)을 경유하여 2대로 나누어 1대는 新坊洞(신방동)으로 경유하여 魯巷洞(노항동)에 도착하여 남쪽을 차단하고, 1대는 道日洞(도일동)으로 경유하여 檢丹洞(검단동)서 月淵洞(월연동) 뒷들에서 포위를 당하였다. 백산은 적장 兼折元一(겸절원일)을 참수하여 헌공하다. 공은 先鋒將(선봉장) 職(직)으로 활약하였다. 이날에 자양면 내 여러 곳에 파수를 단속하고 본부 요인들은 모두 검단동에 집합되다.

검단동 대장 사택에서는 그날 밤에 중대한 문제가 있어 야간 회의를 열었다. 산남의진의 총지휘대장인 東嚴 先生 鄭煥直이 서울에서 그의 아들 丹吾 公 정용기를 영남으로 내려보낼 때에 부자가 약속하기를, 아버지는 서울에서 모든 일을 준비하여 두고 아들은 영남에서 의병을 일으켜 서울에 올라와서 서울 군사와 영남 군사가 합세하여 외적을 격퇴시키고 우리나라 국권을 찾아내기로 하였더니, 용기 영남에 내려와서 군사 수천 명을 증모하고, 고을마다 유격대를 조직하여 경상도 전력이 총동원이 되도록 하여 두고, 서울 길을 취하다가 외적들과 충돌되어 무한한 고통을 겪고 丙午 · 丁未(1906 · 1907년: 편자 주) 兩年 동안을 경과하였다. 그렇게 된 관계로 서울에서 준비되었던 군인과 물품을 모두 영남으로 내려보내고, 선생도 영남에 내려와서 영남의진을 서울로 올라가도록 독촉고자 하여, 그날에 마침 향리인 검단에 들어와서 의진 상황을 듣고자 진중요인들을 불렀던 것이다.

그 때문에 대장 정용기는 부하 요인들을 전부 인솔하고 어른 앞에서 그동안 경과 상황을 아뢰고, 어른은 시국 대세를 들어서 여러 사람들을 설복시켜서 하루라도 속히 서울에 올라가서 왜적들을 물리치고 이 나라 국권을 찾고자 하여, 서울로 올라갈 시일을 결정하게 되었다. 이와 같은 중대한 문제가 있어 밤이 새도록 여러 사람의 의견을 종합하여 서울에 올라갈 날짜를 정하고 여러 가지의 물자를 준비하게 되었다.

그 이튿날 雲住山 아래 上龜原에 전군을 집합시키고 북상할 계책을 선고하고, 북상할 준비로 군수품 각종을 정하니 준비해야 될 물품으로는 천 리에 행군을 하자면 첫째 탄약 등속을 준비해야 되고, 그다음은 三秋 절후를 당하였으니 군복을 갈아입혀야 될 일이고, 또는 군인의 대부분이 경상도 사람이라 고향을 이별하고 서울로 가도록 되니 모두가 자기 가정에 그런 실정을 전해야 될 사정이라. 아마도 이 기한을 되도록 하자면 상당한 시일이 허비될 것 같은지라, 모든 결책을 참모부에 위임하고 그날 밤 숙박할 준비를 普賢山 아래 巨洞 각 부락으로 정하다.

26일에 왜적들이 검단리에 침입하였다는 정보를 받고 검단으로 진군하니 벌써 대장 정용기의 집에 불을 질러서 그 이웃집 두서너 집까지 잿더미가 되었더라. 왜적들을 추격하여 옥산까지 따르다가 날이 저물어서 중지하다. 그 이튿날에 각 부대를 모두 각 지방으로 파견시켜서 북상할 준비의 물품을 구입하도록 하고, 본부는 장영 수위병 백여 명만을 인솔하고, 竹長縣 등지에 주둔하여 파견한 부대들의 귀진하는 것을 기다리다.

8월 29일 죽장현 梅峴里에서 숙박하고, 그 이튿날 아침에 불각 중 회오리 바람이 일어나서 대장 깃대가 꺾이었다. 전군이 모두 놀라서 恐怖情을 이루어서 사기가 좌절되는지라, 정 대장은 임기응변 책으로 사기를 회복고자 하여 훈계하기를

"옛날에 오 · 초가 싸울 때 오나라 대장기가 꺾어지고 오나라 대장 孫武(손무)가 죽었지만, 결국 오나라가 초나라를 격멸하고 오나라 군사가 초나라 서울 언영을 점령하였으니, 이것은 좋은 징조라"

고 역설하여 여러 사람의 마음을 일시 진정시키고, 또 그날 정오에 左炮將 金一彦(김일언)과 軍門執事 李斗圭(이두규)가 사소한 일로 충돌되어 문답이 소란하게 되는지라, 이 두 사람에 笞罰을 실행하고 그날은 저물도록 불쾌한 기분으로서 하루를 지나오다.

저녁 식사 중에 정보를 받으니 왜적이 청송으로부터 立巖에 들어와서 숙박한다는 것이다. 이 정보를 받고 대장은 작전계획을 시설하고 三路에 복병을 보낸다. 김일언은 一枝軍을 인솔하고 雀嶺에 가도록 하고, 우재룡은 일지군을 인솔하고 鳴巖에 가도록 하고, 李世紀(이세기)는 일지군을 인솔하고 광천에 가도록 하고, 삼 부대를 보내면서 대장 정용기 장군은 분부하기를

"왜놈들이 입암에서 숙박한다 하니, 이렇게 어두운 암흑시간을 지내고, 내일 새벽 啓東이 되는 시간을 이용하여 우리 본부가 진격할 테니, 너희들은 각기 지정된 장소를 확보하라"

하고 보내다.

복병부대들을 보내고 조금 되어 총소리가 요란하게 일어나는지라. 이것은 정녕 비밀이 누설된 것이라 하고, 본부가 출동하는데, 또 정보가 들어온다. '이세기 부대가 왜적을 돌격하여 전멸시켰다'고 하는지라, 半信半疑를

하면서 입암으로 출발하니, 山高谷深한 계곡에 도로는 협착하고, 전후 양산에 수목은 울창하고 밤빛은 잠잠하여 지척을 분별할 수 없어 한 자국 한 자국 조심하고 조심하고 나가는데, 총소리가 천지 진동하고 유탄이 빗발같이 쏟아지는지라, 우리 의병진은 대장단이 무너지고 말할 수 없이 참패를 당하였다. 이 참패를 당한 원인은 복병으로 가던 이세기가 貪功心이 강하여 軍機를 어기었더라.

모든 부하들이 집합되어 지방에 盛居하는 孫氏 門中을 더불어 大將 葬儀를 縞素禮로서 거행하다. 이때에 진세는 三分四裂로 되어 각부 요인들이 모두 각자 위 대장이 되고자 하는 그 무렵이라, 공은 鄭純基(정순기)를 데리고 의논하여 先將의 父公인 본진의 총지휘대장 동엄 선생에게 전군을 통솔하도록 대장으로 추대하고 만기를 진정하다. 동엄 선생은 대중을 통솔하고 北東大山에 주둔하여 산하 각 주군에 군량을 배정시키고 군사훈련을 다시 시키다.

9월 하순에 동엄 선생은 군사를 이끌고 하산하여 청하, 興海 등 연해 각 군을 격파시키고, 내륙으로 회군하여 경주, 영천을 경유하여 신령, 의성, 義興, 軍威, 比安, 모든 주군을 연전 연파시키고, 서울 길을 취하여 북으로 올라가더니, 이때가 음력으로 시월 중순이라.

때 아닌 큰비가 내려서 전진을 못 하고 청송 등지에서 왜적과 더불어 교전에 하는데, 우리는 그 무렵에 약탄이 핍절 되었고, 또는 화승총은 습기가 있으면 사용이 잘 안 되는지라, 이러한 악조건이 있는 관계로 패전을 당하고 두 분대를 시켜서 왜적을 英陽, 奉化 등지로 유인하여 보내고, 본부를 다시 연해 방면으로 돌아와서 흥해, 청하를 또다시 격파하고 寧海, 盈德을 격파하였다.

왜적들은 우리를 추격고자 하여 육지로 해상으로 대대적으로 오는데, 우리는 그놈들의 포위망 속에 들었다. 또 우리는 그때 실지 사정이 군중에 약탄이 핍절되어, 공수로 대적을 대항할 수 없는지라, 동엄 선생은 임기응변지책을 정하여 모든 부하들을 각지로 파견시켜서 각 지방 유격대들과 더불어 각기 군수품을 수집하여 다시 집합될 장소를 강원도로 정하고, 각 부대들이 모두 파견되고 선생은 진지를 물색고자 하여 먼저 강원도로 독행하다가 청하 지역에서 피금되다.

왜적들은 의병대장을 生擒한 일을 자랑하기 위하여 선생을 군마에 태우고 각 주군을 순회하면서 귀순하도록 만단으로 권유하여도 선생은 끝끝내 불청하였다. 왜적들은 선생의 의지를 굽히지 못하고 다시 영천으로 돌아오다. 선생은 영천에서 '몸은 죽을지라도 마음은 변하지 않는다, 의리가 무거우니 죽음은 오히려 가볍도다. 뒤의 일을 누구에게 비겨 부탁할꼬, 말할 데 없어 오경 밤을 앉아 새우노라(身亡心不變, 義重死猶輕. 後事憑誰託, 無言坐五更).' 이 유시를 남기고 영천 南郊에서 적탄에 순국하다.

이때에 각지로 파견되었던 부대들은 대장 피금된 소식을 듣고 서로 연락을 통하여 기회를 정하고 河陽 飛路에 잠복하였다가, 대장 탈환할 일을 약정하고 장사 수십 명이 그곳에 잠복하여 기다리더니, 비밀이 누설되어 왜적들이 慶山으로 作路를 변경하였기에 우리는 목적을 이루지 못하다.

전자에 제군이 모두 군수품을 구하기 위하여 각 지방으로 파견될 때 공은 昌寧 등지에 군수품이 장치된 것을 알고, 이것을 탈취코자 하여 일지군을 인솔하고 그곳으로 출장 되었다가, 대장 피금된 소식을 듣고 돌아와서 자기 부하의 猛士 數名을 선택하여 데리고 하양서 공작되는 모임에 참가하였다가 실패되고, 또 돌아와서 자기 부대를 인솔하고 이세기 등을 따라서 長鬐邑을 습격하여 그곳에 수비하고 있는 왜적들을 전멸시키고, 군수품 등을 압수하여 영천 등지로 돌아와서, 각 지방 유격대에 연락을 보내다.

戊申(1908년: 편자 주) 正月 초하루에 우리는 보현산 巨洞寺에서 순국한 장병들의 제사를 거행하고 영전에서 최후 일인이 남을 때까지라도 왜적들과 싸우기로 盟誓를 올리다. 정월 초삼일에 廣川서 왜적들과 교전 되어 우리는 先鋒將 朴匡(박광)이 전사하고 패전을 당하다.

2월 초오일에 정순기 등 여러 부장들과 협의하여 동엄 선생의 생시 유명을 준수하여 흥해 사람 崔世翰(최세한)을 맞이하여 대장으로 추대하고, 각부 영장들이 모두 지역을 분담하여 雄山巨嶺의 한 구역씩을 점령하고 장기전으로 왜적과 싸우기로 하는데, 공은 八公山 구역을 담당하고 桐華寺에 근거를 두고 각지 우군의 연락을 조종하면서 왜적들과 싸우기를 2년 동안 계속하였다.

己酉(1909년: 편자 주) 五月에 고령군 유격대로부터 연락이 왔다. 그 사건은 獵銃 50挺을 보내주는데 그 대금은 1,600냥이고, 그곳 사람들이 대구까지 가지고 오도록 약속이 되었다. 우리 부대에서는 이것을 인수하기 위하여 대금 1,600냥을 가지고 대원이 모두 출동하였다.

그 행동 차림은 갈몽랑이 삿갓을 머리에 쓰고 대빗자루 한 자루씩을 싸서 거기에 총 한 자루씩을 숨겨서 겨드랑에 끼고 농부가 보리타작을 할 준비로 빗자루를 싸서 가지고 가는 모양으로 하여 야간을 이용하여 목적지로 돌아오다가, 중로 험지에서 왜적수비대의 습격을 받고 우리 선진부대는 일망타진으로 모두 피금되고, 후진부대는 이 소문을 듣고 요행히 도피 되었다.

공은 선진부대와 더불어 같이 오다가 여기서 피금되었다. 그날 새벽에 공은 부대를 인솔하고 대구로 출발할 때 대원 5명을 선정하여 본부 일직으로 남겨두고, 당부하기를

"낮에는 절에 있지 말고 산에서 숨어있으라"

하고 갔더니, 그 사람들이 낮에 절에 있다가 왜적들에게 5명이 모두 붙들려 왜놈들이 한 사람씩 차례로 들어내어 취조를 맡는데 바른말을 안 하면 죽이는 것이다. 네 사람이 차례로 죽고 한사람이 남았는데 그 사람은 열다섯 살 되는 동자인 吳淳(오순)이다.

왜놈들이 오순을 유인하기를 너는 바른말만 하면 살려준다고 하였다. 오순은 어린 마음에 그 말을 참말인 줄 듣고 왜놈들에게 모든 비밀을 다 알려주었다. 심지어는 그날에 부대가 대구로 간 소관까지 왜놈들이 모두 알았다. 왜놈들은 이 조사를 다 하고 오순도 그 자리에서 죽이고 매복을 준비하여 기다렸기 때문에 의병들은 그것을 모르고 오다가 그렇게 참패를 당한 것이다.

팔공산 분대가 이렇게 참패를 당한 것은 타산지석이 떨어지는 바람에 산남의진이 중상을 입은 것이다. 그 원인을 알고 보니 그때에 우리나라 모든 기관이 모두 왜놈들에게로 넘어가고 민간에서는 가위 무법천지로 될 그 무렵이라 동화사의 寺有 財產인 林野를 그 인근 동리 사람들이 무조건 남벌을 하니, 그 절에 승도들은 관청에 고소하여 법의 효력을 얻고자 한 것인데, 그 절과 상대로 되는 민간인들은 그 절에 의병이 근거하고 있는 것을 밀고하였으니, 관청은 벌써 일본 관청으로 되었는데 왜놈들은 성화같이 동화사를 습격하여 큰 수확을 얻었고, 우리 산남의진은 여기서 꽃을 지우고 結實運動으로 胞胎 되었다.

필자(정노용: 편자 주)는 산남의진 고전지를 답심할 때 팔공산에서 회고시 일편을 음영하였기로 좌에 기록한다. "義旅殘年入此屯, 無依孤陳盡心身. 民情國勢版蕩日, 武器軍糧乏絕春. 志士英雄通氣脈, 巨山泰嶺列齒脣. 百戰山河功不易, 徒勞將卒苦辛辛. 渡頭海曲鯨開鬪, 僧與村氓起大嗔. 天闊雲輕龍墜地, 林疎霧散虎顚垠. 運其去矣難回輓, 事已敗之自沒倫. 五士臨終同節地, 奸奴酷及殺吳淳. 竹根避石匿名去, 白地又生光復筍. 內陸外洋播種實, 抵霜抗雪擊風塵. 支離歲月經混亂, 繼續犧牲幾成仁. 褒顯伊今公議鬱, 堪憐不素草創人(의려잔년입차둔, 무의고진진심신. 민정국세판탕일, 무기군량핍절춘. 지사영웅통기맥, 거산태령열치순. 백전산하공불이, 도로장졸고신신. 도두해곡경개투, 승여촌맹기대진. 천활운경용추지, 임소무산호전은. 운기거의난회만, 사이패지자몰윤. 오사임종동절지, 간노혹급살오순. 죽근피석익명거, 백지우생광복순. 내륙외양파종실, 저상항설격풍진. 지리세월경혼란, 계속희생기성인. 포현이금공의울, 감련불색초창인)"

공은 대구에서 피금되어 대구 경찰서의 심문을 마치고, 그 서류와 같이 재판소로 넘어와서 재판을 받는데, 문답에 들어갔다.

문 : 의병은 무슨 이유로 하였는가?

답 : 나라를 찾고자 한 것이다

문 : 돈 1,600냥은 어디에서 나왔는가?

답 : 민간에서 의연금으로 모집하였다.

문 : 나라를 찾으려면 자기의 사재로서 하거나 국가의 공전으로서 하는 것이지, 백성에게 모금하는 것은 도적이다.

답 : 국왕이 나라를 도적맞고 백성이 인권을 도적맞은 이때에 사재고 공전이고 어디에 분간할 수 있으랴.

재판은 방청을 금지하고 한참 동안 침묵하더니 종신 징역으로 언도를 받고 감옥생활을 하다. 옥중에서 어떤 때는 동지들을 보고 서로 눈물로서 인사할 때도 있으며 누가 사형되고 누가 징역 몇 해란 이야기도 들었다. 하루는 옥사가 옥문을 열어놓고 차례로 이름을 불러 밖에 나오라고 한다. 나가니, 그가 말하기로

"이제 우리 한국은 경제 방면 또는 여러 가지 관계로 일본과 합방이 되고, 그 은택으로 죄수를 모두 석방시킨다"

하더라.

공의 시년이 27세이고, 때는 단기 4243, 융희 4년, 경술 7월일러라. 고향에 돌아오니 再昨年 戊申에 父親이 別世하시었고, 또는 불행하게도 妻子眷屬들까지도 모두 죽고 눈앞에 보이는 것이 비관뿐일러라.

하양에 曺應瑞(조응서) 씨의 따님에게 장가를 들어서 一男 二女를 낳고 그

리로 생활을 하는데, 왜놈들이 항상 나를 감시하는 것이 불쾌하여 金泉郡 知禮로 이거 하였다. 그곳은 공이 옥중에서 숭배하던 吳士老(오사로) 씨가 있는 곳이다. 그 분이 공의 자를 利見(이견)이라고 지어서, 그곳 사람들이 공의 이름을 재룡인줄 모르게 하였다. 이곳에 처자들을 두고 공은 또다시 영남지방으로 돌아오다.

각지로 방황하면서 동지를 구하다가 慶州에 朴尙鎭을 만나서 서로 의사를 통하고, 이 나라를 다시 회복시킬 모책을 약속하고, 국내 각지를 순방하여 그 일에 가담될 자격이 있는 인사를 선택하여 대구 달성공원에서 대회를 개최하고, 천지신명에 맹세를 올리고 국권을 회복할 목적으로서 대회의 이름을 光復會(광복회)라 하고 사무를 발전하는 데 있어 좌의 책임자를 선정하다.

司令官(사령관) 朴尙鎭(박상진), 指揮將(지휘장) 禹在龍(우재룡) 權寧萬(권영만), 慶尙道支部長(경상도 지부장) 蔡基中(채기중), 忠淸道支部長(충청도 지부장) 金漢鍾(김한종), 全羅道支部長(전라도 지부장) 李秉燦(이병찬), 京畿道支部長(경기도 지부장) 金善浩(김선호), 咸鏡道支部長(함경도 지부장) 崔鳳周(최봉주), 平安道支部長(평안도 지부장) 趙賢均(조현균), 黃海道支部長(황해도 지부장) 李海量(이해량), 江原道支部長(강원도 지부장) 金東鎬(김동호) 등이 모두 각 도 사무를 진전하고, 본부는 朴尙鎭(박상진) 崔浚(최준) 李福雨(이복우) 등이 사무를 총관하고, 滿洲(만주)에 安東旅館(안동여관) 孫晦堂(손회당), 奉天(봉천)에 三達洋行(삼달양행) 精米所(정미소) 鄭舜永(정순영), 滿洲司令官(만주 사령관) 李錫大(이석대) 등 요인이 모두 책임을 분담하고 활동을 전개하였다.

뜻밖에 대구 安逸菴事件(안일암 사건)이 발각되어 왜적의 수사망이 전국에 확대되므로 우리는 운동을 일 년간 중지하고 있다가, 박상진이 출옥되고 운동을 다시 계속하다가, 또 뜻밖에 평양 殷山金鑛(雲山金鑛의 오기: 편자

주)에서 李錫大(이석대)가 피금 되고, 만주사령관으로 김좌진을 보내고 운동을 계속하더니, 또 충청도 道溪(道高의 오기: 편자 주)面長 사건이 발각되어 왜적들을 疾風迅雷 격으로 국내 국외에 수사망을 피웠다.

박상진은 母 喪中에 피금 되고, 蔡基中은 木浦에서 피금 되고, 기타 동지들이 차례로 피금 되어, 공주법정에 광복회 죄인이 만원 되었다. 왜적들은 방방곡곡으로 광복회원을 찾는다. 공은 3년 전에 가족을 慶州 鹿洞으로 옮겨둔 것은 항상 만일을 준비한 것이다. 이때에 공은 경성에서 활약하다가 도피할 틈이 없어 농 안에 들어있는 새와 같이 되었다. 京義, 京元, 京仁, 京釜, 각 철도에 철조망이 배열되고 서울 남대문역에는 물샐 틈 없이 경찰이 배치되었다.

공은 생각하기를 앉아서 죽기보다는 차라리 도피해 보는 것이 낫다 하고 출발을 시작하니, 이때가 바로 섣달그믐이라. 때아닌 큰비가 내려서 송파나루에 얼음이 해어지고 나룻배로서 물을 건넌다더라. 공은 인력거를 타고 송파나루에 도착하니 내왕하는 사람을 경찰이 면면 조사하는지라, 공은 乾柿 한 접을 사 가지고 잡화행상한 사람을 보고 통성명을 한즉, 그 사람은 성명을 金公三(김공삼)이라 하고 본관은 김해라고 한다. 공도 김해김가라고 변성하고 주막에 들어가서 그 사람에게 술대접을 하고 있으니, 경찰이 우리를 보통 장꾼인 줄 알고 조사를 안 하는지라.

그럭저럭 하다가 장꾼들을 따라서 아무 일 없이 利川邑에 왔다. 이천읍에서 인력거를 타고 장호원에 도착하여 젓 도가에 숙박하고, 또 인력거를 타고 堤川 平洞에 와서 여관에 숙박고자 앉아보니 경찰들의 下宿房이라, 다시 퇴장하여 소주 두어 잔을 마시고 홍안으로 변형되어 있었다. 조금 되어 경찰이 와서 조사를 한다. 공은 대답하기를 "나는 경상도에 사는데 성명을 김한조라고 합니다."

문 : 경상도에 살면 어찌 이리 왔소?

답 : 강원도에 큰 집이 있는데 過歲하러 가는 길이요

경찰은 퇴장하다. 그날 밤에 주인인 孫海運(손해운)이란 사람은 왜적들의 走狗로 보이는데, 들어와서 인사를 각근히 하고 돈 5원을 빌리고자 한다. 나는 대답하기를

"십 원짜리뿐이요"

하니, 주인은 십 원을 빌려 가고 나를 부자인 줄 알고 특별히 대접하더라. 이튿날 마상으로 寧月 김한조의 집에 도달하여 여기서 과세를 하고, 정월 17일(1919년 2월 17일: 편자 주)에 출발하여 順興을 경유하여 榮州 朴善陽(박선양)의 집에서 며칠 留連하고, 안동을 지나 청송 趙善祐(조선우)의 집에서 鄭在穆(정재목) 씨는 돈 50원을 가지고 와서 여비를 도와주더라.

斗麻 梁漢綺(梁漢紀의 오기: 편자 주) 집에 도착하여 공주에 재판되는 광복회의 소식을 들으니 사형된 사람이 일곱이라 하더라. 여기서 수일 유련하고 죽장에 李純久(이순구)를 방문하고 영덕으로 가는 도중 少西面에서 순사를 만나 조사를 받는데, 양한기가 주는 鑛石 一封을 보이고 探鑛客으로 자칭하고 모면하다.

그날 도중에서 날이 저물어 막연하더니 말방울 소리가 들기기에 기다리니 두 사람이 말 네 마리를 몰고 오는지라. 그들에게 간청하여 말을 타고 그 집에 가서 숙박하는데, 그 집 규모가 양반이더라. 여기서 세마를 타고 梅花里 南在喆(남재철) 집에 도착하니 하루에 160리를 왔더라.

一週間을 유련하고 竹邊서 元山 가는 輪船을 타고 원산에 도착하여, 하루 쉬면서 서울 소식을 탐문하니, 조금 고식되는 상태라. 원산에서 淸凉里로 차를 탔다. 차 중에서 高等係 刑事로 유명한 李鍾魯(이종로)를 만났다. 그는 공을 보고 외면을 하고 내려가는 것이다. 공은 그의 손을 쥐고 안 놓았다. 그는 옆 눈으로 한참 보더니 다시 앉는다. 공은 휴대하고 있던 술을 권하면

서 말하기를

"재룡의 내력은 천하가 다 아는데, 형의 관대한 처분을 얻고자 하는 바이다"

하니, 그가 한 번 웃고 한 번 마시고, 한 번 웃고 한 번 마시더라. 議政府에 와서 공의 손을 끌고 내려간다. 따라 내려가니 어떤 산간 협촌에 들어가서 솔밭 속으로 들어가는데, 밤은 침침하고 비는 부슬부슬 오는데, 공은 태연하게 그의 뒤를 따르다가 큰 소나무 앞에 그와 더불어 앉아서, 그에게 말하기를

"내가 이제부터 형으로 섬기고자 하는데, 형의 의사 어떠한가?"

종로가 허락하고 서로 절을 하고 천지신명에 맹세를 올리다. 東小門 내에 종로의 집에 가서 그의 閤夫人을 보고 嫂叔之禮를 펴고, 그 부인은 의복 일습을 선사하더라. 그날 밤에 종로의 말이

"그대가 曹孟德의 후신이 아닌가?"

공은 대답하되

"오늘 華容道를 지나왔소."

이튿날 종로 출근 나가고 공은 윤의관 충하를 방문하여 종로의 후의를 이야기하고, 돈 300원을 빌려서 식량을 구입하여 종로의 집에 보내고 편지 한 통을 써서 충하에게 종로에게 보내라고 하다. (편지 내역) "나는 일생일 천애 망명객으로서 형의 후은을 입고 유련 못하고 가는 것은 형의 입장을 생각함이니 용서하시오."

만주로 출발하다. 奉天에서 하차하여 각처 소식을 탐문하고 吉林으로 가서, 李相龍(이상룡), 金東三(김동삼), 尹世福(윤세복, 尹世復의 오기: 편자 주), 金佐鎭(김좌진), 李始榮(이시영) 모든 동지들과 더불어 3년간 활동하다가 국내에 만세운동이 발전되는 소식을 듣고 평양에 돌아와서 서울 연락을 취하고, 西門 외 윤충하의 집에 와서 大同團 總務 全協(전협)과 연락을 취하

고, 5월(1919년 5월: 편자 주)에 松月洞 이종로의 집에서 단원들과 약속을 정하고 동지들과 더불어 전라도로 출발하다.

이때에 權寧萬(권영만), 李載煥(이재환), 安鍾雲(안종운), 蘇鎭亨(소진형), 任桂鉉(임규현) 등을 데리고, 群山에 도착하여 漢湖藝妓조합에 근거를 두고 白雲鶴(백운학), 任昌鉉(임창현), 기생 姜菊香(강국향) 등의 주선으로 고등계 형사 崔基培(최기배), 金秉淳(김병순) 등을 결탁하고, 지방 유력자를 방문하였으나 효과를 못 보고 무단적으로 시위를 보이고자 하여, 愛國金 領收官 朴晃(박황)과 광복회 대표 韓焄(한훈)을 상해임시정부에 파견시키고 운동을 중지하다.

庚申(1920년: 편자 주) 정월에 영국 상선 二六洋行이 압록강 하류에 출범하더니, 평양에서 서울로 서울에서 군산으로 비밀전화가 오가고 외래물품을 최, 김 두 형사가 검열하는데, 우리 앞으로 오는 물품은 묵인하도록 되었다. 그 효력으로 우리 광복회원은 한 사람이 단총 두 자루씩 가지고 활동했다.

金溝, 南平, 和順, 同福, 萬頃, 金堤, 羅州 등지에 협박장이 부잣집에 날아들고, 또는 後期 증서를 하라는 소동과 독촉장을 받았다는 풍설이 떠돌아서 경찰들은 두통을 앓고 있었다. 하루는 남평읍 내에 오전 중에 이상한 조건이 3개소에 併發 되어 경찰들은 갈피를 잡지 못하고 당황하였다. 그 원인은 우리 광복회원들이 경찰을 속인 것인데, 그날 오전에 남문 밖에 있는 허부자 집에서는 4명이 나타났고, 영산강 나룻배에는 8명이 건너면서

"뒤에 경찰이 따라오거든 빨리 건네주라"

부탁하였고, 徐孟洙(서맹수)의 집에서는

"15명으로 보고하라"

고 하였다. 경찰들은 우리 술책에 속아서 정확한 인원수도 알 수 없고, 영산강의 뱃사공 말을 들으니 반드시 南平本署를 습격할 것 같아서 조사를 중

지하고, 모두 본서에 돌아와서 수비하고 도 경찰국에 상고하였다.

全南道警察局은 全道警察을 총동원시켜 15일간 대 수사를 하였으나 우리를 한 사람도 못 잡았고, 세상은 모두 우리를 둔갑군이라고 하였다. 그렇게 된 이유는 남평 모 주재소 직원이 애국자인 관계로 우리는 여기서 효과를 보았다. 그곳을 떠날 때 洪富(홍부)란 자는 도리를 무시하는 고로 그자를 없애 버리고, 그날 밤에 도보로 백여 리를 걸어서 全北 昌平 朴洪柱(박홍주) 집에 도착하여 수일간 유련하면서 군산 소식을 기다리다.

전주 통로에서 자동차 한 대기 오더니 그 차 안에서 최기배, 김병순, 강국향 삼 인이 내려와 우리를 데리고 군산에 도착하였다. 정류소에 경관이 행인들을 조사하고 있으나 두 형사부장이 우리를 안내하니 무관하더라. 호남에서 일을 마치고 각기 책임지로 돌아가다.

공은 그때에 서울에 돌아와서 동지들과 더불어 의논하기를 국내 국외 동정을 연락하자면 13도 8항에 책임자를 한 개소에 한 사람씩을 두는 것이 좋다. 서울에도 한 사람, 각 지방에도 한 사람씩을 두어서 한 곳에 한 사람 이외에는 안면을 아는 이가 없도록 하면, 만약에 불리한 일이 있을지라도 연루되는 일이 적을 것이다. 이렇게 의논하다가 이때 中外에 형세가 모두 약해지므로 下回를 기다리고 잠시 중지하였다.

공이 전라도에 있을 때 폭탄 한 개를 제조하여 두었더니, 동지들이 이것을 사용하여 일시 소동을 일으켜 경찰을 놀라게 하고, 폭탄이 상해에서 틀어온 것이라고 신문까지 보도되었다. 동지 朴泰奎는 공과 더불어 의논하기로 "자금은 자기가 부담할 터니 대규모로 제조하자"고 하여 5월경에 착수하기로 약속하다.

4월 17일에 군산서 임창현이 서울에 와서 공을 군산으로 데리고 갈 일이 있었다. 공은 창현을 따라 군산으로 가는데 대전에 하차하여 호남선 시간을 기다리는데, 동지 안종운의 姨從인 元 가를 만났고, 군산에 도착하여 예기조합에 숙박하고, 아침에 원 가는 안종운의 친동생인 鍾和를 데리고 방문하는지라, 공은 그들을 식사를 시키고자 식당으로 가는데 학생복을 입은 청년을 보았다. 식사를 하는 중에 홀연히 "포승 받아라" 하는 소리가 들린다. 돌아보니 학생복을 입은 그 청년이 습격을 하는지라 공은 불각 중 하는 수 없이 피금되다.

공은 안종화의 무리를 바라보고 호령을 한다.

"이놈들아 너희들이 날을 이렇게 속이는 것은 천도를 어기는 법이다."

공은 압송되어 군산경찰서에 도착하니 경기도 경찰부 黃玉(**황옥**)이 군산에 와서 인계를 받아 서울로 압송한다. 황옥은 의기양양하게 대공을 세운 듯이 서울에 돌아와서 공을 고등계 취조실에 넘기더라.

공은 취조실에 도착하여 살펴보니, 사지를 붙들어 매는 형틀 한 대, 포승줄 한 뭉치, 물 주전자 한 제, 몽도리(**몽둥이: 편자 주**) 한 자닥, 가죽조끼 한 벌, 이 물건들을 준비하여 두고 왜놈 한 놈이 의자에 앉아서 공을 보고

"요로시!"

하고 명령을 내리니, 형사 여덟 놈이 윗옷을 벗는 것이다. 공은 이것을 보고 씩씩한 기상으로서 호령을 한다.

"이와 같은 형구로서 죄인을 항복 받는 것은 정당한 고백이 아니다. 나는 이것으로 고백을 하다면 대장부의 자격을 상실하는 것이다."

왜놈은 이 말을 듣고 머리를 꺼덕꺼덕하더니 포승줄을 풀고 이 층으로 데리고 올라가서, 책상에 찻물과 담배와 성냥 등속을 갖추어두고 의자에 앉혀주고, 온순한 음성으로서 문답을 시작한다.

문 : 직업은 무엇을 하는가?

답 : 어릴 때는 학교에 다녔고, 장성해서는 군인에 종사하였고, 다른 직업은 없었다.

문 : 우리가 합방이 되고 내선일체로 동일한 민족인데 불온한 행동을 하는 것

은 잘못한 것이지?

답 : 나는 일찍부터 南鮮 의병대장 정용기 씨의 義弟이다. 義兄과 맹세하기를 이 나라를 구하는 데 있어 사생을 같이하자고 하였는데, 의형이 순국하였으나 사상만은 변경할 수 없다.

문 : 사상으로서 성과를 얻을 수가 있는가?

답 : 성과를 얻고 못 얻는 것은 고사하고, 사람이 이 세상에 한번 낫다가 대의를 망각할 수 없다

문답은 이렇게 마치고 가족 면회를 승인해 주기를 청하니 대단히 어렵다 하더니, 조금 되어 婦人 曺氏가 어린아이 남매를 데리고 들어와서 통곡한다. 공은 부인을 대하여 말하기를

"나는 남의 가장이 되고 남의 아비가 되어 처자를 이렇게 고생을 시키니 이것이 죄스럽지만, 나의 포부는 이것뿐인데, 끝으로 부탁할 말은 이 아이들 성이 우가라고 바로 가르치시오" 하니, 방청한 사람이 모두 落淚하더라.

공은 일건 서류와 같이 검사국으로 넘어갔다. 검사는 경찰 서류대로 심문을 마치고 예심으로 보낸다. 예심판사는 공주지방법원 문부를 앞에 두고 문답을 시작한다.

문 : 피고는 이름을 우재룡, 우이견, 우경옥, 김재서, 김상호 등으로 다섯 번 변경한 일이 있는가?

답 : 있었다.

문 : 한 사람으로서 다섯 번 변명한 것은 무엇 때문인가?

답 : 운동에 따라서 하는 일이다

문 : 피고는 광복회원인가?

답 : 회원이다

문 : 피고는 만주에 가서 활동한 일이 있는가?

답 : 있다.

문 : 피고는 국내에 광복회원을 지도하였는가?

답 : 지도하였다.

문 : 피고는 무기를 구입하여 광복회원에 배부하였는가?

답 : 무기를 구입하여 배부하였다.

문 : 인명을 살해하라고 지휘한 일이 있었지?

답 : 인명을 살해하라고 지휘한 일은 없다.

판사는 책상 위에 단총을 한 자루 내놓으면서 "이것이 살인한 총이다. 이렇게 해도 살인하라고 지휘한 일이 없는가?"공은 대답하되

"엽수(사냥꾼: 편자 주)가 총을 남에게 빌려주어서 총을 빌려 간 사람이 살인을 하였다면, 살인죄는 총 주인에게는 부당할 것이고, 농부가 농기를 타인에게 빌려줄 때 그 사람의 작업할 것을 묻는 것은 아니며, 또는 성냥을 다른 사람이 가지고 가서 화재를 일으켰다면, 放火律은 성냥 주인에게는 부당한 일이다."

문답은 이렇게 마치고 판결이 되었다.

경찰에 유치된 기간도 일 년이 경과되었다. 검사의 논고는 사형으로 구형되더니 결말에 무기징역으로 언도를 받으니, 이때 공의 시년이 38세이더라. 감옥 생활을 하는 동안 17년을 계속하여 한문 공부에 정신을 두어서, 四書三經을 숙독하고 세상일을 망각하였다.

단기 4270년(1937년: 편자 주) 丁丑에 공의 시년이 54세라. 어느 날에 옥사는 옥문을 열고,

"우재룡 죄수 나오시오"

한다. 공은 옥문 밖에 나오니 원근을 막론하고 공을 환영코자 온 사람들이 인산인해를 이루었더라. 覺軒 權寗萬(각헌 권영만) 兄이 어떤 少年 兒를 절을 시킨다.

"너는 누구냐?"

"저는 아들이올시다."

공은 눈이 캄캄하여 한참 진정하고

"너의 어머니는 어디에 있느냐?"

"어머니는 이 세상을 떠나시어 부산 해운대에서 영원히 잠자고 있습니다."

공은 이 말을 듣고 자기도 모르게 눈물이 철철 흘렀다. 여러 사람들의 환영을 받고 아들을 따라서 부산으로 갔다. 공은 부산에서 남은 세월을 보내고자 하니 마음에 생각되는 것이 분한 것뿐이요, 눈에 보이는 것이 불쾌한 것뿐이라. 자식들에게 분부하기를

"나는 팔도강산을 구경할 터니 너희들은 나를 바라지 말라."

하고 출발하다.

공은 또 다시 독립운동으로 들어갔다. 방방곡곡으로 헤매어 옛날 동지를 찾아서 해내 해외의 소식을 연관시키고 혈심사력을 다하여 독립운동에 이바지하였다. 그동안에 세월은 무정하게 흘러가고, 그 가정에는 또 불행이 깃들었다. 공의 독자 아들이 딸 하나를 두고 세상을 떠났다. 이렇게 무참한 변을 당하고 身後를 생각하여 말할 수 없이 슬프다. 그렇게 되어도 애국심만은 변하지 않고 꾸준히 계속하였다.

공은 경주 모 여관에 자주 내왕하더니 하루는 여관 주인이 공을 대하여 소개하기를

"우리 집에 처녀 한 사람이 있는데, 공의 덕망을 듣고 결혼을 청하니, 나는 공에게 그 일을 권한다."

하더니, 그 후에 주인이 그 처녀를 데리고 면회를 시킨다. 공은 그 처녀에 대하여 사양하기를

"말씀만은 감사하오나 나는 벌써 늙은 사람이라, 젊은이의 후의를 들을 수 없다."

고 하니, 그 처녀는 말하기를

"나는 비록 아무 자격 없고 못난 인간이지만, 듣기에 선생님은 일평생을 두고 이 나라를 위하여 독립운동을 하신 애국지사님이라고 하니, 저는 선생님을 모시고 애국지사의 아내라고 하는 말을 듣기로 소원입니다."

공은 자제를 만단으로 하고 있는데 주인은 성화같은 독촉으로 권한다. 공은 차마 거절을 못 하고 그와 더불어 결혼하다. 그 처녀의 성명은 金小田(김소전)이다. 그이도 본래 가난한 집 따님으로 태어나서 어릴 때 부친을 여의고 편모시하에 자라나면서 인간적 고통을 많이 겪고 또는 사람은 대의를 알고 살아야 되는 것을 짐작한 것이다.

공은 가정생활을 다시 시작하여 경주에서 하양으로, 하양에서 영천으로, 이곳저곳으로 가솔을 데리고 돌아다니면서 광복운동에 이바지를 쉬지 않고 계속하였다. 그 혈맥으로는 일녀 이남을 낳고 여기에 희망을 두었다.

단기 4278년 8월 15일에 倭皇 裕仁이 세계연합군 앞에 항복을 올리고 세계이차대전은 이로부터 결말이 된 것이다. 이때 공의 시년이 62세라 가족을 인솔하고 서울에 올라가서 옛날 동지들을 규합하여 광복회 깃대를 서울에 세우고 건국 준비에 활발한 이바지를 시작하고, 국내 각 사회단체에 연락하여 丙戌(1946년: 편자 주) 2월 15일에 (永川 立岩) 현 영일군 죽장면 입암동에서 三南義陣殉國將兵의 慰靈祭를 거행하고 (광복회장 이종태는 우재룡, 안종운, 권영만 등을 보내서 위령제를 거행) 공은 서울에서 이 나라 독립 서광을 보고자 하여 열심히 건국 준비에 이바지하더니 안타깝게도 38선 경계가 결국 갈라지고, 남한 이승만 정부가 들어서고 해방 전에 각형 각색으로 국권회복에 노력하던 단체들이 모두 해소되며 광복회도 자동적으로 중지되다.

단기 4287, 서기 1955(1954년의 오기: 편자 주), 甲午 11월에, 공은 가족을 데리고 達成郡 瑜伽面 油谷에 있는 종제인 禹在丙(우재병)을 찾아와서 여기에 주거를 정하다. 그 이듬해 乙未 3월 초 3일에 공은 72세를 일기로 하고

한 많고 보람 없는 이 세상을 떠나다. 유곡동 玉女峰 癸坐原에 안장하다

단기 4296, 서기 1962, 癸卯年 3 · 1절에 건국공로상으로 단장이 추서되다.

동년에 산남의진기념회에서 묘비를 세우고 제막식을 거행하다.

단기4300, 서기 1967년에 공의 유해를 서울 동작동 국립묘지에 이장하다.

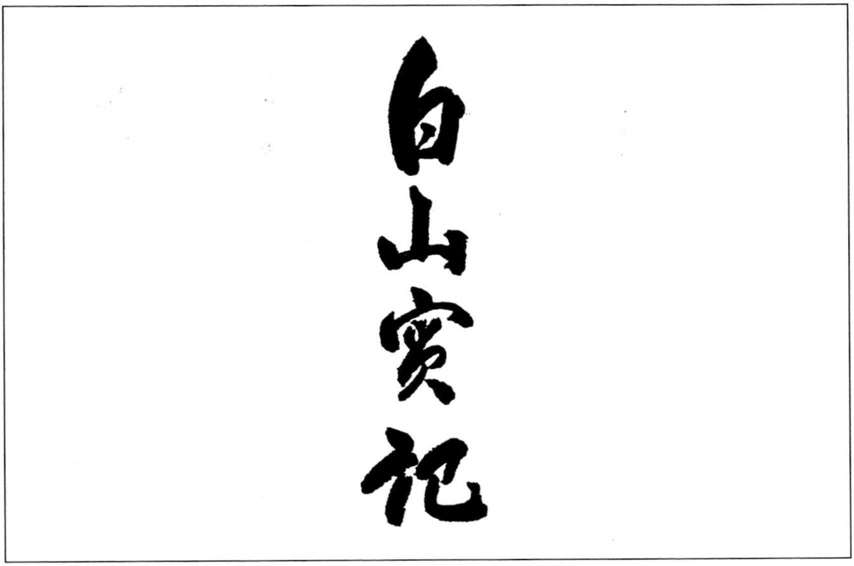

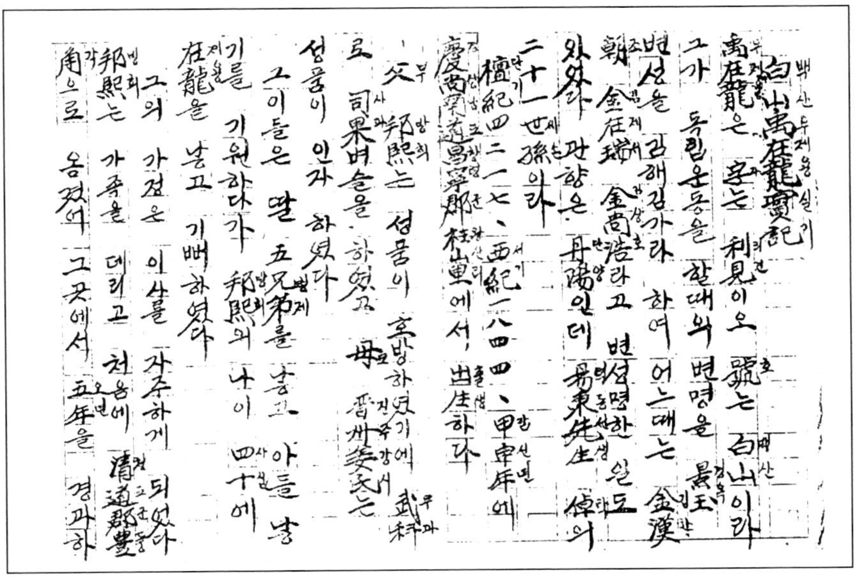

白山禹在龍實記

禹在龍은 字는 利見이오 號는 白山이라 그가 독립운동을 할때의 변명을 長玉 변성을 김해김가라 하여 어느때는 金漢朝 金在瑞 金尙浩라고 변성명한 일도 있었다 관향은 丹陽인데 易東先生 倬의 二十一世孫이라

檀紀四二一七、西紀一八四四、甲申年에 慶尙南道 昌寧郡 桂山里에서 出生하다

父 邦熙는 성품이 호방하였기에 武科로 司果벼슬을 하였고 母 晉州姜氏는 성품이 인자 하였다

그이들은 딸 五兄弟를 낳고 아들 낳기를 기원하다가 邦熙의 나이 四十에 在龍을 낳고 기뻐하였다

그의 가정은 이사를 자주하게 되었다 邦熙는 가족을 데리고 처음에 淸道郡 豊角으로 옮겼어 그곳에서 五年을 경과하

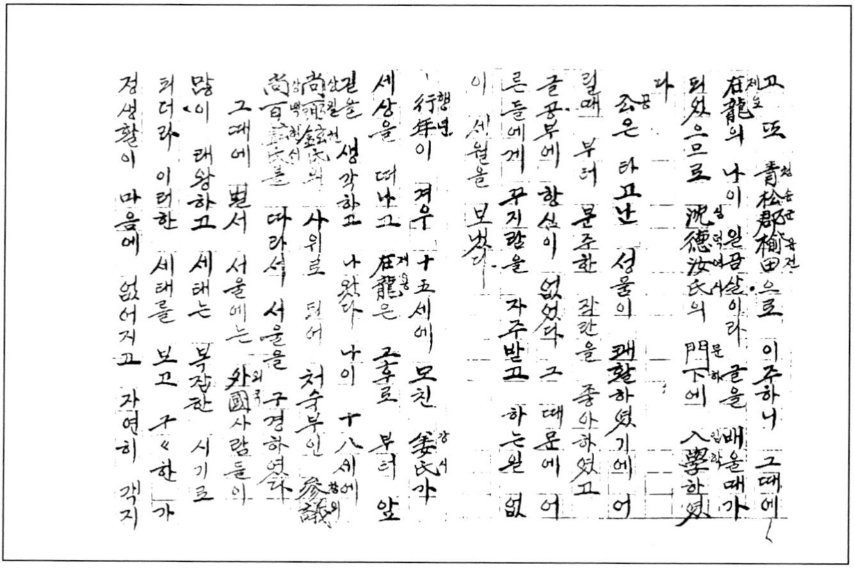
고 또 靑松郡 楡田으로 이주하니 그때에
在龍의 나이 일곱살이라. 글을 배울때가
되였으므로 沈德汝氏의 門下에 入學하였
다
公은 타고난 성품이 쾌활하였기에 어
릴때 부터 문주한 작란을 좋아하였고
글공부에 항심이 없었다 그 대문에 어
른들에게 꾸지람을 자주받고 하는일 없
이 세월을 보냈다
行年이 겨우 十五세에 모친 姜氏가
세상을 떠나고 在龍은 그후로 부터 앞
길을 생각하고 나왔다 나이 十八세에
尙吉 金玄氏의 사위로 되어 처숙부인 參議
尙百 玄氏를 따라서 서울을 구경하였다
그때에 보니 서울에는 外國사람들이
많이 래왕하고 세태는 복잡한 시기로
되더라 이러한 세태를 보고 干々한 가
정생활이 마음에 없어지고 자연히 객지

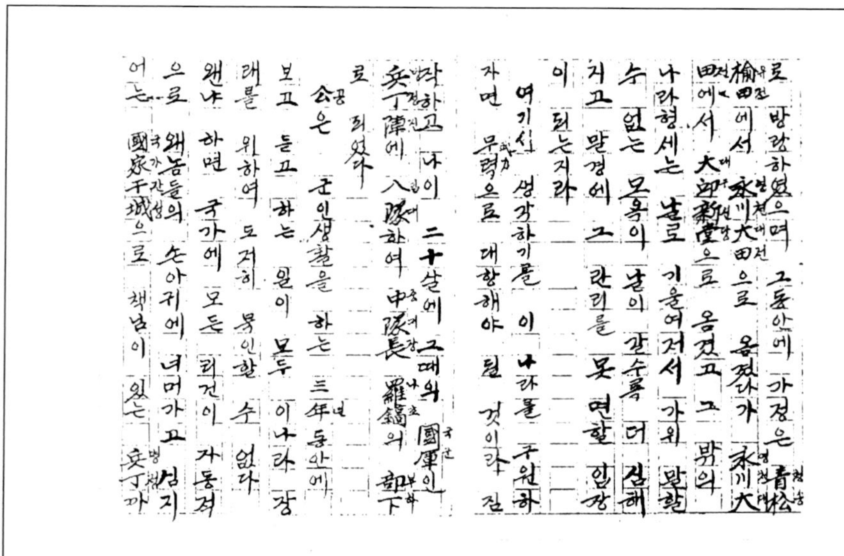
로 방랑하였으며 그동안에 가정은 靑松
楡田에서 永川大田으로 옮겼다가 永川大
田에서 大邱新堂으로 옮겼고 그 밖의
나라형세는 날로 기울어져서 가위 말할
수 없는 모욕이 날이 갈수록 더 심해
지고 말경에 그 관리를 못 면할 입장
이 되는지라
여기서 생각하기를 이 나라를 구원하
자면 무력으로 대항해야 될 것이라 짐
작하고 나이 二十살에 그때의 國軍인
兵丁陣에 入隊하여 中隊長 羅鎬의 部下
로 되었다
公은 군인생활을 하는 三年동안에
보고 듣고 하는 일이 모두 이나라 장
래를 위하여 도저히 묵인할 수 없다
왜냐 하면 국가에 모든 리권이 자동적
으로 왜놈들의 손아귀에 넘어가고 심지
어는 國家干城으로 책임이 있는 兵丁까

지도 왜놈의 손에 敎鍊(교련)을 받게 되는지
라 모든 일에 분통(憤痛)이 터지는 것을 참
지 못하여 同志(동지) 數十名(수십명)을 더불고 兵營(병영)을
脫出(탈출)하였다
乙巳勒約(을사늑약)(을사오조약)이 실행되고 우
리민족들은 국권을 탈환코져 하여 국내
여러 곳에서 義兵(의병)(민간에서 자발적으로
일어나서 적국과 싸우는 의용군대)을
일으켜 왜적들에게 武力(무력)으로서 대항하는
운동이 활발하였다
우리는 大邱兵營(대구병영)에 있을때에 山南義陣(산남의진)
大將(대장) 鄭鏞基(정용기) 大邱(대구)에 滯囚(체수)되매 各地(각지)의
憂國士(우국사)들이 모두 찾아왔어 釋放運動(석방운동)을
협조하고 우리도 鄭鏞基(정용기)의 人格(인격)을 欽慕(흠모)
하였더니 지금 우리는 병영을 탈출하여
鄭鏞基(정용기)의 소식을 탐문하니 그는 義兵(의병)을
다시 모집하여 各邑(각읍)으로 巡回(순회)하여 倭賊(왜적)
을 擊退(격퇴)시킨다 하는지라 그 소문을 듣

고 그를 뒤따라서 靑松地方(청송지방)에 어섰다
그곳에서 憂國之士(우국지사)로 有名(유명)한 梁主事(양주사)를 찾
아서 하루밤이 세도록 서로 意思(의사)를 교
환하고 그 이튿날에 梁主事(양주사)는 우리를
데리고 山南義陣(산남의진)에 들어가서 소개하였다
이때에 우리는 모두가 머리를 깍고
군복을 입는 차림 그대로 軍門(군문)에 들어
섰다 군문에 수위하든 군사들은 우리를
협잡배로 보고 조사하는데 문답이 심각
한 정도로 되였다
公(공)은 그제서야 慷慨(강개)한 音聲(음성)으로 答(답)
을 하기를 우리 大韓(대한)사람이 대한사람을
속일 수도 없는 것이며 만약에 우리가
그따위 야심을 가지고 와슬 것 같으면
이 하늘밑에 용서를 못 받를 것이라고
하였다 조금되어 將營(장영)에서 우리를 들어
오라고 명령이 내렸다 우리는 줄을 연
하여 들어서나 山南義陣大將(산남의진대장) 鄭鏞基(정용기)는

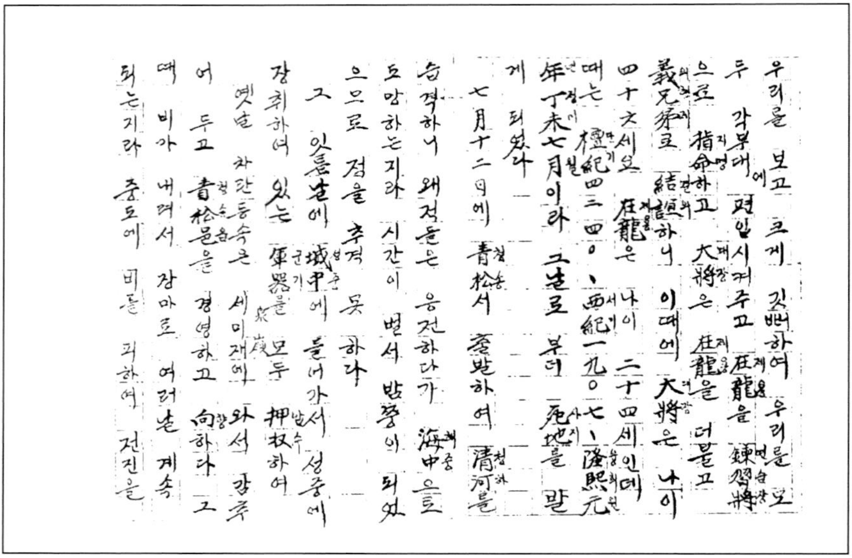
우리를 보고 크게 깃버하여 우리를 모
두 각부대에 편입시켜주고 在龍(재룡)을 鍊習將(연습장)
으로 指命(지명)하고 大將(대장)은 이때에 在龍(재룡)을 더불고
義兄弟(의형제)로 結義(결의)하니 大將(대장)은 나이
四十六세요 在龍(재룡)은 나이 二十四세 인데
때는 檀紀(단기)四二四0、西紀(서기)一九0七、隆熙元(융희원)
年(년)丁未(정미)七月(칠월)이라 그날로 부터 死地(사지)를 밟
게 되었다
七月十二日에 青松(청송)서 출발하여 淸河(청하)를
습격하니 왜적들은 응전하다가 海中(해중)으로
도망하는지라 시간이 벌서 밤중이 되었
으므로 적을 추격 못하다
그 잇튿날에 城中(성중)에 들어가서 성중에
장취하여 있는 軍器(군기)를 모두 押收(압수)하여
옛날 차관등속은 세미재에 와서 감추
어 두고 青松邑(청송읍)을 경영하고 向(향)하다 그
때 비가 내려서 장마로 여러날 계속
되는지라 중도에 비를 피하여 전진을

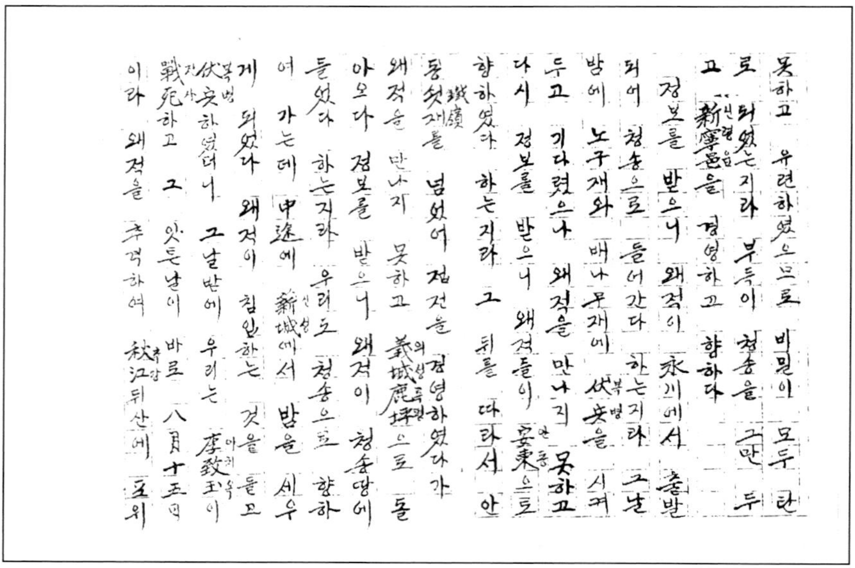
못하고 유련하였으므로 비밀이 모두 탄
로 되었는지라 부득이 청송을 그만 두
고 新寧邑(신녕읍)을 경영하고 향하다
정보를 받으니 왜적이 永川(영천)에서 출발
되어 청송으로 들어간다 하는지라 그날
밤에 노구재와 배나무재에 伏兵(복병)을 시켜
두고 기다렸으나 왜적을 만나지 못하고
다시 정보를 받으니 왜적들이 安東(안동)으로
향하였다 하는지라 그 뒤를 따라서 안
동 쇳재를 넘었어 접전을 경영하였다가
왜적을 만나지 못하고 義城(의성) 鹿坪(녹평)으로 돌
아오다 정보를 받으니 왜적이 청송땅에
들었다 하는지라 우리도 청송으로 향하
여 가는데 中途(중도)에 新城(신성)에서 밤을 세우
게 되었다 왜적이 침입하는 것을 틀꼬
伏兵(복병)하였더니 그날 밤에 우리는 李致玉(이치옥)이
戰死(전사)하고 그 잇튿날이 바로 八月十五日
이라 왜적을 추격하여 秋江(추강) 뒤 산에 포위

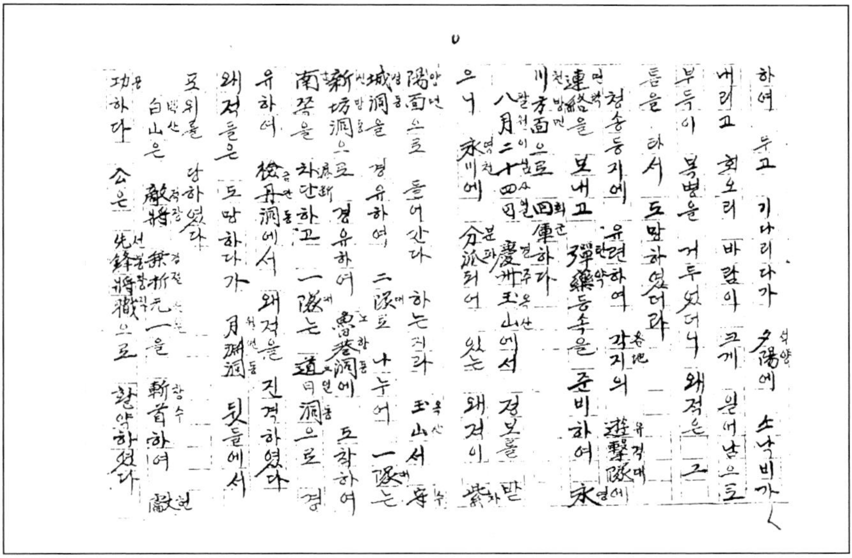
하여 두고 기다리다가 夕陽에 소낙비가
내리고 회오리 바람이 크게 일어남으로
부득이 복병을 거두었더니 왜적은 그
틈을 타서 도망하였더라
청송등지에 유련하여 각지의 遊擊隊에
連絡을 보내고 彈藥등속을 준비하여 永
川方面으로 回軍하다
八月二十四日 慶州玉山에서 정보를 받
으니 永川에 分派되어 있는 왜적이 紫
陽面으로 들어간다 하는지라 玉山서 安
城洞을 경유하여 二隊로 나누어 一隊는
新坊洞으로 경유하여 魯巷洞에 도착하여
南쪽을 차단하고 一隊는 道日洞으로 경
유하여 檢丹洞에서 왜적을 진격하였다
왜적들은 도망하다가 月淵洞 뒷들에서
포위를 당하였다
白山은 敵將 秋折元一을 斬首하여 獻
功하다 公은 先鋒將職으로 활약하였다

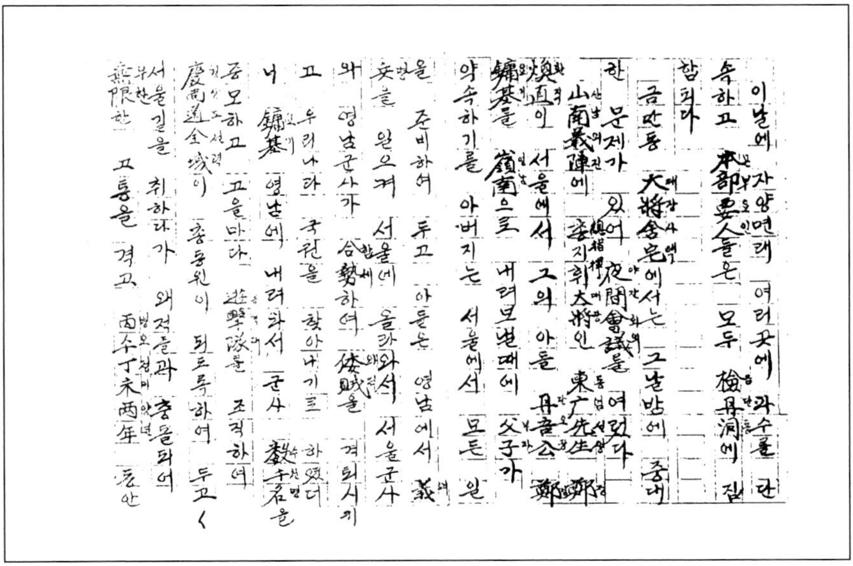
이날에 자양면래 여러곳에 과수를 단
속하고 本部要人들은 모두 檢丹洞에 집
합되다
금따동 大將舍宅에서는 그날밤에 중대
한 문제가 있어 夜間會議를 여렀다
山南義陣에 총지휘太將인 東广先生 鄭
煥直이 서울에서 그의 아들 丹吾公 鄭
鏞基를 嶺南으로 내려보낼때에 父子가
약속하기를 아버지는 서울에서 모든 일
을 준비하여 두고 아들은 영남에서 義
兵을 일으켜 서울에 올라와서 서울군사
와 영남군사가 合勢하여 倭賊을 격퇴시키
고 우리나라 국권을 찾아나기로 하였더
니 鏞基 영남에 내려와서 군사 數千名을
중모하고 고을마다 遊擊隊를 조직하여
慶尙道全域이 총동원이 되도록 하여 두고
서울길을 취하다가 왜적들과 충돌되어
無限한 고통을 겪고 丙午丁未兩年 동안

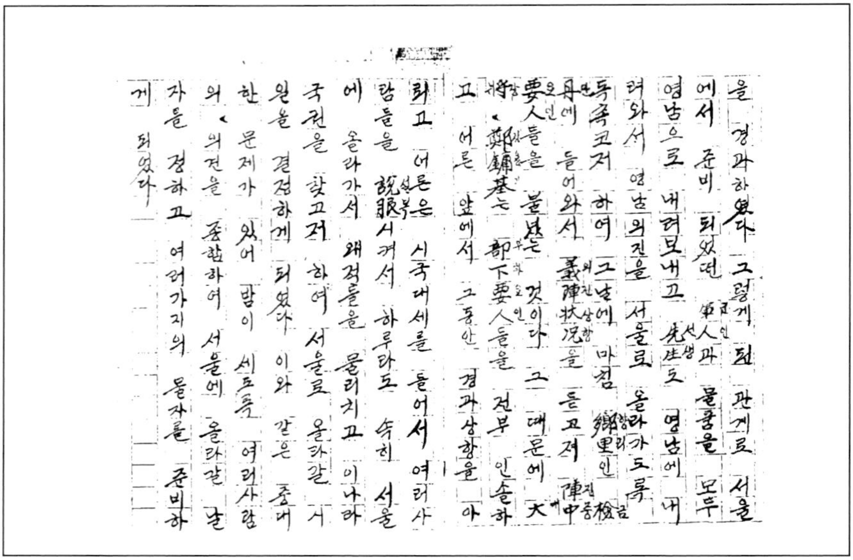
을 경과하였다 그렇게 된 관계로 서울
에서 준비 되었던 故人과 물품을 모두
영남으로 내려보내고 先生도 영남에 내
려와서 영남의진을 서울로 올라가도록
독촉코저 하여 그날에 마침 鄕里인 檢
丹에 들어와서 義陣狀況을 듣고저 陣中
要人들을 불렀든 것이다 그 때문에 大
將 鄭鏞基는 部下要人들을 전부 인솔하
고 어른 앞에서 그동안 경과상황을 아
뢰고 어른은 시국대세를 들어서 여러사
람들을 說服시켜서 하루라도 속히 서울
에 올라가서 왜적들을 물리치고 이나라
국권을 찾고저 하여 서울로 올라갈 시
원을 결정하게 되었다 이와 같은 중대
한 문제가 있어 밤이 새도록 여러사람
의 의견을 종합하여 서울에 올라갈 날
자를 정하고 여러가지의 물자를 준비하
게 되었다

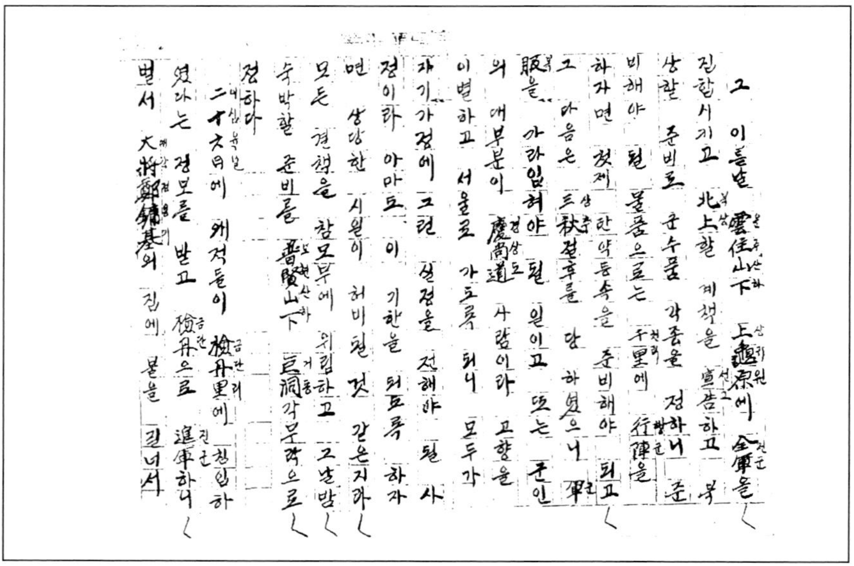
그 이튿날 雲住山下 上遠原?에 全軍을
집합시키고 北上할 계책을 宣告하고 북
상할 준비로 군수품 각종을 정하니 준
비해야 될 물품으로는 千里에 行陣을
하자면 첫제 한약등속을 준비해야 되고
그 다음은 三秋절후를 당하였으니 軍
服을 가라입혀야 될 일이고 또는 군인
의 대부분이 慶尙道 사람이라 고향을
이별하고 서울로 가도록 되니 모두가
자기가 정에 그런 실정을 전해야 될 사
정이라 아마도 이 기한을 되도록 하자
면 상당한 시일이 허비될 것 같은지라
모든 계책을 참모부에 위임하고 그날밤
숙박할 준비를 普賢山下 巨洞각부락으로
정하다
二十六日에 왜적들이 檢丹里에 침입하
였다는 정보를 받고 檢丹으로 進軍하니
벌서 大將鄭鏞基와 집에 불을 질너서

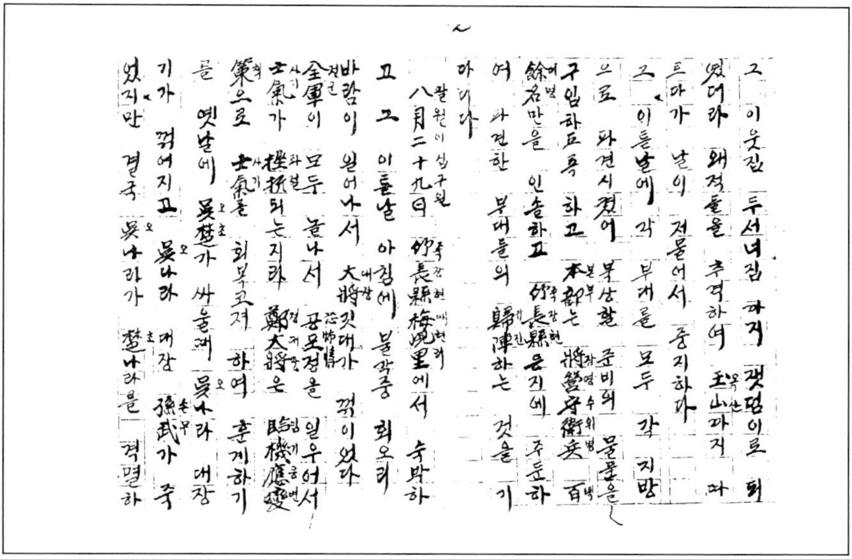
그 이웃집 두서너집 까지 갯벌이로 퇴
였더라 왜적들을 추격하여 玉山까지 따
르다가 날이 저물어서 중지하다
그 이튿날에 각 부대를 모두 각 지방
으로 파견시켰어 부상한 군비와 물품을
구입하도록 하고 本部는 將營守衛兵 百
餘名만을 인솔하고 長興縣 읍지에 주둔하
여 파견한 부대들의 歸陣하는 것을 기
다리다
八月二十九日 長興縣 梅峴里에서 숙박하
고 그 이튿날 아침에 불각중 회오리
바람이 일어나서 大將깃대가 꺾이었다
全軍이 모두 놀나서 공포정을 일우어서
士氣가 挫折되는지라 鄭大將은 臨機應變
策으로 士氣를 회복코저 하여 훈계하기
를 옛날에 吳楚가 싸울때 吳나라 대장
기가 꺾어지고 吳나라 대장 孫武가 죽
었지만 결국 吳나라가 楚나라를 격멸하

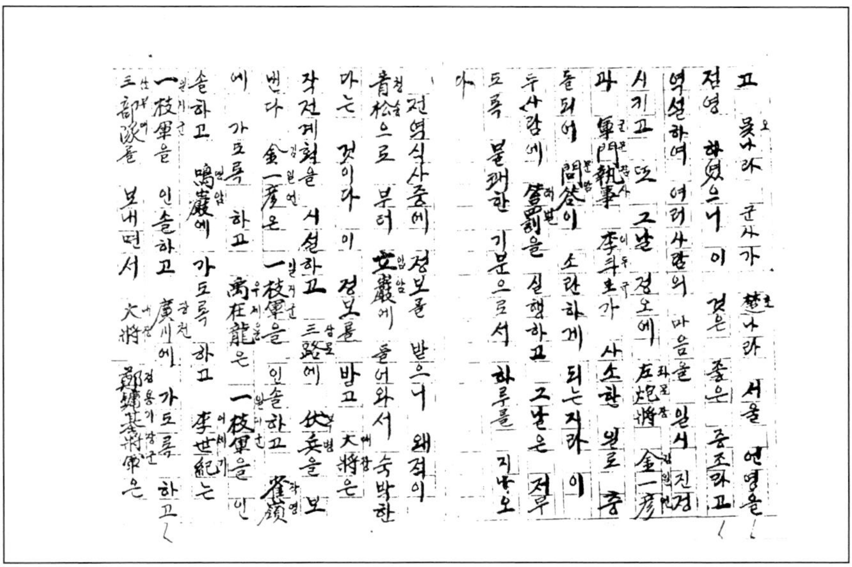
고 吳나라 군사가 楚나라 서울 연영을
점령 하였으니 이 것은 좋은 증조라고
역설하여 여러사람의 마음을 일시 진정
시키고 또 그날 정오에 左砲將 金一彦
과 軍門執事 李斗玉가 사소한 일로 충
돌되어 問答이 소란하게 되는지라 이
두사람에 笞刑을 실행하고 그날은 저무
도록 불쾌한 기분으로서 하루를 지났오
다
전열식사중에 정보를 받으니 왜적이
青松으로 부터 安巖에 몰어와서 숙박한
다는 것이다 이 정보를 밟고 大將은
작전계획을 시설하고 三路에 伏兵을 보
낸다 金一彦은 一枝軍을 인솔하고 崔嶺
에 가도록 하고 禹在龍은 一枝軍을 인
솔하고 鳴巖에 가도록 하고 李世紀는
一枝軍을 인솔하고 廣川에 가도록 하고
三部隊를 보내면서 大將 鄭龍基將軍은

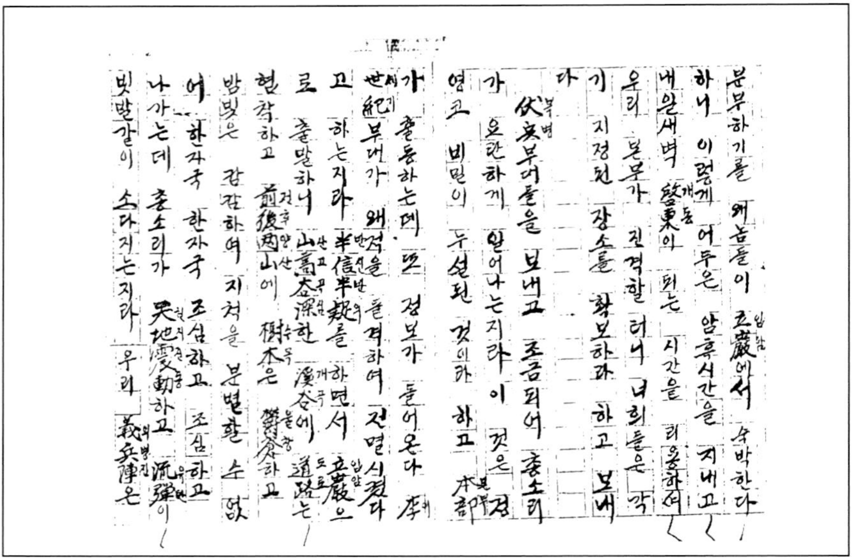

분부하기를 왜놈들이 立巖에서 숙박한다
하니 이렇게 어두운 암흑시간을 지내고
내일새벽 開東이 되는 시간을 리용하여
우리 본부가 진격할 터니 너희들은 각
기 지정된 장소를 확보하라 하고 보내
다
伏兵부대들을 보내고 조금되어 총소리
가 요란하게 일어나는지라 이 것은 졍
녕코 비밀이 누설된 것이라 하고 本部
가 출동하는데 또 정보가 들어온다 李
世紀부대가 왜적을 출격하여 전멸시켰다
고 하는지라 半信半疑를 하면서 立巖으
로 출발하니 山高谷深한 溪谷에 道路는
험착하고 前後山에 樹木은 鬱蒼하고
밤빛은 캄캄하여 지척을 분별할 수 없
어 한자국 한자국 조심하고 조심하고
나가는데 총소리가 天地震動하고 流彈이
빗발같이 쏘다지는지라 우리 義兵陣은

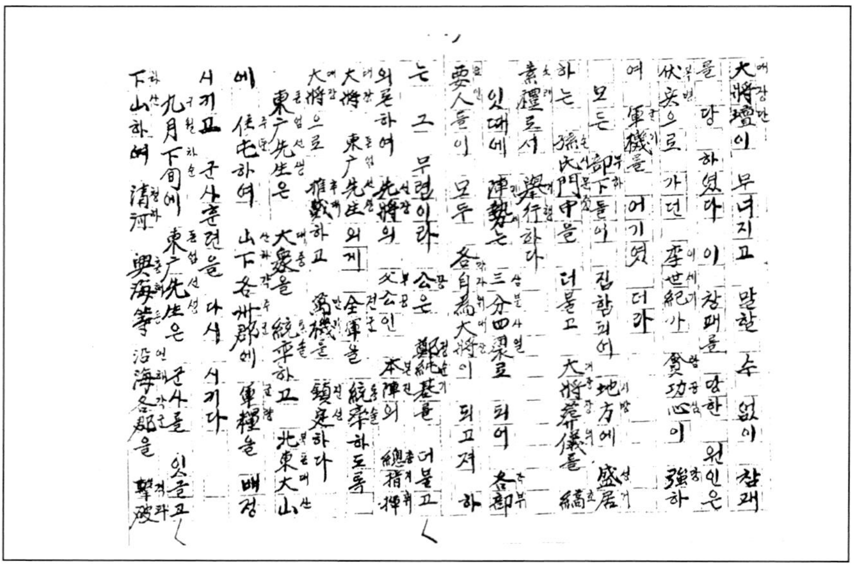

大將壇이 무너지고 말할 수 없이 참패
를 당하였다 이 참패를 당한 원인은
伏兵으로 가던 李世紀가 貪功心이 强하
여 軍機를 어기였더라
모든 部下들이 집합되어 地方에 盛居
하는 孫氏門中을 더불고 大將葬儀를 縞
素禮로서 擧行하다
잇대에 陣勢는 三分四裂로 되어 各部
要人들이 모두 各自爲大將이 되고져 하
는 그 무렵이라 公은 鄭純基를 더불고
외론하여 先將의 父公인 本陣의 總指揮
大將 東广先生의게 全軍을 統率하도록
大將으로 推戴하고 萬機을 鎭定하다
東广先生은 大衆을 統率하고 北東大山
에 住屯하여 山下各州郡에 軍糧을 배정
시키고 군사훈련을 다시 시키다
九月下旬에 東广先生은 군사를 잇끌고
下山하여 淸河 興海等 沿海各郡을 擊破

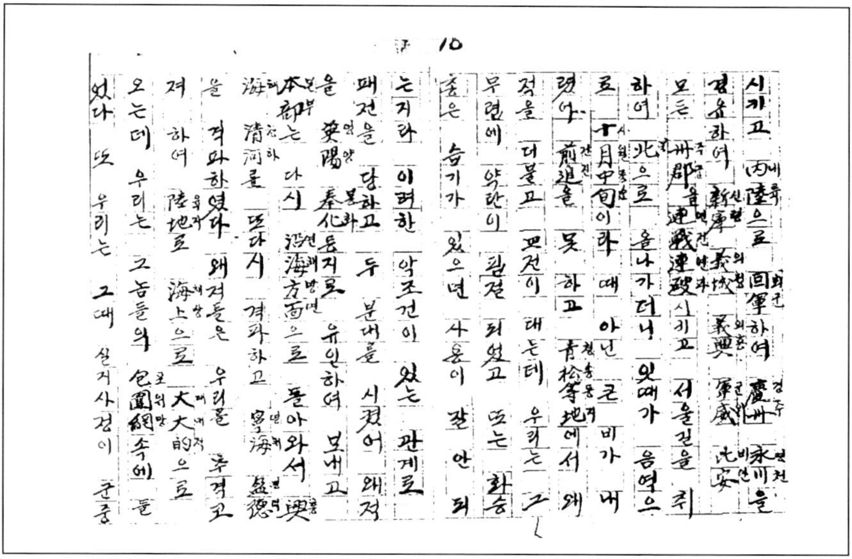

10

시키고 內陸(내륙)으로 回軍(회군)하여 慶州(경주) 永川(영천)을 경유하여 新寧(신령) 義城(의성) 義興(의흥) 軍威(군위) 比安(비안) 모든 州郡(주군)을 連戰連破(연전연파)시키고 서울길을 취하여 北(북)으로 올나가더니 잇때가 음역으로 十月中旬(시월중순)이라 때 아닌 군비가 내려서 前進(전진)을 못하고 青松(청송)等地(등지)에서 왜적을 더불고 교전이 대는데 우리는 그 무렵에 약탄이 핍절되엿고 또는 화승총은 습기가 잇으면 사용이 잘 안되는지라 이러한 악조건이 잇는 관계로 패전을 당하고 두 분대를 시켜어 왜적을 英陽(영양) 奉化(봉화) 등지로 유인하여 보내고 本部(본부)는 다시 沿海(연해)方面(방면)으로 돌아와서 興海(흥해) 清河(청하)를 또다시 격파하고 寧海(영해) 盈德(영덕)을 격파하엿다 왜적들은 우리를 추격코저 하여 陸地(육지)로 海上(해상)으로 大大的(대대적)으로 오는데 우리는 그놈들의 包圍網(포위망)속에 들엇다 또 우리는 그대 실지사경이 군중

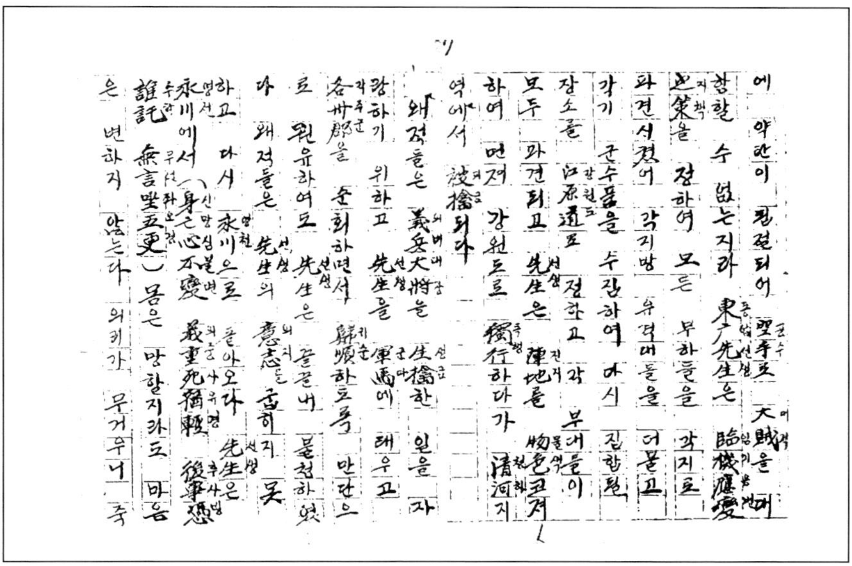

11

에 약탄이 핍절되어 空手(공수)로 大賊(대적)을 어찌할 수 없는지라 東广(동엄)先生(선생)은 臨機應變(임기응변)之策(지책)을 정하여 모든 부하들을 각지로 파견시켜어 각지방 유격대들을 더불고 각기 군수품을 수집하여 다시 집합할 장소를 江原道(강원도)로 정하고 각 부대들이 모두 파견되고 先生(선생)은 陣地(진지)를 物色(물색)코저 하여 먼저 강원도로 獨行(독행)하다가 清河(청하)지역에서 被擒(피금)되다

왜적들은 義兵大將(의병대장) 生擒(생금)한 일을 자랑하기 위하고 先生(선생)을 軍馬(군마)에 태우고 各州郡(각주군)을 순회하면서 歸順(귀순)하도록 만단으로 권유하여도 先生(선생)은 끝끝내 불청하엿다 왜적들은 先生(선생)의 意志(의지)는 굽히지 못하고 다시 永川(영천)으로 돌아오다 先生(선생)은 永川(영천)에서 (身亡心不變(신망심불변) 義重死猶輕(의중사유경) 後事憑誰託(후사빙수탁) 無言坐五更(무언좌오경)) 몸은 망할지라도 마음은 변하지 않는다 의리가 무거우니 죽

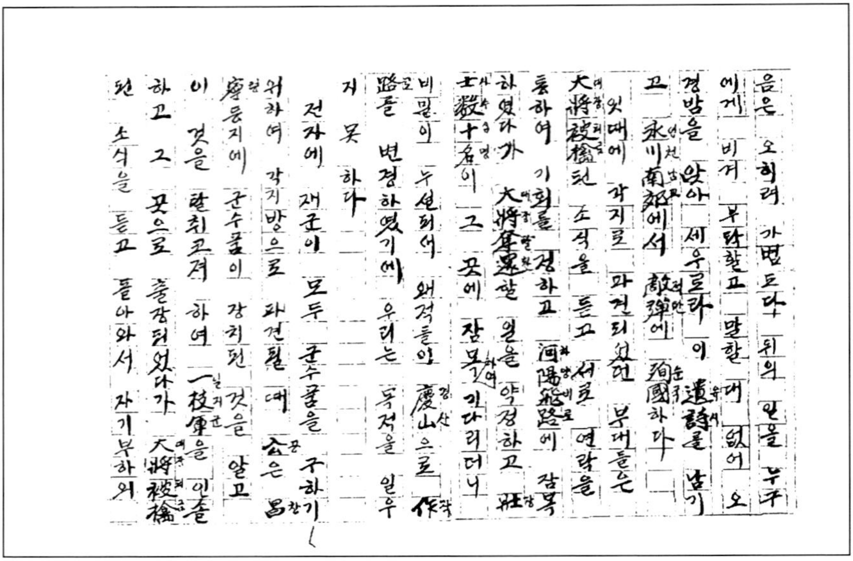
음은 오히려 가볍도다 뒤의 일을 누구
에게 비겨 부탁할고 말할 데 없어 오
경밤을 앉아 세우로다 이 遺詩를 남기
고 永川南郊에서 敵彈에 殉國하다
잇대에 각지로 파견되었던 부대들은
大將 被擒된 소식을 듣고 서로 연락을
통하여 기회를 정하고 河陽新路에 잠복
하였다가 大將을 奪還할 일을 약정하고 壯
士數十名이 그 곳에 잠복하여 기다리더니
비밀이 누설되어서 왜적들이 慶山으로 作
路를 변경하였기에 우리는 목적을 일우
지 못하다
전자에 재군이 모두 군수품을 구하기
위하여 각지방으로 파견될 때 公은 昌
寧 등지에 군수품이 장치된 것을 알고
이 것을 탈취코져 하여 一枝軍을 인솔
하고 그 곳으로 출장되었다가 大將 被擒
된 소식을 듣고 돌아와서 자기 부하와

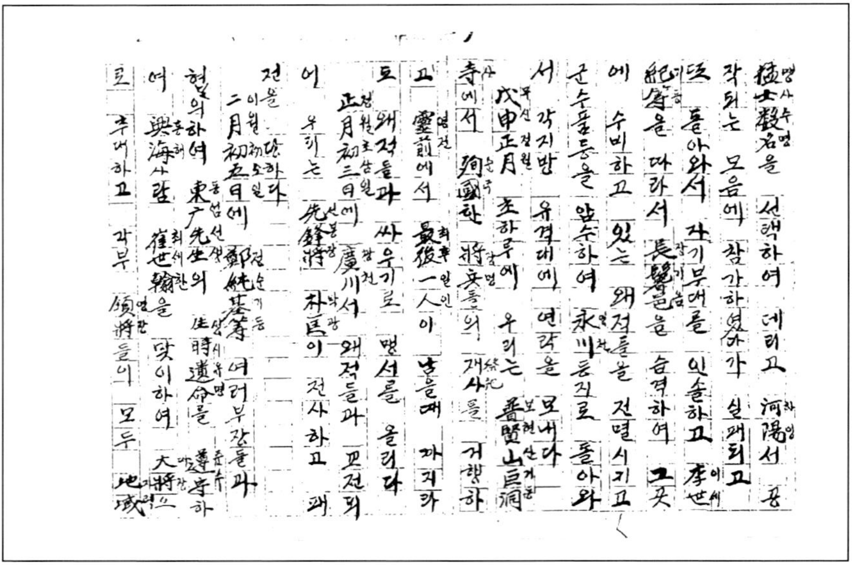
猛士數名을 선택하여 데리고 河陽서 공
작되는 모음에 참가하였다가 실패되고
돌아와서 자기부대를 인솔하고 李世
紀[illegible]을 따라서 長鬐邑을 습격하여 그곳
에 수비하고 있는 왜적들을 전멸시키고
군수품등을 압수하여 永川등지로 돌아와
서 각지방 유격대에 연락을 보내다
戊申正月 초하루에 우리는 普賢山巨洞
寺에서 殉國한 將兵들의 재사를 거행하
고 靈前에서 最後一人이 남을때 까지 싸
우기로 맹서를 올리다
正月初三日에 永川서 왜적들과 교전되
어 우리는 先鋒將 朴匡이 전사하고 패
전당하다
二月初五日에 鄭純基 등 여러 부장들과
협의하여 東广先生의 生時遺命을 遵守하
여 興海사람 崔世翰을 맞이하여 大將으
로 추대하고 각부 領將들이 모두 地域

을 분담하여 雄山巨嶺와 한 구역씩을
점령하고 長期戰으로 왜적과 싸우기로
하는데 公은 八公山子연을 담당하고 桐
華寺에 근거를 두고 各地友軍의 연락을
조종하면서 왜적들과 싸우기를 二年동안
계속하였다
丙申五月에 高靈郡 遊擊隊로부터 연
락이 왔다 그 사건은 獵銃五十挺을 보
내주는데 그 代金은 一千六百兩이고 그
곳 사람들이 大邱까지 가지고 오도록
약속이 되었다 우리 부대에서는 이것을
인수하기 위하여 대금 일천육백냥을 가
지고 대원이 모두 출동하였다 그 행동
사람은 갈몽당이 삿갓을 머리에 쓰고
대빗자루 한자루식을 싸서 거기에 총
한 자루식을 숨겼어 자드랑에 끼고 農
夫가 보리 타작을 할 준비로 빗자루를
싸서 가지고 가는 모양으로 하여 夜間

21

을 利用하여 목적지로 돌아오다가 中路
險地에서 倭賊守備隊의 습격을 받고 우
리 先進部隊는 一網打盡으로 모두 被擒
되고 後進部隊는 이 소문을 듣고 모면
히 도피되었다
公은 선진부대를 더불고 같이 오다가
여기서 被擒되였다 그날새벽에 公은 부
대를 인솔하고 大邱로 출발할 때 대원
五名을 선정하여 본부 日直으로 남겨두
고 당부하기를 낮에는 절에 있지말고
산에서 숨어있으라 하고 갔더니 그사람
들이 낮에 절에 있다가 왜적들에게 五
名이 모두 붙들려 왜놈들이 한사람식
차례로 들어내여 취조를 받는데 바른
말을 안하면 죽이는 것이다 넷사람이
차례로 죽고 한사람이 남었는데 그 사
람은 열다섯 살되는 童子인 吳淳이다
왜놈들이 吳淳을 유인하기를 너 [illegible] 바른

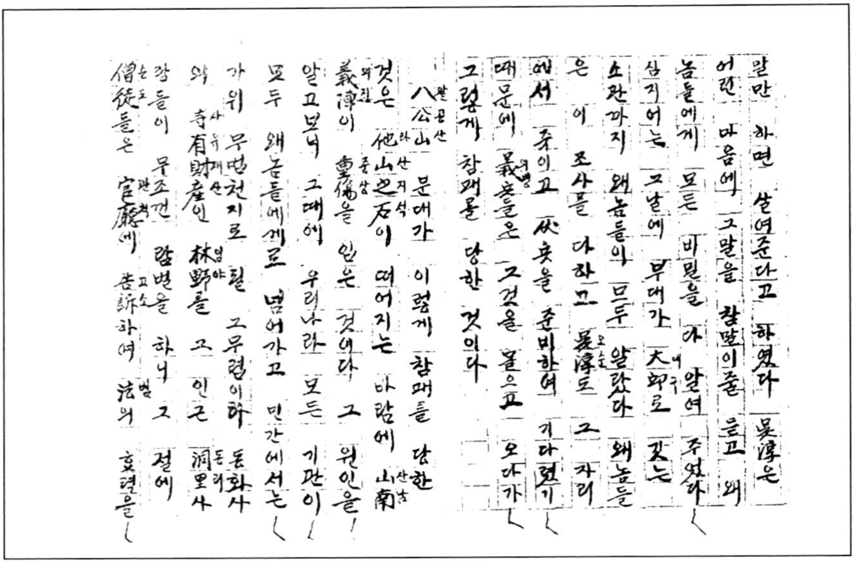

말만 하면 살여준다고 하였다 吳淳은
어런 마음에 그말을 참말이줄 알고 왜
놈들에게 모든 비밀을 다 알여 주었다
살지어는 그날에 부대가 大邱로 갓는
소관까지 왜놈들의 모두 알았다 왜놈들
은 이 조사를 다하고 吳淳도 그 자리
에서 죽이고 伏兵을 준비하여 기다렷기
때문에 義兵은 그것을 모르고 오다가
그렇게 참패를 당한 것이다
八公山 분대가 이렇게 참패를 당한
것은 他山之石이 떠어지는 바람에 山南
義陣이 重傷을 입은 것이다 그 원인을
알고보니 그때에 우리나라 모든 기관이
모두 왜놈들에게로 넘어가고 민간에서는
가위 무법천지로 된 그무렵이라 동화사
와 寺有財産인 林野를 그 인근 洞里사
람들이 무조건 람벌을 하니 그 절에
僧徒들은 官廳에 告訴하여 法의 호뎐을

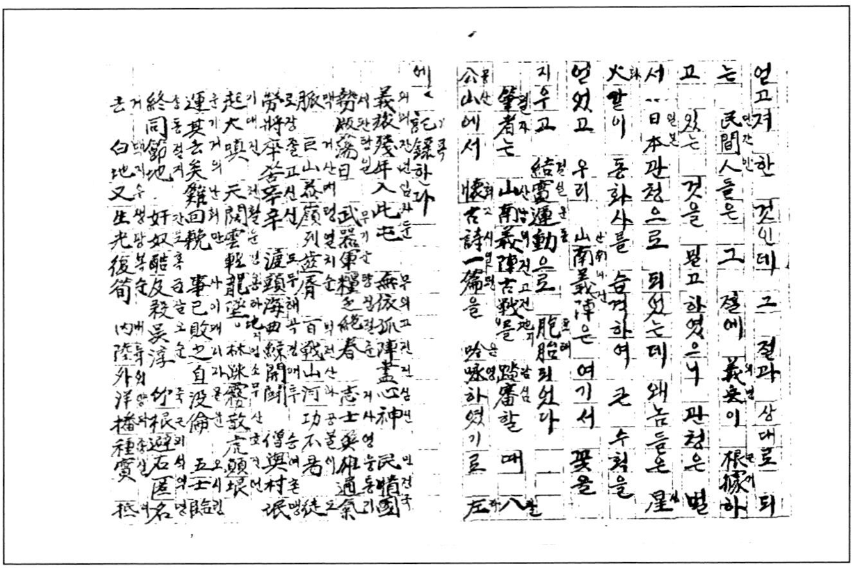

얻고져 한 것인데 그 절과 상대로 되
는 民間人들은 그 절에 義兵이 根據하
고 있는 것을 알고 하였으니 관청은 벌
서 日本관청으로 되었는데 왜놈들은 星
火같이 동화사를 습격하여 큰 수첩을
얻었고 우리 山南義陣은 여기서 꽃을
지우고 結實運動으로 胞胎되었다
筆者는 山南義陣古戰地를 踏審할 때 八
公山에서 懷古詩一篇을 吟咏하였기로 左
에 記錄하다

義旅殘年入此屯 無依孤陣盡心神 民情國
勢[illegible]日 武器軍糧乏 絶春 志士英惟通氣
脈巨山嶽嶺列並脣 百戰山河功不君徒
勞將卒苦辛辛渡頭海曲[illegible]開闢 僧與村張
起大嗔天關雲輕龍堂地林泳霧敬虎頭[illegible]
運其去矣難回輓事已敗之自沒命 五士[illegible]
終同節地 奸奴酷反殺吳淳竹根避石匿名
去白地又生光復[illegible] 內陸外洋播種實抵

霜抗奮擊風塵 支離歲月經泥亂 繼續犧牲

幾成仁 褒顯伊今公議請 埋惜不索草創人

公은 대구에서 피금되어 대구경찰서의
심문을 마치고 그 서류와 같이 재판소
로 넘어와서 재판을 받는데 문답에 들
어갔다 (문) 義兵은 무슨 의유로 하였는
가 (답) 나라를 찾고져 한 것이다 (문)
돈 一千七百丙은 어디에서 나왔는가

(답) 민간에서 의연금으로 모집하였다
(문) 나라를 찾으려면 자기의 사재로서
하거나 국가의 공전으로서 하는 것이지
백성의게 모금하는 것은 도적이다 (답)
국왕이 나라를 도적맞고 백성이 인권을
도적맞은 이때에 사재고 공전이고 어디
에 문간할 수 있으랴 재판은 방청을
금지하고 한참동안 침묵하더니 종신중역
으로 선도를 받고 감옥생활을 하다

옥중에서 어떤때는 동지들을 보고 서
로 눈물로서 인사할 때도 있으며 누구
가 사형되고 누구가 종역 몇해간 이야
기도 들었다 하루는 獄司가 옥문을 열
어놓고 차례로 일흠을 불너 밖에 나오
라고 한다 나가니 그가 말하기로 이재
우리한국은 경제방면 또는 여러가지 관
계로 日本과 合邦이 되고 그 은혜으로
죄수를 모두 석방시킨다 하더라

公의 時年이 二十七歲이고 때는 檀紀
四二四三、隆熙四年庚戌七月일 너라 고향
에 돌아오니 제작년 戊申에 父親이 별
세하시였고 또는 불행하게도 妻子친속들
까지도 모두 죽고 눈앞에 보이는 것이
悲觀뿐일 너라
河陽에 曺應瑞氏의 따님의게 장가를
들어서 一男二女를 낳고 그리로 생활을
하는데 왜놈들이 항상 나를 감시하는

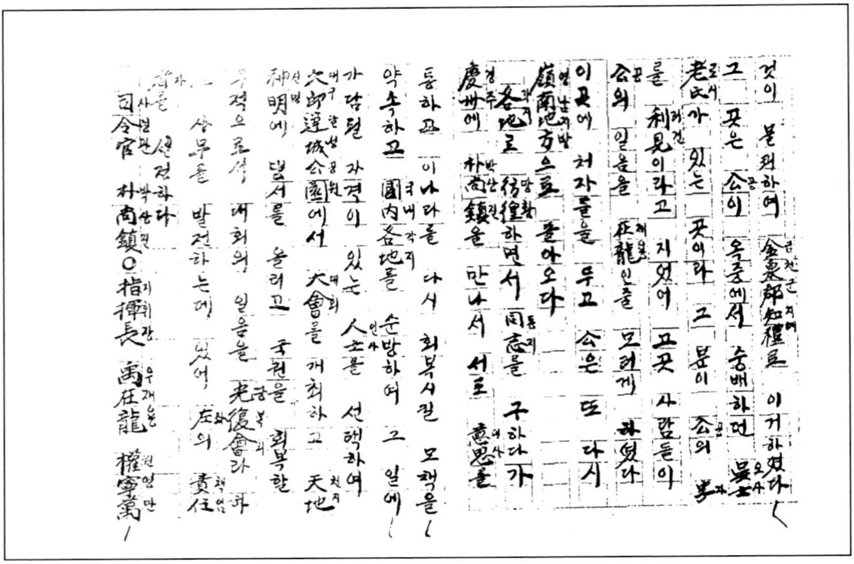
것이 분쾌하여 金泉郡知禮로 이거하였다
그 곳은 公이 옥중에서 숭배하던 吳士
老氏가 있는 곳이라 그 분이 公의 學者
를 利見이라고 지었어 그곳 사람들이
公의 일음을 在龍인줄 모려게 하였다
이곳에 처자들을 두고 公은 또 다시
嶺南地方으로 돌아오다
各地로 彷徨하면서 同志를 구하다가
慶州에 朴尙鎭을 만나서 서로 意思를
통하고 이나라를 다시 회복시길 모책을
약속하고 國內各地를 순방하여 그 일에
가담될 자격이 있는 人士를 선택하여
大邱達城公園에서 大會를 개최하고 天地
神明에 맹서를 올리고 국권을 회복할
목적으로 조직 대회의 일음을 光復會라 하
고 상무를 발전하는데 있어 左의 責任
者를 선정하다
司令官 朴尙鎭 指揮長 禹在龍 權寧萬

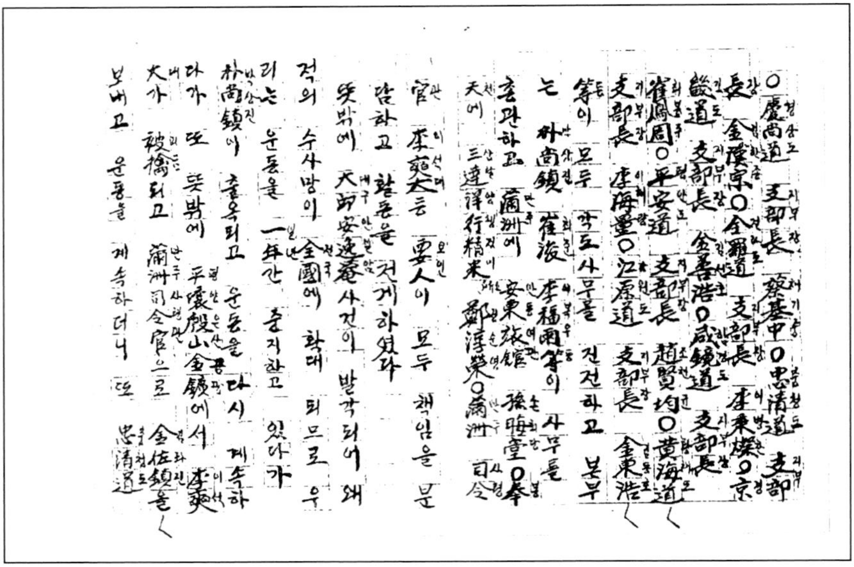
○慶尙道 支部長 蔡基中○忠淸道 支部
長 金漢宗○全羅道 支部長 李秉㴵○京
畿道 支部長 金善浩○咸鏡道 支部長
崔鳳周○平安道 支部長 趙賢均○黃海道
支部長 李海量○江原道 支部長 金東浩
等이 모두 각도 사무를 진전하고 본부
는 朴尙鎭 崔浚 李福雨 等이 사무를
총관하고 滿洲에 安東旅館 孫晦堂○奉
天에 三達洋行 精米所 鄭淳榮○滿洲 司令
官 李奭大는 要人이 모두 책임을 분
담하고 활동을 전개하였다
뜻밖에 大邱安逸庵 사건이 발각되어 왜
적의 수사망이 全國에 확대 되므로 우
리는 운동을 一年간 중지하고 있다가
朴尙鎭이 출옥되고 운동을 다시 계속하
다가 또 뜻밖에 平壤般山金鑛에서 李奭
大가 被捕되고 滿洲司令官으로 金佐鎭을
보내고 운동을 계속하더니 또 忠淸道

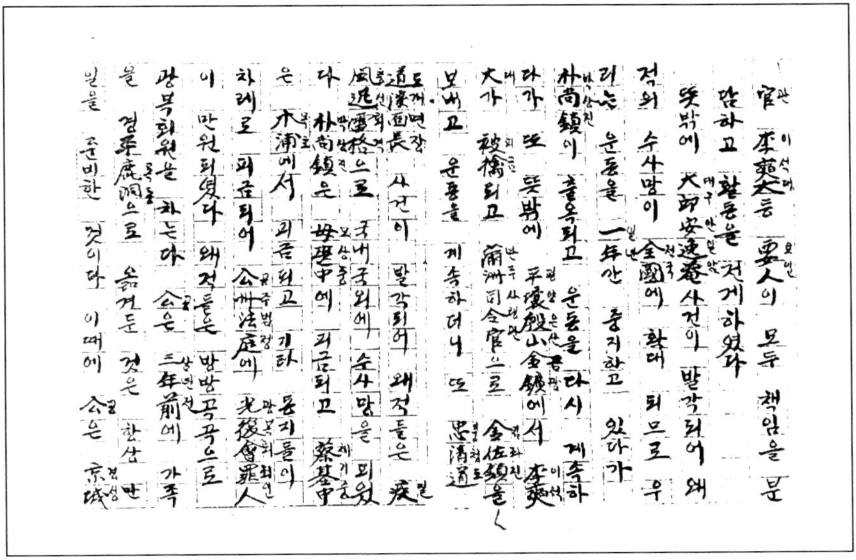
官 李奭大 등 要人이 모두 책임을 분
담하고 활동을 전개하였다
뜻밖에 大邱安逸菴 사건이 발각되어 왜
적의 수사망이 全國에 확대 되므로 우
리는 운동을 一年간 중지하고 있다가
朴尙鎭이 출옥되고 운동을 다시 계속하
다가 또 뜻밖에 平壤 殷山金鑛에서 李奭
大가 被擒되고 蘭洲司令官으로 金佐鎭을
보내고 운동을 계속하더니 또 忠淸道
道溪面長 사건이 발각되어 왜적들은 疾
風迅雷格으로 국내 국외에 수사망을 피었
다 朴尙鎭은 母喪中에 피금되고 蔡基中
은 木浦에서 피금되고 기타 동지들이
차례로 피금되어 公州法庭에 光復會罪人
이 만원되였다 왜적들은 방방곡곡으로
광복회원을 찾는다 公은 三年前에 가족
을 경北鹿洞으로 옮겨둔 것은 한삼 만
일을 준비한 것이다 이때에 公은 京城

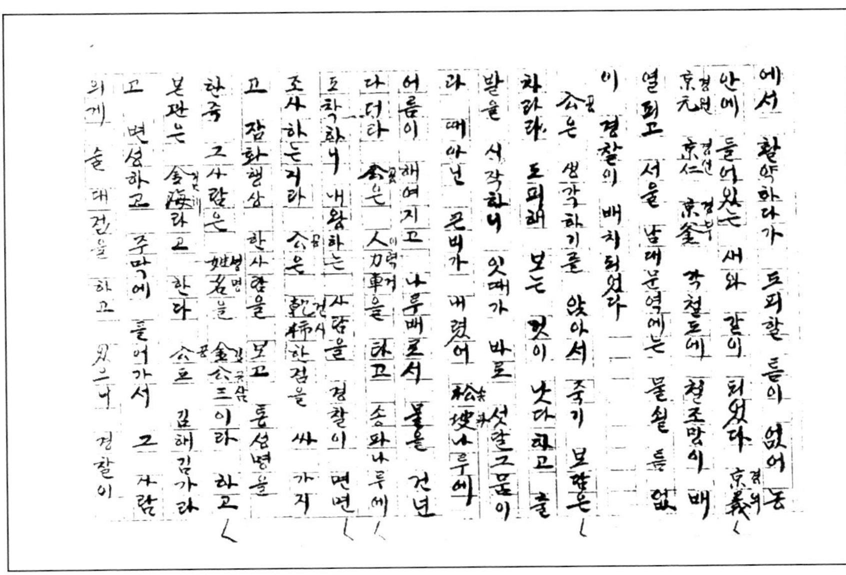
에서 활약하다가 도피할 틈이 없어 동
안에 들어왔는 새와 같이 되었다 京義
京元 京仁 京釜 각 철도에 철조망이 배
열되고 서울 남대문역에는 물샐 틈 없
이 경찰이 배치되었다
公은 생각하기를 앉아서 죽기 보다는
차라리 도피해 보는 것이 낫다 하고 출
발을 서작하니 잇때가 바로 섯달그뭄이
라 때아닌 큰비가 내렸어 松坡나루에
어름이 해여지고 나루배로서 물을 건넌
다더다 金公은 人力車을 타고 송파나루에
도착하니 내왕하는 사람을 경찰이 면면
조사하는지라 公은 乾柿한점을 싸 가지
고 잡화행상 한사람을 보고 통성명을
한즉 그사람은 姓名을 金公三이라 하고
본관은 金海라고 한다 公도 김해김가라
고 변성하고 주막에 들어가서 그 사람
의게 술 대접을 하고 있으나 경찰이

우리를 보통장꾼인줄 알고 조사를 안하
는지라 그럭 저럭하다가 장꾼들을 따라
서 아무일 없이 利川邑(이천읍)에 왔다 利川邑에
서 人力車(인력거)를 타고 장호원에 도착하여
젓도가에 숙박하고 또 인력거를 타고 堤(재)
川(천)平洞(평동)에 와서 여관에 숙박코저 앉아보
나 경찰들와 下宿房(하숙방)이라 다시 되장하여
소주 두어잔을 마시고 紅顔(홍안)으로 변형티
어 있었다 조금 되어 경찰이 와서 조사
를 한다 (순경) 대답하기를 나는 경상도
에 싸는데 성명을 金漢朝(김한조)라고 합니다
(문) 경상도에 살면 어찌 이리 왔오 (답)
강원도에 큰 겹이 있는데 파세하로 가
는 길이오 경찰은 퇴장하다 그날밤에
主人(주인)인 孫海運(손해운)이란 사람은 왜적들의 走(주)
狗(구)로 보이는데 들어와서 인사를 각근히
하고 돈 五(오)원을 차용코저 한다 나는
대답하기를 십원자리 뿐이요 하니 主人(주인)은

십원을 빌여가고 날을 부자인줄 알고
특별히 대접하더라 이튿날 마상으로 寧(영)
越(월) 金漢朝(김한조)의 집에 도달하여 여기서 파
세를 하고 正月(정월)十七(십칠)日(일)에 출발하여 順興(순흥)
을 경유하여 榮州(영주) 朴善陽(박선양)의 집에서 몇
일 유련하고 安東(안동)을 지나 靑松(청송) 趙善裕(조선유)
의 집에서 新村(신촌) 姊氏(자씨)宅(댁)에 통기를 보내
니 姊兄(자형) 鄭在穆(정재목)氏는 돈 五十(오십)원을 가지
고 와서 旅費(여비)를 도와주더라 具麻(구마) 梁漢(양한)
綺(기) 집에 도착하여 公州(공주)에 제판되는 光復(광복)
會(회)의 소식을 들으니 死刑(사형)된 사람이 원
品(품)이라 하더라, 여기서 數日(수일)留連(유련)하고 竹(죽)
長(장)에 李純久(이순구)를 방문하고 盈德(영덕)으로 가는
途中(도중) 召西面(소서면)에서 巡査(순사)를 만나 조사를
받는데 梁漢綺(양한기)가 주는 鑛石(광석)一封(일봉)을 보이
고 探鑛客(탐광객)으로 자칭하고 모면하다
그날 途中(도중)에서 날이 저물어 막연하더
니 말방울 소리가 들리기에 기다리니

두사람이 말 넷마리를 몰고 오는지라
그들에게 간청하여 말을 타고 그집에
가서 숙박하는데 그 집[illegible]가 양반이더라
여기서 세마를 타고 梅花里(매화리) 南在喆(남재철)집에
도착하니 하루에 一百六十里(일백육십리)를 왔더라
一週(일주)간을 유련하고 竹邊(죽변)서 元山(원산)가는 輪(륜)
船(선)을 하고 元山(원산)에 도착하여 하루 쉬면
서 서울소식을 탐문하니 조금 고식되는
상태라 元山(원산)에서 清涼里(청량리)로 車(차)를 탔다
車中(차중)에서 高等係刑事(고등계형사)로 유면한 李鍾晧(이종호)
를 만났다 그는 公(공)을 보고 외면을 하
고 내려가는 것이다 公(공)은 그의 손을
쥐고 안보았다 그는 열눈으로 한참
보더니 다시 안는다 公은 후대하고 있
던 술을 권하면서 말하기를 在龍(재룡)의 내
력은 天下(천하)가 다 아는데 兄(형)의 寬大(관대)한
處分(처분)을 얻고져 하는바이다 하니 그가
한번 웃고 한번 마시고 한번웃고 한번마시

77

더라 議政府(의정부)에 와서 公(공)의 손을 끌고
내려간다 따라내려가니 어떤 山間峽村(산간협촌)에
들어가서 저역식사를 하고 가자고 하는
지라 솔밭속으로 들어가는데 밤은 침침
하고 비는 부슬부슬 오는데 公(공)은 태연
하게 그의 뒤를 따라다가 큰 솔나무앞
에 그를 더불고 앉아서 그의게 말하기
를 내가 이재 부터 兄(형)으로 섬기고져
하는데 兄(형)의 의사 어떠한가 鍾晧(종호)가 —
허락하고 서로 절을하고 天地神明(천지신명)에 맹
서를 올리다 東小門(동소문)內(내)에 鍾晧(종호)의 집에
가서 그의 閤夫人(합부인)을 보고 嫂叔之禮(수숙지례)를
펴고 그夫人(부인)은 衣服一襲(의복일습)을 선사하더라
그날 밤에 鍾晧(종호)의 말이 그대가 曹孟德(조맹덕)의
後身(후신)이 아닌가 公(공)은 대답하되 오날 華(화)
容道(용도)를 지나왔오 잇튼날 鍾晧(종호) 출근나가
고 公(공)은 尹議官(윤의관) 忠夏(충하)를 방문하여 鍾晧(종호)
의 [illegible]를 이야기 하고 돈 三百(삼백)원을 받

34

여서 柴糧을 구입하여 鍾嚳의 집에 보
내고 편지 한장을 쓰서 忠夏에게 鍾嚳의
게 보내라고 하다 (편지내역) 나는 一生
이 天涯亡命客으로서 兄의 厚恩을 입고
留連 못하고 가는 것은 兄의 立場을 생
각함이니 용서하시오 滿洲로 출발하다
奉天에서 下車하여 각처소식을 탐문하고
吉林으로 갔어 李相龍 金東三 尹世復
金佐鎮 李始榮 모든 同志들을 더불고
三年간 활동하다가 국내에 萬歲운동이
발전되는 소식을 듣고 平壤에 돌아와서
서울연락을 취하고 西門밖 尹忠夏의 집
에 와서 大東團 總務 金協과 연락을
취하고 五月에 松月洞 李鍾國의 집에서
단원들과 약속을 정하고 同志들을 더불
고 全羅道로 출발하다
및때에 權寧萬 李載煥 安鍾雲 蘇鎭亨
任桂鉉 들을 데리고 群山에 도착하여 漢

11

湖南에 藝妓조합에 근거를 두고 白雲鶴 任昌
鉉 妓生 姜蘭香 등의 주선으로 高等係刑事
崔基培 金秉淳 등을 결탁하고 地方有力者
를 방문하였으나 효과를 못 보고 武壇
的으로 示威를 보이고저 하여 愛國金
領受官 朴昶과 光復會代表 韓君을 上海
臨時政府에 派遣시키고 운동을 中止하다
庚申正月에 英國商船 怡隆洋行이 鴨綠
江下流에 出帆하더니 平壤에서 서울로
서울에서 釜山으로. 비밀전화가 오가고
外來물품을 崔金두형사가 검열하는데 우
리앞으로 오는 물품은 몰인하도록 되었
다.. 그 효력으로 우리 光復會員은 한사
람이 短銃 두자루식 가지고 활동했다
金滿 南平 和順 同福 萬頃 金堤 羅州 개
등지에 현박장이 富者집에 날아들고 또
는 後期 준서를 하라는 소문과 독촉장을
받았다는 風說이 떠돌았어, 경찰들은 두통

36

을 알고 있었다
하루는 南平邑內(남평읍내)에 午前中(오전중)에 이상한
조건이 삼계소로 병발되어 경찰들은 갈
피를 잡지 못하고 당황하였다 그 원
인은 우리 光復會員(광복회원)들이 경찰을 속인
것인데 그날 午前(오전)에 남문밖에 있는 許(허)
富者(부자)집에서는 四名(사명)이 나타났고 영산강
나루배에는 八名(팔명)이 건너면서 뒤에 경찰
이 따라오거던 빨리 건너주라 부탁하였
고 徐孟洙(서맹수)의 집에서는 十五名(십오명)으로 보고
하라고 하였다 경찰들은 우리 술책에
속았어 정확한 인원수도 알 수 없고
영산강의 배사공 말을 들으니 반드시
南平本署(남평본서)를 습격한 것 같아서 조사를
중지하고 모두 본서에 돌아와서 수비하
고 道警察局(도경찰국)에 上告(상고)하였다
全南道警察局(전남도경찰국)은 全道警察(전도경찰)을 총동원시켜
十五日간 대수사를 하였으나 우리를 한

37

사람도 못 잡았고 세상은 모두 우리를
둔갑군이라고 하였다 그렇게 된 의유는
南平(남평) 某駐在所(모주재소) 職員(직원)이 애국자인 관계로
우리는 여기서 호파를 모았다 그곳을
떠날 때 洪富(홍부)란 자는 道理(도리)를 無視(무시)하는 고로
그 자를 없에버리고 그날 밤에 徒步(도보)로 百(백)
餘里(여리)를 걸어서 全北(전북) 昌平(창평) 朴洪柱(박홍주) 집에 도
착하여 수일간 유련하면서 群山(군산) 소식을
기다리다
全州(전주) 통로에서 자동차 한대가 오더니 三(삼)
人(인) 그 차안에서 崔基培(최기배) 金秉淳(김병순) 姜菊香(강국향)
이 내려와 우리를 데리고 群山(군산)에 도
착하였다 정유소에 경관이 행인들을 조
사하고 있으나 두 형사부장이 우리를
안내하니 무관하더라 호남에 일을 마치
고 각기 책임지로 돌아가다
公(공)은 그때에 서울에 돌아와서 동지들
을 더불고 의론하기를 국내국외 동정을

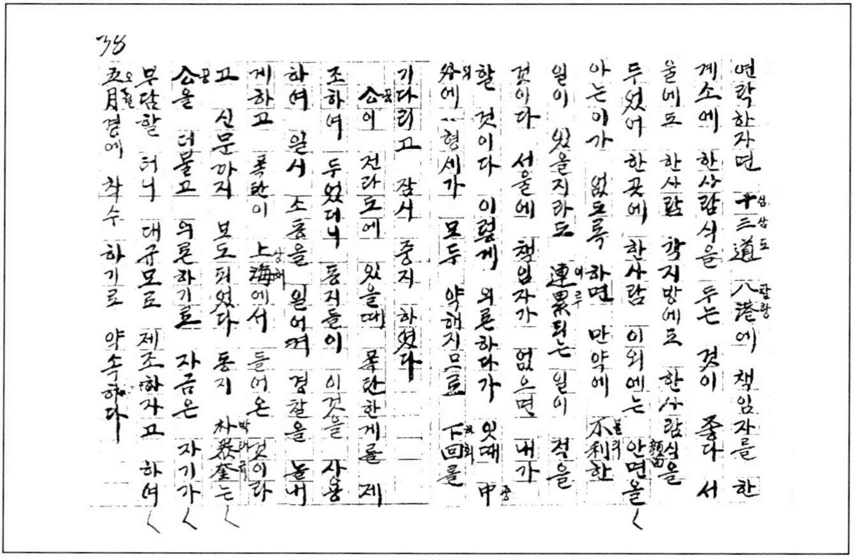

38

연락하자면 十三道 八港에 책임자를 한
계소에 한사람식을 두는 것이 좋다 서
울에도 한사람 각지방에도 한사람식을
두었어 한곳에 한사람 이외에는 안면을
아는이가 없도록 하면 만약에 不利한
일이 있을지라도 連累되는 일이 적을
것이다 서울에 책임자가 없으면 내가
할 것이다 이렇게 의론하다가 잇때 中
外에 ‥형세가 모두 약해지므로 下回를
기다리고 잠시 중지 하였다
公이 전라도에 있을때 폭탄한개를 제
조하여 두었더니 동지들이 이것을 사용
하여 일시 소동을 일어켜 경찰을 놀내
게하고 폭탄이 上海에서 들어온 것이라
고 신문까지 보도되였다 동지 朴殷奎는
公을 더불고 의론하기를 자금은 자기가
부담할 터니 대규모로 제조하자고 하여
五月경에 착수 하기로 약속하다

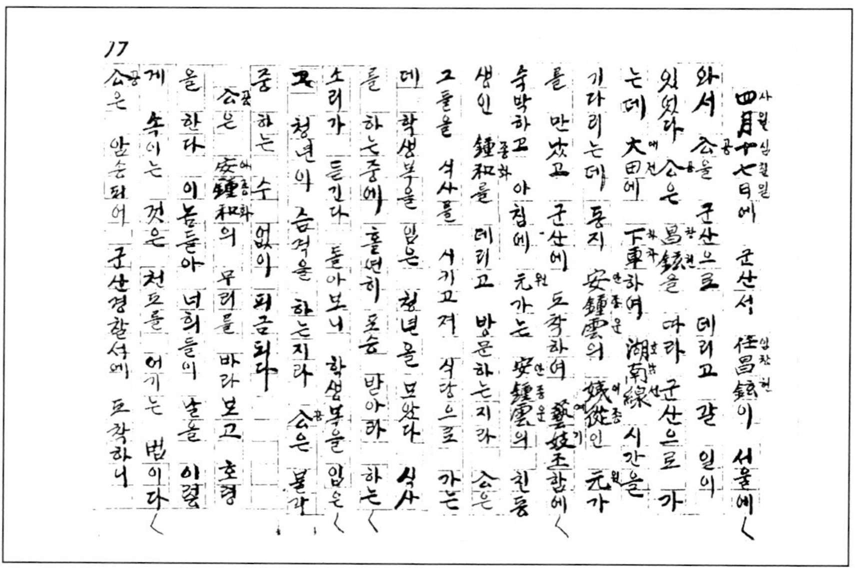

17

四月十七日에 군산서 任昌鉉이 서울에
와서 公을 군산으로 데리고 갈 일이
있었다 公은 昌鉉을 따라 군산으로 가
는데 大田에 下車하여 湖南線 시간을
기다리는데 동지 安鍾雲의 姨從인 元가
를 만났고 군산에 도착하여 藝妓조합에
숙박하고 아침에 元가는 安鍾雲의 친동
생인 鍾和를 데리고 방문하는지라 公은
그들을 식사를 시키고저 식당으로 가는
데 학생복을 입은 청년을 모았다 식사
를 하는중에 홀연히 모순 받아라 하는
소리가 들린다 돌아보니 학생복을 입은
자 청년의 습격을 하는지라 公은 불각
중 하는 수 없이 피금되다
公은 安鍾和의 무리를 바라보고 호령
을 한다 이놈들아 너희들의 낯을 이렇
게 속이는 것은 천도를 어기는 법이다
公은 압송되어 군산경찰서에 도착하니

40

京畿道(경기도) 경찰부 黃玉(황옥)이 군산에 와서 인계
를 받아 서울로 압송한다 黃玉(황옥)은 외기
양양하게 大功(대공)을 세운 듯이 서울에 돌아
와서 公(공)을 高等係(고등계) 取調室(취조실)에 넘기더라
公(공)은 취조실에 도착하여 살펴보니 사
지를 부뜰어매는 형틀 한에 포승줄 한
뭉치 물주전자 한계 몽도리 한자각 가
주조끼 한벌 이 물건들을 준비하여 두
고 왜놈한놈이 의자에 앉아서 公(공)을 보
고 오로시하고 명영을 내리니 형사 여
덜놈이 웃옷을 버는 것이다 公(공)은 이것
을 보고 석석한 기상으로서 호령을 한
다 이와같은 현구로서 죄인을 항복 받
는 것은 정당한 고백이 아니다 나는
이것으로 고백을 한다면 대장부와 자격
을 상실하는 것이다 왜놈은 이말을 듣
고 머리를 꺼덕 꺼덕 하더니 포승줄을
풀고 이층으로 데리고 올나가서 책상에

41

차물과 담배와 석낫 등속을 갖추어두고
의자에 앉혀주고 온순한 음성으로서 문
단을 시작한다 (문) 직업은 무엇을 하는
가 (답) 어렸때는 학교에 다녔고 장성해
서는 군인에 종사하였고 다른 직업은
없어지 (문) 우리가 함방이 되고 내서할
체로 동완한 민족인데 불온한 행동을
하는 것은 잘못한 것이지 (답) 나는 일
직 부터 南鮮(남선)의 義兵大將(의병대장) 鄭鏞基(정용기)씨의 義弟(의제)
이다 義兄(의형)과 盟誓(맹서)하기를 이나라를 구하
는데 있어 死生(사생)을 같이 하자고 하였는
데 義兄(의형)이 殉國(순국)하였으니 思想(사상)만은 변경
할 수 없다 (문) 思想(사상)으로서 成果(성과)를 얻
들 수가 있는가 (답) 成果(성과)를 얻고 못얻
는 것은 고사하고 사람이 이 세상에
한번 났다가 大義(대의)를 忘却(망각)할 수 없다
문답은 이렇게 마치고 가족면회를 승인
해 주기를 청하나 대단히 어렵다 하더

42

너 조금되어 夫人書氏가 어린아이 男妹
를 데리고 울어와서 통곡하다 公은 夫
人을 대하여 말 하기를 나는 남의 가장
이 되고 남의 아비가 되어 妻子를 이
렇게 고생을 시키니 이 것이 죄스럽지
만 나의 포부는 이것 뿐인데 끝으로
부탁할 말은 이 아이들 姓이 禹가라고
바로 가르치시요 하니 방청한 사람이
모두 落淚하더라
公은 一件書類와 같이 檢事局으로 넘
어갔다 검사는 경찰서류대로 산문을 마
치고 豫審으로 보낸다 예심판사는 公州
地方法院文簿을 앞에두고 문답을 시작한
다 (문) 被告는 일음을 禹在龍 禹利見
禹景玉 金在瑞 金尚浩 등으로 다섰번 변
경한 일이 있는가 (답) 있었다 (문) 한사
람으로서 다섯번 변명한 것은 무엇 때
문인가 (답) 운동에 따라서 하는 일이다

43

(문) 피고는 광복회원인가 (답) 회원이다
(문) 피고는 만주에 가서 활동한 일이
있는가 (답) 있다 (문) 피고는 국내에 광
복회원을 지도하였는가 (답) 지도하였다
(문) 피고는 무기를 구입하여 광복회원에
배부하였는가 (답) 무기를 구입하여 배부
하였다 (문) 인명을 살해하라고 지휘한
일이 있었지 (답) 인명을 살해하라고 지
휘한 일은 없다 판사는 책상위에 단총
을 한자루 내놓으면서 이것이 살인한
총이다 이렇게 해도 살인하라고 지휘한
일이 없는가 公은 대답하되 렵수가 총
을 남의게 빌려주었어 총을 빌려간 사
람이 살인을 하였다면 살인죄는 총 주
인에게는 부당할 것이고 농부가 농기를
타인에게 빌려줄때 그사람외 작업한 것
을 묻는 것은 아니며 또는 석냥을 다른
사람이 가지고 갔어 화재를 일으켰다면

방환운은 석방주인외게는 무당한 일이다
문많은 이렇게 마치고 판결이 되었다
경찰에 유치된 기간도 일년이 경과되였
다 검사의 논고는 사형으로 구형되더니
결말에 무기증역으로 언도를 받으니 잇
때 公(공)의 時年(시년)이 三十八歲(삼십팔세)읻니라
감옥생활을 하는동안 十七年(십칠년)을 계속하
여 漢文(한문)공부에 정신을 두어서 四書三(사서삼)
經(경)을 熟讀(숙독)하고 世上(세상)일을 忘却(망각)하였다
丁丑에 公의 時年이 五十四歲라
檀紀四二七0年(단기사이칠0년) 어느날에 옥사는 옥문
을 열고 禹在龍(우재용)죄수 나오시오 한다 公(공)
은 옥문밖에 나오니 원근을 막론하고
公(공)을 환영코저 왔는 사람들이 人山人海(인산인해)
를 일우었더라 鄭寬軒(정관헌) 權寧萬(권영만)兄(형)이 어든
少年兒(소년아)를 절을 시긴다 너는 누구냐 저
는 아들이 올시다 公(공)은 눈이 감감하여
한참 진정하고 너의 어머니는 어디에
있느냐 어머니는 이세상을 떠나시어 釜(부)

44

山海雲臺(산해운대)에서 영원히 잠자고 있읍니다
公(공)은 이말을 듣고 자기도 모르게 눈물
이 활찬 흘렸다 여러사람들의 환영을
받고 아들을 따라서 釜山(부산)으로 갔다
公(공)은 釜山(부산)에서 남은 세월을 보내고저 하나
마음에 생각되는 것이 분한 것 뿐이요
눈에 보이는 것이 불쾌한 것 뿐이라
자식들의게 분부하기를 나는 八道江山(팔도강산)을
구경할 터니 너희들은 날을 바라지 말
라 하고 출발하다
公(공)은 또다시 독립운동으로 들어갔다
방방 곡곡으로 해메여 옛날 동지를 찾
아서 海內海外(해내해외)의 소식을 연락시키고 血(혈)
心死力(심사력)을 다하여 독립운동에 이바지 하
였다 그 동안에 세월은 무정하게 흘너
갔고 그 가정에는 또 불행이 겼들였다
公(공)의 독자아들이 달 하나를 두고 세상
을 떠났다 이렇게 무참한 변을 당하고

45

416

身後(신후)를 생각하여 말할 수 없이 슬프다
그렇게 되어도 애국심만은 변하지 않고
꾸준히 계속하였다
公(공)은 慶州(경주) 某(모)旅館(여관)에 자주 내왕하더니
하루는 여관주인이 公(공)을 대하여 소개하
기를 우리집에 처녀한사람이 있은데 公(공)
의 덕망을 듣고 결혼을 청하니 나는
公(공)에게 그일을 권한다 하더니 그후에
주인이 그 처녀를 데리고 면회를 시킨
다 公(공)은 그 처녀에 대하여 사양하기를
말씀만은 감사하오나 나는 벌서 늙은
사람이라 절문이외 후의를 들을 수 없
다고 하니 그 처녀는 말하기를 나는
비록 아무 자격없고 못난 인간이지만
듣기에 先生(선생)임은 一平生(일평생)을 두고 이나라
를 위하여 독립운동을 하신 愛國志士(애국지사)임
이라고 하니 저는 선생님을 모시고 애
국지사의 안해라고 하는 말을 듣기로

417

소원입니다 公(공)은 자제를 만단으로 하고
있는데 주인은 성화같은 독촉으로 권한
다 公(공)은 차마 거절을 못하고 그를
데불고 결혼하다 그 처녀의 성명은
金小田(김소전)이다 그이도 본래 가난한집 따님
으로 태여났어 어릴때 부친은 어이고
편모시하에 자라나면서 인간적 고통을
많이 겪고 또는 사람은 大義(대의)를 알고
사라야 되는 것을 짐작한 것이다
公(공)은 가정생활을 다시 시작하여 경주
에서 하양으로 하양에서 영천으로 이곳
저곳으로 가솔을 데리고 홀아당이면서
광복운동에 이바지를 쉬지 않고 계속하
였다 그 혈맥으로는 一女二男(일녀이남)을 놓고
여기에 希望(희망)을 두었다
檀紀四二七八年八月十五日(단기사이칠팔년팔월십오일)에 倭皇裕仁(왜황유인)이
世界聯合軍(세계연합군)앞에 항복을 올리고 世界二次(세계이차)
大戰(대전)은 이로 부터 結末(결말)이 된 것이다

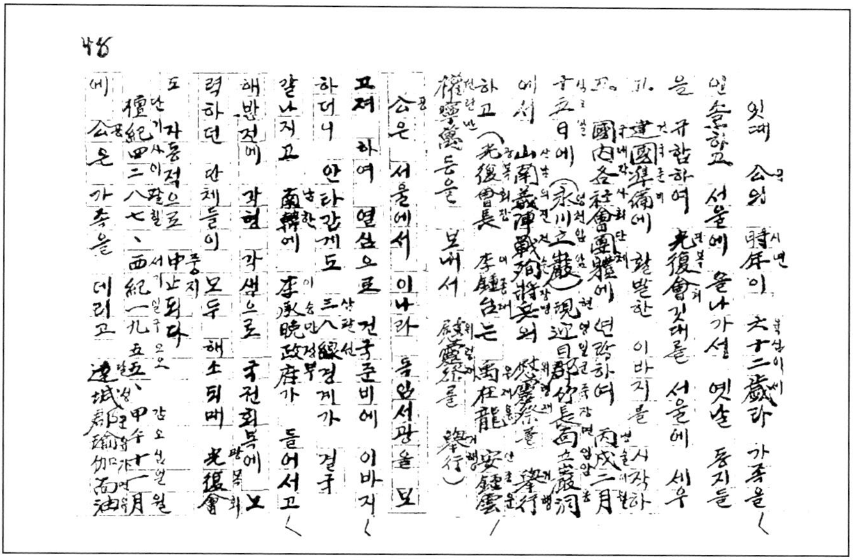

48

잇때 公의 時年이 六十二歲라 가족을 인솔하고 서울에 올나가서 옛날 동지들을 규합하여 光復會 깃대를 서울에 세우고, 建國準備에 國內各社會團體에 활발한 이바지를 시작하였으며 연락하여 丙戌二月 五日에 (永川 立巖) 現 迎日郡 竹長面 立巖洞에서 山南義陣戰殉將兵의 慰靈祭를 擧行하고 (光復會長 李鍾台는 禹在龍 安鍾雲 權寧萬 등을 보내서 慰靈祭를 擧行)

公은 서울에서 이나라 독립서광을 보고져 하여 열심으로 건국준비에 이바지하더니 안타갑게도 三八線경계가 결국 갈나지고 南韓에 李承晚政府가 들어서고 해방전에 각협 각색으로 국권회복에 노력하던 단체들이 모두 해소되매 光復會도 자동적으로 中止되다 檀紀四二八七、西紀一九五四、甲午十一月에 公은 가족을 데리고 達城郡 瑜伽面 油

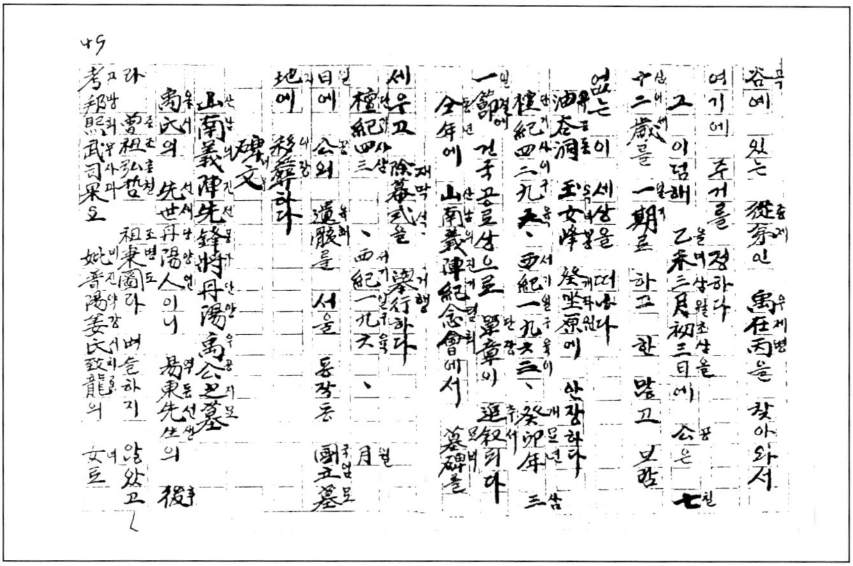

45

谷에 있는 從弟인 禹在丙을 찾아와서 여기에 주거를 정하다 그 이듬해 乙未三月初三日에 公은 七十二歲를 一期로 하고 한많고 보람없는 이 세상을 떠나다 油谷洞 玉女峰 癸坐原에 안장하다 檀紀四二九六、西紀一九六三、癸卯年 三一節에 건국공로상으로 單章이 追敍되다 全年에 山南義陣紀念會에서 墓碑를 세우고 除幕式을 擧行하다 檀紀四三 、西紀一九六 、 月 日에 公의 遺骸를 서울 동작동 國立墓地에 移葬하다

碑文

山南義陣先鋒將丹陽禹公之墓

禹氏의 先世 丹陽人이니 易東先生의 後孫이라 曾祖 弘喆 祖 東圖라 벼슬하지 않았고 考 邦熙 武司果오 妣 晋陽姜氏 致龍의 女로

四二一七、甲申正月三日 公이 낫으니 諱
在龍 字는 利見 號는 白山이라 弱冠時、
위급한 國勢에 慷慨하여 南營參校로 들
어갔이 그의 求國心의 첫發現이라 마침
山南義將 鄭鏞基잡히다 市民의 술퍼함을
보고 敵의 指使를 받고 官兵은 守國의
干城이 못됨을 깨달아 곧나가 青松에서
募士하다가 鄭公의 出徵再擧함을 듣고
參與하니 그 의기에 느낀 鄭公은 서로
兄弟의 誼를 맺고 鍊習將으로 함에 卒伍
를 敎訓하고 每戰에 先登하더니 鄭公等
이 立巖에서 敗死하니 이그 求國活動의
첫 꺾임이라 이에 다시 鄭公의 父 都察使 煥
直을 받들어 轉戰하다가 鑿穿 武器庫의
彈藥을 襲取하려고 一隊를 내끌고 火王
山으로 行軍中 都察使公이 淸河에서 被
擒하니 이그 두번째 꺾임이요 大將을
中途에 奪還하려고 八公山으로 急遽回軍하였

으나 때 이미 늦었다 또 藥彈을 求하려
고 離陣中 部下들이 그의 節度에 어기
어 부잡혀 能히 끝까지 主將所在를 가
리키지 않고 차례로 就死하고 公도 마침
내 부잡혀 無期를 받았으니 이그 세번
째 꺾임이요 合併後 特赦되자 同志들과
光復會를 組織하여 國外養兵 國內募資하
다가 諸同志被逮되고 그는 外國으로 빠
졌으니 그 네번째 꺾임이라 己未運動後
들어와 守備團을 일으키고 青年勞動者
團結을 蹶起케하여 八域에 縱橫無盡의
活動을 폈으나 敵偵의 密告로 또 無期
刑을 받았으니 이그 다섯번째 꺾임이라
世界大戰와 胎動하던 丁丑 囹圄의 十九
年을 치르고 나와 또 同志를 찾아도다
가 敵이 降服한 乙酉上京하여 光復會의
깃발을 거듭 내걸고 同志 權寧萬 등과
會를 代表하여 立巖戰地에 慰靈祭를 行

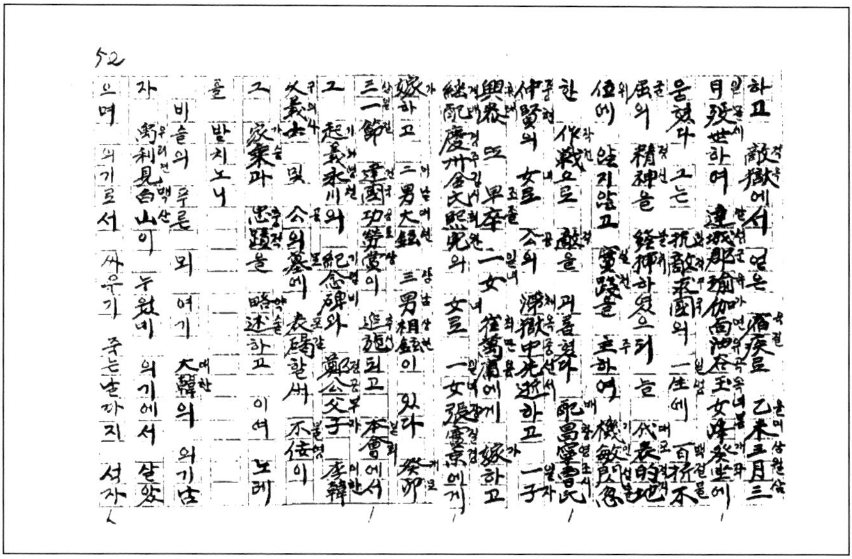

52

하고 敵獄에서 얻은 痼疾로 乙未三月三
日 逝世하여 達城郡 瑜伽面 泗洛 玉女峰 先塋에
묻혔다 그는 抗敵救國의 一生에 百折不
屈의 精神을 發揮하였으되 늘 代表的 地
位에 앉지 않고 實踐을 主하여 機敏[illegible]
한 作戰으로 敵을 괴롭혔다 配 昌寧曺氏
仲賢의 女로 公의 滯獄中 先逝하고 一子
興發 또 早卒 一女 崔萬鏞에게 嫁하고
繼配 慶州金氏 熙燦의 女로 一女 張慶京에게
嫁하고 二男 大鉉 三男 相鉉이 있다 癸卯
三一節 建國功勞賞이 追施되고 本會에서
그 起義永川의 紀念碑와 鄭公父子 李韓
久義士 및 公의 墓에 表碣할새 不侫이
그 家乘과 忠蹟을 略述하고 이어 노래
를 발치노니
비슬의 무릎뫼 여기 大韓의 외기古
자 寓利見白山이 누웠네 외기에서 살았
으며 외기로서 싸우기 죽는날까지 서자

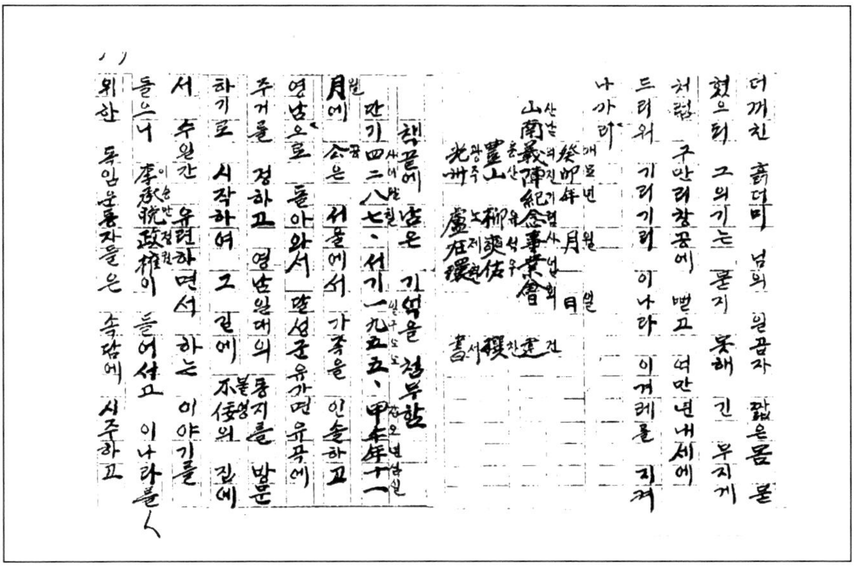

11

더께친 흙더미 님의 일곱자 짧은몸 묻
혔으되 그 외기는 묻지 못해 긴 무지게
처럼 구만리창공에 뻗고 여만년 내세에
드리워 기리기리 이나라 이겨레를 지켜
나가리

癸卯年 月 日

山南義陣紀念事業會 建

豊山 柳奭佑 撰

光州 盧在環 書

책끝에 남은 기억을 첨부함

단기四二八七、서기一九五五、甲午年十一
月에 公은 서울에서 가족을 인솔하고
영남으로 돌아와서 달성군 유가면 유곡에
주거를 정하고 영남일대의 동지를 방문
하기로 시작하여 그 길에 不侫의 집에
서 수일간 유련하면서 하는 이야기를
들으니 李承晩 政權이 들어서고 이나라를
위한 독립운동자들은 속담에 시주하고

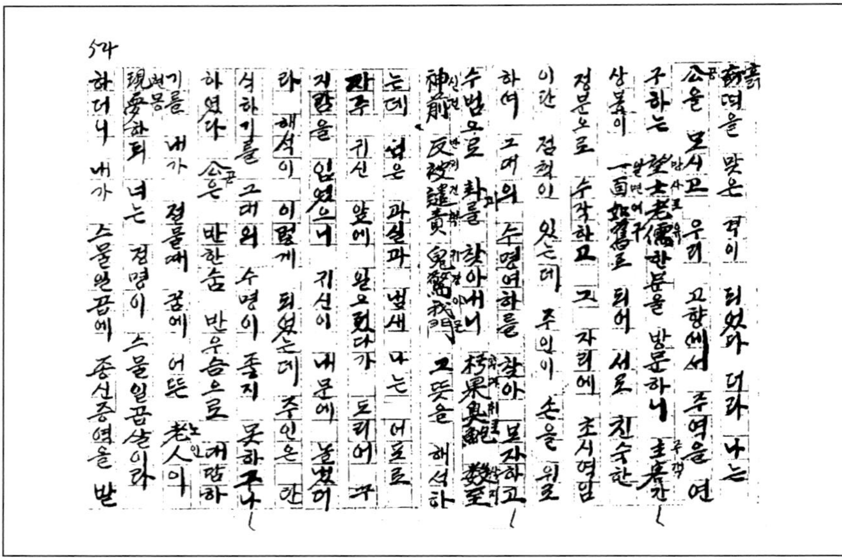

54

霹靂을 맞은 격이 되었더라 나는
公을 모시고 우리 고향에서 주역을 연
구하는 名士老儒한 분을 방문하니 主客간
상봉이 一面如舊로 되어 서로 친숙한
정분으로 수작하고 그 자리에 초시여럽
이란 점책이 있는데 주인이 손을 위로
하여 그대의 수명여하를 찾아 보자하고
수범으로 卦를 찾아내니 朽果臭齒 數至
神前 反複建責 鬼驚我門 그 뜻을 해석하
는데 실은 과실과 냄새 나는 어포로
잔주 귀신 앞에 [illegible]다가 도리어 꾸
지람을 입었으니 귀신이 내 문에 놀랐어
라 해석이 이렇게 되었는데 주인은 한
석하기를 그대의 수명이 좋지 못하구나
하였다 公은 반한숨 반우슴으로 대답하
기를 내가 젊을 때 꿈에 어떤 老人이
現夢하되 너는 정명이 스물일곱살이라
하더니 내가 스물일곱에 종신증역을 받

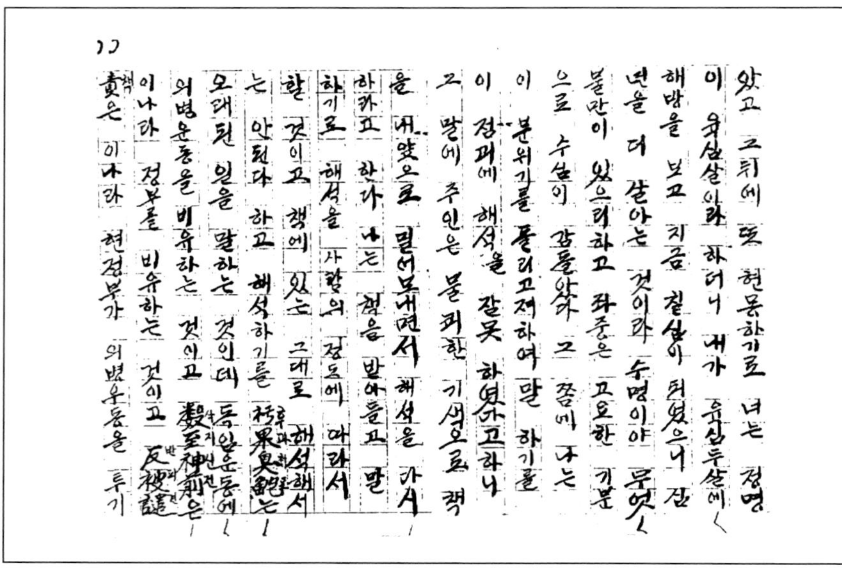

55

았고 그뒤에 또 현몽하기로 너는 정명
이 육십살이라 하더니 내가 육십두살에
해방을 보고 지금 칠십이 되었으니 잠
년을 더 살아는 것이라 수명이야 무엇
불만이 있으리하고 좌중은 고요한 기분
으로 수심이 감돌았다 그 쯤에 나는
이 분위기를 풀리고저하여 말 하기를
이 점괘에 해석을 잘못 하였다고하니
그 말에 주인은 불쾌한 기색으로 책
을 내앞으로 밀어보내면서 해석을 다시
하라고 한다 나는 책을 받아들고 말
하기로 해석을 사람의 정도에 따라서
할 것이고 책에 있는 그대로 해석해서
는 안된다 하고 해석하기를 朽果臭齒는
오래된 일을 말하는 것인데 독립운동에
의병운동을 비유하는 것이고 數至神前은
이나라 정부를 비유하는 것이고 反複建
責은 이나라 현정부가 의병운동을 투기

56

하는 것이고 鬼驚我門(귀경아문)온 이나라 역사가 올
이 날을 슬프할 것이라 하니 두 老人(노인)은
드디어 눈물을 먹음고 날을 바라보면서
탄식하였다 이결과를 탄식할 수록 이렁
게 거룩한 운동자들을 팔사하는 李承晩(이승만)
政權(정권)이 더욱 괘심하다
그 이듬해 乙未(을미) 二月中旬(이월중순)에 公(공)은 날을
찾아와서 말슴하기를 나는 一生(일생)을 두고
독립운동에 몸을 받쳤으나 그 흔적이
전부 水泡(수포)로 돌아가고 말아는데 그를
기록이라도 해서 두었으면 좋을다고 나
와 內眷(내권)의 권고가 있기로 그대에게 의
론을 하고져 하노라 나는 그 말슴을
듣고 좋은 경윤이 올사다하고 그 이든
날 부터 公(공)은 지나온 사적을 이야기
하고 나는 기록을 서작하였다 九日(구일)만에
작은 책자 한권이 결성 되었는데 책
원음을(白山旅話(백산여화)) 백산 지나온 이야기라

57

하고 대략대략 기록하였다
그때에 나는 女兒(여아)의 婚事(혼사)를 정해두고
날자가 박두하겠되었다 公(공)은 그 이튼날
집으로 돌아갈 예정을 하였더니 소관이
결정 되었다고 방삼을 했는 관계인지
公(공)이 그날밤에 병이 발작되었다 病(병)온
中風症(중풍증)이라 증세가 자못 위험하게 되어
는데 우리는 혼가족이 총동원되어 신구약
을 물론하고 모두 사용해 보았다 五日(오일)
만에 겨우 起坐(기좌)를 하고 本家(본가)로 가기로
원한다 있때 紫湯은 빼스교통이 없었다
처음(에)는 人夫(인부)로 지고 약 十里(십리)가량 오
다가 화물추력을 만나서 早橋(조교)까지 와서
빼스에 올나왔다 그때의 주려운전사의
동정이 많이 고마웠다 忠孝洞(충효동)에서 油谷(유곡)
洞(동)까지 거리가 二百三十里(이백삼십리)다 유곡동 앞
길에 下車(하차)하여 어떤 아들을 준다고(해) 과
자를 十원(십원)어치 사더라

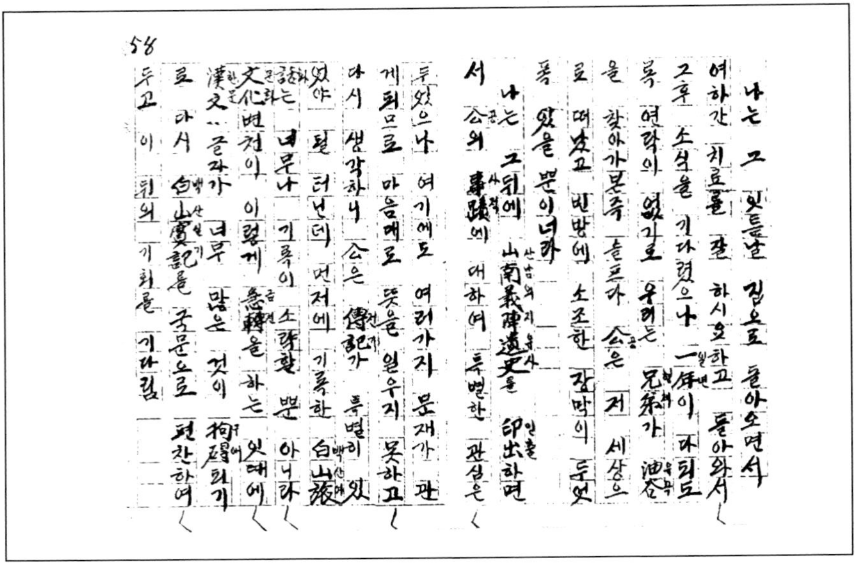

58

나는 그 잇튼날 집으로 돌아오면서
여하간 치료를 잘 하시오 하고 돌아와서
그후 소식을 기다렸으나 一年(일년)이 다되도
록 연락이 없가로 우리는 兄弟(형제)가 油谷(유곡)
을 찾아가본즉 슬프다 公(공)은 저 세상으
로 떠났고 빈방에 소조한 장막이 두엇
폭 있을 뿐이더라
나는 그뒤에 山南義陣遺史(산남의진유사)를 印出(인출)하면
서 公(공)의 事蹟(사적)에 대하여 특별한 관심은
두었으나 여기에도 여러가지 문재가 관
계되므로 마음대로 뜻을 원우지 못하고
다시 생각하니 公은 傳記(전기)가 특별히 있
었야 될 터인데 먼저에 기록한 白山旅(백산여)
는 너무나 기록이 소략할 뿐 아니라
文化(문화) 변천이 이렇게 急轉(급전)을 하는 이때에
漢文(한문) 글자가 너무 많은 것이 拘碍(구애)되기
로 다시 白山實記(백산실기)를 국문으로 편찬하여
두고 이 뒤의 기회를 기다림

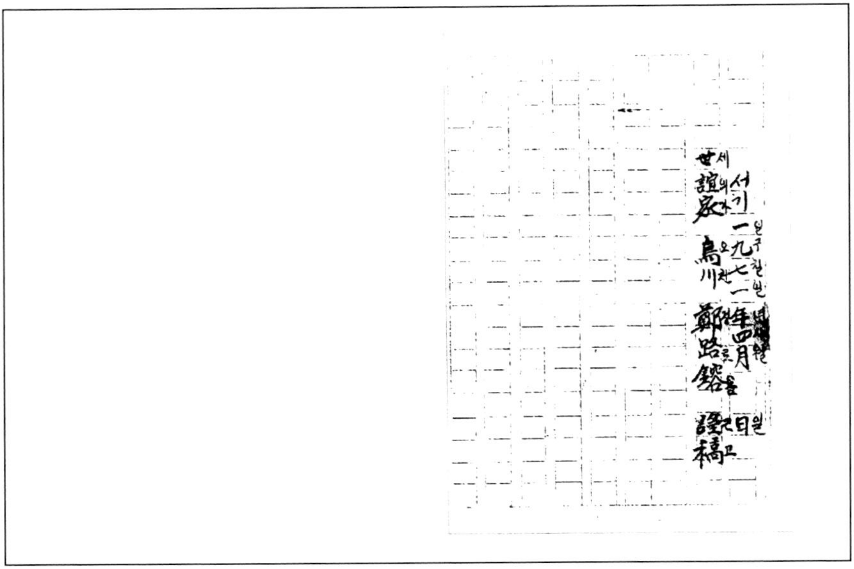

서기 一九七一年四月 日(일구칠일년 사월 일)
世誼家(세의가) 烏川(오천) 鄭路鎔(정로용)은 謹稿(근고)

우재룡 의사 약력

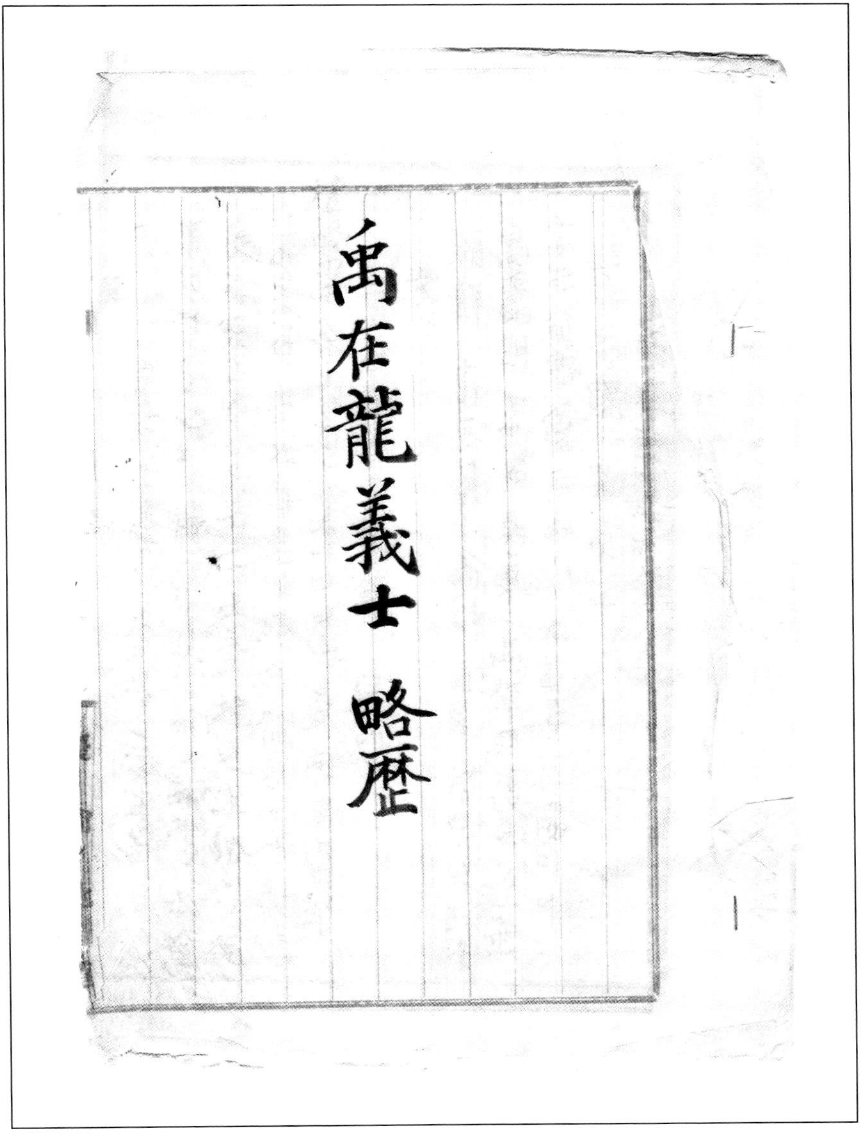
禹在龍義士略歷

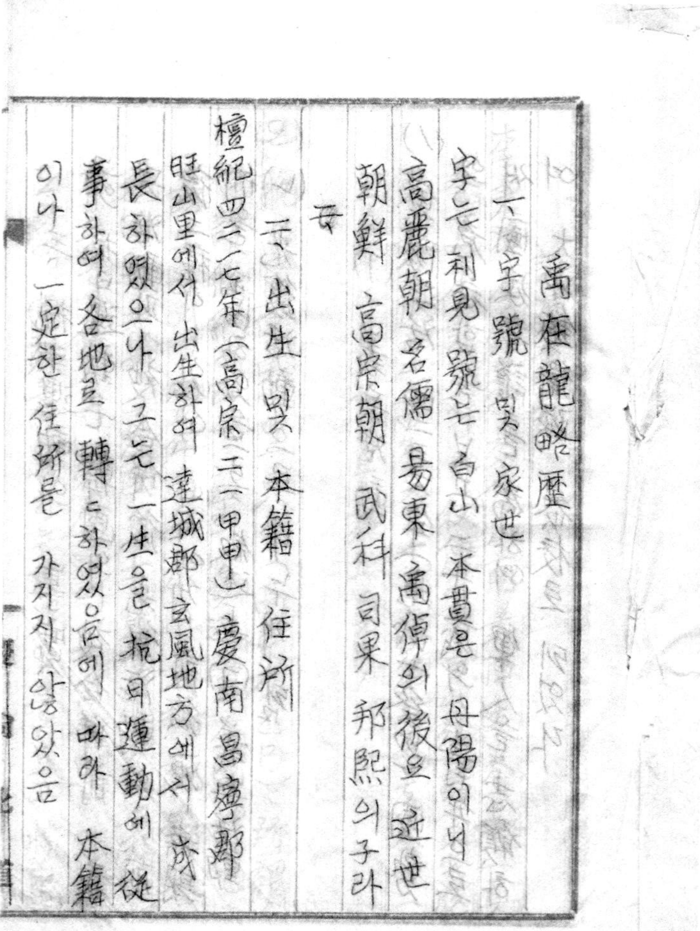

禹在龍略歷

一、字號 및 家世

字는 利見 號는 白山 本貫은 丹陽이니
高麗朝 名儒 易東(禹倬)의 後요 近世
朝鮮 高宗朝 武科 司果 邦熙의 子라

二、出生 및 本籍 住所

檀紀四二一七年(高宗二一甲申) 慶南 昌寧郡
旺山里에서 出生하여 達城郡 玄風地方에서 成
長하였으나 그는 一生을 抗日運動에 從
事하여 各地로 轉轉하였음에 따라 本籍
이나 一定한 住所를 가지지 않았음

三、抗日運動의 事實

吾의 抗日運動은 韓國의 被合併前 義兵活動과 被合併後 光復活動의 前後二種이 있어 日人에게 前後二次 無期刑을 當하였음으로 敍述上 (ㄱ) 義兵活動 (ㄴ) 光復活動으로 나누게 됨

(ㄱ) 義兵活動

(1) 軍隊生活 四二三六年(光武七癸卯) 國勢의 危急함을 보고 二十歲의 青年으로써 國家守護를 爲하여 軍人을 志願하여 大邱鎮衛隊 叅校로 되었다

證憑書類

李東洛 李鍾基 共著 山南義陣史 卷上三一頁
卷下三八頁 그의 自叙傳인 白山旅話(未出版)
東亞日報 四二五四年 六月十一日字 第二八七号 仝四二
五五年 三月二七日字 第五七六号

(2)
脫營與(于)義 四二三八年(高宗九乙巳) 所謂
保護條約이라는 敵의 脅迫으로 全國이 물
끓듯하여 翌年丙午 山南義將 鄭鏞基
逮囚의 報에 憂國의 士 嗟嘆流涕하는데
官兵은 倭人의 隸屬下에 놓였을뿐 아니라
도리어 同族을 害하는 狀態임을 보고 憤然

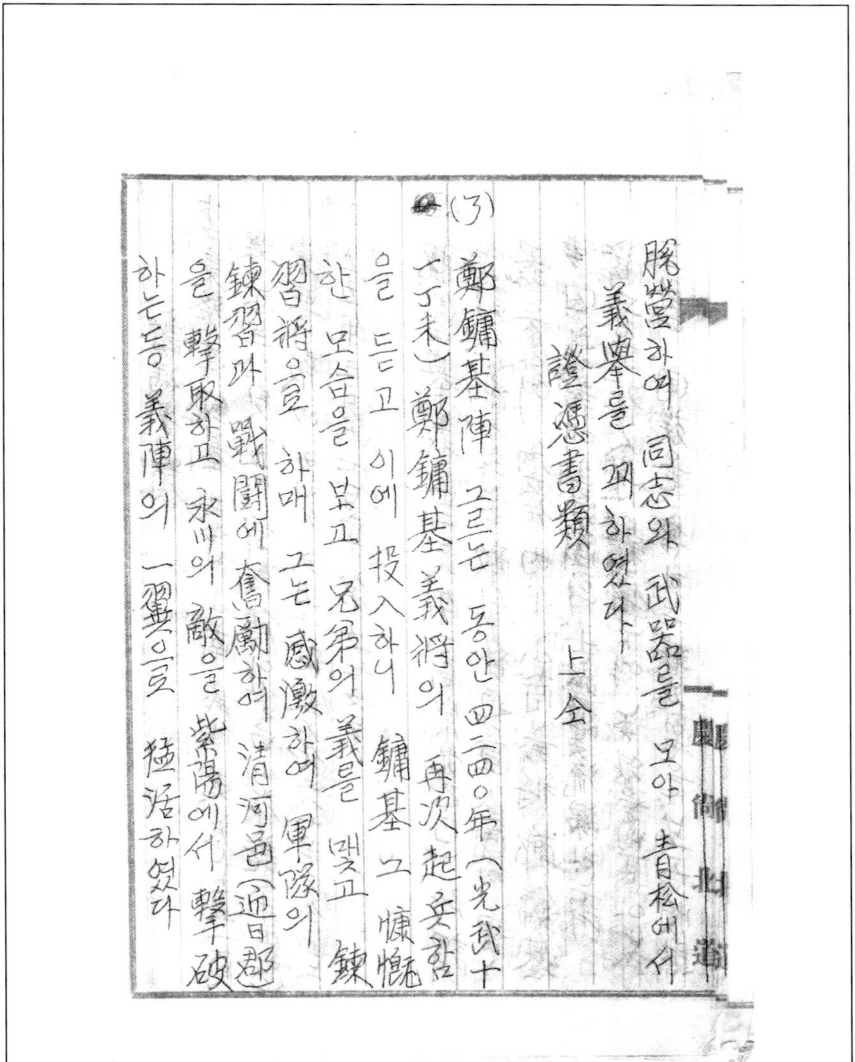

勝營하여 同志와 武器를 모아 靑松에서
義擧를 꾀하였다
證憑書類 上仝

(3)
鄭鏞基陣 그르는 동안 四二四〇年(光武十一丁未) 鄭鏞基義將의 再次起兵함을 듣고 이에 投入하니 鏞基 그 慷慨한 모습을 보고 兄弟의 義를 맺고 鍊習將으로 하매 그는 感激하여 軍隊의 鍊習과 戰鬪에 奮勵하여 淸河邑(迎日郡)을 擊取하고 永川의 敵을 紫陽에서 擊破하는등 義陣의 一翼으로 猛活하였다

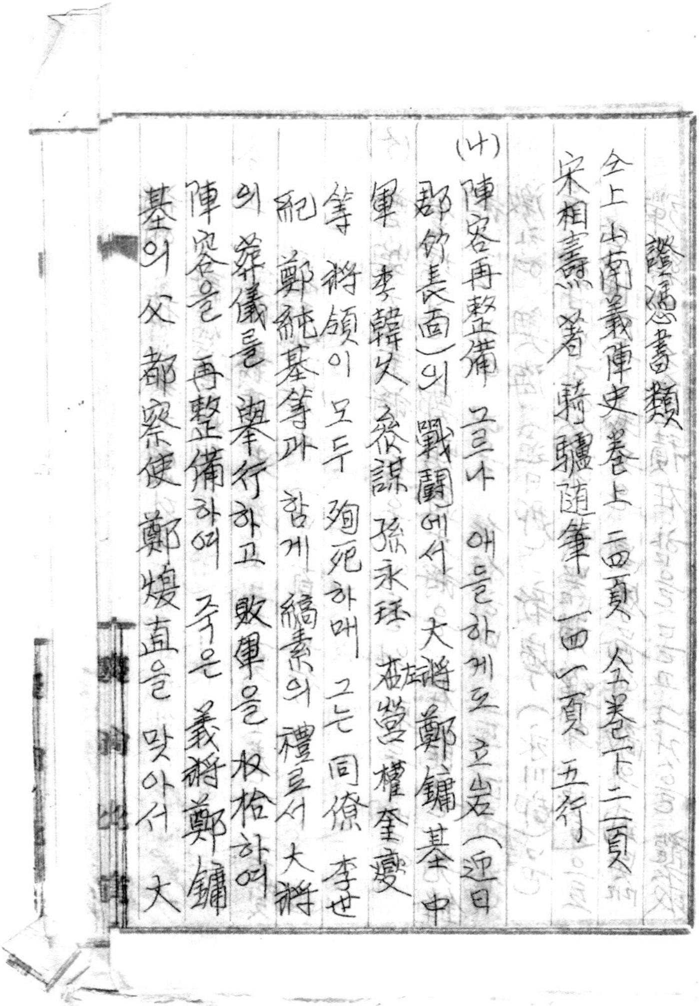
證憑書類
仝上 山南義陣史 卷上 二四頁 仝 卷下 二一頁
宋相燾 著 騎驢隨筆 一四一頁 五行

(나) 陣容再整備 그르나 애들하게도 立岩(迎日郡竹長面)의 戰鬪에서 大將 鄭鏞基 中軍 李韓久 參謀 孫永珏 右營 權奎燮等 將領이 모두 殉死하매 그는 同僚 李世紀 鄭純基等과 함께 縞素의 禮로서 大將의 葬儀를 擧行하고 敗軍을 收拾하여 陣容을 再整備하며 죽은 義將 鄭鏞基의 父 都察使 鄭煥直을 맞아서 大

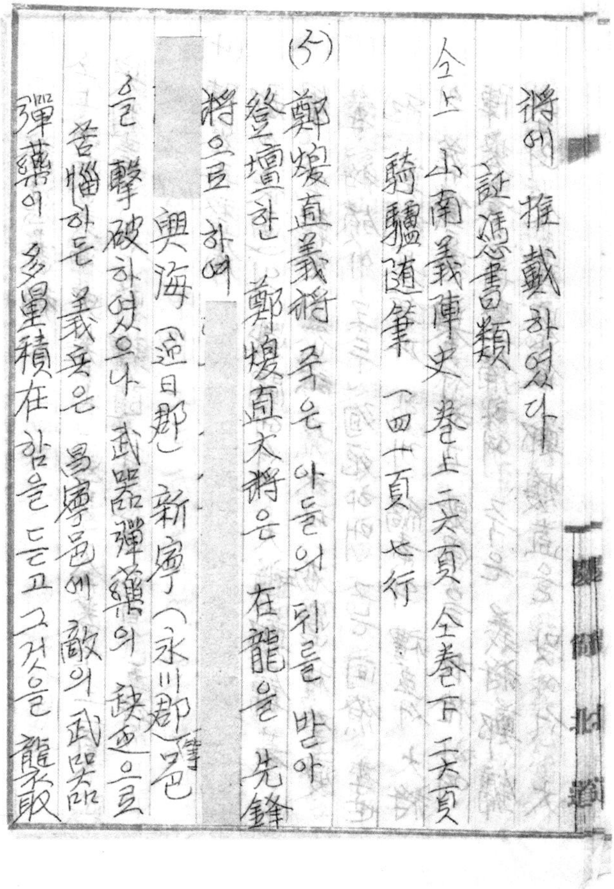

將에 推戴하엿다

証憑書類

仝上 山南義陣史 巻上 二十六頁 仝巻下 二十六頁

騎驢隨筆 (四十頁 七行

(5) 鄭煥直義將 주은 아들이 뒤를 받아

登壇한 鄭煥直大將은 在龍을 先鋒

將으로 하여

興海(迎日郡) 新寧(永川郡)等邑

을 擊破하엿으나 武器彈藥의 缺乏으로

苦惱하든 義兵은 易寧邑에 敵의 武器

彈藥이 多量積在 함을 듣고 그것을 襲取

고저 在龍은 將令을 받아 一枝隊를 이끌고 火旺
山(昌寧과 達城郡境界의 山)으로 移動하든 中
鄭義將은 盈德에서 戰敗被擒되였다
證憑書類 上仝

(6) 勢盡且力竭 火旺山中에서 大將의 凶報에
接한 在龍은 部下 七十餘人을 거두어
急히 八公山中으로 移動하여 桐華寺를
根據로 活動하였다(敵의 捕虜로 되
어 大邱로 押送된 鄭義將의 奪還을 計畫
한 까닭이였는지 未詳함) 그러나 언제나
그의 活動을 沮害한 武器彈藥의 缺乏

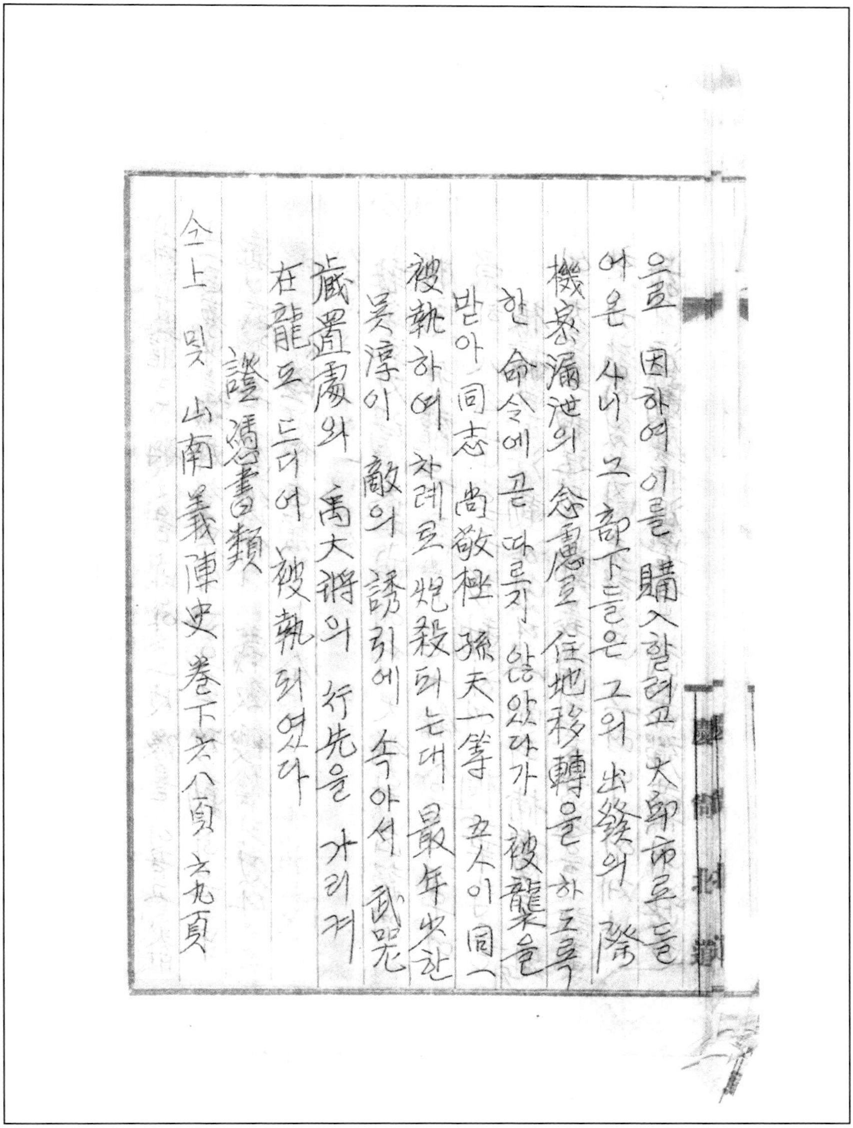
으로 因하여 이를 購入할려고 大邱市로 들
어온 사이 그 部下들은 그의 出發의 際
機密漏泄의 念慮로 住地移轉을 하도록
한 命令에 곧 따르지 않았다가 被襲을
받아 同志 尙敬極 孫天一等 五人이 同一
被執하여 차례로 燒殺되는데 最年少한
吳淳이 敵의 誘引에 속아서 武器
藏置處와 禹大將의 行先을 가리켜
在龍도 드디어 被執되였다
證憑書類
仝上 및 山南義陣史 卷下 六八頁 六九頁

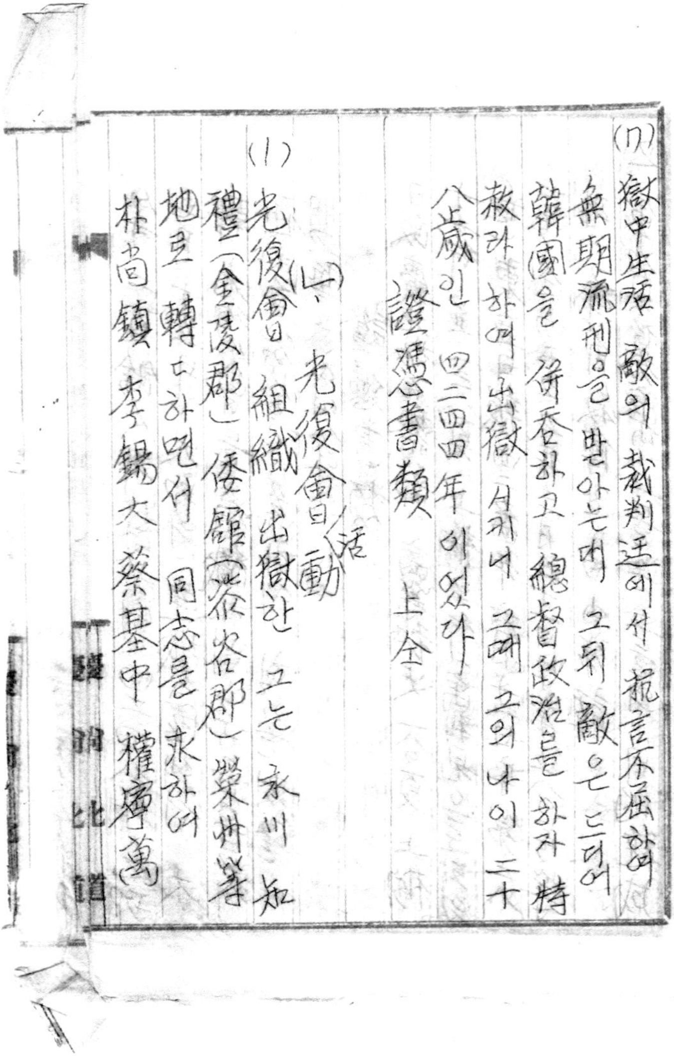

(17)

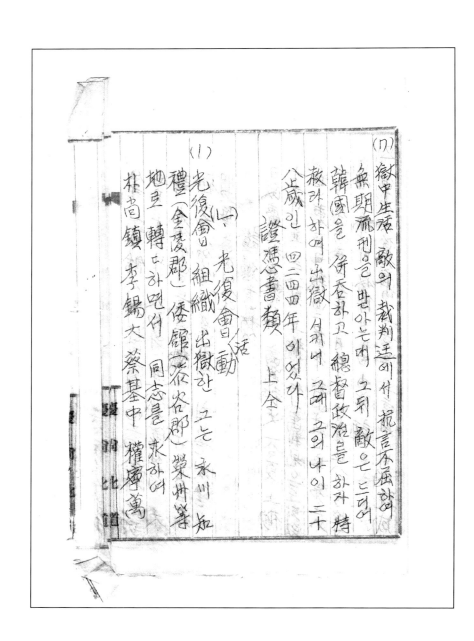

獄中生活 敵의 裁判廷에서 抗言不屈하여 無期流刑을 받아는데 그뒤 敵은 드디어 韓國을 併呑하고 總督政治를 하자 特赦라 하여 出獄 시켜나 그때 그의 나이 二十八歲인 四二四四年 이었다

證憑書類 上仝

(나) 光復會 活動

(1) 光復會 組織 出獄한 그는 永川 知禮(金陵郡) 倭館(柒谷郡) 榮州等 地로 轉々하면서 同志를 求하여 朴尙鎭 李錫大 蔡基中 權寧萬

等 二百餘人과 더부러 四二四八年 乙卯
七月 十五日 大邱의 達城公園에서 大
韓光復會를 組織하여 주음으로써
祖國光復을 爲하여 힘 쓸 것을
盟誓하였다

證憑書類

日政慶北警察部 高等秘史 一八〇頁 上欄
十一行 並 一三八頁 上欄 五行 以 高利見으로 되었
음. 東亞日報 四二五四年 六月 十一日字 第二八
七號 仝 四二五五年 三月 三十一日字 第五八〇號 等
과 그의 自敍傳인 白山旅話

(2) 軍資募集 그들은 그들의 目的達成

을 爲하여서 將來武力戰을 覺悟하고 그 組
織을 全部 軍隊式으로 하여 總司令 副司
令을 部署로 하고 八道에 支部를 두고 滿
洲에 武官學校를 두어 獨立鬪士를 養成
하니 吉林二次口의 新興武官學校가 그것
이었으며 그 經費를 調達하기 爲하여 日官
의 不法徵收하는 稅納을 押收使用하며
各地富豪에게 應分의 醵出을 勸誘하
며 惡質 官吏 및 附日反逆者를 懲罰하
기로 決定하여 그 第一着手로서 그는 同志
權寧萬과 같이 慶州 光明里路上에서 日
官의 徵收하여 大邱로 輸送하는 慶州 迎日

盈德三郡 稅金 八千七百圓을 押收하다
證憑書類

仝上 그러고 同志權寧萬 光復同志會
錄에 記錄이 있음

(3) 波瀾重疊 그러는 中 本會의 起創以前
大邱 安逸庵에서 있었든 國權恢復事
件(或稱 安逸庵事件)의 發露로 會의
總司令 朴尙鎭以下 多數同志가 被逮入獄하였
으며 그뒤 또 副司令 李奭大의 被襲殉死等
으로 會의 活動이 一時 多少 沉滯됨을
免치 못하였다 그뒤 朴尙鎭同志의 出獄과 副
司令에 金佐鎭이 任命되고 新興武官學校

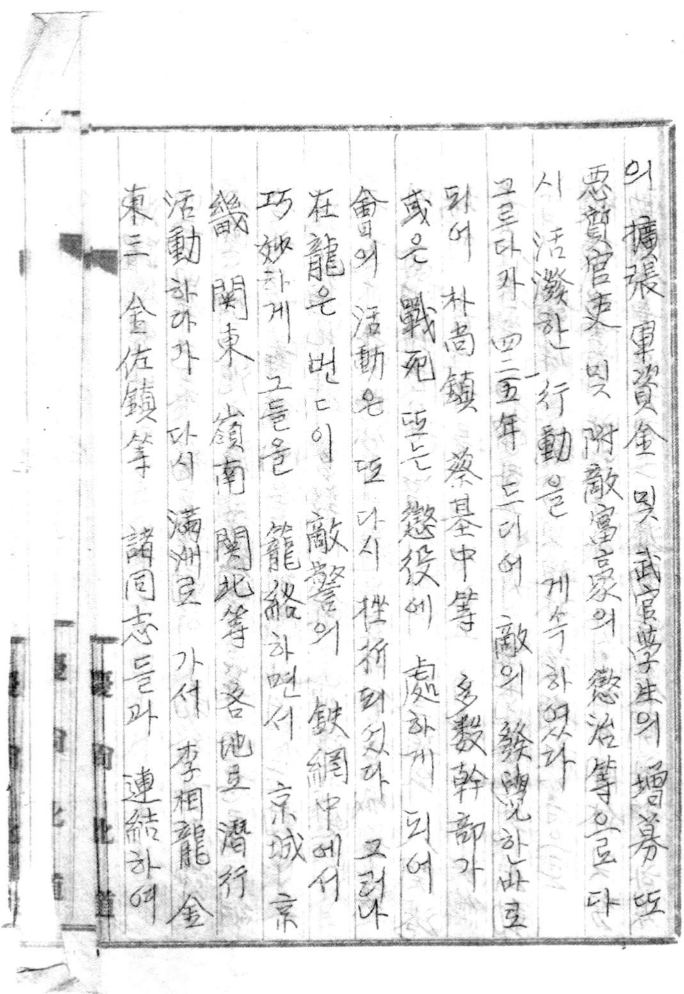
의 擴張 軍資金 및 武官學生의 增募 또
惡質官吏 및 附敵富豪의 懲治等으로 다
시 活潑한 行動을 계속하였다
그로다가 四二五年 드디어 敵의 發覺한바로
되어 朴尙鎭 蔡基中等 多數幹部가
或은 戰死 또는 懲役에 處하게 되어
會의 活動은 또 다시 挫折되었다 그러나
在龍은 번ㄷ이 敵警의 缺網中에서
巧妙하게 그들을 籠絡하면서 京城 京
畿 關東 嶺南 關北等 各地로 潛行
活動하다가 다시 滿洲로 가서 李相龍 金
東三 金佐鎭等 諸同志들과 連結하여

活躍하엿섯다
四二五四年己未 獨立運動이 勃發하자 다시
入國하며 沈永澤 蘇鎮亨等 同志를 糾
合하여 籌備團을 組織하여 活動中
또 發覺되여 多數同志가 被逮하엿스나
그는 亦是 巧妙히 避身하면서 京城 平壤
및 兩湖地方을 潛行하며 十三道와 八関港
場에 責任者를 선정하고 自身은 中央總
責任者로 担當하고 다시 湖南各地에 出動
하여 爆彈 短銃 資迫狀 後期証等으로
縱橫無盡의 活躍을하고 다시 青年團体 및 努
動團体를 움지겨 一大運動을 展開할려 하엿

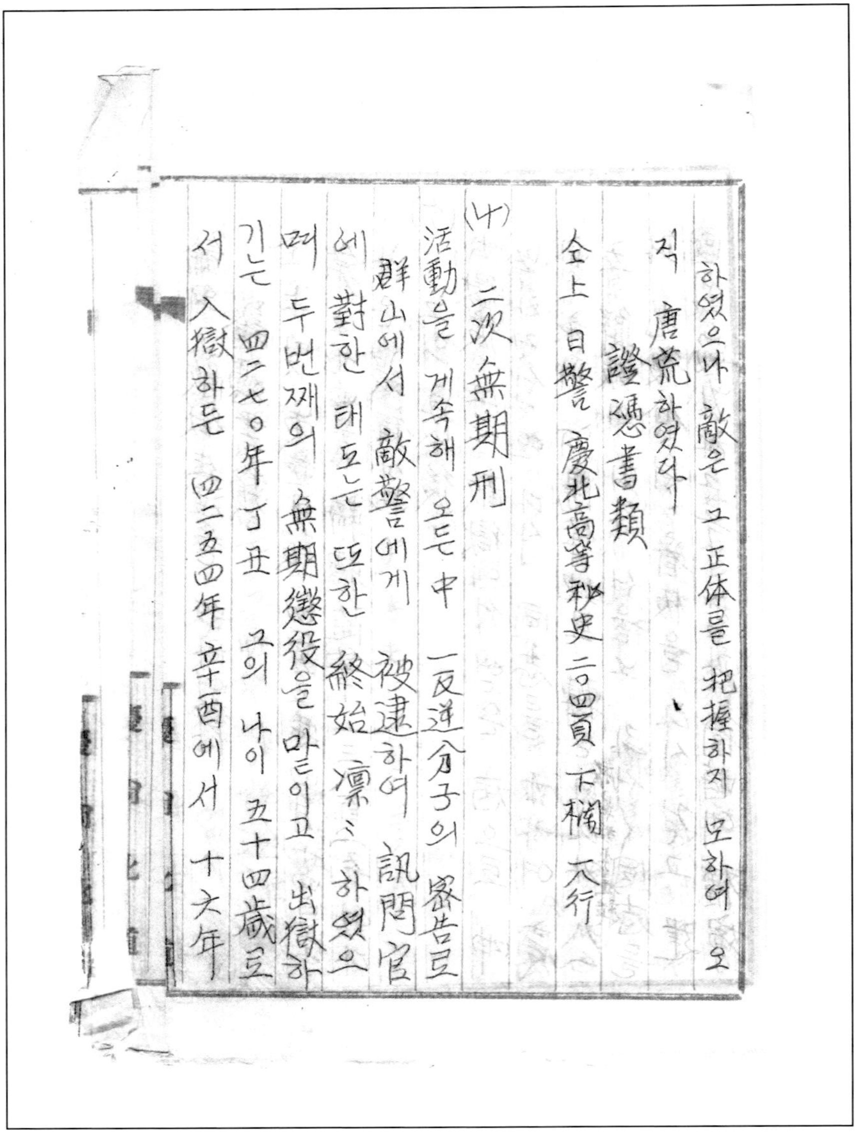

하였으나 敵은 그 正体를 把握하지 모하여 오
직 唐荒하였다
證憑書類
仝上 日警 慶北高等秘史 二四頁 下欄 六行

(나) 二次 無期刑
活動을 계속해 오든 中 一反逆分子의 密告로
群山에서 敵警에게 被逮하여 訊問官
에 對한 태도는 또한 終始 凜々하였으
며 두번째의 無期懲役을 맡이고 出獄하
기는 四二七0年 丁丑 그의 나이 五十四歲로
서 入獄하든 四二五四年 辛酉에서 十六年

餘의 敵獄生活을 叙하였다
證憑書類
仝上 및 東亞日報 四二五五年 四月 十四日字
第五九四号 騎驢隨筆 一三八頁(주있다
함은 誤錄임)
(5) 그의 最後
出獄後 그는 敵獄에서 얻은 病으로 呻
吟하면서 또 다시 同志를 求하여 慶
州 永川 河陽等地로 轉轉하다가 八一
五 解放이 되자 서울노 와서 權寧萬 李[illegible]禧 同志들
과 光復會의 看板을 다시 걸고 建
國에 協力하도록 함과 同時에 權寧

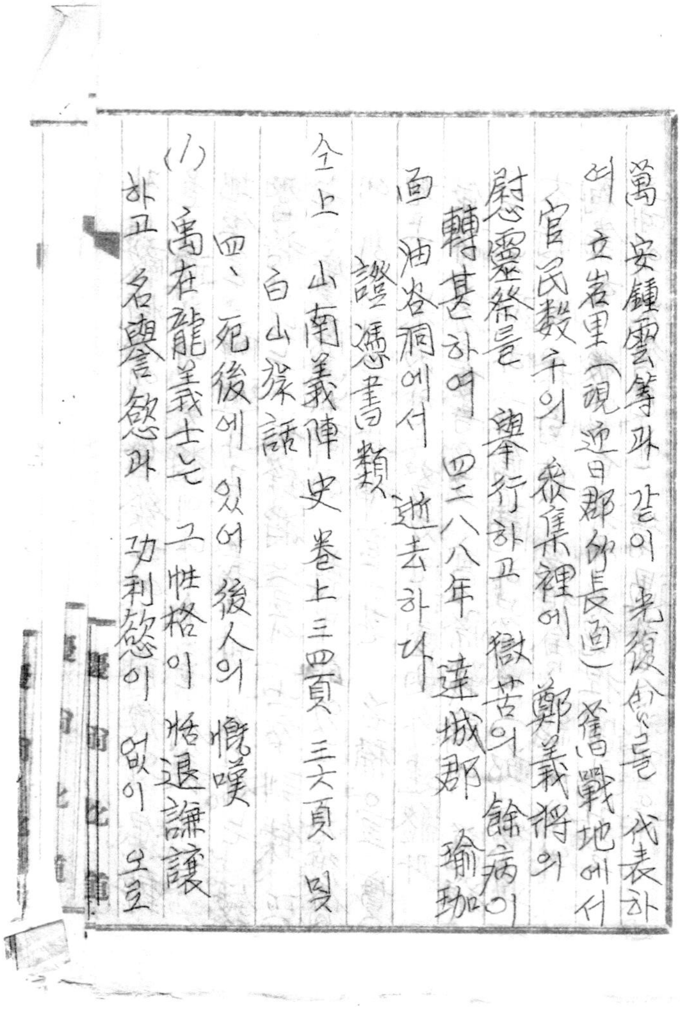
萬 安鍾雲等과 같이 光復會를 代表하
여 立岩里(現 迎日郡 竹長面) 舊戰地에서
官民數千의 蒐集裡에 鄭義將의
慰靈祭를 擧行하고 獄苦의 餘病이
轉甚하여 四二八八年 達城郡 瑜珈
面 油谷洞에서 逝去하다
證憑書類
仝上 山南義陣史 卷上 三四頁 三六頁 및
白山孫話
四、死後에 있어 後人의 慨嘆
(1) 禹在龍義士는 그 性格이 恬退謙讓
하고 名譽慾과 功利慾이 없이 오로

지 敵愾心에 奮發하여 前後의 運動
을 通하여 大將이나 會를 代表하는 鍊
地位를 辭避하고 義兵에 있어서는
習將 또는 先鋒將으로서 士卒訓鍊 또
는 實際戰鬪에 熱中하였고 光復會
에 있어서는 指揮官이란 名稱을 實
地上 果敢한 努力인 國內外連絡과
軍資募集等으로 實際戰鬪에 萬難
을 不避하고 奮鬪하였으며 (鄭煥直
大將 및 朴尙鎭 光復會 總司令의
殉節한 後에 自身이 總担當한 것도
그대의 不得已한 境遇라고 하겠음

(2) 禹在龍義士는 항상 鬪爭上 敵警의 눈을
避하기 爲하여 自身의 전두 事實을
언제나 숨기고 本籍을 이리저리 變稱하
고 姓名을 禹利見 金在洙 金在瑞等
려러가지로 變稱하여 다른사람이 착각
할수 없을뿐 아니라 어떤 때는 그가
족에게까지 숨겼음이 그가 第二次 手入
擔時 檢事가 死刑을 論告하자 傍聽席
에서 있는 그 妻를 도라보고 나는 남의
가장으로서 또 남의 아비로서 世上에 없는
苦生만 시켰으니 나의 不德이라 하지만
이렇게 죽는 것이 나의 本意인 깐게

나 서러워 하지 말고 끝으로 어린 자식들에
게 내 姓이 禹哥인 것이나 바로 가르
쳐주기 부탁하오 하여 傍聽者도 모두
눈물을 지었다

(3)

禹在龍義士는 또 解放後에 한 事
績은 先烈의 慰靈祭를 擧行하고
光復會의 業績을 世上에 發表하
면서도 自己履歷만은 永々하 숨기
고 不歸의 客으로 떠나니 自我心이
많은 이時代에 師範이 될만한 偉人
이라 그러나 功든 塔은 문혀지지

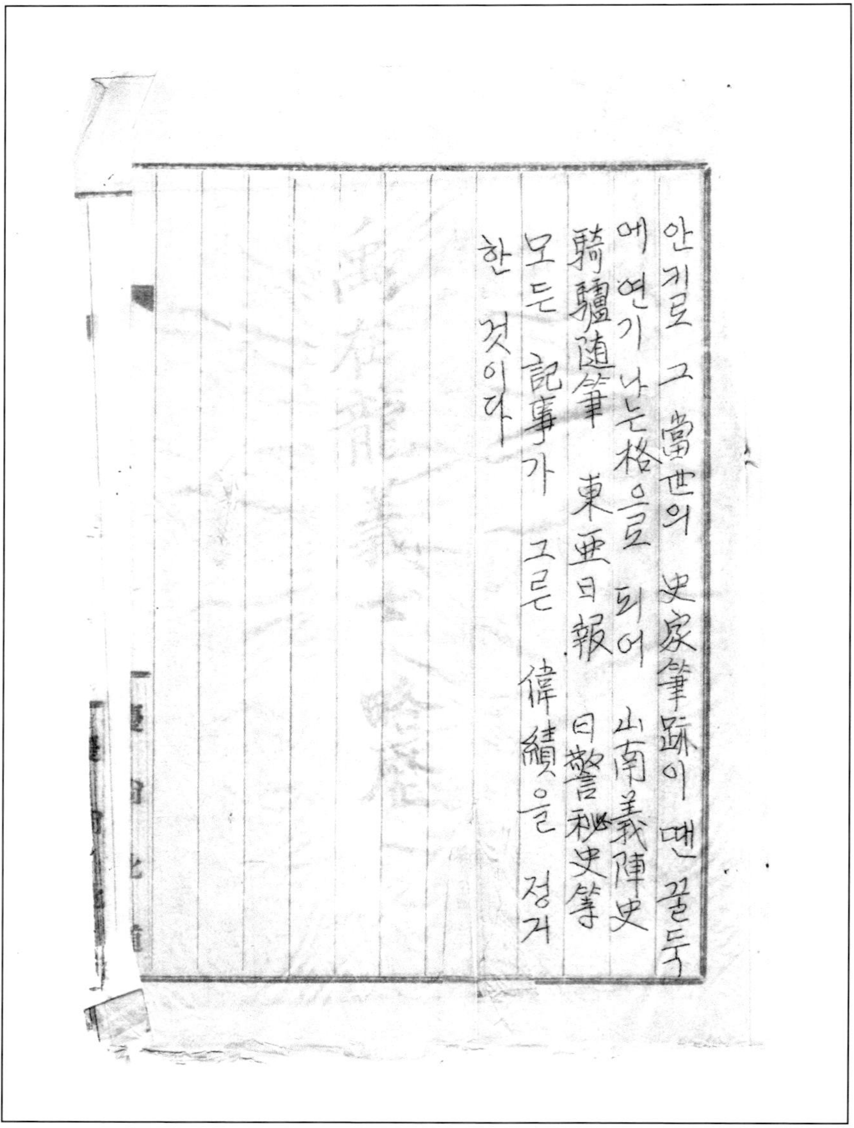
안키로 그 當世의 史家筆跡이 땐 꿀듯
에 연기 나는 格으로 되어 山南義陣史
騎驢隨筆 東亞日報 日警秘史等
모든 記事가 그른 偉績을 정거
한 것이다

우재룡(우이견) 판결문

경성지방법원 1921년 12월 22일 판결문

위 대정 8년(1919년) 제령 제7호 위반 공갈취재, 강도미수, 살인, 강도, 교사 등 피고 사건에 대해 예심을 종결하고 다음과 같이 결정한다.

주문

피고 이재환(李載煥), 안종운(安鐘雲), 소진형(蘇鎭亨), 장응규(張應圭), 여준현(呂駿鉉), 신석환(申奭煥), 이민식(李敏軾), 이규승(李奎承), 김성진(金聲鎭), 김양한(金양漢), 유병의(柳秉義), 심영택(沈永澤), 이상만(李相滿), 권영만(權寧萬), 우이견(禹利見)을 당 지방법원의 공판에 부친다.

피고 김동진(金東鎭), 김준한(金晙漢)을 면소 또한 석방한다.

이유

제1. 피고 우이견(禹利見)은 「한 · 일 병합」을 탐탁하게 여기지 않고 구한국의 국권을 회복의 생각이 치열해져 대정 4년(1915년) 음력 12월경 지나(중국) 길림성 길림에서 주진우(朱鎭宇), 양재훈(梁在勳), 손일민(孫一民), 이홍주(李洪珠) 등과 협의해 광복회라 칭하는 구한국의 국권을 회복하여 조선 영토 내에서 독립국을 형성 할 것을 목적으로 하여 우선 그 준비로써 조선애의 부호로부터 다액의 운동비를 모집할 것을 꾀하여 대정 6년(1917년) 음력 8월중 경성부 인사동 어재하(魚在河)의 집 등에서 박상진(朴尙鎭), 손일민(孫一民), 김한종(金漢鍾), 장두환(張斗煥), 김동호(金東鎬) 등과 화합,

협의 끝에 광복회 명의로 포고문 이라고 제목 하여 구한국 국권 회복을 위해 조선인 자산가는 광복회의 요구에 응하여 출금해야한다. 만약 기밀을 누설하고 또는 요구에 응하지 않을 때는 동회의 정률에 의해 처분한다는 뜻을 기재하고 또 그 할당 금액을 기재한 출금 요구 협박장 원본 및 경상남·북도, 강원도, 충청도 내 조선인 자산가 명부를 작성하고 피고는 중국 안동현 손일민(孫一民) 집에 이르러 손일민(孫一民)과 함께 위 포구문이라 제목 붙인 요구장 수십 통을 복사지에 기재 작성하여 위 자산가 명부에 의해 그 한 통을 경상북도 경주군 경주면 교리 최준(崔俊) 앞으로 출금해 50,000원이라 기재하고 다른 각 통에 동도 내 자산가 여러 명 앞으로 각 출금액을 기재하여 이를 봉서하여 동월 말경 신의주 및 중국 안동현 등에서 우편으로 발송하고 그 당시 각자 앞에 도착하게 하여 공갈하였고 범의를 계속하여 위의 안동현 손일민(孫一民) 집에서 의의 강원도, 충청남도 자산가 명부를 기초로 충청남도 보령군 청라면 이석구(李錫九) 앞으로 출금해 100,000원을 기재하고 기타 동도 내 자산가 30명, 강원도에서 자산가 3명에게 각각 위 포고문에 출금액을 기재한 것을 봉서하여 동년 12월 29일부터 대정 7년(1918년) 1월 3일까지 경의선 남시, 안동현 봉천 등에서 우편으로 발송하여 각자에게 도착하게 하여 공갈했지만 금액을 교부받지 못했다.

제2. 피고 우이견(禹利見)은 대정 6년(1917년) 음력 10월 중 위의 어재하(魚在河)의 집 및 인천부 송현리 이경순(李敬淳) 집에서 권총 각 1자루를 장두환(張斗煥)에게 교부하여 그 권총을 사용해 부호에게 협박을 가하여 금액을 강취하고 또 요구에 응하지 않는 자 혹은 친일 조선인을 살해해야 한다는 취지로 교사하고 또 동원 중 충청남도 예산군 광시면 신흥리 김한종(金漢鍾) 집에서 동인 및 김경태(金敬泰)에게 광복회의 군자금 모집에 대해서는 먼저 친일 조선인 및 악평이 높인 조선인 자산가를 살해하여 일반 조선인에게 공포심을 야기 시켜야한다고 설득하고 강도 및 살인을 교사한 결과 피고의 교사로 인해 강도의 범의를 결정한 장두환(張斗煥)은 동년 음력 11월 초순 충청남도 예산군 광시면 신흥리 김한종(金漢鍾) 집에서 김재창(金在昶), 김경태(金敬泰), 엄정섭(嚴正燮) 등에게 피고로부터 받은 권총 2자루를 교부하고 광복회를 위해 금액을 강취하자는 교사로 인해 동인 등은 위 권총을 휴대하고 동월 8일밤 충청남도 아산군 배방면 중리 장용급(張容汲) 집에서 동인 및 장윤식(張倫植)에게 권총을 들이대며 출금하지 않으면 살해하겠다는 뜻으로 협박하여 동인 등으로부터 21원을 강취하고 이어 피고의 교사로 인해 살인 범의를 결정한 김한종(金漢鍾), 장두환(張斗煥)은 대정 7년(1918년) 1월 24일 충청남도 천안역 앞 이강헌(李康憲)의 집에서 김경태(金敬泰) 및 임세규(林世圭)에게 위의 권총 2자루를 교부하며 동도 아산군 도고면장 박용하(朴容夏)를 살해할 것을 교사한 것으로부터 김경태(金敬泰), 임세규(林世圭)는 위 교사로 살인할 마음이 생겨 동월 오전 7시경 위 아산군 도고면 신유리 박용하(朴容夏) 집에 이르러 동인을 사살한 자이다.

제3. 피고 우이견(禹利見), 안종운(安鐘雲), 이재환(李載煥), 소진형(蘇鎭亨), 권영만(權寧萬)은 대정 8년(1919년) 음력 8, 9월경 충청남도 논산군 논산면 주천리 피고 안종운(安鐘雲)의 집에서 공모하여 조선의 독립을 목적으로 부호를 공갈하여 그 운동자금을 제공케 하고 이것을 상해임시정부원에게 송부하고 서로 연락하여 조선독립을 실현하기로 기도해 조선독립군정서 또는 상해임시정부 특파원의 명의를 사용하여 조선독립 군자금을 제공하도록 요구하고 만약 그 요구에 응하지 않으면 폭탄대를 파견하여 사형에 처할 것이라 기재한 요구장 19통을 작성하여 동도 동군 연산면 김재엽(金在燁), 김유현(金裕鉉), 동군 채운면 산양리 김철수(金哲洙), 동군 성동면 정지리 윤일병(尹一炳), 동군 광석면 신당리 윤지병(尹志炳)에게 각 1통을 발송하기로 하고 김재엽(金在燁)에게는 10,000원, 김유현(金裕鉉), 윤일병(尹一炳)에게는 각 50,000원, 윤지병(尹志炳)에게는 100,000원, 김철수(金哲洙)에게는 능력 있는 한 제공하라는 뜻을 기재한 것을 봉서하고 우송하여 동인 등을 공갈하여 동년 음력 9월중 피고 안종운(安鐘雲), 이재환(李載煥), 권영만(權寧萬), 김도수(金道洙)라는 자와 함께 동군 연산면 장전리 김유현(金裕鉉)의 묘지기 최장업(崔壯업) 집에서 김재엽(金在燁), 김유현(金裕鉉)에게 전에 요구한 금액을 제공하라 요구하고 위 4명을 두렵게하여 동월 중 안종운(安鐘雲)의 집으로 김도수(金道洙)가 지참하는 김재엽(金在燁)으로부터 송부된 1,200원, 김유현(金裕鉉)으로부터 송부된 5,000원을 수취하고 그 중 2,000원을 경성부 수송동 이관규(李觀珪)의 집에서 상해임시정부원 김규일(金圭一)에게 교부하여 임시정부 운동자금으로 제공하므로써 안녕 질서를 방해하고,

제4. 피고 권영만(權寧萬)은 조선독립 운동비 모집의 범의를 계속하여 다른 1명과 같이 대정 9년(1920)년 음력 2월중 조선독립 운동자금 모집을 위해 윤일병(尹一炳) 집에 이르러 동인에게 권총을 보이고 조선독립 운동자금을 제공하지 않으면 바로 살해하겠다고 협박하여 동인을 두렵게 하여 500원을 강취함으로써 안녕 질서를 방해하고,

제5. 피고 안종운(安鐘雲)은 범의를 계속하여 피고 여준현(呂駿鉉), 장응규(張應圭), 이민식(李敏軾)과 함께 대정 9년(1920년) 음력 정월경부터 경성부 연지동 1번지 피고 여준현(呂駿鉉) 집에서 여러 차례 회합하여 조선 독립을 기도하는 상해임시정부와 그 맥을 통하여 독립 운동자금을 모집하여 임시정부 조직원의 활동을 원조하며 조선의 독립을 속히 이루기로 모의하고 그 자금 조달에는 상해임시정부의 신빙서류를 요하는데 대해 피고 여준

현(呂駿鉉)은 그 친족으로 임시정부의 일원인 여운형(呂運亨) 앞이라는 소개장을 인지하고 피고 안종운(安鐘雲), 이민식(李敏軾) 등이 조달한 300원과 함께 이것을 피고 장응규(張應圭)에게 교부 동인에게 위 목적을 위해 상해로 갈 것을 명하자 동년 음력 2월중 피고 장응규(張應圭)는 이영식(李永植)이란 자와 함께 진남포에서 해로로 중국 상해에 건너가 동지(同地)에서 임시정부원 서병호(徐丙浩), 도인권(都仁權), 김근하(金根夏) 등과 회견하고 임시정부 독립운동의 상황을 듣고 주비단 규칙서「대한민국공보」,「적십자 규칙」,「신한청년잡지 」각 여러 부를 교부받고 또한 서병호(徐丙浩) 등으로부터 주비단 규칙을 토대로 경성에서 주비단을 조직하여 조선독립 운동자금을 모집하여 상해임시정부로 송부하고 동 정부와 연락하여 조선독립 운동을 우해 진력하자는 뜻을 의뢰 받고 이를 받아들여 동년 음력 5월 5일 경성으로 돌아오고 동년 음력 6월 중 피고 이민식(李敏軾), 여준현(呂駿鉉), 안종운(安鐘雲), 장응규(張應圭), 심영택(沈永澤), 이규승(李奎承)은 경성부 연지동 경신학교 교정에서 위 주비단 규칙서를 기초로 주비단이라 칭하는 단체를 조직하고 조선독립의 목적을 달성하는 것으로 심영택(沈永澤)을 단장, 이민식(李敏軾)을 사령장, 안종운(安鐘雲)을 부사령장, 여준현(呂駿鉉)을 재무장, 장응규(張應圭)를 교통장, 이규승(李奎承)을 서기에 호선하고 그 후 동년 음력 8월경 피고 소진형(蘇鎭亨), 신석환(申奭煥)은 동 경성에서 위 목적을 찬동하여 단원이 되고 동년 음력 9월중 위으 피고 등은 역원을 다시 뽑고 피고 소진형(蘇鎭亨)은 단장, 피고 신석환(申奭煥)은 참모장이 되어 착착 준비 중 동년 음력 9월 상순 피고 장응규(張應圭)는 다른 곳으로부터 상해임시정부 발행 공채증권 액면 100원(30매), 500원(6매), 1,000원(4매)를 교부 받아 피고 이민식(李敏軾), 여준현(呂駿鉉), 신석환(申奭煥), 이규승(李奎承)과 함께 위 공채증권으로 조선독립 운동자금을 할 것을 협정하고 동월 중 피고 이민식(李敏軾), 여준현(呂駿鉉), 신석환(申奭煥), 이규승(李奎承)은 위 공채증권 1만원을 위 여준현(呂駿鉉)의 집에서 피고 장응규(張應圭)로부터 수취하여 그 중 5,000원 분을 피고 안종운(安鐘雲)에게 교부하고 동인은 동월 중 2,000원 분을 경성부에서 조경준(趙景俊)에게 교부하고 나머지 3,000원을 전라북도 정읍군 고부면 고산리 이종근(李鍾根) 집에서 동인에게 교부하며 각 위 공채를 매각하여 독립자금의 조달을 위탁하고 피고 이민식(李敏軾)은 위 공채 중 1,000원권 1매, 500원권 1매를 동년 음력 10월 중 피고 김성진(金聲鎭), 유병의(柳秉義)에게 교부하며 위 공채권을 매각하여 조선독립 자금을 조달해야 한다는 뜻을 권유하여 피고 김성진(金聲鎭), 유병의(柳秉義)는 그 취지에 찬동하여 위 공채권을 수령하고 동월 20일경 밤 경성부 제동 윤용구(尹用求) 집에 이르러 동인에게 조선독립운동을 위해 위 공채권을 매수하라는 뜻으로 권유했는데 동인으로부터 거절당해 부질없이 돌려 받고 위의 공채권을 피고 장응규(張應圭)에게 반환하고 또 피고 김성진(金聲鎭)은 동월 말경 피고 이민식(李敏軾)으로부터 동부 공평동 동인 집에서 공채 500원권 1매, 100원권 3매를 교부 받고, 피고 이상만(李相滿)은 상해임시정부의 조선독립 운동비에 제공할 목적으로 500원을 즉시 김양한(金양漢)에게 교부하고, 김양한(金양漢)은 위 500원을 위의 피고 이민식(李敏軾) 집에서 피고 김성진(金聲鎭)에게 교부함으로써 모두 안녕 질서를 방해하고 또한 방해하려고 한 자이다.

이상의 사실을 인정할만한 증빙이 충분하고 피고 우이견(禹利見)의 소행은 형법 제 55조, 제249조 제1항, 제43조, 제236조, 제 199조, 제61조 제2항, 대정 8년(1919년) 제령 제7호 제1조, 형법 54조, 제46조, 피고 이민식(李敏軾)의 소행은 형법 제249조 제1항, 대정 8년(1919년) 제령 제7호 제1조, 형법 54조, 피고 안종운(安鐘雲), 소진형(蘇鎭亨)의 소행은 동 법조 및 형법 제55조, 피고 권영만(權寧萬)은 형법 제236조 제1항, 제249조 장응규

(張應圭)제1항, 대정 8년(1919년) 제령 제7호 제1조, 형법 제54조, 제47조, 피고 여준현(呂駿鉉), 이민식(李敏軾), 심영택(沈永澤), 이규승(李奎承), 신석환(申奭煥), 유병의(柳秉義), 김성진(金聲鎭), 김양한(金양漢), 이상만(李相滿)은 대정 8년(1919년) 제령 제7호 제1조에 각각 해당하는 범죄이므로 형사소송법 제167조 제1항에 따라 공판에 부쳐야한다. 피고 김준한(金晙漢)이 대정 9년(1920년) 음력 7월 10일경 경성을 출발하여 서간도에 이르러 김좌진(金佐鎭)과 해후하여 조선독립의 협의를 하고 동년 음력 10월 4일 무렵 경성으로 돌아온 후 피고 김성진(金聲鎭) 등과 조선 독립 운동을 할 것을 약속하고 또 그 자금 조달을 위해서는 타인을 공갈하는 것 외에는 없다고 협의하여 이런 준비로써 권총을 입수하려고 분주했다는 취지의 공소 사실, 피고 김준한(金晙漢), 김동진(金東鎭)은 김좌진(金佐鎭)의 간도에서의 독립운동을 원조하기 위해 피고 유병의(柳秉義)에게 서간도로 가서 조선독립 운동 단체에 가입할 것을 권유하고 동 피고는 이를 승낙함에 후일을 기약하고 동인을 동반할 것을 약속했다는 뜻의 공소 사실은 모두 그 증빙이 충분하지 않음으로 인해 형사소송법 제 465조 제1호에 따라 면소 또한 석방하기로 한다.

따라서 주문과 같이 결정한다.

豫審終結決定

全羅北道益山郡金馬面龍悟里七百二十三番地
在籍 忠清南道公州郡鷄龍面中壯里二百二
十番地 居住 農

李 載 煥

旧十一月十二日生 三十三年

忠清南道論山郡注川里九十番地在籍
京城府御成町百十六番地居住無職

安 鍾 雲

旧九月二十七日生 三十八年

忠清南道論山郡城東面孟尺里二百九十八番
地 農

蘇 鎮 亨

旧六月十九日生 三十五年

京城府蓮建洞三百二十五番地 下宿屋業

張 應 圭

旧十月二十六日生 五十年

仝府蓮池洞一番地在籍 住所不定無職

呂 駿 鉉

旧二月二十三日生 四十六年

決定原本 朝鮮總督府裁判所

1233

京城府中學洞七十七番地在籍
仝府花洞百十番地居住 弁護士事務員

申 爽 煥

旧六月二十日生 四十四年

京畿道抱川郡蒼水面雲山里百九十九番地在籍
京城府崇仁洞百四十二番地居住 無職

李 敏 載

旧六月二十六日生 四十七年

京城府苑洞百四十九番地在籍
京城府勸農洞六十一番地居住無職

李 奎 承

旧四月二十三日生 三十九年

忠清南道洪城郡高道面杏山里三百八十七番地
在籍 京城府八判洞百五十六番地居住無職

金 秉 鎮

旧十月三十日生 三十一年

忠清南道青陽郡青陽面校月里在籍
京城府清進洞百四十二番地 農業

金 聲 鎮

旧正月八日生 四十年

決定原本 朝鮮總督府裁判所

1234

忠清南道洪城郡高道面雲谷里四百八十一
番地 無職

金霧漢 旧九月八日生 二十三年

慶尚北道聞慶郡山陽面存道里三十番地 農

柳秉義 旧一月十四日生 三十四年

京城府嘉會洞八十三番地 無職

金畯漢 旧四月十日生 二十四年

京畿道金浦郡黔丹面堂下里三百五十一番地 農

沈永澤 旧八月二日生 五十三年

決定原本

朝鮮總督府裁判所

慶尚南道居昌郡渭川面葦川里六十四番地
農

李相滿 旧七月五日生 二十四年

慶尚北道英陽郡立岩面屛玉里百二十番地
農

權寧萬 旧正月十七日生 三十三年

慶尚北道慶州郡外東面鹿洞四百六十九番地在籍
京城府孝子洞百四番地居住 無職

禹利見 旧正月三日生 三十八年

右大正八年制令第七號違反恐喝取財強盜
未遂殺人強盜教唆等被告事件ニ付豫審ヲ
終結シ決定スルコト左ノ如シ

主文

被告李載煥、安鍾雲、蘇鎮亨、張應奎、呂
駿鉉、申奭煥、李敏軾、李奎承、金聲鎮、金
霧漢、柳秉義、沈永澤、李相滿、權寧萬
禹利見ヲ當地方法院ノ公判ニ付ス
被告金東鎮、金畯漢ヲ免訴且放免ス

決定原本

朝鮮總督府裁判所

理由

第一 被告禹利見ハ日韓併合ニ不満ヲ懐キ日韓
併合後旧韓国ノ國権恢復ノ念熾烈ナリシ處大
正四年旧十二月頃支那吉林省吉林ニ於テ
朱鎮守、梁載勳、孫一民、李洪珠等ト協議
ノ上光復會ト称スル旧韓國ノ國權ヲ恢復シ

朝鮮領土内ニ獨立國ヲ形成セムコトヲ目的トシ
先ツ其準備トシテ朝鮮内ノ富豪ヨリ多額ノ
金員ヲ募集セムコトヲ企テ大正六年陰八月
中京城府仁寺洞魚在河方ニ於テ朴尚鎭、
孫一民、金漢鍾、張斗煥、金東鎬等ト會合
協議ノ上光復會名義ヲ以テ佈告文ト題
シ旧韓国々権恢復ノ爲メ朝鮮人資産家ハ
光復會ノ要求ニ應シ出金スヘク若シ機密ヲ
漏泄シ又ハ要求ニ應セサルトキハ同會ノ正律ニ
依リ處分スル旨記載シ又其割當金額ヲ記載

決定原本　　朝鮮總督府裁判所

シタル出金要求脅迫状ノ原本及ヒ慶尚南
北道、江原道、忠清道内資産家名簿ヲ作
成シ被告ハ支那安東縣孫一民方ニ至リ孫一民
ト共ニ右佈告文ト題スル要求状數十通ヲ複
寫紙ニテ記載作成シ右資産家名簿ニ依リ
其一通ヲ慶尚北道慶州郡慶州面校里崔浚
ニ宛出金額五萬円ト記載シ他ノ各通ニ同道内
資産家數名ニ宛テ各出金額ヲ記載シ之レ
ヲ封書ト爲シ同月末頃新義州及支那安東
縣等ヨリ郵便ニ付シ發送シ各其当時名宛人

1237

ニ到着セシメ恐喝ヲ為シ尚犯意ヲ継續シ右
安東縣孫一民方ニ於テ前記江原道、忠清南
道資産家名簿ニ基キ同道保寧郡青羅
面李錫九ニ宛テ出金額拾萬円ト記載シ其他
同道内ニ於ケル資産家二十名江原道ニ於ケル
資産家三名ニ對シ夫レ夫レ前記佈告文ニ出
金額ヲ記載シタルモノヲ封書ト爲シ同年十二月
二十九日ヨリ大正七年一月三日迄ノ間京義線南市
安東縣奉天等ヨリ郵便ニ付シ發送シ其当時
各名宛人ニ到着セシメ恐喝ヲ爲シタルモ金員ヲ

決定原本　　朝鮮總督府裁判所

交付セシムルニ至ラス
第二、被告禹利見ハ同年旧十月中前記魚在河
方及ヒ仁川府松峴里李敬淳方ニ於テ拳銃
各一挺ヲ張斗煥ニ交付シ該拳銃ヲ以テ富
豪ニ脅迫ヲ加ヘ金員ヲ強取シ又要求ニ應セ
サル者又ハ親日鮮人ヲ殺害スヘキ旨教唆シ又
同月中忠清南道禮山郡光時面新興里金
漢鍾方ニ於テ同人及ヒ金敬泰ニ對シ光復會
ノ軍資金募集ニ付テハ先ツ以テ親日鮮人
及ヒ悪評高キ鮮人資産家ヲ殺害シテ一般

1238

朝鮮人ニ恐怖心ヲ惹起セシメサルヘカラスト説
キ強盗及ヒ殺人ノ教唆ヲ為シタル結果被告ノ
教唆ニ依リ強盗ノ犯意ヲ決定セル張斗煥ハ
同年陰十一月初旬頃忠清南道礼山郡光時
面新興里金漢植方ニ於テ金在昶 金敬
泰 厳正變等ニ前掲被告ヨリ受取リタル拳
銃二挺ヲ交付シ光復會ノ為メ金員ヲ強取セ
ムコトヲ教唆シタルヨリ同人等ハ右拳銃ヲ携ヘ
同月八日夜忠清南道牙山郡排芳面中里
張容汲方ニ至リ同人及ヒ張倫植ヲ拳銃ヲ

決定原本　　　　朝鮮總督府裁判所

示シ出金セサレハ殺害スヘキ旨脅迫シ同人等ヨ
リ金二十一円ヲ強取シ次テ被告ノ教唆ニ依リ
殺人ノ犯意ヲ決定セル金漢鍾 張斗煥ハ大
正七年一月二十四日忠清南道天安駅前李康鎮
方ニ於テ金敬泰及林世圭ニ対シ前掲拳銃二挺
ヲ交付シ同道牙山郡道高面長朴容夏ヲ
殺害スヘキ旨教唆シタルヨリ右金敬泰 林世圭
ハ右教唆ニ因リ殺意ヲ起シ同日午後七時頃右
牙山郡道高面新柳里朴容夏方ニ至リ同人
ニ対シ右拳銃ヲ発射シ同人ヲ射殺シタルモノナリ

1239

第三 被告禹利見 安鍾雲 李載煥 蘇鎮亨ハ
権寧萬ハ大正八年陰八九月頃忠清南道論
山郡論山面注川里被告安鍾雲宅ニ於テ共
謀ノ上朝鮮ノ独立ヲ目的トシテ富豪ヲ恐喝
シ其ノ運動資金ヲ提供セシメ之ヲ上海仮政府
員ニ送付シ相連絡シテ朝鮮ノ独立ヲ實現
セムト企テ朝鮮独立軍政署又ハ上海仮政府
特派員ノ名義ヲ以テ朝鮮獨立軍資金ヲ
提供スヘシ若シ其ノ要求ニ應セサレハ爆弾隊
ヲ派遣シ死刑ニ處スヘキ旨記載シタル要求状

決定原本　　　　朝鮮總督府裁判所

十九通ヲ作成シ同道同郡連山面金在燁
金裕鉉 同郡彩雲面山陽里金哲洙 同郡
城東面定地里尹一炳 同郡光石面新堂里尹
志炳ニ対シ各一通宛ヲ発送スルコトヽシ金在燁
ニハ金壹萬円金裕鉉ニハ金五萬円尹一炳ニハ
金五萬円尹志炳ニハ金拾萬円金哲洙ニハ能
フ限リ提供スヘキ旨記入シタルモノヲ封書トシテ
郵送シ以テ同人等ヲ恐喝シ同年陰九月中被
告安鍾雲 李載煥 権寧萬ハ金道洙十九名
ト共ニ同郡連山面長田里金裕鉉墓直ノ家

1240

ニ於テ金在烨 金裕鉉ニ対シ累キニ要求ノ
金員ヲ提供スヘキ旨要求シ右両人ヲ畏怖
セシメ同月中前記安鍾雲方ニ於テ金道源ノ
持参セル金在烨ヨリ送付ノ金千二百円 金裕鉉
ヨリ送付ノ金五千円ヲ受取リ内金二千円ヲ京
城府寿松洞李観珪方ニ於テ上海仮政府員
金圭一ニ交付シ仮政府運動資金ニ提供シ以
テ安寧秩序ヲ妨害シ
第四 被告権寧萬ハ朝鮮独立運動費募集
ノ犯意ヲ継続シテ外一名ト共ニ大正九年旧二月

決定原本　朝鮮総督府裁判所

中朝鮮独立運動資金募集ノ為メ前記尹
一炳方ニ至リ同人ニ対シ拳銃ヲ示シ朝鮮独立
運動軍資金ヲ提供セサレバ直チニ殺害スヘキ旨脅
迫シ同人ヲ畏怖セシメ金五百円ヲ強取シ以テ
安寧秩序ヲ妨害シ
第五 被告安鍾雲ハ犯意ヲ継続シ被告呂駿鉉
張應奎 李敏軾ト共ニ大正九年陰正月頃ヨリ
京城府蓮池洞一番地被告呂駿鉉方ニ於テ
屡々会合ノ上朝鮮ノ独立ヲ企図セル上海仮
政府ト気脈ヲ通シ独立運動資金ヲ集メ

1241

仮政府組織員ノ活動ヲ援助シ以テ朝鮮ノ独
立ヲ速進セムコトヲ謀議シ其ノ資金調達ニハ
上海仮政府ノ信憑書類ヲ要スルニ付被告呂駿
鉉ハ其親族ニシテ仮政府ノ一員タル呂運亨
ニ宛テタル紹介状ヲ認メ被告安鍾雲 李敏軾
等カ調達セル金三百円ト共ニ之レヲ被告張應
奎ニ交付シ同人ニ対シ右目的ノ為メ上海ニ赴クヘ
キコトヲ命シ同年陰二月中被告張應奎ハ李
永極ナル者ト共ニ鎮南浦ヨリ海路支那上海ニ
渡航シ同地ニ於テ仮政府員徐丙浩 都仁権

決定原本　朝鮮総督府裁判所

金根夏等ト会見シ仮政府ノ独立運動状況ヲ
聞キ且ツ籌備団規則書 大韓民国公報 同
赤十字規則 新韓青年雑誌 各数部ノ交付
ヲ受ケ徐丙浩等ヨリ右籌備団規則書ニ基キ
京城ニ於テ籌備団ヲ組織シ朝鮮独立運動
資金ヲ募集シ上海仮政府ニ送付シ同政府
ト連絡シテ朝鮮独立運動ノ為メ尽力セラレタ
キ旨依嘱セラレ之レヲ引受ケ同年旧五月五
日京城府ニ帰着シ同年旧六月中被告李
敏軾 呂駿鉉 安鍾雲 張應奎 沈永澤

1242

李奎承ハ京城府蓮池洞儆新学校々庭
ニ於テ右籌備團規則書ニ基キ籌備團ト
稱スル團体ヲ組織シ朝鮮獨立ヲ目的トシテ其ノ
運動資金ヲ募集シ上海假政府ニ送付シ同
政府員ト共同シテ朝鮮獨立ノ目的ヲ達スルコ
トトシ沈永澤ヲ團長李敏軾ヲ司令長安
鍾雲ヲ副司令長呂駿鉉ヲ財務長張應奎
ヲ交通長李奎承ヲ書記ニ互選シ其後同年
四八月頃被告蘇鎮亨申奭煥等モ京城ニ
於テ右目的ニ賛同シテ團員トナリ同年四九月中

決定原本　　朝鮮總督府裁判所

右被告等ハ役員ヲ改選シ被告蘇鎮亨ハ
團長申奭煥ハ參謀長トナリ着々準備中
同年四九月上旬頃被告張應奎ハ他ヨリ上海假
政府発行公債証券額面百円券三十枚五百円
券六枚千円券四枚ヲ受取リ被告李敏軾、呂
駿鉉、申奭煥、李奎承ト共ニ右公債証券ヲ
以テ朝鮮独立運動資金募集ヲ爲スコトヲ
協定シ同月中被告李敏軾呂駿鉉申奭煥
李奎承ハ右公債券壹萬円分ヲ前記呂駿
鉉方ニ於テ張應奎ヨリ受取リ内金五千円分ヲ

被告安鍾雲ニ交付シ同人ハ同月中内二千円分ヲ
京城府ニ於テ趙景俊ニ交付シ殘三千円分ヲ全羅
北道井邑郡古阜面高山里李鍾根方ニ於テ同人
ニ交付シ各右公債ノ賣却シテ獨立資金ノ調達
ヲ委託シ被告李敏軾ハ右公債券中千円券
一枚五百円券一枚ヲ同年四十月中被告金聲
鎮柳秉義ニ交付シ右公債券ヲ賣却シテ朝
鮮独立資金ヲ調達スヘキ旨勧誘シ被告金
聲鎮柳秉義ハ其ノ趣旨ニ賛同シテ右公債
券ヲ受領シ同月二十日頃夜京城府齋洞尹用

決定原本　　朝鮮總督府裁判所

求方ニ至リ同人ニ對シ朝鮮獨立運動ノ爲メ
右公債券ヲ買受ケラレタキ旨勧誘シタルモ同
人ヨリ拒絶セラレタルヨリ空シク引返シ右公債
券ハ被告張應奎ニ返還シ又被告金聲鎮ハ
ハ同月末頃被告李敏軾ヨリ同府公平洞ノ
同人宅ニ於テ前記公債五百円券一枚百円券
三枚ヲ受取リ前同様ノ趣旨ヲ以テ之レヲ被告
金鶴漢ニ交付シ被告金鶴漢ハ其ノ趣旨ニ
賛同シテ同府清洞慎宗元方ニ於テ右公債
券中五百円券一枚ヲ被告李相濤ニ交付シ被

告李相満ハ上海仮政府ノ朝鮮独立運動費ニ供スル目的ヲ以テ金五百円ヲ即時金霱漢ニ交付シ金霱漢ハ右金五百円ヲ前記被告李敏軾方ニ於テ被告金聲鎮ニ交付シ以テ何レモ安寧秩序ヲ妨害シ又ハ妨害セムトシタルモノナリ

以上ノ事実ヲ認ムヘキ証憑十分ニシテ被告等ノ所為ハ刑法第五十五条第二百四十九条第一項第四十三条第二百三十六条第百九十九条第六十一条第二項大正八年制令第七号第一条刑法第五十四条

決定原本　朝鮮総督府裁判所

第四十六条李載煥ノ行為ハ刑法第二百四十九条第一項大正八年制令第七号第一条刑法第五十四条被告安鍾雲蘇鎮亨ノ行為ハ同法條及刑法第五十五条被告権寧万ハ刑法第二百三十六条第一項第二百四十九条第一項大正八年制令第七号第一条刑法第五十四条第四十七条被告呂駿鉉張応圭李敏軾沈永沢李奎承申東煥柳東義金聲鎮金霱漢李相満ハ大正八年制令第七号第一条ニ各該当スル犯罪ナルニ依リ刑事訴訟法第百六十七条第一項ニ則リ公判ニ付スヘシ被告金

1245

畯漢カ大正九年旧七月二十日頃京城ヲ出発シ西間島ニ至リ金佐鎮ニ邂逅シ朝鮮独立ノ打合ヲ為シ同年旧十月四日頃京城ニ帰リ爾来被告金聲鎮等ト朝鮮独立運動ヲ為スコトヲ約シ且其資金調達ヲ為スニハ他人ヲ恐喝スル外ナシトノ協議シ之レカ準備トシテ拳銃ヲ入手セントシ奔走シタル旨ノ公訴事実被告金畯漢金東鎮ハ金佐鎮ノ間島ニ於ケル独立運動ヲ援助セムカ為ノ被告柳東義ニ対シ西間島ニ赴キ朝鮮独立運動ノ団体ニ加入セムコトヲ勧誘シ同被告ハ

決定原本　朝鮮総督府裁判所

之レヲ承諾シタルヨリ後日ヲ期シ同人ヲ同伴スルコトヲ約シタル旨ノ公訴事実ハ何レモ其ノ証憑十分ナラサルニ依リ刑事訴訟法第百六十五条第一項ニ則リ免訴且放免スヘキモノトス

仍テ主文ノ如ク決定ス

大正十年十二月二十七日

京城地方法院

予審掛朝鮮総督府判事　永島雄蔵

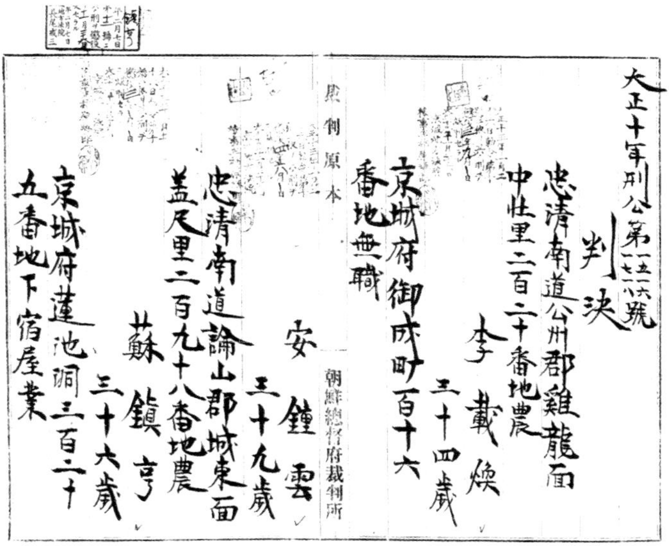

大正十年刑公第一五一六／一七一八號

判決

忠清南道公州郡雞龍面
中壯里二百二十番地農
李載煥　三十四歲

京城府御成町百十六
番地無職
安鍾雲　三十九歲

忠清南道論山郡城東面
蓋尺里二百九十八番地農
蘇鎭亨　三十六歲

京城府蓮池洞三百二十
五番地下宿屋業

裁判原本　朝鮮總督府裁判所

1247

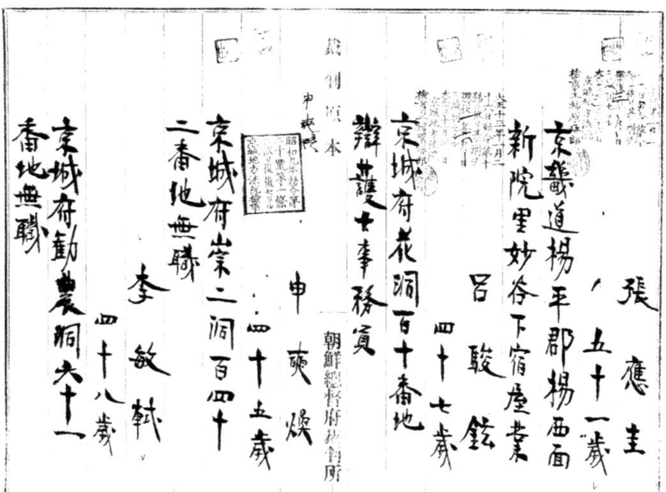

張應圭　五十一歲

京畿道楊平郡楊西面
新院里妙谷下宿屋業
呂駿鉉　四十七歲

京城府花洞百十番地
辯護士事務員
申奭煥　四十五歲

京城府崇二洞百四十
二番地無職
李敏軾　四十八歲

京城府勸農洞六十一
番地無職

裁判原本　朝鮮總督府裁判所

1248

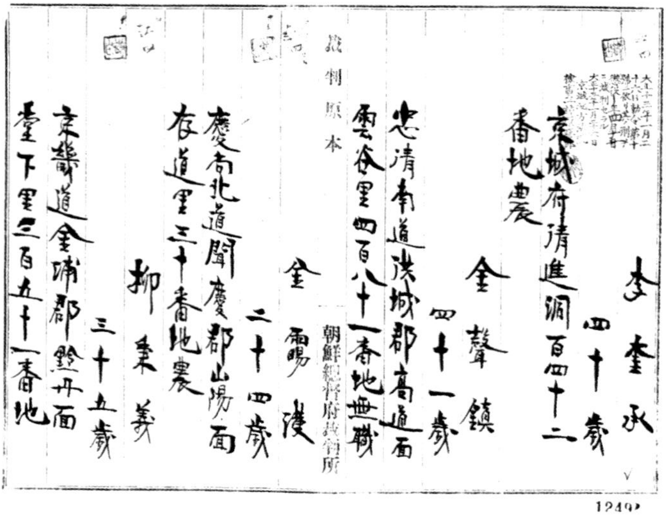

李奎承
京城府淸進洞百四十二番地 農
四十歲
金聲鎭
忠淸南道洪城郡高道面 雲谷里四百八十一番地 無職
四十一歲
金霽漢
慶尙北道聞慶郡山陽面 存道里三十番地 農
二十四歲
柳秉義
京畿道金浦郡黔丹面 臺下里三百五十一番地
三十五歲

裁判原本
朝鮮總督府裁判所

1249

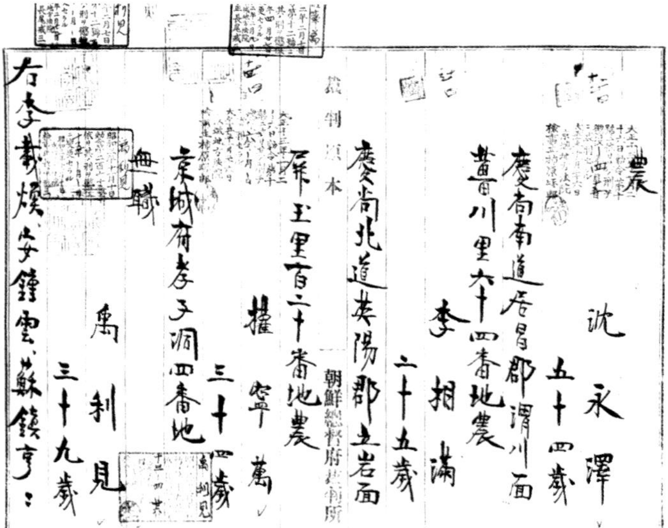

沈永澤
慶尙南道居昌郡渭川面 葛川里六十四番地 農
五十四歲
李相滿
慶尙北道英陽郡立岩面 屛玉里百二十番地 農
二十五歲
權寧萬
京城府孝子洞四番地 無職
三十四歲
禹利見
三十九歲
右李載煥、安鍾雲、蘇鎭亨ニ

裁判原本
朝鮮總督府裁判所

1250

對スル恐喝及大正八年制令第七號
違反、權寧萬ニ對スル强盜、恐
喝及大正八年制令第七號違反、
呂駿鉉、張應圭、李敏軾、沈永澤
李奎承、申奭煥、柳秉義、金
聲鎭、金錫漢、李相滿ニ對スル
大正八年制令第七號違反、及禹利
見ニ對スル恐喝並ニ强盜殺人教唆
及大正八年制令第七號違反各被告
事件ニ付朝鮮總督府檢事
水野重功干與審理ヲ遂ケ
判決スルコト左ノ如シ

主文

被告李載煥ヲ五年ノ懲役ニ處ス
被告安鍾雲ヲ六年ノ懲役ニ處ス
被告權寧萬ヲ八年ノ懲役ニ處ス

裁判原本　朝鮮總督府裁判所

1251

被告蘇鎭吉及張應圭ヲ各四年ノ
懲役ニ處ス
被告呂駿鉉ヲ二年ノ懲役ニ處ス
被告李敏軾ヲ三年ノ懲役ニ處ス
被告金聲鎭ヲ一年ノ懲役ニ處ス
被告申奭煥、金錫漢、柳秉義
及李相滿ヲ各六月ノ懲役ニ處ス
但右被告金錫漢、柳秉義、李
相滿ニ對シ未決勾留日數百五
十日ヲ本刑ニ算入ス
被告李奎承及沈永澤ヲ各六月ノ
懲役ニ處ス
但右被告兩名ニ對シ各二年間
刑ノ執行ヲ猶豫ス
被告禹利見ヲ無期懲役ニ處ス
押收物件中拳銃二挺（大正十年

裁判原本　朝鮮總督府裁判所

1252

領第七七五號ノ五、六）獨立公債證券十
七枚（大正十年領第一三二號ノ六、九乃至九
年領第一五八五號ノ一乃至六）ハ之ヲ沒收
シ其餘ハ之ヲ各差出人ニ還付ス
公訴裁判費用中九圓六十錢
（證人鄭喜永ニ支給分）ハ被告
禹利見、安鍾雲、李載煥、蘇
鎭亨、權寧萬ノ連帶負擔、十七

裁判原本　朝鮮總督府裁判所

圓八十錢（證人鄭孝龍ニ支給分）
ハ被告張應圭ノ負擔、三十八圓六
十錢（證人黃學性、金在豐、金
東鎬ニ支給分）ハ被告禹利見ノ
負擔トス

理由

第一、被告禹利見ハ日韓併合ニ
悅服セス舊韓國ノ國權ヲ恢復シ

1253

其獨立ヲ圖ラムトノ念慮熾烈ニシテ常ニ
其機ヲ窺ヒ居タル所、大正四年陰十
二月頃支那吉林省吉林某支那人
旅館ニ於テ同一思想ヲ懷抱シ居タル
朱鎭守、梁在勳、孫一民、李洪珠等
ト協議ノ上、舊韓國ノ國權ヲ恢復
シ帝國領土ヨリ朝鮮ヲ獨立國ヲ形
成セムコトヲ企圖シ光復會ト稱スル

裁判原本　朝鮮總督府裁判所

鮮人團體ヲ組織シ汎ク鮮外各地ノ
富豪ヨリ多額ノ運動費ヲ募集ス
ヘキコトヲ議決シ大正六年陰八月中
慶尙北道榮州郡豐基面東部
洞蔡基中方其他京城府仁寺洞
與在河方等ニ於テ朴尙鎭、孫一民
金漢鍾、張斗煥、金東鎬等ト會合
協議ノ上、光復會名義ヲ以テ鮮人

1254

資產家ハ光復會ノ目的ヲ達成セシムル為各其會ノ認定シタル資產ノ割合ニ應シ同會指定ノ要求金ヲ提供スヘク之ニ應セス又ハ機密ヲ漏泄スル場合ニハ同會ノ正律ニ依リ處分ヲ受ケ不測ノ災害ヲ蒙ルヘキ旨及其割當額ヲ記載セル佈告文ト題スル政治上不穩セシテ且恐喝文詞ヲ羅列セル出金要求ノ脅迫状ノ原本及慶尚北道江原道忠清道內鮮人資產家名簿ヲ作成シ該不穩文書ノ發送ヲ擔任シタル被告ハ之ヲ携ヘ支那安東縣ニ到リ孫一民等ト共ニ右ニ基キ數十通ノ佈告文ヲ複寫シ右資產家名簿ニ依リ其一通ニ慶尚北道慶州郡慶州面校里崔俊ニ

裁判原本　朝鮮總督府裁判所

一字

宛テ出金額五萬圓ト記載シ他ノ各道ニ同道內資產家數名ニ宛テ各出金額ヲ記載シ之ヲ封書ト為シ同月末頃新義州及支那安東縣等ヨリ郵便ニ付シテ發送シ各其當時各名宛人ニ到着セシメテ恐喝シ同犯意ヲ繼續シ右安東縣孫一民方ニ於テ前記江原道忠清南道資產家名簿ニ基キ忠清南道保寧郡青蘿面李錫九ニ宛テ出金額十萬圓ト記載シ其他同道內ニ於ケル資產家十數名江原道江陵郡北三面船橋里李根宇ニ宛テ出金額五萬圓ト記載シ其他同道內ニ於ケル資產家二名ニ對シ夫々前記佈告文ニ出金額ヲ記載シタルモノヲ封書ト為シ同年十二

裁判原本　朝鮮總督府裁判所

月二十九日ヨリ大正七年一月三日迄ノ間ニ
京義線南市驛及支那安東縣、奉
天等ヨリ郵便ニ付シ發送シ其當時各
名宛人ニ到着セシメテ恐喝ヲ爲シ一面安
寧秩序ヲ妨害シタルモ未タ孰レモ金員
ヲ交付セシムルニ至ラス
第二被告馬利見ハ大正六年陰十月
中前記魚在河方及仁川府松峴里
李敬淳方ニ於テ拳銃各一挺（大正十年
領第七七五號ノ五、六）ヲ張斗煥ニ交付シ光
復會ノ運動費募集ノ方法トシテ該拳
銃ヲ以テ富豪ニ脅迫ヲ加ヘ金員ヲ強
奪シ又獨立運動費ノ要求ニ應セサル
者或ハ親日派鮮人ヲ殺害スヘキ旨教
唆シ又同月中忠清南道禮山郡
光時面新興里金漢鍾方ニ於テ

裁判原本 朝鮮總督府裁判所

1957

同人及金敬泰ニ對シ光復會ノ朝鮮
獨立運動費募集ニ付テハ先ツ以テ親
日派鮮人及惡評高キ鮮人資產
家ヲ殺害シテ一般鮮人ニ恐怖心ヲ
惹起セシメ朝鮮獨立運動者ノ氣
勢ヲ示サザルヘカラストテ說シ強盜
及殺人ノ教唆ヲ爲シタル結果被告ノ教
唆ニ因リ強盜及殺人ノ犯行ヲ決意
セル張斗煥ハ同年陰十一月初旬忠
清南道禮山郡光時面新興里
金漢鍾方ニ於テ金在昶、金敬泰、
嚴正燮等ニ被告ヨリ交付ヲ受ケタル前
揭拳銃二挺ヲ交付シ光復會ノ爲
金員ヲ強取セムコトヲ教唆シタルニ因リ
同人等ハ右拳銃ヲ携ヘ同月八日夜同
道牙山郡排芳面中里張岩沒方ニ

裁判原本 朝鮮總督府裁判所

1958

一字

於テ同人及同居ノ同人叔父張倫植ニ
對シ拳銃ヲ擬シ光復會ノ爲ニ朝鮮
獨立運動費ヲ出金セサレハ殺害スヘ
キ旨脅迫シ以テ同人等ヨリ金二十
一圓ヲ強取シ次テ被告ノ敎唆ニ因リ
殺人ノ犯行ヲ決意セル金漢鍾、張
斗煥ハ大正七年一月二十四日忠淸南
道天安驛前李康鏡方ニ於テ金

裁判原本　朝鮮總督府裁判所

敬泰及林世圭ニ對シ前掲拳銃
二挺ヲ交付シ同道牙山郡道高
面長朴容夏ヲ殺害スヘキ旨敎唆シ
金敬泰、林世圭ハ右敎唆ニ因リ
殺人ノ犯行ヲ決意シ同日午後
七時頃右牙山郡道高面新柳
里朴容夏方ニ於テ同人ニ對シ右
拳銃ヲ發射シ同人ヲ射殺シ因テ

安寧秩序ヲ妨害シ
第三、被告禹利見、安鍾雲、李
勤煥、蘇鎭亨、權寧萬ハ大正八年
陰八、九月頃忠淸南道論山郡注川里
被告安鍾雲方ニ於テ共謀ノ上朝鮮
ノ獨立ヲ企圖セル上海假政府ト稱スル
鮮人團體ノ爲ニ汎ク鮮內各地富
豪ヲ恐喝シテ其運動費ヲ出捐

裁判原本　朝鮮總督府裁判所

セシメ之ヲ同政府ニ送付シ同政府ト
相連絡シテ朝鮮ノ獨立ヲ實現セ
ントト企圖シ各自協力シテ朝鮮獨
立軍政署又ハ上海假政府特派
員ノ名義ヲ以テ朝鮮獨立軍資
金ヲ提供スヘク若シ其要求ニ應セ
サルニ於テハ爆彈隊ヲ派遣シ死刑ニ處
スヘキ旨記載シタル要求狀十九通ヲ

1260

作成シ同郡連山面金在燁、金禧鉉
同郡彩雲面山陽里金哲洙、同郡
城東面定址里尹一炳、同郡光石面新
堂里尹志炳ニ對シ各一通宛ヲ發送
スルコトトシ、金在燁ニハ一萬圓、金禧
鉉、尹一炳ニハ各五萬圓、尹志炳ニハ
十萬圓、金哲洙ニハ同人資産ノ能フ
限リ提供スヘキ旨記入シタルモノヲ封書

朝鮮總督府裁判所　裁判原本

トシテ郵送シ以テ同人等ヲ恐喝シ同
年陰九月中被告安鍾雲、李載煥
權寧萬ハ同郡連山面長田里ナル
金禧鉉ノ墓直崔壯業方ニ於テ金
在燁、金禧鉉ニ對シ曩ニ要求ノ
金員ヲ提供スヘキ旨要求シ且要
求ニ應セサルニ於テハ後難アルヘキ旨
恐喝シテ右両人ヲ畏怖セシメ同月

1261

中前記安鍾雲方ニ金在燁ヨリ
千二百圓、金禧鉉ヨリ五千圓ヲ送
付セシメテ之ヲ受取リ被告蘇鎭百ハ
同月中京城府壽松洞李觀珪方ニ
於テ該金中二千圓ヲ上海假政府
集金員金圭一ニ交付シ假政府員ノ
獨立運動費ニ提供シタルモ爾餘ノ
不穩文書受送者ニ對シテハ其目的

朝鮮總督府裁判所　裁判原本

遂行ニ先チ被告等ハ逮捕セラレテ
其目的ヲ遂ケス因テ安寧秩序ヲ妨害シ
第四、被告權寧萬ハ朝鮮獨
立運動費募集ノ犯意ヲ繼續
シテ外一名ト共ニ大正九年陰二月中
朝鮮獨立運動費募集ノ爲前
記尹一炳方ニ於テ同人ニ對シ拳銃
ヲ擬シテ該金ヲ要求シ提供セサル

1262

ニ於テハ直ニ殺害スヘキ旨脅迫シテ同人ヲ畏怖セシメ金五百圓ヲ強取シ因テ安寧秩序ヲ妨害シ

第五、被告安鍾雲ハ犯意ヲ継續ニ被告呂駿鉉、張應圭、李敏軾ト共ニ大正九年陰正月頃ヨリ京城府蓮池洞一番地被告呂駿鉉方ニ於テ數次會合ノ上前掲上海假政府ト氣脈ヲ通シ獨立運動費ヲ募集ニ該政府員ノ活動ヲ援助シ以テ朝鮮ノ獨立ヲ速成セムコトヲ協定シ上海假政府ノ信憑書類ヲ受ケハ其資金調達ニ付便益ヲ得ヘシト思惟ニ被告呂駿鉉ハ其親族ニシテ假政府ノ一員タル呂運亨ニ宛テタル紹介状ヲ認メ被告安鍾雲、李

裁判原本　朝鮮總督府裁判所

1263

敏軾カ旅費ニ充ツル目的ヲ以テ調達セル金四百圓ト共ニ之ヲ被告張應圭ニ交付シ同人ニ對シ右目的ノ為上海ニ赴クヘキコトヲ命シ被告張應圭ハ之ニ應シテ同年陰二月中鎮南浦ヨリ海路支那上海ニ渡航シ同地ニ於テ假政府員徐丙浩、都仁權、金根夏等ト會見シ同人等ノ朝鮮獨立運動ノ状況ヲ聽取シ且籌備團規則書、大韓民國公報、同赤十字規則、新韓青年雜誌各數部ノ交付ヲ受ケ尙徐丙浩等ヨリ右籌備團規則書ニ基キ京城ニ於テモ朝鮮獨立運動ノ為籌備團ヲ組織シ其運動費ヲ募集シ上海假政府ニ送付シ同政府ト連絡シテ

裁判原本　朝鮮總督府裁判所

1264

朝鮮ノ獨立ノ目的ニ盡力セラレタキ旨依
頼セラレ之ニ應シテ同年陰五月五日
京城ニ歸着シ同年陰六月中被告
李敎軾呂駿鉉、安鍾雲、張應圭
沈永澤、李奎承ハ京城府蓮池洞
徽新學校々庭ニ於テ右籌備團
規則書ニ基キ朝鮮ノ獨立ヲ目的
トシテ其運動費ヲ募集シ上海假政

裁判原本

朝鮮總督府裁判所

府ニ送付シ同政府員ト共同シテ朝鮮
獨立ノ目的ヲ達成セムコトヲ企圖セル籌
備團ト稱スル鮮人團體ヲ組織シ
沈永澤ヲ團長、李敎軾ヲ司令
長、安鍾雲ヲ副司令長、呂駿鉉
ヲ財務長、張應圭ヲ交通長、李奎
承ヲ書記ニ互選シ其後同年陰八
月頃被告蘇鎭亨ハ尙犯意ヲ繼續

1265

シテ被告申奭煥ト共ニ右目的ニ賛同シテ
同團ニ加入シ同年陰九月中右被告等ハ
役員ヲ改選シ被告蘇鎭亨ハ團長、被告
申奭煥ハ參謀長ト爲リ右被告等孰
レモ右目的ノ達成ニ付着々準備中同年
九月上旬被告張應圭ハ他ヨリ上海假政
府發行名義ノ獨立公債ト題スル額面
百圓(三十枚)五百圓(六枚)千圓(四枚)ノ

裁判原本

朝鮮總督府裁判所

證券合計一萬圓分ノ交付ヲ受ケ被告
李敎軾呂駿鉉、申奭煥、李奎承ト共同シ
テ該公債ニ依リ汎ク鮮内富豪ヨリ右運動
費ヲ募集シ之ヲ上海假政府ニ送付シ同政府ノ
運動費ニ充當シ以テ其目的ノ貫徹ニ資
セムコトヲ協定シ同月中被告李敎軾
呂駿鉉、申奭煥、李奎承ハ前記呂
駿鉉方ニ於テ被告張應圭ヨリ右公債一萬

1266

圓分ノ交付ヲ受ケ内金五千圓分ヲ被告安鍾雲ニ交付シ同被告ハ同月中内金二千圓分ヲ京城府ニ於テ趙景俊ニ交付シ殘三千圓分ヲ全羅北道井邑郡古阜面高山里李種根方ニ於テ同人ニ交付シ孰レモ右計畫ヲ告ケ該公債ヲ賣却シテ獨立運動費ノ調達ヲ委託シ被告李敎軾ハ右公債中千圓券一枚五百圓券一枚ヲ同年陰十月中被告金聲鎭ハ柳秉義ニ交付シ右計畫ヲ告ケ該公債券ヲ賣却シテ右運動費ヲ調達シ以テ被告等ノ運動ヲ援助スヘキコトヲ勸誘シタルニ被告両名ハ其趣旨ニ賛同シテ之ヲ受諾シ之ヲ受領シテ

裁判原本　朝鮮總督府裁判所

1267

二十日頃夜京城府齋洞尹用求方ニ到リ同人ニ對シ上海假政府ノ朝鮮獨立援助ノ為右公債證券ヲ買受ケラレタキ旨勸誘シタルモ同人ヨリ拒絶セラレタルヨリ空シク引返シ右公債券ハ被告張應圭ニ返還シ又被告金聲鎭ハ同月末頃被告李敎軾ヨリ同府公平洞ノ同人宅ニ於テ前記公債五百圓券一枚百圓券三枚ノ交付ヲ受ケ前同様ノ趣旨ヲ以テ之ヲ被告金霧漢ニ交付シ被告金霧漢ハ其趣旨ニ賛同シテ同府三清洞慎宗元方ニ於テ右公債中五百圓券一枚ヲ被告李相滿ニ交付シ被告李相滿ハ政治ノ變革ヲ目的トスル上海假政府ノ朝鮮獨立運動ノ趣旨ニ賛

裁判原本　朝鮮總督府裁判所

1268

同シテ該運動費ニ提供スル目的ヲ以テ
金五百圓ヲ即時金霌暘漢ニ交付シ
被告金霌暘漢ハ右五百圓ヲ前記
被告李敏軾方ニ於テ被告金聲
鎮ニ交付シ因テ孰レモ安寧秩序ヲ
妨害シ又ハ妨害セントシタルモノトス
而シテ被告禹利見、安鍾雲、李載煥、
蘇鎮亨ハ、權寧萬ノ前記第三事實

裁判原本　朝鮮總督府裁判所

中恐喝及恐喝未遂ノ点及被告禹利
見ノ安寧秩序妨害ノ点ハ孰レモ連續
犯ニ係ルモノトス
以上事實中第一、第二ノ事實ハ
一、豫審ノ被告人禹利見第二回訊
問調書中舊韓國ノ國權ノ恢復ヲ
企圖シタル光復會ハ大正四年陰十二月
中吉林城内支那人旅館ニ於テ被告

1269

及朱鎮守、梁在鉉、孫一民、李洪洙
等カ會合シ組織シタル團體ニシテ其
際被告ハ城内ニ於テ支那人ヨリ白色
及黒色ノ連發拳銃ヲ買求メ歸鮮
後蔡基中等ニ之ヲ交付シタル旨ノ供
述記載
一、押收ニ係ル大正十年領第七七五號ノ
二三七朴尚鎮等ニ對スル殺人等被告

裁判原本　朝鮮總督府裁判所

事件記録第十三冊中豫審ノ被
告人朴尚鎮訊問調書（第五百三丁）
中被告ハ大正六年陰六月九日頃蔡
基中方ニ於テ同人及金漢鍾、禹利見
等ト會合ノ上光復會ノ目的遂行ノ
手段トシテ禹利見カ支那ヨリ佈告
文ヲ鮮内富豪ニ發送スルコトヲ協
定シ尚目的遂行ノ最後ノ手段トシテハ

1270

暴動及暗殺ヲ爲スコトモ協定シタリ其際蔡基中及被告等ハ佈告文ノ草案ヲ漢文ニテ認メ禹利見ハ被告ヨリ旅費二百七十圓ノ交付ヲ受ケ右草案ヲ携ヘ帶シ支那ニ赴キ李洪寅ト共ニ之ヲ諺文交リ文ニ訂正シテ謄寫シ同年陰八月七日頃一旦歸宅シ慶尙北道慶州附近ノ資産家ヲ調査シ

朝鮮總督府裁判所　裁判原本

之ト蔡基中ノ調査ニ係ル同道十五郡ノ資産家名簿ヲ所持シ同月十六日再ヒ支那ニ赴キ同方面ヨリ右調査ニ係ル富豪ニ佈告文ヲ發送シタリ其後同年陰十月末頃張斗煥ガ被告ノ宿所ナル京城奥在河方ニ來リ忠淸道ノ資産家名簿及金四百圓ヲ被告ニ交付シ支那方面ヨリ

1271

佈告文ノ發送ヲ求ムルニ因リ同席シ居タル禹利見ニ該金及名簿ヲ交付シタルニ同人ハ同年陰十一月十六、七日頃京城ヲ出發シ支那ニ赴キ佈告文ヲ右名簿ニ基キ發送シタリ證第九八、九九、一〇一、一一〇、一一四、一一六、一一八、一二〇、一二一ノ一、一二七ノ二、一二八ノ一、一二九、一三一ノ一、一三六ノ一、一六〇ノ一、一六三ノ一、一六四ノ一、一六五、一七七、一七八、一七九

朝鮮總督府裁判所　裁判原本

ノ各號（大正十年領第七七五號ノ九三、九四、九六、一〇五、一〇九、一一一、一一三、一一五、一二二、一二三乃至一二六、一三一、一五六、一五七一五九乃至一六一、一七三乃至一七五）ハ孰レモ右佈告文ニシテ禹利見ガ支那安東縣、奉天、及京義線南市驛ヨリ郵送シタルモノニシテ江原道ノ李根宇崔在璘、閔泳敎ハ禹利見ガ金東鎬

1272

ヨリ直接聞知シタルモノナリ又崔浚方ニ到着セル佈告文ハ大正六年陰八月頃發送シタリト禹利見ヨリ聞知シタル旨供述記載

一、同上第十冊中豫審ノ被告人金漢鍾訊問調書（第二百六丁）中大正六年陰八月頃朴尚鎭ハ自宅ニ於テ被告ニ對シ北支那ノ同志ヨリ鮮内富豪ニ對シ佈告文ヲ發送シ然ル後暗殺ヲ決行シ人心ヲ恐怖セシメテ佈告文ノ威力ヲ示シ軍資金ヲ募集スルモノナリト告ケタリ張斗煥ハ天安、牙山、安城、燕岐、嚴正燮ハ公州、青陽、扶餘、論山、被告ハ洪城、禮山、保寧ノ各郡ノ富豪ヲ調査シ張斗煥ハ之ヲ取纒メ朴尚鎭及禹利見ニ交付シタリ

裁判原本

朝鮮總督府裁判所

1273

禹利見ノ發送シタル佈告文ハ洋紙ニ謄寫シタルモノナル旨ノ供述記載

一、同上第十三冊中豫審ノ證人李錫九、金甲淳ニ對スル各訊問調書（第二百六十三丁、第二百五十八丁）中證人ハ判示日時頃朝鮮獨立軍資金十萬圓要求ノ佈告文ノ郵送ヲ受ケタルモ未タ出金セサル旨ノ各供述記載

一、同上同冊中豫審ノ證人崔浚、李根守、崔在璘、李基宗、李基薫ニ對スル各訊問調書（第二百六十九丁、第四百七十九丁、第四百八十五丁、第三百四十八丁、第三百五十四丁）中判示日時頃軍資金（朝鮮獨立用）五萬圓要求ノ佈告文ノ郵送ヲ證人ハ受ケタルモ未タ出金セサル旨ノ各供述記載

裁判原本

朝鮮總督府裁判所

1274

一、同上同冊中豫審ノ證人徐漢輔訊
問調書（第二百四十九丁）中證人ハ判示
日時頃同上軍資金三萬圓要求ノ佈
告ノ郵送ヲ受ケタルモ未タ出金セサル旨ノ供
述記載
一、同上同冊中豫審ノ證人閔泳教
訊問調書（第六百二十六丁）中證人
ハ判示日時頃同上軍資金一萬圓要求ノ

朝鮮總督府裁判所　裁判原本

佈告文ノ郵送ヲ受ケタルモ未タ出金セサ
ル旨ノ供述記載
一、道警部ノ被告人馬利見訊問調
書中光復會ノ團長ハ被告ナリ會員
蔡基中、金漢鍾、張斗煥、林世圭、金
敬泰ハ被告ノ指揮ニ依リ被告ノ交
付シタル拳銃ヲ使用シ道高面長朴
容夏ヲ殺害シタル旨ノ供述記載

1275

一、豫審ノ證人黃學性訊問調書中
仁川府松峴里李在德方ニ於テ證人ノ面
前ニ於テ張斗煥ハ金漢鍾ニ馬利見
ヨリ拳銃ヲ買入レタル旨ヲ告ケ且證人ニ
對シテモ右拳銃ハ光復會ノ出金要求ニ
應セサル富豪ヲ殺害スルニ使用スル旨ヲ
告ケタリ右ハ大正十年領第七七五號ノ五
拳銃ト同色同型ノモノナル旨ノ供述記載

朝鮮總督府裁判所　裁判原本

一、檢事ノ參考人金敬泰訊問調書
中參考人ハ朴容夏ヲ殺害シタリ右殺
害ハ一ケ月程前參考人ハ金漢鍾方ニ於テ
馬利見ト會見シタリ其際同人ハ金
漢鍾ニ對シ親日派鮮人及悪德ノ財
產家ヲ殺害シ以テ一般富豪ノ恐怖心
ヲ惹起シ軍資金ノ募集ヲ爲サハ
其目的ヲ達スルニ容易ナリト稱シタリ

1276

金漢鍾ハ之ニ賛シ金在豊モ同席シ居
タリ其後禹利見及金漢鍾ハ京城ニ
赴キ漢鍾ハ拳銃ヲ持歸リタルニ因リ
該拳銃ヲ使用シ朴面長ヲ殺害シタル
旨ノ供述記載
一、豫審ノ證人金東鎬訊問調書中
大正六年陰十月中證人ハ京城府仁寺
洞奥在河方ニ於テ禹利見カ朴尚鎭ニ

裁判原本　朝鮮總督府裁判所

拳銃一挺ヲ交付スルヲ現認シタリ其際
孫一民モ同席シ居リ右二名ハ光復會
名義ニテ軍資金募集ノ脅迫状ヲ各地富
豪ニ發送スルコトヲ協定シタリ朴尚鎭ハ
證人ニ對シ脅迫状ハ支那ニ於テ作成シ
同所ヨリ郵送スルモノニシテ證人仝モ江原
道ノ富豪ヲ指名セシメタル旨ノ供述記載
一、前記押收記錄第九冊中豫審ノ

1277

被告人張斗煥訊問調書(第四百五丁)
中被告ハ光復會ノ目的ヲ達スル爲
出金要求ニ應セサル者ヲ殺害スル
目的ニテ大正六年陰九月頃朴尚鎭
金漢鍾ノ勸ニ因リ拳銃購入費二百圓
ヲ出金シ尚同年陰十月五日頃禹在
成(禹利見)ノ勸ニ因リ百五十圓ヲ出
金シ禹在成ヨリ八連發及五連發ノ兩

裁判原本　朝鮮總督府裁判所

拳銃(證第五、六號、大正十年領第
七七五號ノ五、六)ノ交付ヲ受ケタル旨ノ供
述記載
一、同上同冊中豫審ノ被告人張斗
煥訊問調書(第三百二十九丁)中金敬
養、金在昶、嚴正燮カ張容汲方ニ
於テ強盜ヲ爲スニ當リ被告ハ同人
等ニ拳銃ヲ交付シタリ同人等ハ同

1278

家ヨリ十四圓ヲ強奪シ來リタル旨供述記載
一同上同册中豫審ノ被告人金敬泰訊問調書（第十七丁）中大正六年陰十一月中金漢鍾方ニ於テ嚴正變ヨリ張斗煥カ用事アル旨ヲ聞知シ嚴正變及被告並金在昶三名ニテ張斗煥方ニ赴キ金漢鍾ノ保管シ居リタル拳銃

裁判原本　　朝鮮總督府裁判所

ヲ嚴正變及金在昶カ一挺宛所持シテ張容汲方ニ押入リ若キ者ヲ縛シ獨立運動費ノ出金ヲ迫リ且拳銃ヲ擬シ殺害スヘシト脅迫シタル末老人ノ室ニ至リ同様出金ヲ迫リタルニ最初出シタル七圓ハ少額ナリトテ火中ニ投シ更ニ十四圓ヲ提供セシメタリ同年陰十二月初旬天安面星井里成達永方ニテ

1279

金漢鍾ニ出會セシメ其後同人ハ林東根（林世圭）ヲ伴ヒ來リタルニ張斗煥ハ拳銃二挺（證第五六號、大正十年領第七七五號ノ五、六）ヲ被告等ニ交付シ金漢鍾ト兩名ニテ朴容夏ノ殺害ヲ慫慂スルニ因リ林東根ト兩名ニテ右拳銃ヲ携帶シ朴容夏方ニ到リ死刑宣告書ヲ示シ出金ヲ迫リタルモ延期ヲ求メタルニ因リ

裁判原本　　朝鮮總督府裁判所

被告及林東根ニテ交々拳銃ヲ發シ同人ヲ射殺シタル旨ノ供述記載
一同上第五册中警部ノ被告人朴尚鎭訊問調書（第二百四十丁）中張斗煥カ金敬泰等ニ交付シタル拳銃ハ馬利見カ張斗煥ニ交付シタルモナル旨ノ供述記載
一同上第三册中警視ノ被告人金

1280

復鍾ニ對スル聽取書（第百六十七丁）中
大正六年十二月初旬京城南門旅館
於テ禹利見、金東鎬及被告等
ニテ光復會ノ命令ニ應セサル者ハ各
地方ニ於テ一兩名宛殺害シ犠牲
者ヲ出スコトニ協定シタル旨ノ供述記
載
一、同上第二冊中司法警察官ノ證

裁判原本　朝鮮總督府裁判所

人張容汲訊問調書（第二百八丁）中判示ニ
照應スル被害顛末ノ供述記載
一、同上第十三冊中豫審ノ證人張倫
植訊問調書（第四百五十九丁）中判示ニ
照應スル被害顛末ノ供述記載
一、同上同冊中豫審ノ證人印光培
訊問調書（第十四丁）中判示ニ照
應スル朴容夏ノ被害顛末ノ供述

1281

記載
一、同上第二冊中醫師安藤房太ノ
鑑定書（第四十丁）中朴容夏ノ死體
ヲ檢スルニ同人ノ創傷ハ一ハ左第三肋
骨部ヨリ胸腔ヘ到ル盲貫銃創
ニシテ一ハ左側腹壁ヨリ左肩胛下ニ
通スル貫通銃創ナリ死因ハ出血及呼
吸障碍ニ因ルモノニシテ用器ハ拳銃ノ

裁判原本　朝鮮總督府裁判所

如キモノト思料スル旨ノ記載
及押收ニ係ル前掲朴尚鎮供述中ニ
記載ノ各佈告文ニ判示ニ照應スル
事實ノ記載及同上拳銃（大正十
年領第七七五號ノ五、六）ノ現在ヲ綜
合考覈シテ之ヲ認定ス
判示第三乃至第五ノ事實ハ
一、豫審ノ被告人禹利見訊問

1282

調書中判示第三事實同旨ノ供述
記載
一、豫審ノ被告人李載煥訊問調
書中被告ハ大正八年八月頃論山安
鍾雲方ニ同人、權寧萬、蘇鎭亨ノ
金在洙(馬利見)ト會合シ和人及富
豪ヨリ獨立運動費ノ出金ヲ受ケ
之ヲ上海假政府ニ送付スルコトニ協定

裁判原本　朝鮮總督府裁判所

シタリ而シテ右要求ヲ爲スニ付テハ先ツ
要求状ヲ發送シ然ル後ニ要求ニ赴
クコトニ爲ニ被告等ハ其要求状十
九通ヲ作成シ各富豪ニ發送シ
右要求状發送後同月中金稀
鉉、金在燁ヲ金道洙ヲシテ連山
面長田里ノ金稀鉉ノ墓直崔壯業
方ニ呼來ラシメ安鍾雲、權寧萬

1283

及被告ノ三名ニテ右ノ軍資金ノ提供
ヲ要求シタルニ金稀鉉ハ五千圓金
在燁ハ千二百圓ノ出金ヲ承諾シ其
後金道洙ヲ經テ安鍾雲方ニ該
金ヲ交付シ來リタリ因テ該金中
ヨリ安鍾雲ニ對スル被告等ノ食
費二百圓ヲ支拂ヒ馬利見及蘇
鎭亨ヲ加ヘタル被告等五名ニテ

裁判原本　朝鮮總督府裁判所

該金ノ一千二百圓宛ヲ分割保管
シ被告ハ論山郡ニ於テ獨立運動ニ
從事中右保管金全部ヲ費消シ
タル旨ノ供述記載
一、豫審ノ被告人安鍾雲第三回訊
問調書中大正八年陰八月頃論山ノ
被告方ニ權寧萬、李載煥、蘇鎭
亨、馬利見及被告ガ會見シ上海假政

1284

府ニ運動費ヲ送付スル目的ヲ以テ富
豪ヨリ軍資金ヲ募集スルコト及之カ
方法トシテ上海假政府又ハ獨立軍政
署ノ名義ヲ以テ富豪ニ對シ軍資
金要求狀ヲ發送スルコトヲ協定シ相
協力シテ該要求狀ヲ金禧鉉、金
在燁、金哲洙其他合計十九名ニ
發送シタリ尹一炳、尹希重、尹皇炳

裁判原本　　朝鮮總督府裁判所

ニハ蘇鎭亨カ右要求狀ヲ發送シタル
旨ノ供述記載
一、同上ノ被告人安鍾雲第二回訊
問調書中被告ハ大正八年陰九月
十四、五日頃金道洙ノ紹介ニ依リ達
山面長田里ノ金禧鉉ノ山直方ニ於テ
權寧萬、李載煥ト共ニ金禧鉉、
金在燁ニ面會シ同人等ニ對シ上海

1285

假政府ニ送金スルニ付必要ナル旨ヲ告ケ
軍資金ノ出捐ヲ要求シタル結果金
道洙ノ手ヲ經テ同人方ニ於テ金禧鉉
ヨリ五千圓金在燁ヨリ千二百圓、
交付ヲ受ケタリ而シテ該金中千二百
圓宛ヲ權寧萬、李載煥、蘇鎭亨
禹利見及被告ニテ上海假政府ニ
送金ノ目的ニテ分割保管シタリ被

裁判原本　　朝鮮總督府裁判所

告ハ右千二百圓ヲ蘇鎭亨ニ交付シ
タルニ同人ハ保管金全部ヲ京城ニ
於テ上海假政府ニ送金ノ目的ニテ李
桂ニ交付シタリ而シテ禹利見ハ光復
會ノ首領ナル旨ノ供述記載
同上ノ被告人安鍾雲訊問調
書中被告ハ大正八年陰十一月中
京城府公平洞百四十一番地李

1286

敏軾方ニ於テ張應圭ニ四百圓ヲ交付シ
上海假政府ニ赴カシメタルニ大正九年
陰五月ニ歸鮮シタリ、被告及李敏
軾ハ呂駿鉉方ニ於テ張應圭ト會
見シタルニ同人ハ上海假政府員都
仁權ヨリ籌備團規則書、大韓
民報、赤十字規則書、新韓青
年雜誌各十冊餘ノ交付ヲ受ケ

裁判原本

朝鮮總督府裁判所

來リ該籌備團規則書ニ則リ朝
鮮ニモ籌備團ヲ組織シ大ニ獨立
運動費ヲ募集シ上海假政府ニ
送付シ同政府ノ運動ヲ補助ス
ヘキコトヲ勸ムルニ因リ其頃ヨリ李
敏軾、張應圭、呂駿鉉、沈永澤、及被
告等ニテ該團ノ組織ヲ計畫シ同年
陰六月初旬右者等カ京城徽新

1287

學校ノ庭ニ集合シ籌備團ヲ組織
シ同時ニ役員ヲ定メ沈永澤ヲ團長、
李敏軾ヲ參謀長、被告ヲ副團長、
張應圭ヲ交通長、呂駿鉉ヲ財務長
ト定メ其後申奭煥、蘇鎭亨モ
加入シ同年陰九月十五日李敏軾方
ニ於テ同團役員ノ改選ヲ行ヒ李
敏軾ヲ團長、申奭煥ヲ副團長及

裁判原本

朝鮮總督府裁判所

參謀長ト爲シ其他ノ役員ハ前回ノ通リト
爲シタリ、同月中上海假政府ヨリ獨立
公債百圓券、五百圓券、千圓券合計
一萬圓分ヲ京城張應圭方ニ持參シ
來レルモノアリ張應圭ハ該公債ニ依リ
獨立運動費ヲ募集スルトノコトニ付被
告ハ李敏軾ヲ介シ張應圭ヨリ
該公債千圓券二枚、五百圓券四枚

1288

百圓券十一枚ノ交付ヲ受ケ内千圓券
二枚（大正十年領第一五八五號ノ七）ヲ
趙景俊ニ交付シ殘餘中百圓券
ノ内一枚（同號ノ六）ヲ除キ他ハ全部
李權根ニ交付シ孰レモ之カ賣却ヲ
委託シタル旨ノ供述記載
一、同上ノ被告人蘇鎭亨ノ訊問
調書中被告ハ大正八年陰八月初

裁判原本　朝鮮總督府裁判所

旬安鍾雲、李載煥、權寧萬、全
在洙（禹利見）ヨリ汎ク軍資金ヲ
募集シ之ヲ上海假政府ニ送付シ同政
府ノ朝鮮獨立運動援助ノ勸誘ヲ
受ケ之ニ賛同シタリ而シテ已ニ該金ハ
要求ヲ爲ニアル富豪中尹一炳、尹
龜炳、尹志炳等ニハ被告カ其募
集ニ赴クヘキコトヲ擔任シタルモ未タ

1289

赴カス、全在燁、全務鉉ノ提供シ
タル獨立軍資金中千二百圓ヲ安
鍾雲ヨリ交付ヲ受ケ其後尚同人ノ
保管ニ係ル該金中千圓ノ交付ヲ
受ケ大正八年陰九月六日安鍾雲ノ
招キニ依リ京城ニ來リ壽松洞ノ番地
李會珪方ニ於テ上海假政府集金人
全圭一ニ右保管金中ノ二千圓ヲ

裁判原本　朝鮮總督府裁判所

交付シ假政府ニ送付方ヲ委託シタリ
又被告ハ大正九年夏京城李敏
軾方ニテ同人ヨリ警備團規則
書ヲ示サレタル旨ノ供述記載
一、同上ノ被告人權寧萬訊問調
書中被告ハ判示日時頃安鍾雲
方ニ於テ同人及李載煥、蘇鎭亨、禹利見ト
會シ上海假政府ノ朝鮮獨立運動援

1290

助ノ爲軍資金ヲ募集シ同假政府ニ
送付スルコトニ定メ右富豪ニ之カ要求狀
ヲ發送シタリ其後某墓幕ニ於テ金
道洙ノ手引ニテ金鎔鉉、金在燁ニ
出會ヒ軍資金ノ要求ヲ爲シタル結
果兩人ヨリ合計六千二百圓ノ提供ヲ
受ケ被告ハ該金中一千二百圓ノ保
管ヲ託サレ其後内五百圓ヲ安鍾

裁判原本　朝鮮總督府裁判所

要ニ交付シタル旨ノ供述記載
一、同上ノ證人金在燁、金鎔鉉ニ對
スル各訊問調書中判示事實ニ
照應スル各被告顛末ノ供述記載
一、同上ノ證人尹一炳訊問調書
中大正八年陰八月中證人方ニ朝
鮮獨立軍資金要求狀到着シ
軍資金トシテ五萬圓ノ出金ヲ要

1291

求シ之ニ應セサルニ於テハ爆彈ヲ投シ
一家ヲ鏖殺スヘキ旨記載シアリ
タリ其後大正九年陰二月末頃夕
權寧萬外一名ノ者カ證人方ニ來リ
各自拳銃ヲ證人ニ擬シ自分等ハ
上海假政府派遣員ナルカ曩ノ要
求狀ノ如ク軍資金ヲ出セ應セサ
ルニ於テハ殺害スヘシト强要シタルニ

裁判原本　朝鮮總督府裁判所

因リ五百圓ヲ提供シタル旨ノ供述記
載
一、道巡査ノ證人金哲洙訊問
調書中大正九年九月中證人ノ
達山旅行不在中ニ證人方ニ軍
資金要求ノ脅迫狀到着シタル
旨ノ供述記載
一、同上ノ證人尹希重訊問調

1292

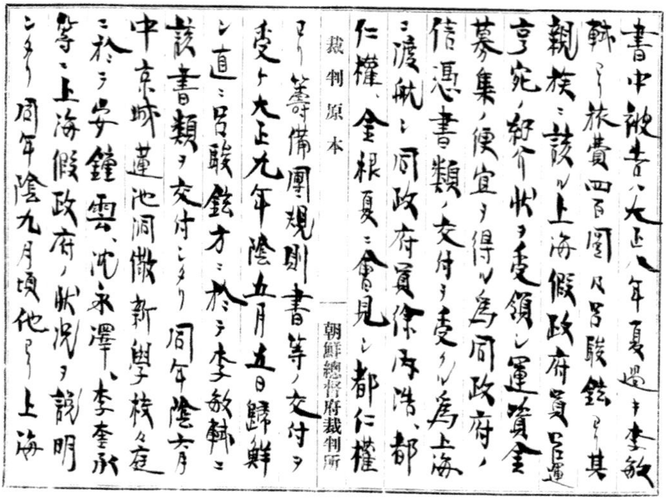

書中被告ハ大正八年夏過キ李敏
軾ヨリ旅費四百圓及呂駿銈ヨリ其
親族ニ該ル上海假政府員呂運
亨宛ノ紹介状ヲ受領シ運資金
募集ノ便宜ヲ得ル爲同政府ノ
信憑書類ノ交付ヲ受クル爲上海
ニ渡航シ同政府員徐丙浩、都
仁權、金根夏ニ會見シ都仁權
裁判原本　朝鮮總督府裁判所
ヨリ籌備團規則書等ノ交付ヲ
受ケ大正九年陰五月五日歸鮮
シ直ニ呂駿銈ニ於テ李敏軾ニ
該書類ヲ交付シタリ同年陰六月
中京城蓮池洞徽新學校々庭
ニ於テ安鍾雲、沈永澤、李奎欣
等ニ上海假政府ノ状況ヲ說明
シタリ同年陰九月頃他ヨリ上海

1293

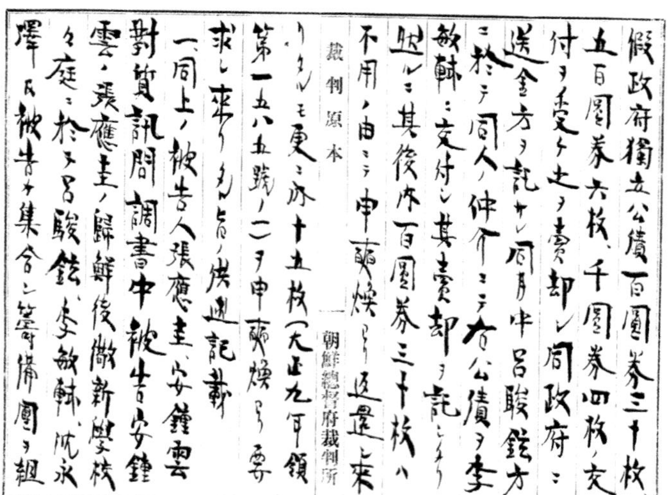

假政府獨立公債百圓券三十枚、
五百圓券六枚、千圓券四枚ノ交
付ヲ受ケ之ヲ賣却シ同政府ニ
送金方ヲ託サレ同月中呂駿銈方
ニ於テ同人ノ仲介ニテ右公債ヲ李
敏軾ニ交付シ其賣却ヲ託シタリ
然ルニ其後右百圓券三十枚ハ
不用ノ由ニテ申兩煥ヨリ返還シ来
裁判原本　朝鮮總督府裁判所
リタルモ更ニ右十五枚(大正九年領
第一五八五號ノ二)ヲ申兩煥ヨリ要
求シ来リタル旨ノ供述記載
一、同上ノ被告人張應圭、安鍾雲
對質訊問調書中被告安鍾
雲、張應圭ノ歸鮮後徽新學校
々庭ニ於テ呂駿銈、李敏軾、沈永
澤及被告ナ集合シ籌備團ヲ組

1294

織シタル際張應圭ハ自ラ同團ノ交
通長タランコトヲ申出テタル旨ノ供述
記載
一、同上ノ被告人呂駿鉉訊問調
書中判示日時頃被告ハ李敏軾
及安鍾雲ト協議ノ結果上海假
政府ノ信憑書類ヲ得ル爲張應
圭ニ李敏軾、安鍾雲ノ出金ニ係ル

裁判原本　朝鮮總督府裁判所

旅費ヲ交付シ上海假政府ニ赴カ
シメタリ　上海假政府員呂運亨
ハ被告ノ五寸ノ甥ナリ大正九年六月
中籌備團組織ニ當リ李奎
承ハ書記ト為リタル旨ノ供述記載
一、同上ノ被告人呂駿鉉訊問調
書中大正九年陰十一月中李奎
承ハ獨立公債百圓券十五枚（大

1295

正九年領第一五八五號ノ七）ヲ被告方ニ持
參シ張應圭ニ其返還方ヲ求メタルニヨリ
被告ハ右證券ヲ張應圭ニ返還シタル
旨ノ供述記載
一、道警部ノ被告人申奭燦訊問
調書中被告ハ大正九年陰九月中
李敏軾ノ求ニ因リ二回呂駿鉉方ニ到リ
張應圭ヨリ獨立公債五千圓分餘ノ

裁判原本　朝鮮總督府裁判所

交付ヲ受ケ李敏軾ニ交付シタル旨ノ供
述記載
一、豫審ノ被告人申奭燦訊問調
書中籌備團參謀長就任ノ交渉
ハ安鍾雲ヨリ受ケタル旨ノ供述記載
一、同上ノ被告人李敏軾訊問調書
中被告ハ張應圭ニ旅費四百圓ヲ
交付シ同人ヲ上海假政府ニ赴カシメ

1296

以下

タルニ大正九年陰二月中同人ハ出發シ上海ニ於テ假政府員徐丙浩、都仁權金根夏ト會見シ同年陰五月五日籌備團規則書等ヲ携帶歸鮮シタル旨ノ供述記載

一、同上ノ被告人李敏軾第二回訊問調書中大正九年陰六月中徽新學校ノ庭ニ於テ被告、及沈永澤、李敏軾、張應圭、呂駿鉉、安鍾雲等共ニ相會シ籌備團ヲ組織シタリ其際沈永澤ハ團長ニ就任シタリ又被告ハ張應圭ヨリ受領シタル獨立公債券中千圓券一枚五百圓券一枚ヲ金聲鎮ニ交付シタルニ同人ハ之ヲ他ニ持行キタルモ軍資金募集不可能ナリシトテ之ヲ被告ニ返還シタリ[redacted]且又被告ハ右公

裁判原本　朝鮮總督府裁判所

1297

債千圓券二枚ヲ安鍾雲ニ交付シタル旨ノ供述記載

一、同上ノ證人金泰錫訊問調書中李敏軾ハ證人ニ對シ籌備團ノ團長ニ就任シタルト告ケタル旨ノ供述記載

一、道警部ノ被告人金聲鎮訊問調書中被告ハ大正九年陰十月二十日李敏軾ヲ介シ張應圭ヨリ獨立公債千圓券一枚、五百圓券一枚ノ交付ヲ受ケ同夜十時頃柳秉義ト共ニ尹用求方ニ到リ右證券ヲ示シ買取方ヲ求メタルモ拒絶シタルニ因リ該證券ヲ李敏軾ニ返還シタリ同月末金雨暘漢カ公債券ノ交付ヲ求ムルニ因リ李敏軾ヨリ五百圓券一枚、百

裁判原本　朝鮮總督府裁判所

1298

圓券三枚ノ交付ヲ受ケ金霽漢ニ
交付シタリ同人ハ右公債ヲ李相満ニ賣
却シタリトテ五百圓ヲ交付シタルニ因リ
該金ヲ李敏軾ニ交付シタル旨ノ供述
記載
一、同上ノ被告人柳秉義訊問調書
中被告ハ大正九年十一月下旬金基
鐘（金聲鎭）ト共ニ同人カ李敏軾

裁判原本　　朝鮮總督府裁判所

ヨリ交付ヲ受ケタル獨立公債千圓券
一枚五百圓券一枚ヲ尹用求方ニ持
参シ軍資金ノ提供ヲ求メタルモ拒絶
セラレタル旨ノ供述記載
一、豫審ノ證人尹用求訊問調
書中大正九年中夜間氏名不詳者
二名齊洞ノ證人方ニ來リ上海假政
府ノ獨立公債券ヲ示シ軍資金ノ提

1299

供ヲ求メタルモ拒絶シタリ被告人金聲
鎭ハ右ノ外ノ一名ニ酷似スル旨ノ供述記
載
一、同上ノ被告人金霽漢訊問調
書中被告ハ大正九年陰十月七日
頃京城清進洞金聲鎭ノ旅宿ニテ
獨立公債五百圓券一枚ノ交付ヲ
受ケ同日同府三清洞愼宗克方ニ

裁判原本　　朝鮮總督府裁判所

於テ之ヲ李相満ニ交付シ五百圓ヲ
受領シ被告方ニ於テ該金ヲ金聲
鎭ニ交付シタル旨ノ供述記載
一、被告李相満ノ當公廷ニ於ケル大正
九年陰十月中金霽漢ヨリ獨立公
債五百圓券（大正十年領第一二之
號ノ六）ヲ五百圓ニテ買受ケタル旨ノ
自供

1300

及押收ニ係ル獨立公債（大正十年領
第一二二號ノ六、大正九年領第一五八五
號ノ一及六）ノ現在
ヲ綜合考覈シ之ヲ認定ス
法律ニ照スニ被告權寧萬ノ各所
爲中安寧秩序妨害ノ点ハ大正八年
制令第七號第一條第一項刑法第五十
五條ニ該當シ判示第三ノ所爲中恐
裁判原本　朝鮮總督府裁判所
喝及恐喝未遂ノ点ハ刑法第二百四十
九條（尚未遂ノ点ニ付テハ同法第二百五
十條ヲ適用）第五十五條ニ該當シ判
示第四ノ所爲中强盗ノ点ハ同法第二百
三十六條第一項ニ該當スル所右各犯
行ト前示安寧秩序妨害ノ点トハ一
個ノ所爲ニシテ數個ノ罪名ニ觸ルルモノナル
ヲ以テ同法第五十四條第一項前段第

1301

十條ニ依リ最モ重キ强盗罪ノ所定
刑ニ從ヒ被告權寧萬ヲ八年ノ懲役ニ
處スヘク、被告安鍾雲、蘇鎭亨、李壽
煥ノ所爲中安寧秩序妨害ノ点ハ孰
レモ大正八年制令第七號第一條第一項
（被告安鍾雲、蘇鎭亨ノ此犯行ニ付
テハ刑法第五十五條ヲ適用）ニ該當
シ判示第三ノ所爲中恐喝及恐喝未
裁判原本　朝鮮總督府裁判所
遂ノ点ハ刑法第二百四十九條（尚未
遂ノ点ニ付テハ同法第二百五十條ヲ適
用）第五十五條ニ該當スル所此犯行
ト前示安寧秩序妨害ノ点トハ一個ノ所
爲ニシテ二個ノ罪名ニ觸ルルモノナルヲ以テ同法
第五十四條第一項前段第十條ニ依リ
重キ恐喝罪ノ所定刑ニ從ヒ被告
安鍾雲ヲ六年 被告蘇鎭亨ヲ四年

1302

被告李載煥ヲ五年ノ各懲役ニ處スヘク
以上各被告及被告馬利見ヲ除外
シタル其餘ノ各被告ノ所爲ハ孰レモ前
記制令第七號第一條第一項ニ該當
スルヲ以テ其所定刑中有期懲役
刑ヲ選擇シテ被告張應圭ヲ四年
被告李敏軾ヲ三年被告呂駿鉉ヲ
二年被告金聲鎭ヲ一年被告申
藴煥、柳秉義、金靄漢、李相滿、沈
永澤、李奎承ヲ六月ノ各懲役ニ
處シ且被告金靄漢、柳秉義、李
相滿ニ對シテハ刑法第二十一條ニ
依リ未決勾留日數百五十日ヲ
各本刑ニ算入シ被告沈永澤、李
奎承ニ對シテハ情狀ニ因リ同法第二
十五條第一號ニ依リ各二年間刑ノ

裁判原本　朝鮮總督府裁判所

1303

執行ヲ猶豫スヘク、被告馬利見ノ所
爲中安寧秩序妨害ノ點ハ前記
制令第七號第一條第一項刑法第
五十五條ニ該當シ判示第一ノ所
爲中恐喝未遂ノ點ハ刑法第二百
五十條第二百四十九條第五十五
條ニ、同第二ノ所爲中强盜教唆ノ
點ハ同法第六十一條第二百三十六
條第一項ニ殺人教唆ノ點ハ同法第
六十一條第百九十九條ニ、同第三ノ
所爲中恐喝及恐喝未遂ノ點ハ同
法第二百四十九條（尙未遂ノ點ニ付
テハ同法第二百五十條ヲ適用）第
五十五條ニ該當スル所前示安寧秩
序妨害ノ點ト爾餘ノ點トハ一個ノ所
爲ニシテ數個ノ罪名ニ觸ルルモノナルヲ

裁判原本　朝鮮總督府裁判所

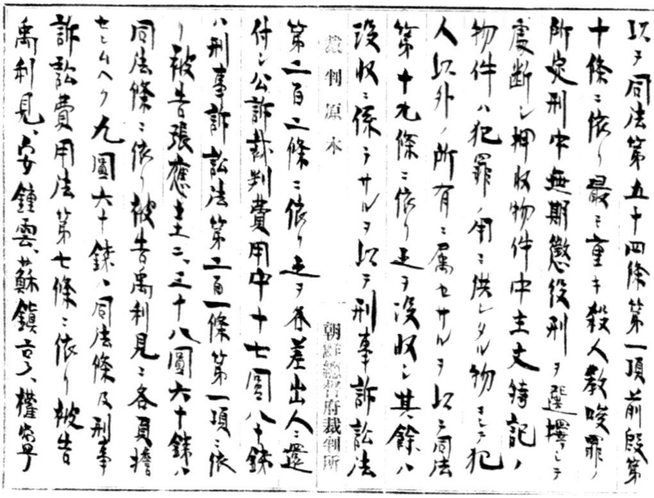

以テ同法第五十四條第一項前段第十條ニ依リ最モ重キ殺人教唆罪ノ所定刑中無期懲役刑ヲ選擇シテ處斷シ押收物件中主文特記ノ物件ハ犯罪ノ用ニ供シタル物ニシテ犯人以外ノ所有ニ屬セサルヲ以テ同法第十九條ニ依リ之ヲ沒收シ其餘ハ沒收ニ係ラサルヲ以テ刑事訴訟法第二百二條ニ依リ之ヲ各差出人ニ還付シ公訴裁判費用中十七圓八十錢ハ刑事訴訟法第二百一條第一項ニ依リ被告張應圭ニ、三十八圓六十錢ハ同法條ニ依リ被告禹利見ニ各負擔セシムヘク九圓六十錢ハ同法條及刑事訴訟費用法第七條ニ依リ被告禹利見、安鍾雲、蘇鎭吉ノ、權寧學

裁判原本

朝鮮總督府裁判所

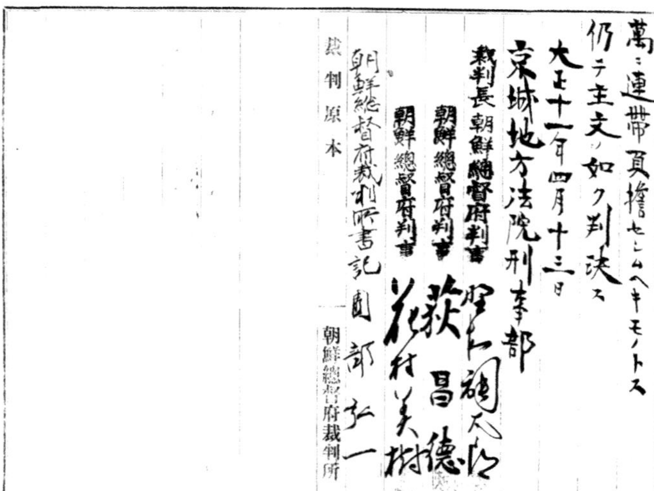

萬ニ連帶負擔セシムヘキモノトス

仍テ主文ノ如ク判決ス

大正十一年四月十三日

京城地方法院刑事部

裁判長朝鮮總督府判事 [illegible]

朝鮮總督府判事 荻 昌德

朝鮮總督府判事 花村 美樹

朝鮮總督府裁判所書記 園部 弘一

裁判原本

朝鮮總督府裁判所

1306

우재룡은 고우 박상진의 약력을 수초

嗚呼라. 朴尙鎭의 約歷을 中間幾年間 幾十分의 一이라도 記抄하려하니. 禹在龍 自身의 經歷을 먼졈 말하기 가소럽다. 그르나 안을 수 업다. 禹在龍은 永川郡 鄭用基氏 再次 唱義時 結義를 하고 從軍하다가 敗戰되어 劍事을 當하야 終身監刑을 바듯다가 韓日合併時 出獄된 後 深山에 隱居하야 때을 기두리면셔도 對人酬酌은 敗軍之卒하라셔 此山가 갓치 餘生을 맛치겟다고 하고 累累 同志가 來訪하야시나 不應하고 잇는바, 梁벽도와 蔡基中氏가 朴尙鎭을 말하고 累累히 勤苦함을 바다시다 不聽하얏든바, 梁(벽도 : 편자주) 長子 梁00가 來하야 朴尙鎭氏가 某日에 禹을 만나려고 山下까지 오기로 約束하야시니 其時對面이나 하야셔 彼此間 討論을 하야보라기에 豊基邑을 約束하야셔 相對하기 되엿다, 嗚呼라. 朴尙鎭의 遠大한 抱負중 滿洲陳野로 朝鮮式 水稻를 奬勵하고 支那 露領에 居住하는 同胞 及 在鮮同志로 內外相應시길 方法과 歐米諸國에 外交할 것과 後位에 後任으로 向子傳孫하드라도 안을 수 업는 우리의 任務라기에 內心으로 참으로 伏從치 안을 수 업사며 盟誓고 許身하앗다.

光復會起初事業豫定目次及經過事實

1. 滿洲 吉林에다가 朝鮮獨立機關本部를 設置할 事

1. 朝鮮農民을 滿洲로 誘導 營農하야 朝鮮獨立機關 食糧을 保掌키할 事

1. 全鮮八道의 支部를 設置하고 支部長 一人式 存置할 事

1. 各道 支部長은 擔當地區內에 朝鮮獨立思想을 宣傳하야 同志와 資金을 募集할 事

1. 滿洲 深山에 朝鮮 士官學校를 設立하야 士官과 軍隊를 養成할 事

1. 軍隊總司令長을 推薦됨이 黃海道 李錫大를 選定하얏다가 李錫大가 雲山金鑛을 襲擊타가 誤中하야 滿洲로 避身하얏다가 未期 檢擧됨을 보고 孫一民의 推薦으로 金佐鎭을 任用함

1. 右와 如히 計劃을 預定하고 乃前 乙卯 五月 日에 大邱셔 朝鮮獨立에 對한 一大團體를 組織함에 會名을 光復會라 稱하고 周到縝密한 計劃으로 將來의 圓滿進行히기로 一同이 宣誓하고 會長은 朴尙鎭이가 推薦되고 幹部를 波任하고 武器는 露領 及 海外諸國으로붓터 購入하엿는대 仝年 六月傾에 朴尙鎭는 任務로셔 滿洲吉林으로 出獄후 仝年 八月에 大邱在留하든 同志幾人이 軍資金募集의 目的으로 大邱 徐佑淳家事件을 發生하야 當時 參加한 同志全部가 滯囚되고 朴尙鎭는 武器의 主人으로 連累되여 吉林回路에 京城 沈相鉉家에셔 檢擧되여 一年間 大邱監獄에셔 苦問惡刑을 甘受하고 光復會는 들나지 안하엿다. 體刑의 滿期로셔 歸家卽時 滿洲로 禹在龍을 送하야 各機關과 連絡을 取함 其時 滿洲機關에셔는 奉天는 鄭淳榮 裵相喆 金佐鎭 三人이 主管하고 安東縣新市街에 三達洋行 李海量文某가 主管하고 旧市街는 孫一民이가 安東旅館을 經營하면서 各連絡하고 北滿 吉林에 散在한 同志機關는 禹在龍은 未詳함

1. 全鮮各處에 光復會 布告文 發送事實

   右布告文 元抄는 朴尙鎭의 手抄로셔 大邱에셔 各幹部가 贊同하고 滿洲로 持去하야 直接發送하기는 禹在龍이가 其任에 當하얏다

1. 布告文과 同封한 信號數字로셔 査察員 及 收行員의 眞假를 對照判証하야 該當主人이 無疑키함

1. 信號數字方法은 重要幹部 幾人外에는 未知하게한 會員중에셔도 秘密이 有하얏다

1. 布告文을 發送後 三種의 事 行動에 따라 大政策을 豫定하얏다

1. 布告文에 順應하는 사람

2. 布告文을 半信半疑하는 사람

3. 布告文을 叛抗하야서 親日을 드 힘시는 사람

1) 布告文을 밧고 順應하는 사람 中 一人의 記錄. 慶北 義城郡 山雲洞李泰大의게 蔡基中外數人이 査査如此로 訪問하니 信號를 對照한 後 眞心誠意 로 寬對하고 金額을 秘密히 求하려하니 入手가 如意치 못함을 그지업시 米安한 謝禮를 俵示함에 査察員一行은 其主人의 걱정을 同情으로 全額을 求得하는 것보담 同志를 어듬이 本會의 大目的이라하고 全額은 慶州崔浚과 相議하야셔 崔浚의게 支佛하라 함. 其0未久에 崔浚이가 朴尙鎭을 請接하야

李泰大가………………

를 崔浚名義로 移轉하면 幾………………

土地移轉手續을 하기하얏다가………………

業에 幾人의 有限財力으로 當할 수 업실뿐 그르키 順應하는 사람은 吉林本部로 引導하여 豊作事業에 投資케하야 每年 收入 중에셔 一割又는 二割式 本部에 納付하면 一人의 同志를 加得함이요 無限한 財源이 될것을 이니 吉林

2) 布告文을 밧고 半信半疑하는 사람은 査察員이 說明

3) 全鮮舊士族중 富豪로셔 布告文에 不應할 뿐아니라 親日을 主張하는 人은 死刑執行하야 全鮮民衆을 懲戒캐하엿다

1. 慶北 慶州郵便物을 취한 事實

慶州 郵便局에셔 迎日郡과 慶州 各處 地稅를 收合하야 郵便馬車便으로 大邱로 000輸送하는 것을 崔浚을 使用하야 日字를 探知한 後

우재룡은 고우 박상진의 약력을 수초(원문)

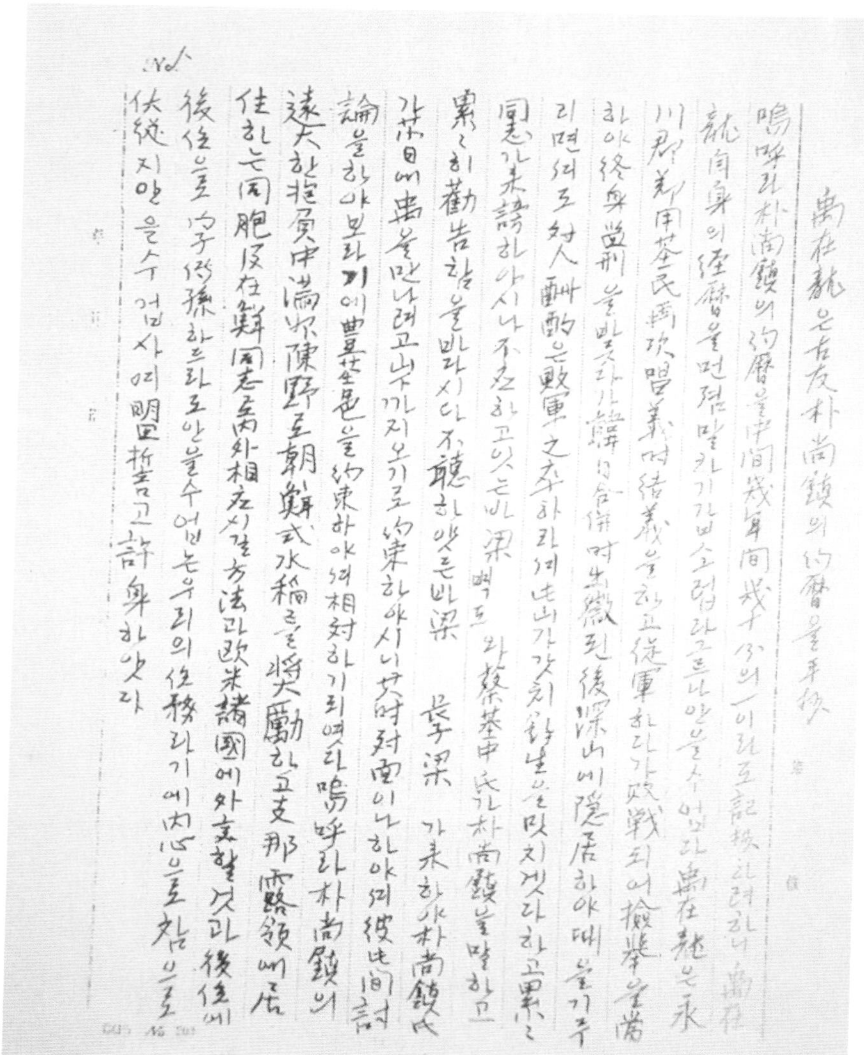

2、

光復會起初宗旨及經過事實

一、滿洲吉林에다가朝鮮獨立機關本部로設立할事

一、朝鮮農民을滿洲로誘致하야營農하며朝鮮獨立機關食糧을保管케할事

一、全鮮八道의支部를設置하고支部長一人式存置할事

一、各道支部長은担當地區內에朝鮮獨立思想을宣傳하야同志와資金을募集할事

一、滿洲深山에朝鮮士官學校를設立하야士官과軍隊를養成할事

一、軍隊總司令長은推薦됨이黃海道李錫大를選定하얏다가李錫大가雲山金鑛을襲擊타가說中하야滿洲로避身하엿다가未期檢擧됨을보고孫一民의推薦으로金佐鎭을任用함

一、右와如히計畫을確定하고乃前乙卯五月日에大邱에서朝鮮獨立에对한一大團體를組織하야會名을光復會라稱하고同到續密한計畫으로立將來의圓滿進行하기로一同이宣誓하고會長은朴尙鎭이가推薦되고幹部를派任하고武器는露領及海外諸國으로봇터購入하엿

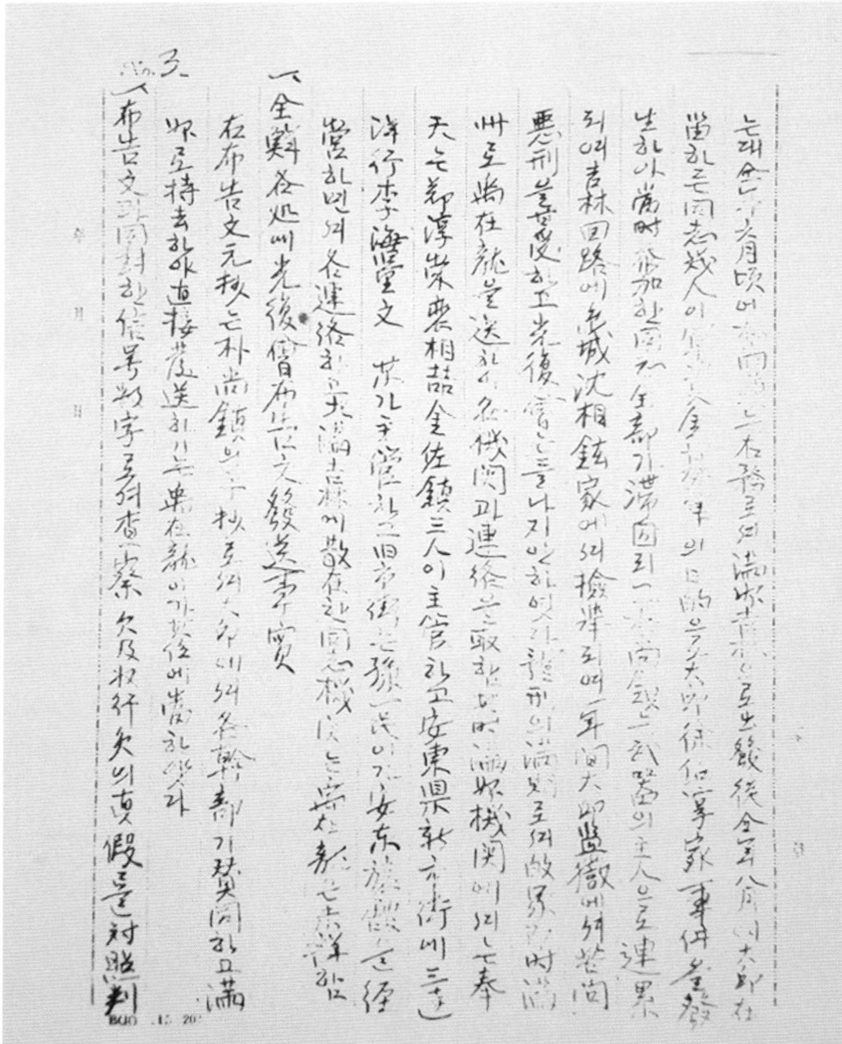

4.

記하야該當主人이 [illegible]하게함

一、信號標字方法은重要幹部幾人外에는未知하게할會 久中으로秘密
이有하얏다

一、布告文을發送後三種의革 行動에對한大[illegible]을預定하얏다

一、布告文에順應하는사람

二、布告文으로[illegible]信半疑하는사람

三、布告文을叛抗하야仇視를[illegible]하지는사람

一、布告文을맛고順應하는사람中一人의記錄。慶北義城郡山雲面李
萬大의게發表한中外數人이會合하야談論하니信號를対照한後於
心誠意로宣傳하고金額을[illegible]求하려하나入手가如意치못
함을고지어니시未安한謝禮으로儀示함에査察次一行은其主人의거절
을同情으로金額을求得하는것보다同志를어듬이本會의大目的이라하고金
額은其崔浚라하는商議하야崔浚의게支拂하라함其後未久에崔浚

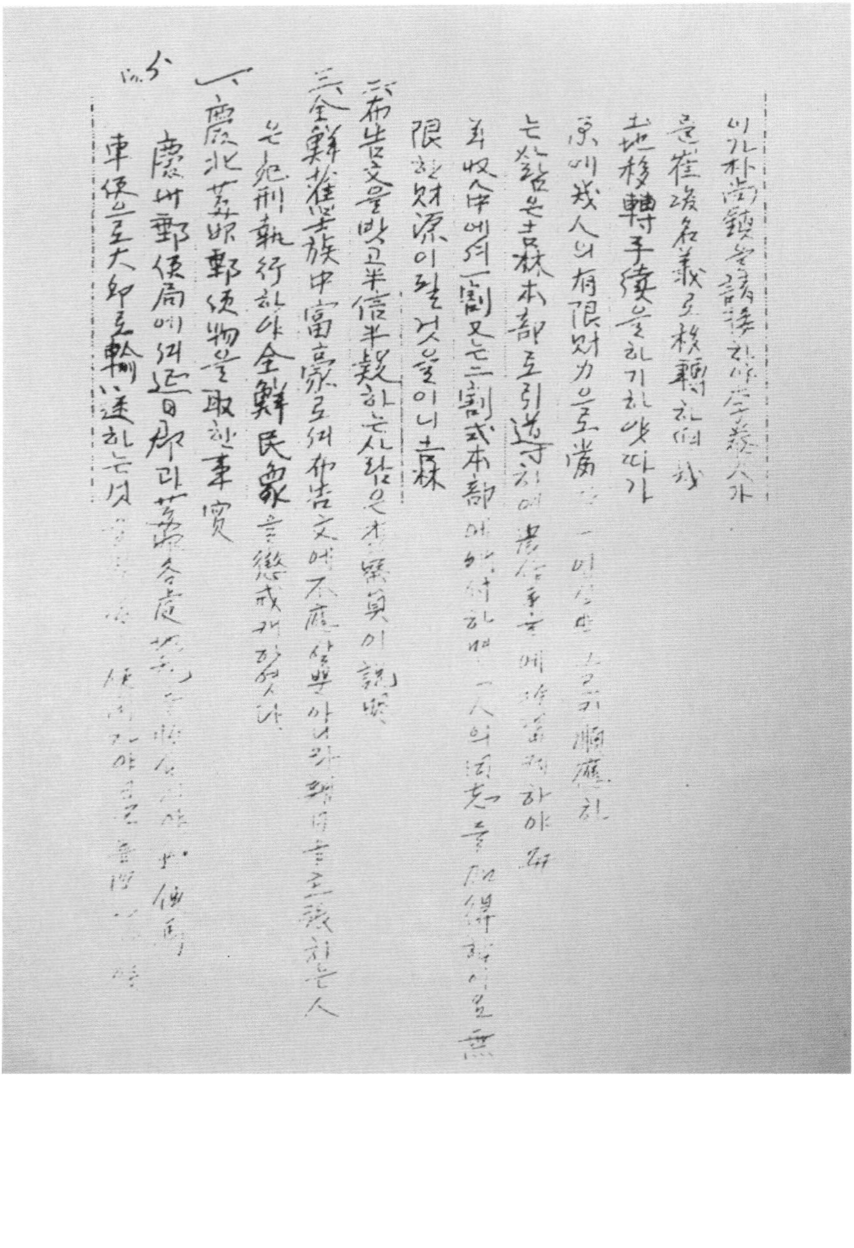
이가 朴尙鎭을 [illegible] 하야 [illegible] 人가
을 崔浚 名義로 移轉하얏스나
土地移轉手續을 하기 하얏다가
原에 我人의 有限財力으로 當하고 一 [illegible]
는 사람은 土森本部로 引渡하기에 [illegible] 하야
年收入에서 一割 又는 二割式 本部에 [illegible] 一人의 [illegible] 無
限한 財源이 될 것을 이니 土森
二. 布告文을 밧고 半信半疑하는 사람은 [illegible] 이 [illegible]
三. 全鮮 各族中 富豪家로서 布告文에 不應 [illegible] 아니라 [illegible] 하는 人
은 死刑執行하야 全鮮民衆을 懲戒케 하얏다
一. 慶北 英陽 郵便物을 取한 事實
慶州郵便局에서 [illegible] 各 [illegible]
東便으로 大邱로 輸送하는 [illegible]

신문기사

『동아일보』 1921. 6. 11

張承遠銃殺한 光復會員禹利見

최근에군산디방에서운동중 사텬만에경긔경찰부에톄포

『동아일보』 1921. 12. 25

朴尚鎭等의連累로 光復會의關係者

禹利見等十七名豫審決定

—이십이일경성디방법원에서—

豫審終結決定

主文

理由

『동아일보』 1921. 12. 26

京城에 籌備團을 組織

상히와 련락하든 사실의 내용

禹利見等 豫審決定 二

大正十年十二月二十二日
京城地方法院
豫審掛朝鮮總督府判事 永島雄藏

『동아일보』 1922. 2. 27

禹利見等公判期

다음달초순경에

『동아일보』 1922. 3. 17

軍資募集은 事實이나

협박강청한일은전혀업다고

주비단우리견외십사명공판

광복회(光復會)와 련락하야 조선독립운동하고 다시주비단(籌備團)을 조직하야 활동하든 우리견(禹利見)외 십사명에 대한공판은 작일오전열한시 사십분경에 경성디방법원에서 화촌(花村)재판장 야촌(野村)배석판사 수야(水野)검사가 립석한후 개뎡하고 피고들에 대한 씨명 주소 등을 심문한후

재판당이

김유현의

『동아일보』 1922. 3. 17

爆彈製造失敗

주비단조직의론

돈오천원

상히잇는

전라북도

『동아일보』 1922. 3. 18

假政府와 連絡與否

장응규가래왕한사건이한문데

禹利見等公判續記

紹介書簡은否認

上海에往來한

次回는廿五日

『동아일보』 1922. 3. 26

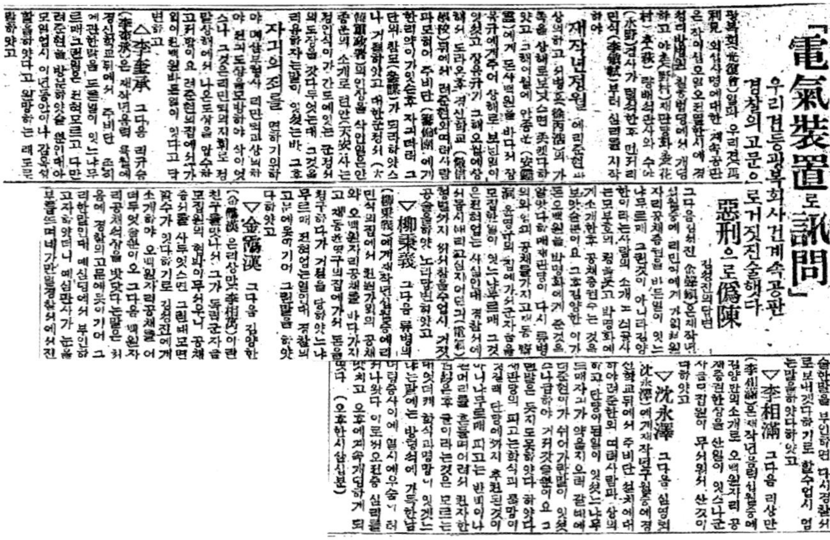
「電氣裝置로訊問」

우리견등광복회사건계속공판

경찰의고문으로거짓진술해다

惡刑으로僞陳

『동아일보』 1922. 3. 27

朴尙鎭差入關係로

수백원을대여주엇다는일과

기타사실에대하여권녕만답변

禹利見等公判續記

首領禹利見의答辯

팔년전에광복회조직당시와

그후의활동한것을일일진술

『동아일보』 1922. 3. 31

禹利見은 死刑求刑

기타는십년이하

광복회와우리견(禹利見)외십사명에대한 공판은 작일오전열한시오십분경에 경성디방법원칠호법뎡에서야촌(野村)재판댱

화촌(花村)추(秋)량배석판사수야(水野)검사 가립회한후계속개뎡하고 먼저

수야검사 로부터 각피고에대하야 아래와가치 구형이잇슨후변호사문졍규(文楨圭)씨는 피고려준현(呂駿鉉)에게대하야 변호사김긔현(金基鉉)씨는피고심영택(沈永澤)에게대하야변호사 리승우(李升雨)씨는 피고리규승(李奎承)에게대하야각々무죄주장으로 변론을맛치고 그다음재판댱이 피고등을 아래서라한후 피고중에할말이 잇거든하라하매 피고우리견 (禹利見)이가 압흐로나와 예심뎡에서도 여러가지로 나에게대한 증인을 물어 무름일이잇섯스나 모다확실한것이업고 나에게대한 증인중나에게

륙혈포를 밧앗다는김한종(金漢鍾)장두환(張斗煥)두명파나의행사를 발하얏다는 박상진(朴尚鎭)을불너무러달나고 말한후안지매제판댱은관불구일을오는사월십삼일로청하고폐뎡하얏는데 당일방청석에 남녀관중이 가득차고 더욱피고의가족중부인네들의 우는소래가 자조들니더라

禹利見死刑▲權寧萬懲役十年▲安鍾雲懲役八年▲蘇鎭亨▲李觀煥懲役七年▲張應圭懲役四年▲李敏軾懲役三年▲呂駿鉉▲金聲翊懲役各二年▲申泰煥▲金麗澤懲役各一年▲李相禧懲役十個月▲沈永澤▲李奎承▲柳兼懲役各六個月

『동아일보』 1922. 4. 14

禹利見은無期懲役

기타십사명은팔년이하의징역

광복회(光復會)일파우리견(禹利見)과 주비단(籌備團)안종운(安鍾雲)등십오명에대한공판은 작십삼일오전열한시경에 경성디방법원칠호법뎡에서계속개뎡하고야촌(野村)재판댱과 화촌(花村)추(秋)량배석판사와대원(大原)검사가 렬석한후아래와가치 판결을 언도하얏는데 방텽석에는 전일과가치 남녀방텽자가가득하얏더라

▲禹利見無期懲役▲權寧萬懲役八年▲安鍾雲懲役六年▲李觀煥懲役五年▲張應圭蘇鎭亨懲役各四年▲李敏軾懲役三年▲呂駿鉉懲役二年▲金聲翊懲役一年▲申泰煥懲役六個月▲金麗漢李相萬柳兼懲役各六個月(未決拘留日數百五十日을本刑에算入)▲沈永澤李奎承懲役各六個月(二年間執行猶豫)

보는 중천원일(中川元一)(?)이라는자는 뎐차가오는줄을 아지못하고 궤도압흘 바로건너가다가 그만차에시치어 다리와허리가 조금 부상하엿다더라

『중외일보』 1930. 2. 17

『槍劍을빗겨들고 曠野에나서보니……』

부호열두명살해한광복단사건후
표연히만주로목숨을가지고도망

長逝한金佐鎭一生 (三)

最初로軍資募集

◇발각되어철창으로

모처럼계획하야 씨운이 창양행(倡揚行)의사업은그의뜻대로 발뎐되지못하엿다 그러나 그는 하로라도 압즉이자긔가주소로 리상하고잇는만주(滿洲)에군사 긔관(軍事機關)을설립하고여러 뜻잇는청년들을모하 군사훈련 을식여야만되겟다는 불가티조 급한생각은 그로하여금 완만한 사업계획으로 만족을주지 못하 고다른속급책을세우도록 하엿 나그리하야 그는륭희(隆熙)이년 열아홉살되든봄에 여긔대한군 자금을구하기 위하야당시 자긔 의친척되는돈의동(敦義洞)김종 근(金鍾根)의집에사업자금을칭 할랴고 계획하다가 사건에발각 되야서대문감옥(西大門監獄)에 서강도미수죄(强盜未遂罪)로삼 년동안 철창의쓰린맛을 무엇다 고한다 그가한번강도미수죄로 잡히게되자 당시사회에잇서서 는이상한센새이순을이러키게 되야통감부(統監府)긔관지매일 신보(每日申報)에서는악한강도 라는큰데목으로 그를공박하엿 다고한다

看守가部下되어

◇그의비력에감동코

이사건에그가남긴일화(逸話)로 써는그가처음 경관에게 포박될 때에경관십여명이달려드럿승 으로 꼼작할수업게 묵거노흔매 그는 포박한경관대에향하야 흔 연한태도로 우숨을던지고나를 이러케 묵지안트래도 다라날배 업다고하면서 한번괴운을쓰매 묵것든·포승이 낫낫치끈허지자 경관대들도 하는수업시 그대로 호송하엿다고하며 그가 감옥사 리할때에도 감옥안에서 로력을 하는중 하로는쌀가마니를 운반 하게되며 그는평소에가치든 남 보담뛰여난힘으로 한손에 쌀가 마니한섬식을 삽시간에 옴기고 보니 겻헤감독하든 간수한명이 그의힘에감복하야 그가감옥으 로부터나온후 그를차자 뒤ㅅ날 에 그의부하가된사실이 잇다고 한다

故鄕父老의排斥

◇가문을더럽힌다고

그가 강도미수의죄명으로 삼년 간철창생활을마치고 나온후 그 가어릴적부터도 양반의 자데로 미천한하인들에게 경어를 사용 하고 신데발부(身體髮膚)는 수 지부모(受之父母)를 무시하고 해괴하게 머리를 함부로깍그며 구교운을 반대하고 학교를세우 며 일문(一門)에 젊은과수들로 하여곰 개가(改嫁)를 권고하며 그밧게모든 범절이 양반의소행 으로서는 망측한일이 하나둘이 아님에달하 그당시그의집안·부 모들은 그를가문을 더럽힌놈이 라고하야구박과배척을함부로하 게되매그는그후로고향에좀처럼 발길을드려노치못하고가뎡덕으 로보아서도 외로운처디에 떠러 젓다고한다

廣漠滿洲로逃命

◇광복단사건이후에

그는 감옥을나온후이나 더럽만 치라도 처음가진뜻을 굽히지아 니하고 당시텬하의이목을 놀래 인광복단(光復團)에 가입하야 새 로운길을 열기에몰중하엿다 그 러나 험란한운명을타고난 그에 순순한 압길이열릴 베업슬것이 다 광복단과 손을마조잡은지도 얼마못되야 당시광복단원의 손 으로 전선에일홈난 부호열두명 을 죽이고 마즈막으로경북인동 (慶北仁同)부호장승원(張承遠) 이가 피살되자 모든비밀은폭로 되야 그의동지박상진(朴尙鎭) 김한종(金漢鍾)은대구(大邱)감 옥에서 교수대의 이슬로살어지 고우리견(禹利見)채긔두(蔡基 斗)두명은서대문(西大門)감옥 에서 최후를마치자 그는몸을빼 여 다음날그의 죽음의보금자리 까지된 자유의벌판만주를 향하고 다라낫다

「[illegible]」

[illegible]

그리하야 만주로건너간그 리한노래를 스스로 지어가 애닯은흉중을 [illegible]던디에 하소 면서 지내와다 그리고이노 지금도 만주의간도 화생도 저부르는노래이라고한다

『매일신보』 1922. 4. 14

禹利見은 無期懲役

작일에 언도된 광복회사건 우리견의 사형은 결국 무긔

지난달 이십오일에 경성디방법원에서 야촌(野村)부장의 담임으로 수야(水野)검사가 립회한 아래에 길림되얏던지나 길림(吉林)에서 광복회(光復會)를 조직하야 구한국 국권을 회복하려고 하던 우리견(禹利見)과 론산(論山)에서 군자금 수천원을 모집하야 일부를 상해가정부로 보내이고 동지자를 가정부로 보내며 련락을 취하는 동시에 경성에 주비단(籌備團)을 조직하려고 하던 리치환(李致煥) 안종운(安鍾雲) 권녕만(權寧萬) 등 [illegible] 이오 그 외에 ㅅ실는 업다고 국구 부인하든 [illegible]하고 ㅅ형(死刑)으로 구형하야 방텽석즁는 몸에서 [illegible] 방텽남녀즁 이곳뎌곳에서 [illegible] 엿스며 작일 아참 판결언도에도 우리견은 잣차 엇더한 운명이 [illegible] 방텽인이 만터니 야촌부장 이하 각자판관과 검사가 착석하ㅅ 피고들의 당명을 맛추고 간단히 형긔(刑期)만 [illegible]도하얏는데

십오명은

작시삼십분에 동법원 [illegible] 에서 야촌부장으로 브터언도되얏는데 [illegible] 당시에 수아 정ㅅ가 권녕만에 대하야는 삼년징역 안종운에 대하야는 팔년징역 리치환 [illegible] 에 대하야는 각ㅅ칠년징역으로 구형하고 피고 우리견에 대하야는 피고는 대정오년이후 구한국국권 회복을 목뎍하고 여러가지로 불온한 [illegible] 안이라 륙혈야 천긔형긔는 모쇠자루를 동지ㅅ에게 급여하얏스나 만일에 불복하는 야 군자금을 모집케하는 동시에 [illegible] 이에 응치안이하는 자거나 또는 [illegible] 친일뎌 천인을 살해하라고 살인 [illegible] 교ㅅ하야 [illegible] 지잇다고하야 피고는 [illegible]

▲李厳煥懲役五年▲安鍾雲同六年▲蘇鎭亨張應圭各同四年▲呂駿鉉同二年▲申奭(?)模同六箇月▲李敏軾同三年▲李奎承沈永澤各同六箇月二年間執行猶豫▲金躍漢同一年▲金曄漢 [illegible] 柳東義李相湍各同六箇月未決拘留日數百五十日通算▲權寧萬同十年▲禹利見無期懲役

이라고 하며 미처 옥이 방텽석에서는 [illegible] 사형은 면하얏다고 [illegible] 을 놋는 [illegible] 바처 판장은 계속하 [illegible] 고 피고는 [illegible] 하얏더라

『매일신보』 1921. 12. 25

光復會豫審決定

禹利見等十四名은送起訴

[illegible] 대정팔년도로 브터 경성을 [illegible] 으로하야 광복회(光復會)를 조직하야 조선의 국권을 회복하려고 하던 우리견(禹利見)등은 그 동안 비상한 활동으로 일을 진척 하다가 필경은 독립운동에는 자금이 업서서 되겟다는 성각으로 남선디방을 위시하야 조선천디 의 각부호에게 군자금을 다수히 모집하얏더니 이것이 필경당국 에 발각되야 오래동안 조정디방 법원에서 예심을 바더오더니 이번에 김동진(金東鎭) 김준한 (金晙漢)두명만 무죄방면 되고 그 외는 모다 유죄로 결뎡되야 공판 에 붓치게 되얏는데 예심 결뎡된 내용은 아래와 갓더라

豫審終結決定

[illegible]

主文

[illegible]

理由

[illegible]

國權恢復

[illegible]

安東縣等

[illegible]

朝日鮮人

[illegible]

朝鮮獨立

[illegible]

『매일신보』 1921. 12. 26

光復會豫審決定

禹利見外十四名은有罪決定

同道同郡連山金在燁金裕鉉同郡彰雲面山陽里金哲洙同郡城東面是[?]里尹一炳同郡光石面新堂里尹志炳에對하야各一枚式을發送하기로하고金在燁에는金壹萬圓金裕鉉에는金五萬圓尹一炳에는金五萬圓尹志炳에는金拾萬圓金哲洙에는能力이잇는대로提供하라고記入한것을封書로하야郵送하야써同人等을恐喝하야同年舊九月中에被告安鍾雲李敏軾等萬은金道洙란者와共히同郡連山面長田里金裕鉉의家에서金在燁金裕鉉에對하야前者에要求한金員을提供하라고要求하얏고

右兩人을 恐怖케하야同月中에前記安鍾雲方에서金道洙와持參한金在燁으로부터送付한金千二百圓金裕鉉으로부터送付한金五千圓을受取하야內金二千圓을京城府壽松洞李觀珪方에서上海假政府員金圭一에게交付하야假政府運動資金에提供하고써安寧秩序를妨害하고

第四 被告楊濟萬은朝鮮獨立運動費募集의犯意를繼續하야外一名과共히大正九年舊二月中朝鮮獨立運動資金募集하기爲하야前記尹一炳方에至하야同人에게拳銃을示하고朝鮮獨立運資金을提供치아니하면面히殺害홀旨로脅迫하고同人으로恐怖케하야金五百圓을强取하야써安寧秩序를妨害하고

第五 被告安鍾雲은犯意를繼續하야被告呂駿鉉張應圭李敏軾과共히大正九年陰正月頃브터京城府蓬萊洞一番地被告呂駿鉉方에서屢々會合한后朝鮮獨立을企圖하는上海假政府와氣脈을通하야獨立運動資金을募集하야假政府組織員의活動을援助하고써朝鮮獨立을速進케할을謀議하고其資金調達에는上海假政府의信憑을顧慮[?]함에對하야被告呂駿鉉으로其親族에게假政府의一員되는呂運亨에게送하는紹介狀을認하야被告安鍾雲李敏軾等이調達한金三百圓과共히此를被告張應圭에게交付하고同人에對하야右目的으로上海에赴할事를命하고同年陰二月中被告張應圭는李永植이란者와共히鎭南浦로브터海路로

支那上海 에渡航하야同地에서假政府員徐丙浩都仁權金根夏等과會見하고假政府獨立運動狀況을聞하고籌備團規則書大韓民國公報同赤十字規則新韓青年雜誌各數部의交付를受하고徐丙浩等으로브터右籌備團規則書에基하야京城에籌備團을組織하고朝鮮獨立運動資金을募集하야上海假政府에送付하야同政府와連絡하야朝鮮獨立運動을爲하야盡力할旨의依賴하고此를引受하야同年舊五月五日京城府에歸着하고同年六月中被告李敏軾呂駿鉉安鍾雲張應圭沈永澤李圭承은京城府蓬萊洞數學校校庭에서

右籌備團 規則書에基하야籌備團이라稱하는團體를組織하고朝鮮獨立을目的하야其運動資金을募集하야上海假政府에送付하며同政府員과共同하야朝鮮獨立의目的을達하게하고沈永澤을團長李敏軾을司令長安鍾雲을副司令長呂駿鉉을財務長張應圭를交通長李圭承을書記로互選하고其後同年舊八月頃被告蘇鎭亨中興燦等도京城에서右目的에贊同하야團員이되엇다同年舊九月中右被告等은役員을改選하야被告蘇鎭亨은團長中興燦은參謀長이되야着々準備中同年舊九月上旬頃被告張應圭는他로브터上海假政府發行公債證券額面百圓券三十枚五百圓券六枚千圓券四枚를受取하야被告李敏軾呂駿鉉申興燦李圭承과共히

公債證券 으로써朝鮮獨立運動資金募集을하기로協定하고同月中被告李敏軾呂駿鉉、申興燦 李圭承은右公債券一萬圓分을前記呂駿鉉方에서張應圭로브터受取하고內金五千圓分을被告安鍾雲에게交付하고同人은同月中內二千圓分을京城府에서賴景俊에게交付하고(未完)

『매일신보』 1921. 12. 27

光復會豫審決定

禹利見外十四名은有罪決定

殘三千圓分을全羅北道井邑郡古阜面高山里李種根方에서同人에게交付하야各右公債를賣却하야獨立資金의調達을委託하고被告李敏軾은右公債券中千圓券一枚五百圓券一枚를同年舊十月中被告金聲鎭、柳秉義에게交付하야右公債券을賣却하야

朝鮮獨立 資金을調達홀旨를勸誘하고被告金聲鎭、柳秉義는其趣旨에贊同하야右公債券을受領하고同月二十日頃夜京城府齋洞尹用求方에至하야同人에게朝鮮獨立運動을爲하야右公債券을買受홀旨로勸誘하얏스나同人에게拒絶되얏슴으로 交還하고右公債券은被告張應圭에게返還하얏고又被告金聲鎭은同月末頃被告李敏軾에게同府公平洞同人宅에서前記公債五百圓券一枚百圓券三枚를受取하고前同樣의趣旨로써此를被告金麟漢에交付하고被告金麟漢은其趣旨에贊同하야同府三淸洞愼宗元方에서右公債券中五百圓券一枚를被告李相濤에게交付하고被告李相濤은上海假政府의朝鮮

獨立運動 費에提供홀目的으로金五百圓을即時金麟漢에交付하고金麟漢은右金五百圓을前記被告李敏軾方에서被告金聲鎭에交付하야써모다安寧秩序를妨害하고又는妨害코저혼者이라以上事實을認홀證憑이充分혼바被告禹利見의所爲는刑法第五十五條第二百四十九條第一項第四十三條第二百三十六條第百九十九條第六十[?]條第七項大正八年制令第七號第一條刑法第五十四條第四十六條李誠模의行爲는刑法第二百四十九條第一項大正八年制令第七號第一條刑法第五十四條被告安鍾雲蘇鎭亨의行爲는

同法條及 刑法第五十五條被告楊濟萬은刑法第二百三十六條第一項第二百四十九條第一項大正八年制令第七號第一條刑法第五十四條第四十七條被告呂駿鉉、張應圭、李敏軾、沈永澤、李圭承、中興燦柳秉義、金聲鎭、金麟漢李相濤은大正八年制令第七號第一條에各該當한犯罪임에依하야刑事訴訟法第百六十七條第一項에則하야公判에付하며被告金駿漢이大正九年舊七月二十日頃京城을出發하야西間島에至하야金佐鎭과邂逅하고朝鮮獨立의協議를하고同年舊十月四日頃京城에歸來하야爾來被告金聲鎭等과

朝鮮獨立 運動을爲홀事를約하고且其資金調達을爲홀에는他人을恐喝하는外에업다고協議하고此의準備로拳銃을入手코저奔走홍旨의公訴事實被告金駿漢金東鎭은金佐鎭의間島에對혼獨立運動을援助케하기爲하야被告柳秉義에對하야西間島에赴하야朝鮮獨立運動의團體에加入홀事를勸誘하고同被告는此를承諾하얏슴으로後日을期하야同人을同伴홀事를約혼旨의公訴事實은모다其證憑이充分치안음으로刑事訴訟法第百六十五條第一號에則하야免訴且放免홀者로홍仍히主文과如히決定홈

大正十年十二月二十二日

京城地方法院

豫審掛朝鮮總督府判事永島雄藏

『매일신보』 1922. 3. 7

『매일신보』 1922. 3. 17

『매일신보』 1922. 3. 26

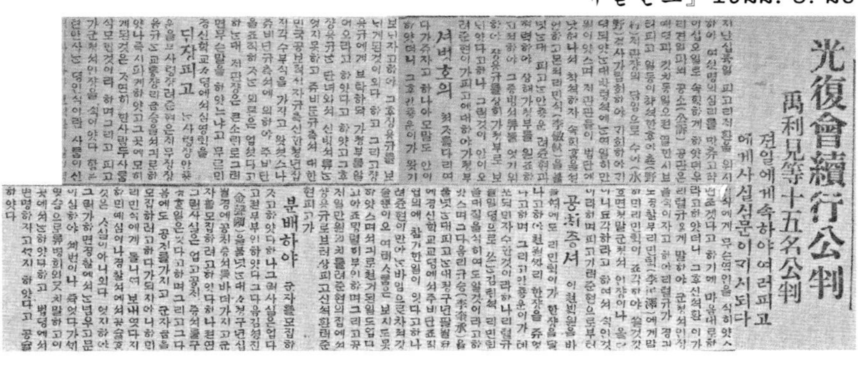

『매일신보』 1922. 3. 27

六千圓을假政府로 擧皆否認

보내인사실은잇섯스나그러 협박공갈은한일은전혀업다고

光復會午後繼續公判

禹利見은前義兵

군사를양성하야일을하여보려고과부회를조직하엿다고

『매일신보』 1922. 3. 31

禹利見에死刑求刑

방텽석훈편에잇던녀자훈명이사형이란말을듯고통곡히

매운의사이공전

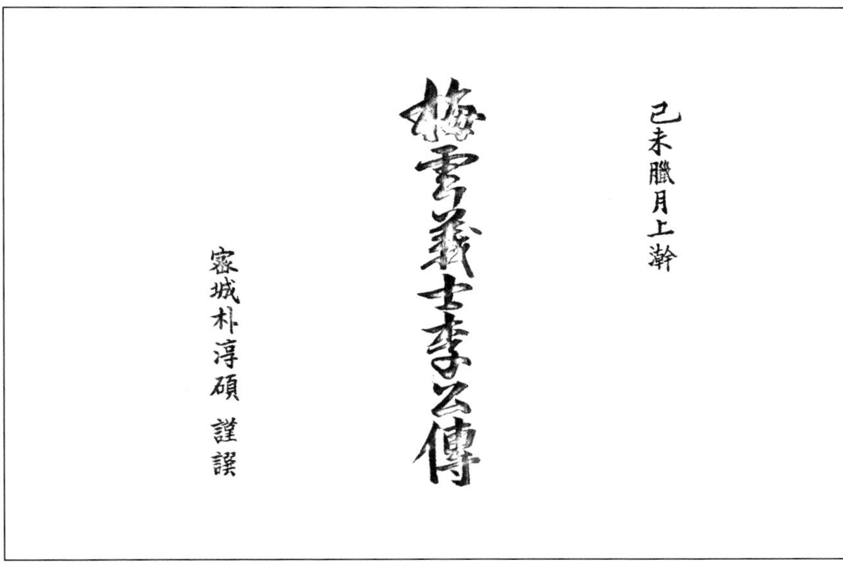

己未臘月上澣

梅雲義士李公傳

密城朴淳碩 謹撰

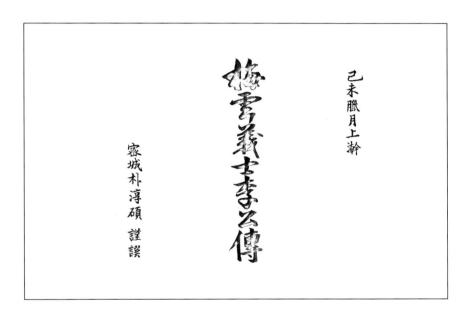

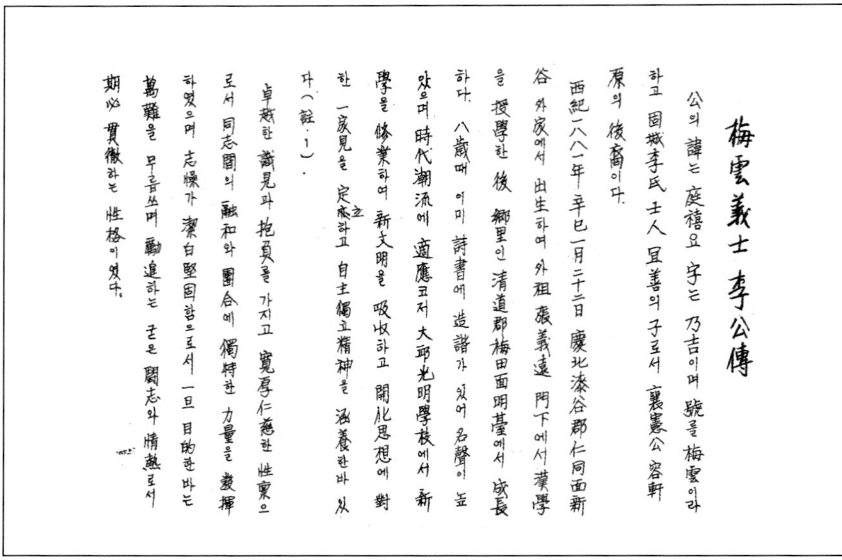

梅雲義士 李公傳

公의 諱는 庭禧요 字는 乃吉이며 號를 梅雲이라 하고 固城李氏 士人 宜善의 子로서 襄憲公 容軒 原의 後裔이다.

西紀一八八一年 辛巳一月二十二日 慶北漆谷郡仁同面新谷 外家에서 出生하여 外祖 張義遠 門下에서 漢學을 授學한 後 鄕里인 清道郡梅田面明臺에서 成長하다. 八歲때 이미 詩書에 造詣가 있어 名聲이 높았으며 時代潮流에 適應코저 大邱光明學校에서 新學을 修業하여 新文明을 吸收하고 開化思想에 對한 一家見을 定立하고 自主獨立精神을 涵養한바 있다(註·1).

卓越한 識見과 抱負를 가지고 寬厚仁慈한 性稟으로서 同志間의 融和와 團合에 獨特한 力量을 發揮하였으며 志操가 潔白堅固함으로서 一旦 目的한 바는 萬難을 무릅쓰며 勵進하는 굳은 鬪志와 情熱로서 期必貫徹하는 性格이였다.

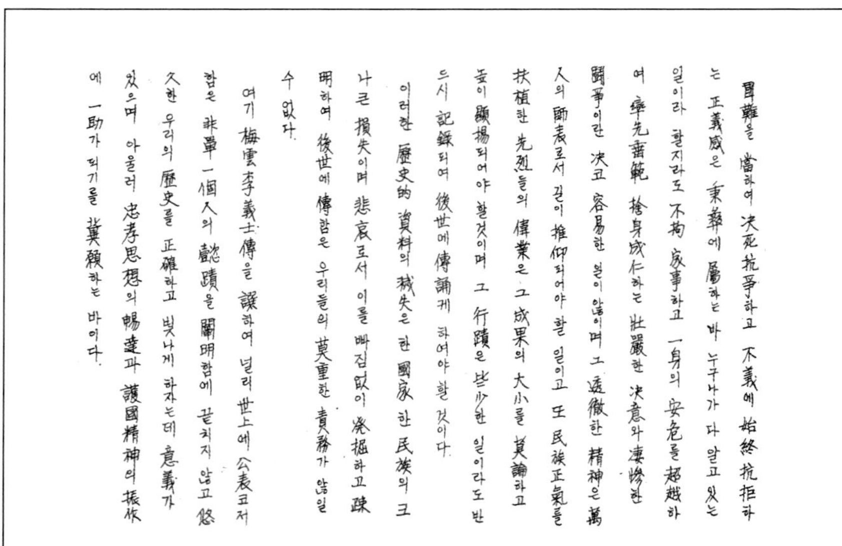

萬難을 當하여 決死抗爭하고 不義에 始終抗拒하는 正義感은 秉彝에 屬하는 바 누구나가 다 알고 있는 일이라 할지라도 不拘家事하고 一身의 安危를 超越하여 率先垂範 捨身成仁하는 壯嚴한 決意와 凄慘한 鬪爭이란 決코 容易한 일이 않이며 그 透徹한 精神은 萬人의 師表로서 길이 推仰되어야 할 일이고 또 民族正氣를 扶植한 先烈들의 偉業은 그 成果의 大小를 莫論하고 높이 顯揚되어야 할것이며 그 行蹟은 些少한 일이라도 반드시 記錄되어 後世에 傳誦케 하여야 할 것이다.

이러한 歷史的 資料의 滅失은 한 國家 한 民族의 크나큰 損失이며 悲哀로서 이를 빠짐없이 發掘하고 疎明하여 後世에 傳함은 우리들의 莫重한 責務가 않일 수 없다.

여기 梅雲李義士傳을 譔하여 널리 世上에 公表코저 함은 非單 一個人의 懿蹟을 闡明함에 끝치지 않고 悠久한 우리의 歷史를 正確하고 빛나게 하자는데 意義가 있으며 아울러 忠孝思想의 暢達과 護國精神의 振作에 一助가 되기를 冀願하는 바이다.

이제 公의 二十五周忌를 맞이하여 平素 聞見한 바 嘉言善行을 일일이 擧枚할 수 없으나 赫々한 光復鬪爭史만은 考證하여 年代順으로 整理記錄하여 그 丹識의 一端이나마 紹介함으로서 同鄕後生으로서의 責任을 마감코저 한다.

一九〇五年(乙巳)

乙巳保護條約을 前後하여 國政은 날로 紊亂하여지고 外勢의 侵犯은 漸々 露骨化되어 國勢는 衰弱의 極에 達하여 風前燈火格인 國運을 挽回하고 自由獨立을 死守코저 하는 悲愴한 決意는 이미 이때에 다짐되어 各種 情報蒐集에 汨没한 바 있다.

一九一〇年(庚戌)

韓日合併의 悲報에 接하여 悲痛한 나머지 族親先輩인 石洲 李相龍(後에 臨政初代国務領)을 찾어 祖國主權恢復과 愛國思想鼓吹 및 青少年教育을 論議하고 固軒 朴尚鎭과 祖國光復을 血盟한 後 全國을 轉々하면서 同志를 糾合하다.

一九一二年(壬子)

獨立運動을 展開하는 方便으로 朴尚鎭과 貿易商을 僞裝한 尚恭德商會를 大邱에 創設하고 滿洲, 上海에 支店을 두어 連絡機關으로 하다.

一九一三年(癸丑)

倭敵의 侵略이 始作된 以来 各地에서 義旗를 들고 決死烽起한 義兵들의 抗戰이 到處에서 勝敗하고 無統一하게 分散展開中이던 「게리라戰」마저 成果를 거두지 못하자 公은 同志들과 熟議한 結果 이를 組織化하는 한便 尹致旿와 韓美興業會社를 設立하여 獨立運動資金을 捻出하다.

一九一四年(甲寅)

光復會를 組織하기 爲하여 素蒙 蔡基中, 白山 禹在龍, 韓君과 接線하는 한便 李鍚弘, 梁漢緯 俞鎭泰, 權寧睦, 李東爗 外 諸同志를 糾合하는 一方 白山 安熙濟가 開設한 白山商會를 도와 獨立運動을 支援케 하다.

一九一五年(乙卯)

八月 二十五日 大邱 達城公園에서 生存義兵 및 革

命同志 二百數十人이 會集하여 抗日秘密決死隊인
「大韓光復會」를 軍隊式으로 結成하고 朴尙鎭을
總司令에 推戴「吾人等은 나라의 獨立은 勿論 一生에
獨立을 達成치 못할時는 子々孫에 이어 不共戴天의
仇敵日本을 完全 驅逐할 때까지 絶對不變하며 一心
戮力할것」을 天地神明에 盟誓하고 如左히 宣言함
과 同時 實踐方法과 部署를 定하다.

宣言

天經地義 三才叅一 惟我光復 以濟來裔
仁為安宅 非比萬物 為国依福 以鼓同族

實踐方法

一. 富豪의 義損과 倭敵이 不法徵收한 稅金을 押收
하기 為하여 武裝을 準備한다.
一. 南北滿洲에 武官學校를 設立하여 獨立戰士를
養成한다.
一. 分散된 義兵. 解散軍人 및 滿洲住民 및 國內青
壯年을 召集 訓鍊한다.
一. 中露兩國에 依賴하여 武器를 購入한다.

一. 本會의 軍事行動. 集會 往來 等 一切의 連絡本部
를 尙德商會에 두고 韓滿各地와 北京 및 上海
에 支店 또는 旅館. 鑛務所를 두어 連絡機關으로
한다.
一. 倭敵高官과 韓人反逆者를 處斷하는 行刑部를 둔
다.
一. 武力이 完備되면 倭敵殲滅戰을 斷行 最後目的
을 達成한다.

部署

(顧問) 李鍾夏 柳寅植 盧相稷 尹忠夏
李錫弘 金厚東 權李相 李穆鎬
兪鎭泰 李庭禧 李泰大 洪宙一
金鎭萬 李庭燦 李燮善 曺承兌
朴民東 朴鳳來 朴善陽 李東基
鄭淳榮 尹相泰 林河濟 朴性宙
崔浚 梁濟安 朴魯晃
(總司令) 朴尙鎭 (副司令) 李錫(奭)大
(指揮) 禹在龍

(組織)李庭禧· (參謀)權寧萬· 韓 薰
〃 金鎭萬 金相玉 金龍淳
(財務)崔 浚 林世圭
(宣傳)金敬泰 權國弼 姜東洙 庾昌淳
張斗煥 梁漢緯 鄭在穆 崔鉉徹
任昌鉉 金敎冑 李東華 曹雲煥
蔡致中 蔡墩文 裵相徹 鄭雲徹
崔俊明 金震祐 崔炳圭 李世永
朴泰圭 李正會 朴南鉉
(支部長) 京畿道 金善浩 黃海道 李海量
江原道 金東浩 平安道 趙賢均
慶尙道 蔡基中 忠淸道 金漢鍾
全羅道 李秉燦 咸鏡道 崔鳳周

滿洲地區

(總司令)李象羲(相龍)(副司令)金東三
(指揮)金大洛 (參謀)孫一民
〃 孫仲鉉(晉鉉) 〃 朴慶鍾
〃 李鎭龍 〃 權寧睦

(財務)黃萬英
(宣傳)李鳳羲·金佐鎭·權有鉉·

上海地區

(軍務總長)盧伯麟(後에臨政陸軍總長)
(籌備司令) 沈永澤(副司令)安鍾雲 氏弟安鍾字
(參謀) 李敏軾(財務)呂駿鉉
(交通) 張應奎(地方)蘊鎭亭(註.2)

犧牲者名單

(死刑)朴尙鎭 姜東洙 金敬泰 林世圭
蔡基中 金漢鍾
(銃殺)李錫大 金龍淳 鄭在穆 金相玉(戰傷自盡)
(無期刑)禹在龍
(獄死) 張斗煥 金東三
(十五年刑)金鎭萬 庾昌淳
(十四年刑) 韓 薰
(十年刑) 鄭雲徹(七年刑)權寧萬 金鎭祐
(六年刑)安鍾雲(五年刑)崔丙圭 李東燦
(四年刑)張應奎 蘊鎭亭

(三年刑) 李庭禧 崔俊明 李敏軾 金佐鎭
(二年刑以下) 呂駿鉉, 池永澤, 洪宙一
(亡命) 權國弼, 李相龍 金大洛 李鎭龍
孫一民 金佐鎭 盧伯麟

光復會

光復會는 無統一한 「게리라戰」을 組織的인 統一
戰線으로 結束한 民族抗爭結社로서 合併以後 全
國을 網羅한 最大 最初의 團體이다.
慶北 榮州에서 蔡基中을 中心으로 한 光復團은
이에 合流하였으며 八道에 支部를 두고 滿洲에는
李奭大가 全担하여 抗日運動을 展開中 盧伯麟
金佐鎭, 尹洪中, 申手鉉, 金興浩, 權泰鎭, 林炳輸, 尹
瑩中, 金洪手, 尹致晟, 李鉉, 朴性泰, 奇明變 等諸
同志가 參加하여 光復團으로 改稱合流하니 會勢
가 擴張되어 會員數는 六百餘名에 達했고 盧伯
麟이 十餘名同志와 上海로 向發하고 金佐鎭 等
여러 同志와 滿洲에 進入抗戰中 副司令 李奭大가
戰死하자 後續全擔하고 抗爭하다.

한便 李相龍 金大洛 李聖烈 朴慶鍾 等 諸同志
의 指導와 財務 黃萬英의 義損으로 滿洲 盤石縣
에 軍官學校를 創設하였으며 그 規模가 擴大되자
吉林省 新興村에 分校가 設立되고 이 分校가 昇格
되어 新興武官學校가 되다.
이에 힘을 얻어 國內 靑壯年들을 穀貝商으로 假裝
入隊시키므로서 大成果를 거두게 되다. (註. 2)
一九一七年 總司令 朴尚鎭이 倭警에 逮捕되고 三百餘
會員이 檢束되여 國內活動은 暫時 停滯되었으나 이
어 三一運動이 일어나고 上海臨時政府가 樹立되니 散在
되었던 會員의 活動이 다시 展開되고 一次로 孫晉鉉. 二
次로 韓焄을 上海臨政에 派遣 激勵하는 한便 英國人
二大洋行을 通하여 爆彈十貫을 購入 國內로 搬入하여
抗日鬪爭을 繼續하다가 光復軍의 抗日戰, 中日戰爭,
第二次 世界大戰을 거쳐 우리 民族의 待望에 光復大
業의 成就를 보다 (註. 2)

一九一六年(丙辰)

淸道郡廳新築期成會長에 被選되는 一方 淸道

青年會長에 推戴되어 이를 標榜하여 青壯年 愛國思想啓蒙과 各地를 遍歷 獨立運動에 從事하는 한便 軍資金 捻出과 連絡·集會場所로서 慶州에 鑛業所를 開設하고 固軒 朴尚鎭과 姻緣을 맺어 査頓이 되다.

一九一七年(丁巳)

慶州·迎日·盈德 三郡 稅金을 倭敵이 強徵하야 大邱로 輸送한다는 情報를 探知하여 總司令 朴尚鎭과 相議 禹在龍·權寧萬을 執行委員으로 選定 十一月 十七日 慶州 光明里 路上에서 襲擊 押收하여 金 八千七百圓을 財務 崔浚에게 保管케 하여 軍資金으로 使用하다.(註·1·2)

朴尚鎭과 上海로 亡命을 企圖하던 中 그 生母 貞夫人 李氏의 別世로 葬禮를 마치고 떠나려다가 襄禮前日인 十二月 二十日 朴尚鎭이 光復會 事件으로 倭警에 被逮됨으로서 뜻을 이루지 못하고 뒤따라 公도 逮捕되다.(註·1·2)

光復會事件

光復會 事件은 前 慶尚北道 觀察使 張承遠을 叫彈하여 「曰我光復 天人合符 聲此大罪 戒我同胞」 聲戒人 光復會員이라는 檄文을 宣布하고 射殺함과 同時에 牙山郡 道高面長 朴容夏를 射殺하고 安東 富豪 李鍾國 等을 불러 獨立運動資金條로 二百四十四圓을 強徵한 事件으로서 前記 張承遠은 일주 朴尚鎭이 師事한 旺山 許蔿가 參政으로 在任時 後日 擧事時에 義損金 拾萬圓을 提供한다는 條件下에 許蔿의 薦擧로서 觀察使가 되었으나 旺山 義擧時에 背信違約하였고 貪官汚吏로서 零細庶民을 殘虐掠取하고 旺山 殉死後 그 兄 舫山 許薰이 亡弟의 遺志를 繼承雪辱코저 하자 密告阻害하는 等 反逆行爲를 恣行함으로 處斷하고 朴容夏는 倭政의 奸惡한 諜者인 同時에 悪質附逆官吏로서 民衆의 憎悪對象이며 또 獨立運動을 恒時 密告하였음으로 處斷한 것이다(註·3)

光復會의 活動은 縱橫無盡으로 疾風과 같이 迅速함으로서 倭警이 그 根源을 찾지 못하며 血眼이 되어 있

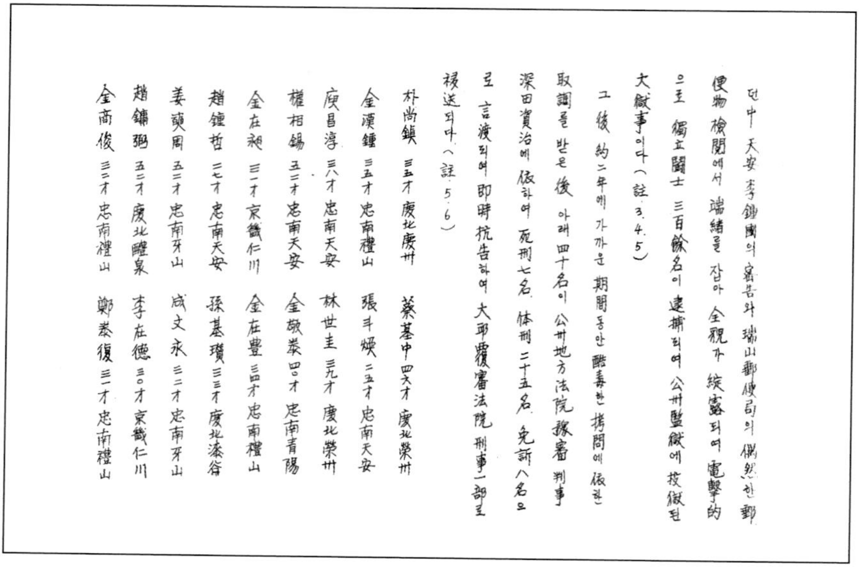

던中 天安 李鍾國의 密告와 瑞山郵便局의 偶然한 郵便物檢閱에서 端緖를 잡아 全貌가 綻露되여 電擊的으로 獨立鬪士 三百餘名이 逮捕되여 公州監獄에 投獄된 大獄事이다(註.3.4.5)

그 後 約二年에 가까운 期間동안 酷毒한 拷問에 依한 取調를 받은 後 아래 四十名이 公州地方法院 豫審判事 深田賀治에 依하여 死刑七名. 体刑 二十五名. 免訴八名으로 言渡되여 即時抗告하여 大邱覆審法院 刑事一部로 移送되다.(註.5.6)

朴尙鎭 三五才 慶北慶州　蔡基中 四六才 慶北榮州
金漢鍾 三五才 忠南禮山　張斗煥 二五才 忠南天安
庾昌淳 三八才 忠南天安　林世圭 三九才 慶北榮州
權相錫 五二才 忠南天安　金敬泰 四〇才 忠南靑陽
金在昶 三一才 京畿仁川　金在豊 三四才 忠南禮山
趙鍾哲 二七才 忠南天安　孫基瓚 三三才 慶北漆谷
姜奭周 五二才 忠南牙山　成文永 三二才 忠南牙山
趙鏞弼 五二才 慶北醴泉　李在德 三〇才 京畿仁川
金商俊 三二才 忠南禮山　鄭泰復 三一才 忠南禮山

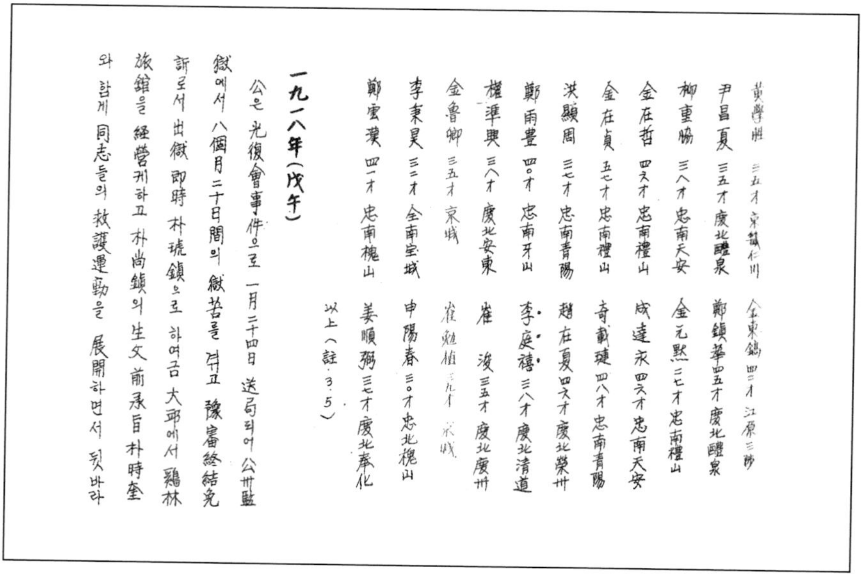

黃學性 三五才 京畿仁川　金東鎬 四二才 江原三陟
尹昌夏 三五才 慶北醴泉　鄭鎭華 四五才 慶北醴泉
柳重協 三八才 忠南天安　金元默 二七才 忠南禮山
金在哲 四六才 忠南禮山　成達永 四六才 忠南天安
金在貞 五七才 忠南禮山　奇載璉 四八才 忠南靑陽
洪顯周 三七才 忠南靑陽　趙在夏 四六才 慶北榮州
鄭雨豊 四〇才 忠南牙山　李庭禧 三八才 慶北淸道
權準興 三八才 慶北安東　崔浚 三五才 慶北慶州
金魯卿 三五才 京城　崔魁植 三九才 京城
李東昊 三二才 全南寶城　申陽春 三〇才 忠北槐山
鄭雲騏 四一才 忠南槐山　姜順弼 三七才 慶北奉化

以上(註.3.5)

一九一八年(戊午)

公은 光復會事件으로 一月二十四日 送局되어 公州監獄에서 八個月二十日間의 獄苦를 겪고 豫審終結免訴로서 出獄 即時 朴琥鎭으로 하여금 大邱에서 鷄林旅館을 經營케하고 朴尙鎭의 生父前承旨 朴時奎와 함께 同志들의 救護運動을 展開하면서 뒷바라

지원하다

一九一九年(己未)

朴時奎를 隨行하여 投獄된 同志들의 救命運動次 渡日하여 日本政界巨物인 頭山滿, 俵孫一, 中野正剛, 末永節, 井上雅二 等을 만나 支援後 歸國하다.

一九二〇年(庚申)

月南 李商在, 白隱 兪鎭泰, 尹致昭가 主幹하는 朝鮮教育會 組織에 參與함과 同時에 鄕里에 溫明學院을 創立하고 同院長에 就任하여 教師 給與 等을 私費로서 支給하면서 後進 青少年을 教育시키다.

一九二一年(辛酉)

獨立運動의 발판으로 慶尚北道 初代 評議員에 立候補 被選 日本視察을 憑藉하여 再次 渡日 所謂 日本三大人脈인 自由主義派 犬養毅, 林毅, 國粹主義派인 浪人頭目 頭山滿, 內田良平, 須永元, 中野滿太郎, 葛生能久와 官僚派인 關屋貞三郎, 俵孫一, 有吉忠一 等을 비롯하여 言論人인 中野正剛, 學界의 中山久四郎 田岡嶺雲 西村士 등을 歷訪하고 光復會事件에 對하여 植民地 民族의 獨立運動에 對한 當爲性과 政治犯에 對한 極刑의 不當性을 痛論說得함과 同時 在野輿論을 喚起시켜 日本識者層과 言論界의 相當한 理解와 支援을 얻어 必死的 努力으로 東奔西走하였으나 日本政府의 司法權에 對한 不干涉原則이라는 口實下에 特赦를 받지 못하고 虛事가 되다.

滿四年에 걸친 豫審, 覆審의 終結로서 光復會事件은 一九二〇年 九月 十一日 大邱覆審法院 裁判長 前澤成美 主審으로 陪席判事 二名 合議로서 死刑 五名, 体刑과 笞刑 二十名, 無罪 七名으로 言渡되어 一九二〇年 十一月 四日 京城高等法院에서 確定된바 있다.

一九二一年 八月 十一日 朴尚鎭, 金漢鍾은 大邱監獄에서 蔡基中, 林世圭, 金敬泰는 京城西大門監獄에서 各々 死刑이 執行되고 張斗煥은 獄死하여 仙化하니 悲憤을 참지 못하고 復讐를 다짐하다. (註 2·3·4·8)

輓 朴固軒尙鎭

(金肯石鎭萬時在獄中示我二節仍用此韻光字)

碧血和爲落雷光　天應有感從何證
人間無復此生光　串日白虹滅日光

又

靑史千秋等血光　有生有死於何我
無窮天地日爭光　不獨一身一世光

一九二二年(壬戌)

慶北道評議員으로 在任하면서 李相龍·盧伯麟과 繼續 秘密連絡을 取하고 地下運動을 展開中 義勇團事件으로 被逮投獄되어 一年二個月間 未決로 繫留되었다가 大邱地方法院 豫審에 起訴되다.(註 8.1.37)

義勇団事件

義勇団事件은 慶尙南北道를 中心으로 排日志士들을 糾合한 秘密結社로서 李相龍·盧伯麟·金應燮과 連絡을 取하면서 活動한 大軍資金事件이다. 百餘名이 逮捕되어 다음 四十二名이 大邱地方法院 検事局에 送致되다(註 7.8)

李相龍 六五才 軍政署總裁(未逮捕는 書類送致)
盧伯麟 五〇才 軍務局長　李應洙 四三才
金始顯 四一才 安東　朴琥鎭 三五才 旅館業
李・庭・禧・ 四三才 道評議員　申泰植 六〇才 慶北団長
金燦奎 六一才 慶南団長　鄭東英 五一才 教師
金洪基 四五才 昌寧　金應燮 四五才 安東(吉林省)
嚴柱璉 六〇才 聞慶　金龍煥 三六才 安東
李大基 三五才 安東　張進鴻 五五才 醴泉
李鍾國 三五才 安東(大邱)　金在明 五六才 尙州
金秉東 六五才 醴泉　徐相業 五〇才 報恩
孫永箕 三〇才 醴泉　韓良履 五〇才 聞慶·教師
金思默 三〇才 善山　張澤遠 四〇才 漆谷
郭琏 三六才 瑞山(大邱)　鄭殷相 三三才 居昌
金敦熙 五〇才 昌寧　金東鎭 三二才 京城
李汝珠(女) 三一才 京城(吉林省)　柳在昱 四二才 永同
金龍雲 三五才 京城　金洪錫 三六才 陜川
梁漢緯 四〇才 大邱　許 鍾 四〇才 代書業운수업

張世明 二八才 開慶　李明地 五九才 金泉
許達 四一才 安城　申鉉武 六○才 金泉
金炳祿 三○才 醴泉　金炳弼 四○才 醴泉
孫聖雲 六○才 醴泉　金會文 五○才 醴泉
金奎憲 三七才 尙州　以上 (註. 3. 4. 5. 6. 7. 8)

一九二三年 (癸亥)

十二月十二日 大邱地方法院 豫審判事 山口正信에 依하여 公은 體刑 三年의 言渡를 받고 再次 民世安在鴻과 함께 獄苦를 겪었으며 服役中에도 倭警은 [illegible] 長期投獄코저 虛僞事實까지 造作하여 再三 追加送致하는 一方 趙定植, 高某, 文某 等 密偵을 使嗾하여 惡辣한 手法으로 거짓 事件을 捏造告訴케 하여 五回나 追加送致하였으나 그 部分은 證據不充分으로 因하여 免訴되다. (註. 5. 6. 8)

一九二六年 (丙寅)

三年八個月間 獄苦를 겪고 出監한 後도 繼續하여 同志를 찾어 排日運動을 劃策하며 美國人 元漢慶을 만나 國際情勢를 探知하고 再擧를 企圖하던中

倭警 高等係에서 要視察人物로 數次의 家宅搜索과 六回의 豫備檢束을 當하다. (註. 1)

一九三二年 (壬申)

族親 先輩인 石洲 李相龍이 亡國의 恨을 품고 光復의 歡喜를 몸소 보지 못하고 北滿洲 異域땅에서 逝去하자 訃音에 接한 公은 悲痛을 참지 못하여 詩로서 哀悼하다.

輓 石洲族丈相龍

群兒戱劇五洋嚛	昭代衣冠總範古
石皓先生倚杖時	名家詩禮曲型遺
變雖未善寧無變	無限人間興廢感
知亦難行故不知	都將甲子付殘暮

又

五十年間文事地	任清不害規模異
三千里外旅遊人	纓閑終歸道理眞
癨鶴幾回勞夢想	萎賢忽値龍蛇蟄
嗚鴻一去杳音塵	迴首家鄉淚滿巾

一九三七年 (丁丑)

無期刑으로 服役中이던 同志 禹在龍 (一名 利見)

이 釋放되었음으로 權寧萬과 함께 尋訪相逢하여 時局을 慨嘆하면서 對策을 講究하였으나 光復會員의 國內活動은 支離滅裂되어 人不足 力不足으로 獨立運動은 不得已 小康狀態에 머무르다.

禹在龍事件

禹在龍은 山南義兵將 鄭鏞基部隊의 先鋒將으로 活躍中 倭敵에게 逮捕되어 無期刑으로 服役中 韓日合併特赦로서 釋放되어 光復會에 加擔하여 光復會事件當時 敵의 包圍網을 巧妙하게 脫出하여 京畿 湖西 湖南 嶺南, 滿洲 等地를 潛行 活躍中에 一九二〇年四月 反逆徒의 密告에 依하여 群山에서 被逮되어 다시 無期刑을 宣告받아 再次 服役中 十七年間의 獄苦를 치루고 一九三七年 出獄하니 時年이 五十四歲였다. (註 1. 2. 3)

一九四五年(乙酉)

八月十五日 드디어 苦待하든 解放을 맞이하여 外孫 朴文來(固軒의 孫)를 嶺南地方에 派送하여 禹在龍을 上京케 하고 同志 權寧萬과 三人이 感激의 對坐를 하고 抱擁落淚하면서 이미 仙化한 同志들의 冥福을 빌고 合議하여 明倫洞 自宅에 光復會 看板을 다시 걸고 最後奉仕를 다짐하고 韓焄, 李秉燦, 李錫弘, 梁漢緯, 安鍾雲, 等 生存同志들에게 連絡加擔케 하다.

公은 光復會代表 및 嶺南儒林代表로서 臨時政府支持를 宣言하고 反共反託運動을 展開하여 祖國再建에 獻身하다.

一九四七年(丁亥)

南勞党에서 李某를 深夜에 密派하여 金日成의 最高勳章 授與云云의 甘言利說로서 南勞党 加入과 北朝鮮人民共和國 支持를 慫慂하였으나 公은 이에 眩惑됨이 없이 斷乎히 拒絶하고 逆說得하여 自首轉向케 하여 民族運動에 加擔케 하다.

一九四九年(己丑)

反民特委가 設置되어 奸惡한 日帝高官들과 殘忍無道한 高等警察官, 憲兵補助員 等等 民族反逆者를 處斷하기 爲한 訊問에 證言하게 되자 公은 그들의 罪狀은 可憎스러우나 日政의 强占下에 圖生을 爲한 不可避한 事情도 있을 것이고 强壓에 못이겨 本意 않이

게 [illegible] 祖國이 光復되니

당에 人材의 必要함이 그 어느때 보다 絶實한 實情에
비추어 改過遷善하여 建國隊列에 參加할 수 있는 機會
를 다시 한번 줌이 可하다는 恩譽를 超越한 寬大한 雅量
으로서 意見을 開陳하여 當者는 울면서 뉘우치고 再生하
기를 盟誓하였으며 訊問하는 檢察官과 家族親知들을 크
게 感動케 하여 눈물로 얼룩지게 하다.

一九五四年(甲午)

聖雄 忠武公 李舜臣 將軍 紀念碑가 建立되자 老軀를
이끌고 親히 參拜하고 詩를 지어 感懷를 풀다.

萬事人間一志成　乾坤整頓雖云命
風雲除會責金淸　山海驅馳必盡誠

聖業奇功稀古石　將輕勇士終無恨
今時來世口碑聲　乃是英名不死生

一九五五年(乙未)

六月二日 波瀾萬丈의 生涯를 亡國의 恨을 품고 오
직 祖國光復을 爲하여 盡心竭力하고 彊土의 半쪽이나
마 建國을 目睹하고 千里他鄕인 서울 寓舍에서 逝去하

나 享年 七十五歲였다.

六月九日 뜻 있는 사람들의 眞情한 弔喪을 받으며
故山에 返櫬하여 淸道郡 梅田面 明臺 西峯山 先塋下
에 安葬하다.

一九六八年(戊申)

大韓民國政府에서는 公의 一生을 通한 光復血鬪의
偉功을 顯揚하기 爲하여 「祖國光復功勞大統領表彰」
을 追贈하다.

一九七七年(丁巳)

政府에서는 다시 「建國功勞褒章」을 追呈하여 公
의 赫々한 建國功勞를 褒賞하다.

公은 嶺南의 名家인 明臺李門의 出身으로서 그 出生
環境이 裕福하였음에도 不拘하고 一身의 安逸을 草芥
같이 버리고 全生涯를 두고 오직 祖國光復에 献身하였
으나 그 崇高한 精神과 壯嚴한 實踐이야 말로 눈이 評價
되어야 할 것이며 外柔內剛한 天稟이 典型的 志士로서
의 姿質을 갖추어 平生을 殉敎者와 같은 姿勢로서
한번도 變節함이 없이 始終一貫 獨立運動에만 至誠

을 다 하였다고 確信한다.

嗚呼라! 公의 逝去後 이미 二十五年이 되니 平日 咫尺에서 뫼시고 많은 敎誨를 받은 處地로서 새삼 欽慕의 情을 禁할 바 없고 公의 事蹟이 愈久히 散佚됨을 두려워한 나머지 口傳된 許多한 鬪爭史實을 일일히 考證치 못하고 다만 百分의 一도 못되는 文獻에 記錄된 一部를 간추려 簡略한 傳으로 삼게 되니 悚懼스러운 마음 감출 길 없다.

더욱 遺孤 夏基君이 數年을 두고 世誼로서 懇請하므로 屢次 辭讓하였으나 뜻을 이루지 못하고 그 孝誠에 感動하여 僭妄됨을 무릅쓰고 위와 같이 誤하여 길이 後世에 傳하고저 하는 바이다.

一九八○年 一月 二十三日 夢香仙館에서

御後生 密城 朴淳碩 謹識

参考資料

1. 慶北版 獨立運動實錄
2. 韓國獨立史
3. 朝鮮獨立運動史(文敎部·國史編纂會)
4. 朝鮮高等警察要史(日帝秘本)
5. 朝鮮刑事々件處理箋(釜山地檢 所藏)
6. 朝鮮刑事々件 判決文 (釜山地檢 所藏)
7. 東亞日報·每日申報 記事
8. 日帝侵略韓國三十六年史(文敎部·國史編纂會)

우재룡(우이견)이 박상진의 아들 박응수에게 보낸 편지

1. 편지봉투 글

大邱府 德山洞 一二七 東亞自働車會社內

朴應洙 座下

忠北 忠州郡 嚴政面 內倉市 禹利見 上

봉투(앞면)

봉투(뒷면)

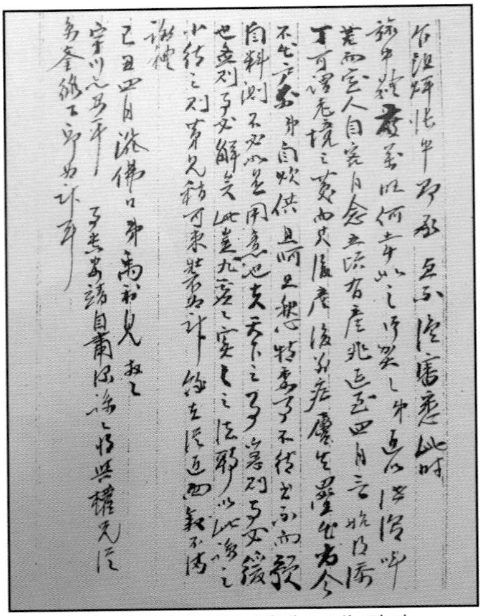

우이견이 박응수에게 보낸 편지

2. 편지 원문 및 해석

乍阻耿悵中 卽承惠示 謹審悉此時旅中 體度萬旺 何幸如之 仰賀仰賀 弟近以泄瀉呌苦而室人自客月念五頃 有産兆延 至四月三日 始得添丁 可謂老境之慶 而其後産後別症層生疊出 尙今不出戶外 弟自炊供 且呵且愁 特委事不待書示而預自料測 不必如是用意也 夫天下之事 急則事必緩也 圖則事必解矣 此豈非虛虛實實之法耶 以此諒之小待之則 第見稍可束裝爲計 餘在從近面敍 不備謝禮

己丑四月浴佛日 弟 禹利見 拜上

宇川亦安平 事悉安靖 自肅深諒諒 將與權兄 從京釜線下邱爲計耳

소식이 잠시 끊어져 그리워하던 중에 보내주신 편지를 받고 요즈음 객지에서 건강하게 잘 지내심을 알게 되었습니다. 얼마나 다행한 일입니까? 하례드립니다.

저는 요즘 설사 때문에 괴로워하고 있습니다. 집사람이 지난달 25일 무렵부터 출산할 조짐이 시작되더니 4월 3일에 사내아이를 낳았습니다. 늘그막에 보는 경사라 할 수 있으나 그 후에 산후의 여러 증세가 계속 이어져서 아직도 문밖을 나갈 수 없습니다. 제가 직접 밥을 지어 먹이고 있으니 우습기도 하고 근심스럽기도 합니다.

특별히 맡기신 일은 편지로 지시해주심을 기다리지 않고도 미리 스스로 생각하고 있으니 이렇게 마음 쓰실 것 없습니다. 대체로 세상의 일은 급하면 그 일을 반드시 천천히 해야 하고, 도모하려면 그 일을 느슨하게 해야 합니다. 이것이 허허실실한 방법이 아니겠습니까? 그렇게 생각하시고 조금 기다리십시오. 조금 기다리면 곧 행장(行裝)을 꾸릴 계획을 세울 수 있을 것으로 보입니다.

나머지 사연은 가까운 시일 내에 직접 뵙고 말씀드리겠습니다. 이만 줄입니다.

기축년 사월 초파일 우이견(禹利見) 배상

우천(宇川)도 편안히 잘 지내시는지요? 일이 모두 잘 해결되고 나면 자숙하면서 잘 헤아려보십시오. 장차 권형과 함께 경부선을 타고 대구로 내려가 볼 계획입니다.

권영만이 이병찬에게 보낸 편지

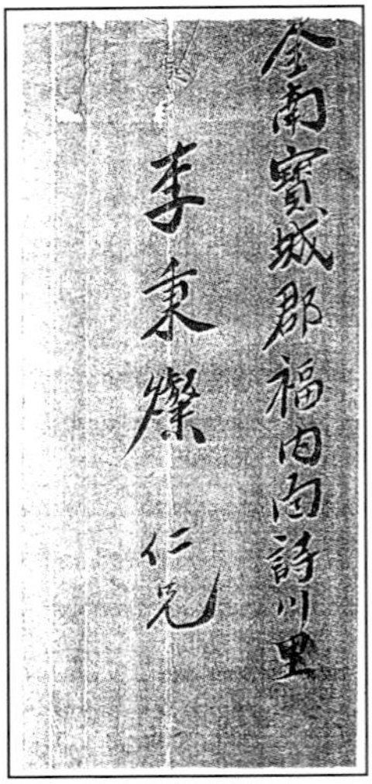

봉투(앞면)

봉투(뒷면)

할 準備도 갓슨나 할 터인데 兄士보고 訪問한 大要가 업다고 中止하기로 作定하엿나이다 朴容洙가 今次에 上京하면 發起會가 된 形便이옵이다 歲末에 國會議長 以下로 有社會諸位의게 捺印承諾을 바다나이다 本年中 乙酉年冬에 正租七石은 事業費로 弟의게 保管云云은 잘 상각이 안이나오이 兄의게 某保管話는 가有한지 年久之事라 잘 아지 못하이나이다 事業은 何事業인지도 생각이 업십니다 朴容洙의 傳에 兄은 三一五選擧時까지 面長으로 잘 지니다고 하기로 生活上別支障이 는 한주로 아다스나 容洙之行이 兄의게 金錢을 要求하는 訪問한 것은 아이니다 自此로 社會有志의 識金이 二三百万圜 爲先된 모양이 되다 以此下諒 切仰耳餘
不備禮上

辛丑 四二九四年 二月 五日 弟 權寧羲 拜

月前田書은勇感若干이로이다 謹承室新元에
兄新近新僊頌하고 諸節之乃一安否아 更深遙遠
弟는 稅이多하다 和臣以神恰之痛으로 月餘不健하고 惟弟
是故로 以為私侍年弟中에 云한 光復會紀念碑
를 大邱達城公園에 建立한 周旋을 救助돔얀한 結果
에 依하야 擧国的으로 된 形便이 못하외다 朴尚鎭兄
의 紀念碑는 蔚山有志諸氏의 發起로 慶南道二卧學
校員諸氏지되만는 烈議으로 因하야 去年七月十五日에 除
幕式을 擧行한다는 通告를 받고 參席하고 歸家하였
나이다 其時 官民 三四百名이 雲集하여 聖況으로 擧行되였
어기뿌게도라와슴니다 弟中에 朴應洙가 早春에 兄
을 訪問한다 한 것은 會員을 詳細調査하야 碑面에 紀入

兄弟이相阻가幾何星霜十餘載矣豈不悲感耶謹未審隆冬歲色이將暮라兄務萬旺하시고諸致가均安하고大小諸眷이亦乃平安否아伺係且、遠하야至祝이다弟는僅保殘命하야餘集이無故하니以是爲倖耳就伊識事는故朴尙鎭兄의長子應洙가月餘에上京하야大邱達城公園에光復會紀念碑建立周旋中國會及社會各界에同意가多小되난形便이오且此處에서發起會를맛지고陰歲后에난兄은訪問하러貴地光復會友訪問且列하난中이오이다以此下諒은千萬仰望하나이다餘난不備

고등경찰요사

2. 光復會事件

大正六年十月以降安東縣、五龍背、新義州、平壤、金泉、慶州等ヨリ慶南北、忠淸南道、京城等ノ富豪宛光復會名義ヲ以テ國權恢復運動資金提供方ノ不穩通告文ヲ頻頻郵送シ來リ關係道ニ於テ搜査中ノ處大正七年一月ニ至リ忠淸南道警務部ニ於テ關係者ヲ逮捕取調ノ結果道內漆谷郡富豪張承遠及忠南牙山郡道高面長ノ殺害事件モ光復團員ノ所爲ナルコト判明セルカ本件首犯者朴尙鎭ハ慶北慶州郡外東面廉洞里元奎章閣(今ノ經學院)副提學朴時奎長男ナリ累代高職ニ就キ德望高キ兩班ノ出ニシテ幼ヨリ大志ヲ抱キ十六歲迄自家ニアリテ漢文ヲ修習シ後本道善山郡出身ニシテ當時ノ參政(今ノ內閣書記官長)許蔿ニツキテ其薰陶ヲ受クルコト數年二十一歲ニシテ其門下ヲ辭シ二十六歲迄京城養正義塾ニ入リテ法律經濟學ヲ講究シ後判事登用試驗ニ及第シタルモノナルカ其間恩師許蔿ハ日本ノ韓國保護ノ下ニ統監府ヲ設置シタルニ憤慨シ遂ニ職ヲ抛チ京畿道臨津江、江華島一帶ニ於テ義兵ヲ起シ時ノ政府ヲ顚覆シテ鞏固ナル政府ヲ樹立セントシタルモ目的ヲ達セス遂ニ明治四十一年捕ヘラレ京城監獄ニ於テ死刑ノ處分ヲ受ケタルヲ以テ朴尙鎭ハ之レヲ受取死體ヲ篤ク葬送シタルカ如キ人物ニシテ許蔿ノ薰陶ニヨル憂國ノ思念極メテ深刻ナルモノアリ爾來時機ノ到來ヲ待チ居タル處大正六年陰六月蔡基仲(安東出身?)ノ訪問ヲ受ケ協議ノ上第一着手トシテ南鮮富豪ニ脅迫文ヲ送リ軍資金ノ徵收ヲナシ若シ應セサル場合ハ射殺スル外、忠南稷山金鑛ヲ襲擊シ支那ニ渡リ通貨ヲ僞造行使シテ漸次正貨ニ換ヘ後東三省ニ於テ鮮人壯丁ヲ訓練シテ軍隊ヲ編成シ一面鮮內樞要ノ地ニ於テ一箇所一萬圓ノ資本ヲ以テ百箇所ニ表面雜貨商ヲ開業シ其ノ利益ヲ以テ國權恢復ノ資ニ充ツルト共ニ武器ノ購入ヲ計リ一朝日本ノ外國トノ國交斷絕スルニ至ラハ一擧ニ起ツテ日本ニ反抗スルニ於テハ遂ニ朝鮮ヲ放棄スルニ至ルヘシトナシ差當リ光復會ナル秘密結社ヲ組織スルニ決シ而シテ前段記述ノ如ク各地富豪ニ不穩文書ヲ送付シ且曾テ大正元年朴尙鎭ノ支那革命狀況視察ノタメ渡支セル際入手セル拳銃十數挺(判明セルモノ禹利見等ノ購入セルモノヲ合シ十一挺)ヲ各同志ニ分與シ强盜殺人ノ用ニ供セシメタリ關係者ノ氏名重ナル犯罪事實下ノ通リニシテ大正七年二月一日保安法違反及殺人罪並銃砲火藥取締令違反トシテ送致セリ

(1) 富豪 張承遠 射殺

往時韓國ノ國政ハ紊亂シ政府ハ濫リニ其官職ヲ賣買セリ、當時慶北漆谷郡張承遠ハ許蔿ヨリ二十萬圓ノ相場ヲ有スル慶尙北道觀察使ノ職ヲ得テ有事ノ際出金セシムヘキ約束ヲナシタルニ不拘張承遠ハ觀察使就任後許蔿ノ言ヲ容レス傲慢ノ態度甚シク其ノ後許蔿沒シ其ノ實兄某(名不詳)許蔿ノ遺志ヲ繼キ義兵ヲ擧クル費用トシテ出金ヲ迫リタルニ之レニ應セサルノミナラス官憲ニ密告セントシ且張承遠ハ李王殿下ノ土地ヲ騙取シタル不忠モノナルコト及大正五年陰五月下旬慶北道倭館居住金堯賢妻李性女ヲ不法ニ毆打卽死セシメタルニ多額ノ金錢ヲ使用シテ遂ニ醫師ヲシテ病死ノ檢案ヲナサシメタル等ノ非行枚擧ニ遑ナシトシ李尙鎭[朴尙鎭]ハ張承遠ヲ殺害ノ念禁スル能ハス臂力特ニ勝レタル權百草ヲ使用シ之レニ拳銃四挺ヲ交付シ大正五年陰六月下旬及同年七月上旬ノ二回殺害セントシタルモ失敗ニ終リタルノミナラス權百草ハ携帶スル拳銃ヲ以テ金鎭瑀、鄭雲騏、崔丙圭、金鎭萬、崔俊明等ト共謀シテ大正五年陰八月初旬大邱府內徐祐淳方ニ闖入强盜ヲナセリ(此時朴尙鎭ハ拳銃ヲ手交セル廉ニヨリ懲役六箇月ニ處セラル)越エテ大正六年十一月初旬朴尙鎭ハ(大邱監獄出檻後)蔡基中ニ張承遠殺害ノコトヲ命シ庚昌淳、林鳳柱、姜順必ノ四名ニテ各拳銃ヲ携帶シ同月十日張承遠方ニ闖入拳銃ヲ以テ同人ヲ射殺シ且光復會員ナル檄文ヲ殘シテ逃走セリ

(2) 面長殺害

金漢鍾、張斗煥ハ林鳳柱、金敬泰ニ對シ忠南牙山郡道高面長朴容夏ノ殺害方ヲ命シ死刑宣告文及拳銃ヲ各一挺交付シ大正七年一月二十四日午後七時朴容夏ヲ訪問死刑宣告文ヲ交付シ同人之レヲ讀ミ終ルヤ各拳銃一發ヲ發射卽死セシメ逃走セリ

(3) 强盜

其他忠南道管內ニ二箇所及道內安東郡富豪安鍾國方ニ於テ拳銃ヲ擬シ脅迫計二百四十四圓ヲ强奪逃走セリ

(4) 關係者ノ住所氏名

慶北 慶州郡 外東面 鹿洞	主魁 朴尙鎭(三十五年)
忠南 禮山郡 光時面 新興里	金漢鍾(三十五年)
忠南 天安郡 歡城面[成歡面]三龍里	張斗煥(二十五年)
忠南 青陽郡 赤谷面 冠峴里	金敬泰(三十九年)
忠南 天安郡 修身面 卜多會里	庾昌淳(三十八年)
忠南 洪城郡 長谷面 新豐里	鄭泰復(三十一年)
忠南 天安郡 北面 梅松里	百草コト權相錫(五十四年)
忠南 天安郡 歡城面[成歡面] 三龍里	趙鍾哲(二十六年)
忠南 禮山郡 光時面 新興里	金商俊(三十一年)
忠南 青陽郡 飛鳳面 淸水里	黃學性(三十五年)
忠南 天安郡 天安面 星井里	成達水(四十六年)
忠南 禮山郡 光時面 新興里	金在豐(三十年)
忠南 禮山郡 光時面 新興里	金在昶(三十年)
忠南 天安郡 歡城面[成歡面] 三龍里	柳重協(二十八年)
忠南 禮山縣[禮山郡] 光時面 新興里	金在貞(五十七年)
忠南 禮山縣[禮山郡] 光時面 新興里	金元默(二十六年)

忠南 禮山郡 光峙面 新興里	金在哲(四十六年)
忠南 禮山郡 道高面 石堂里	成文永(三十二年)
忠南 靑陽郡赤谷面花山里	奇載璉(四十八年)
忠南 靑陽郡 赤谷面 冠峴里	洪顯周(三十六年)
慶北 安東郡 豊西面 佳谷洞	權準興(三十八年)
慶北 安東郡 豊南面 河回洞	柳時萬(五十六年)
慶北 安東郡 豊西面 佳谷洞	權準羲(七十一年)
慶北 醴泉郡 知保面 知保里	趙鏞弼(五十二年)
慶北 醴泉郡 知保面 新豊里	尹昌夏(三十五年)
慶北 榮州郡 豊基面 東部洞	文奉來(四十九年)
慶北 榮州郡 豊基面 西部洞	蔡敬文(三十七年)
慶北 淸道郡 梅田面 濫幕洞	李延禧(三十八年)
江原道 三涉郡 蘆谷面 下軍川里	金東鎬(四十二年)
忠南 禮山郡 光峙面 新興里	金在仁(三十四年)
忠南 公州郡 反浦面 靈谷里	申泰應(五十四年)
忠南 靑陽郡 赤谷面 分香里	姜順馨(三十九年)
慶北 榮州郡 豊基面 西部里	在夏コト趙龍九(十七年)
忠南 禮山郡 光峙面 新興里	金成默(五十七年)
忠南 禮山郡 新陽面 加支里	李在德(二十九年)
忠南 牙山郡 松岳面 東花里	姜奭周(二十二年)
忠南 禮山郡 光峙面 新興里	金完默(五十年)
忠南 燕岐郡 全義面 邑內里	朴壯濂(二十四年)
忠南 燕岐郡 全義面 邑內里	金暎煥(二十八年)
忠南 天安郡 木川面 三省里	金在浩(四十七年)
忠南 燕岐郡 全義面 東校里	鄭來鵬(三十三年)

忠南 洪城郡 金鳥面 華陽里	安昌洙(三十五年)
忠南 洪城郡 長谷面 道山里	金昌奎(三十九年)
忠南 牙山郡 道高面 柿田里	趙鳳夏(十七年)
忠南 天安郡 東面 竹溪里	李德宰(年齡不詳)
京城府 仁寺洞	

2. 광복회光復會 사건

1917년 10월 이후 안동현·오용배·신의주·평양·김천·경주 등으로부터 경상남북도·충청남도·경성 등의 부호 앞으로 광복회 명의로 된 국권회복 운동자금 제공을 요구하는 불온통고문이 자주 우송되어 와서, 관계도道 경찰부에서 수사 중이었다. 1918년 1월이 되어 충청남도 경찰부에서 관계자를 체포하여 문초한 결과, 도내 칠곡군 부호 장승원張承遠 및 충남 아산군 도고면장의 살해사건도 광복단원이 한 것으로 판명되었다. 이 사건의 주범인 박상진朴尙鎭은 경북 경주군 외동면 염동리, 이전에 규장각奎章閣(지금의 경학원經學院) 부제학이었던 박시규朴時奎의 장남이다. 박상진朴尙鎭은, 몇 대에 걸쳐서 고위관직에 올랐고 덕망이 높은 양반출신이다. 그는 어릴 때부터 큰 뜻을 품고 16세까지 자기 집에서 한문을 배운 후, 본도 선산군 출신으로 당시 참정參政(지금의 내각서기관장)직에 있었던 허위許蔿를 따라 수년 동안 그 훈도를 받았다. 21세가 되어서는 그 문하門下를 물러나 26세까지 경성의 양정의숙養正義塾에 들어가 법률과 경제학을 공부한 후에 판사 등용시험에 급제했던 자이다. 그간 은사 허위許蔿는 일본이 한국을 보호한다고 통감부를 설치한 것에 분개하여 마침내 관직을 던지고 경기도 임진강·강화도 일대에서 의병을 일으켜 당시의 정부를 전복하고 공고한 정부를 수립하려 했으나 목적을 달성하지 못하였다. 마침내 1908년에 그는 체포되어 경성감옥에서 사형의 처분을 받았다. 이에 박상진朴尙鎭은 허위許蔿의 사체를 받아내어 돈독하게 장사를 치른 인물이며, 또한 허위許蔿의 훈도에 의해 우국憂國의 생각이 대단히 심각한 데가 있었다. 그 후 박朴은 시기가 오기를 기다리고 있었던 바, 1917년 음력 6월 채기중蔡基仲(안동출신?)의 방문을 받아 협의를 했다. 그리하여 그는 첫 번째 일로 남조선 부호에게 협박문을 보내어 군자금을 징수하고 만일 응하지 않을 경우에는 사살하고, 그 밖에 충남 직산의 금광을 습격하고 또 중국에 건너가서 통화를 위조하여 사용하다가 점차 정화正貨(진짜 돈)로 바꾼 후 동부 3성省에서 조선인 장정을 훈련하고 군대를 편성하는 한편 조선 내 중요한 곳 100개소에, 1개소 1만 원의 자본으로 겉으로는 잡화상을 개업하여 그 이익을 갖고 국권회복의 자금으로 충당함과 동시에 무기의 구입을 도모하며 일단 유사시 일본이 외국과의 국교를 단절하게 되면 한꺼번에 일어나서 일본에 반항하면 결국 일본은 조선을 포기하게 될 것이라 하고, 우선 광복회라는 비밀결사를 조직하기로 결정하였다. 그렇게 해서, 그는 앞에서 기술한 바와 같이 각지의 부호에게 불온문서를 송부하였다. 또 일찍이 박상진朴尙鎭은 1912년 중국혁명 상황을 시찰하기 위해 중국에 갔을 때 입수한 권총 십수 정(판명된 것과 우이견禹利見 등이 구입한 것을 합치면 11정)을 각 동지에게 나누어주고, 강도·살인용으로 사용케 하였다. 이 사건 관계자의 성명과 주요한 범죄 사실은 아래와 같으며, 1918년 2월 1일 보안법 위반과 살인죄 및 총포화약 단속령 위반으로 송치되었다.

(1) 부호 장승원張承遠 사살

지난날 한국의 국정은 문란하여, 정부는 그 관직을 멋대로 매매하였다. 당시 경북 칠곡군 장승원張承遠은 허위許蔿로부터 20만 원의 시세를 가지는 경상북도 관찰사직을 얻으면서 유사시에는 돈을 내놓기로 약속하였다. 그럼에도 불구하고 장승원張承遠은 관찰사 취임 후 허위許蔿의 말을 받아들이

지 않고 오만한 태도가 심하였다. 그 후 허위許蔿가 죽고 그의 형인 모(이름 불상不詳)가 허위許蔿의 유지遺志를 이어 의병을 일으킬 비용으로 돈을 내놓을 것을 강요했지만, 장張은 이에 응하지 않을 뿐만 아니라 관헌에게 밀고하려고 했다. 또 장승원張承遠은 이왕李王 전하의 토지를 편취騙取한 불충한 자이며, 1916년 음력 5월 하순에는 경북도 왜관에 거주하는 김요현金堯賢의 처 이성녀李性女를 불법으로 구타하여 즉사케 했는데, 다액의 금전을 사용하여 마침내 의사로 하여금 병사病死로 검안檢案하도록 하는 등 비행은 일일이 헤아릴 수 없다하여, 박상진朴尙鎭은 장승원張承遠을 살해해야겠다는 생각을 금할 수 없었다. 그리하여 그는 비력臂力(팔힘)이 특히 뛰어난 권백초權百草를 시켜 그에게 권총 4정을 주어 1916년 음력 6월 하순 및 동년 7월 상순의 두 번에 걸쳐서 장張을 살해하려고 했으나 실패로 끝났다. 그뿐만 아니라 권백초權百草는 휴대한 권총으로 김진우金鎭瑀·정운일鄭雲馹·최병규崔丙圭·김진만金鎭萬·최준명崔俊明과 공모하여, 1916년 음력 8월 초순 대구부내 서우순徐祐淳의 집에 침입하여 강도를 했다. (이때 박상진朴尙鎭은 권총을 그들에게 건네주었다는 죄목으로 징역 6개월에 처해졌다) 해를 넘겨 1917년 11월 초순 박상진朴尙鎭(대구감옥 출감 후)은 채기중蔡基中에게 장승원張承遠을 살해할 일을 명했다. 그리하여 채기중蔡基中·경창순庚昌淳·임봉주林鳳柱·강순필姜順必의 4명이 각각 권총을 휴대하여 그 달 10일 장승원張承遠의 집에 침입하여 권총으로 그를 사살하고, 광복회원이라는 격문을 남기고 도주하였다.

⑵ 면장 살해

김한종金漢鍾·장두환張斗煥은 임봉주林鳳柱·김경태金敬泰에게 충남 아산군 도고면장 박용하朴容夏를 살해할 것을 명하고, 사형선고문 및 권총 각 1정을 주었다. 그리하여 임봉주林鳳柱와 김경태金敬泰는 1918년 1월 24일 오후 7시 박용하朴容夏를 방문하여 사형선고문을 주고, 그가 이것을 다 읽고 나자 각각 권총 1발을 발사하여 즉사케 하고 도주하였다.

(3) 강도

그 밖에 충남도 관내 2개소 및 도내 안동군 부호 안종국安鍾國의 집에서 권총을 들이대고 협박하여 합계 244원을 강탈하고 도주하였다.

(4) 관계자 주소·성명

경북 경주군 외동면 녹동 주괴主魁 박상진朴尙鎭(35세)	충남 예산군 광시면 신흥리 김한종金漢鍾(35세)
충남 천안군 환성면 삼용리 장두환張斗煥(25세)	충남 청양군 적곡면 관현리 김경태金敬泰(39세)
충남 천안군 수신면 복다회리 경창순庚昌淳(38세)	충남 홍성군 장곡면 신풍리 정태복鄭泰復(31세)
충남 천안군 북면 매송리 백초百草 곧 권상석權相錫(54세)	충남 천안군 환성면 삼용리 조종철趙鍾哲(26세)
충남 예산군 광시면 신흥리 김상준金商俊(31세)	충남 청양군 비봉면 청수리 황학성黃學性(35세)
충남 천안군 천안면 성정리 성달수成達水(46세)	충남 예산군 광시면 신흥리 김재풍金在豊(30세)
충남 예산군 광시면 신흥리 김재창金在昶(30세)	충남 천안군 환성면 삼용리 류중협柳重協(28세)
충남 예산군 광시면 신흥리 김재정金在貞(57세)	충남 예산군 광시면 신흥리 김원묵金元默(26세)
충남 예산군 광시면 신흥리 김재철金在哲(46세)	충남 예산군 도고면 석당리 성문영成文永(32세)
충남 청양군 적곡면 화산리 기재련奇載璉(48세)	충남 청양군 적곡면 관현리 홍현주洪顯周(36세)
경북 안동군 풍서면 가곡동 권준흥權準興(38세)	경북 안동군 풍남면 하회동 류시만柳時萬(56세)
경북 안동군 풍서면 가곡동 권준희權準義(71세)	경북 예천군 지보면 지보리 조용필趙鏞弼(52세)
경북 예천군 지보면 신풍리 윤창하尹昌夏(35세)	경북 영주군 풍기면 동부동 문봉래文奉來(49세)
경북 영주군 풍기면 서부동 채경문蔡敬文(37세)	경북 청도군 매전면 온막동 이연희李延禧(38세)
강원도 삼척군 노곡면 하군천리 김동호金東鎬(42세)	충남 예산군 광시면 신흥리 김재인金在仁(34세)
충남 공주군 반포면 영곡리 신태응申泰應(54세)	충남 청양군 적곡면 분향리 강순형姜順馨(39세)

경북 영주군 풍기면 서부리 재하在夏 곧 조용구趙龍九(17세)	충남 예산군 광시면 신흥리 김성묵金成默(57세)
충남 예산군 신양면 가지리 이재덕李在德(29세)	충남 아산군 송악면 동화리 강석주姜奭周(22세)
충남 예산군 광시면 신흥리 김완묵金完默(50세)	충남 연기군 전의면 읍내리 박장희朴壯熙(24세)
충남 연기군 전의면 읍내리 김영환金暎煥(28세)	충남 천안군 목천면 삼성리 김재호金在浩(47세)
충남 연기군 전의면 동교리 정내붕鄭來鵬(33세)	충남 홍성군 금마면 화양리 안창수安昌洙(35세)
충남 홍성군 장곡면 도산리 김창규金昌奎(39세)	충남 아산군 도고면 시전리 조봉하趙鳳夏(17세)
충남 천안군 동면 죽계리 이덕재李德宰(연령 미상)	경성부 인사동 어재하魚在河(25세)
충남 아산군 염치면 방현리 정우풍鄭雨豊(40세)	경북 경주군(이하 미상) 우이견禹利見(연령 미상)
경북 상주군 함창면 이안리 채기중蔡基仲(53세)	경북 상주군 함창면 이안리 권영묵權寧默(연령 미상)
경북 상주군 함창면 이안리 강정만姜正萬(30세)	경북 상주군 함창면 이안리 권중식權重植(27세)
경북 안동군(이하 미상) 권의식權義植(24세)	경북 안동군(이하 미상) 채소몽蔡素夢(40세)
경북 안동군(이하 미상) 정송산鄭松山(54세)	경북 안동군(이하 미상) 강모姜某(연령 미상)
경남 합천군 초계면 중동리 노재성盧在成(28세)	경북 상주군 함창면 이안리 강순필姜順必(35세)
경북 안동군 동후면 도곡리 이종영李鍾韺(40세가량)	경북 문경군 농암면 율수리 신철균申喆均(30세)
경북 풍기군 읍내리 정성산鄭性山(50세)	충남 아산군 송악면 외암리 이각열李珏烈(33세)

15. 籌備團事件

李敏軾ハ舊韓國宮內府主殿院卿ノ要職ニアリシカ併合ニ依リテ失脚シ憤懣極熾烈ナル排日思想ヲ抱持シテ現政ヲ喜ハス張應圭、呂駿鉉、安鍾雲、沈永澤、趙景俊、蘇鎭亨、申奭、李哲求、鄭寅錫、李奎承等ノ同志ト共ニ常ニ國權恢復ノ謀議ヲナシツツアリシカ曩ノ騷擾勃發後上海ニ假政府ノ樹立セラレタルヲ聞クヤ期到レリトナシ之レヲ援助シテ連絡ヲ保持シ以テ復興運動ニ奔走セハ目的ヲ達セムコト疑ナク再ヒ顯要ノ職ニ就クヲ得ヘシト同志ト共ニ運動ニ着手セシカ官憲ノ注視ヲ避クル爲メ安鍾雲ト協議シ京城府黄金町京城新聞社ヲ買收シ表面新聞ノ經營ヲ標榜シ之レヲ根據トシテ一大秘密結社ヲ組織セムト企劃シ之レカ買收資金トシテ李敏軾七千圓安鍾雲五千圓ヲ調達スルコトトセリ其ノ後李ハ京畿道金浦郡李圭東ヲ說キテ七千圓ヲ出資セシメ內五千圓ハ之レヲ同社經營者靑柳南冥ニ交付シ二千圓ハ自己ニ於テ費消シタルカ殘額資金ヲ調達シ得サリシ爲本計劃ハ成功ニ至ラスシテ終レリ

茲ニ於テ彼等ハ更ニ他ノ方法ニ依リ秘密結社ヲ組織セムトセシカ先ツ上海假政府ノ狀況ヲ視察シタル後之レカ方針ヲ定メムトシ大正八年三月下旬連絡ヲ兼ネテ張應圭ヲ派遣スルコトニ決シ再ヒ同志呂駿鉉ハ在上海呂運亨ト親戚關係ヲ有スルヲ以テ同人ノ紹介書ヲ携帶セシメ且旅費三百圓ヲ給シテ出發セシメタリ張ハ鎭南浦ヨリ支那船ニ依リテ上海ニ渡航シ呂運亨徐丙浩等ト會見詳ニ同政府ノ情況ヲ視察シ籌備團規則赤十字規則民國公報、新韓靑年等ノ不穩文書ヲ得大正八年六月上旬歸鮮シタルヲ以テ茲ニ彼等ハ籌備團規則ニ依リテ團體組織ヲ計劃シ同志會合凝議ノ結果沈永澤ヲ司令長ニ安鍾雲ヲ副司令長、李敏軾ヲ參謀長、呂駿鉉ヲ財務部長、張應圭ヲ交通部長ニ選任シタルカ後李敏軾ヲ司令長トシ申奭煥ヲ參謀長ニ新ニ蘇鎭亨ヲ籌備團長ニ選定シ書記其他ハ李敏軾等ニ於テ夫夫任命スルコトトセリ而シテ本團組織ノ經過ヲ上海假政府ニ通報シタルカ彼等ハ更ニ團ノ基礎ヲ鞏固ナラシムル爲資金ノ募集ヲ劃策シ軍政署總司令官等ノ印ヲ彫刻シ活字ヲ購入シテ籌備團長ノ辭令ヲ作製シ之レヲ鄭寅錫ニ交付シテ團長ニ任命シ尙必要アル每ニ不穩ノ文書ヲ作製スルコトトシ活動ヲ繼續シツツアリタリ

先之安鍾雲、李載煥、權寧萬、金在洙、蘇鎭亨、金道洙等ハ安ノ居住セル忠淸南道論山ニ於テ軍資金ヲ募集セムコトヲ計劃シ所在資產家ニ脅迫狀ヲ送リテ畏怖ノ念ヲ起サシメ後之レヲ襲ヒテ資金ノ提供ヲ迫リ或ハ拳銃ヲ以テ威嚇スル等ノ行爲ヲナシ遂

ニ六千餘圓ヲ强奪シタルコトアリ玆ニ彼等ハ同一方法ニ依リ資金ヲ得ムトシ屢屢不逞ノ行動ヲ試ミシモ遂ニ其ノ目的ヲ達セサリシカ折柄張應圭ハ上海假政府公債募集員ヨリ公債證券一萬圓ノ募集方ヲ依囑サレシヲ以テ之レヲ金靄漢(間島獨立軍司令官金佐鎭ノ親戚ニ當ルモノ)其ノ他ノ同志ニ交付シ募集セシメタルモ僅カニ五百圓ヲ得タルノミニテ到底豫期ノ計劃ヲ遂行シ難キヲ以テ更ニ最モ過激ナル方法ニ依ラムトシ爆彈ノ製造入手等ニ苦心奔走中京畿道ニ於テ檢擧シ大正九年十二月二十八日事件ヲ送致セリ

關係者下ノ通リ

記

京城府 蓮建洞 三百十六番地	兩班 下宿屋營業 張應圭(四十九年)
京城府 蓮建洞 三百二十五番地	兩班 下宿屋營業 呂駿鉉(四十五年)
京城府 寬勳洞 百番地	兩班 相信旅館 金靄漢(二十二年)
京城府 嘉會洞 八十三番地	兩班 無職 金畯漠(二十三年)
住所 不定	兩班 無職 金聲鎭(四十年)
京城府 御成町 百十六番地	兩班 無職 安鍾雲(三十七年)
京城府 花洞 百十番地	兩班 無職 申奭煥(四十三年)
京城府 崇一洞 八十六番地	兩班 無職 李奎承(三十八年)
京城府 寬勳洞 七十八番地	兩班 無職 柳章我(三十三年)
京城府 南大門通 五丁目 四十番地	兩班 商業 趙景俊(四十七年)
京城府 平洞 十三番地 李容植方	兩班 學生 李允植(二十二年)
忠淸南道 公州郡 鷄龍面 中北里 二百二十番地	常民 農 李載煥(三十三年)
京畿道 高陽郡 龍仁面 孔德里 十番地	兩班 無職 徐世忠(三十三年)
京城府 禮智洞	兩班 無職 李敏軾(五十五年位)
京城府 需昌洞 一番地	兩班 無職 李觀珪(三十六七年位)

慶北 英陽郡 立岩面 塀玉里	兩班 無職 權寧萬(三十五年)
慶北 慶州郡 以下不詳	禹利見事 金在洙(四十二三年)
忠南 論山郡 論山面 注川里	常民 農 金道洙(五十年位)
忠南 論山郡 誠東面 蓋只里 番地不詳	兩班 無職 蘇鎭亨(三十五年)
京城府 弼雲洞 八十三番地	米穀仲買 金東鎭(三十年)
慶北 安東郡 豐北面 玄厓洞 三百五十八番地	兩班 農 金始顯(三十八年)
忠南 天安郡 北面 梅松里 二十二番地	兩班、元 面長、鄭國鎭事 鄭寅錫(五十年)
京城府 嘉會洞 番地不詳	兩班 無職 李哲求(三十四五年位)
京城府 八判洞 番地不詳	兩班 無職 李相祚(三十年位)
慶南 昌原郡 以下不詳	身分職業不詳 李相萬(年齡不詳)
京畿道 金浦郡 黔丹面 堂下里 三百十一番地	兩班 農 沈永澤(五十年位)
京城府 勸農洞 百八十五番地	常民 無職 金斗燮(四十年)

15. 주비단籌備團 사건

이민식李敏軾은 구舊 한국 궁내부 주전원경主殿院卿의 요직에 있었는데 한일합병에 따라 실각하여 매우 울분에 쌓여 치열한 배일사상을 가지고 현재의 정치를 좋아하지 않았다. 그는 장응규張應圭·여준현呂駿鉉·안종운安鍾雲·심영택沈永澤·조경준趙景俊·소진형蘇鎭亨·신석환申奭煥·이철구李哲求·정인석鄭寅錫·이규승李奎承 등의 동지와 함께 항상 국권회복의 모의를 하고 있었다. 그런데 앞에서 말한 소요(만세운동) 발발 후 상하이에 임시정부가 수립된 것을 듣자 때가 왔다 하여, 임시정부를 돕고 그와 연락을 가지고 부흥운동에 진력하면 목적을 달성하는 것은 틀림없고 또한 다시 현요顯要의 직에도 있게 될 수 있다 하여, 동지와 함께 운동에 착수했다. 그리하여 관헌의 주목을 피하기 위해 안종운安鍾雲과 협의하여 경성부 황금정 경성신문사를 매수하여, 표면은 신문경영을 표방하고 이를 근거로 하여 일대 비밀결사를 조직하려고 기획했다. 그리고 이(신문사)를 매수하는 자금으로 이민식李敏軾이 7000원, 안종운安鍾雲이 5000원을 조달하기로 했다. 그 후 이李는 경기도 김포군의 이규동李圭東을 설득하여 7000원을 출자케 하고, 그중 5000원은 그 신문경영자 아오야기 난메이靑柳南冥에게 주고, 나머지 2000원은 자기가 소비했다. 그러나 모자라는 자금을 조달할 수 없어서, 이 계획은 성공하지 못하고 끝났다.

이에 그들은 다시 다른 방법으로 비밀결사를 조직하려고 했다. 우선 상해임시정부의 상황을 시찰한 다음에 이에 대한 방침을 정하기로 하고, 1919년 3월 하순 연락을 겸해서 장응규張應圭를 파견하기로 결정했다. 또 동지 여준현呂駿鉉은 상하이에 있는 여운형呂運亨과 친척관계에 있으므로 여呂의 소개서를 휴대케 하고 장張에게 여비 300원을 주어 출발하게 하였다. 장張은 진남포에서 중국기선을 타고 상하이로 건너가 여운형呂運亨·서병호徐丙浩 등과 만나 임시정부의 정황을 소상하게 시찰하고, 주비단 규칙·적십자 규칙·민국공보·'신한청년' 등의 불온문서를 얻어 1919년 6월 상순에 조선에 돌아왔다. 이에 그들은 주비단 규칙에 따라 단체조직을 계획하여 동지가 회합하여 숙의한 결과, 심영택沈永澤을 사령장에, 안종운安鍾雲을 부사령장, 이민식李敏軾을 참모장, 여준현呂駿鉉을 재무부장, 장응규張應圭를 교통부장에 선임하였다. 후에, 이민식李敏軾을 사령장으로 하고, 신석환申奭煥을 참모장에, 새로 소진형蘇鎭亨을 주비단장으로 선정하고, 서기·기타는 이민식李敏軾이 임명하기로 하였다. 그리고 이 단체의 조직의 경과를 상해임시정부에 통보하였는데 그들은 다시 그 단체의 기초를 공고히 하기 위해 자금 모집을 획책했다. 이를 위해 군정서軍政署총사령관 등의 인장을 새기고, 활자를 구입하여 주비단장의 사령辭令을 작성해서 이를 정인석鄭寅錫에게 주어 단장에 임명하고, 또 필요할 때 마다 불온문서를 작성하는 것으로 활동을 계속하고 있었다.

이보다 앞서 안종운安鍾雲·이재환李載煥·권영만權寧萬·김재수金在洙·소진형蘇鎭亨·김도수金道洙 등은, 안安이 거주하는 충청남도 논산에서의 군자금 모집을 계획하여 그곳 자산가에게 협박장을 보내 그들이 두려워하는 생각을 일으키게 한 다음, 이들에게 들이닥쳐 자금제공을 강요하거나 권총으로 위협하는 등의 행위를 하여, 마침내 6000여 원을 강탈한 일이 있었다. 이에 그들은 다시 이 같은 방법으로 자금을 더 얻으려고 여러 차례 불령의 행동을 시도했지만, 끝내 그 목적을 달성하지 못했다. 때마침 장응규張應圭는 상해 임시정부 공채모집원으로부터 공채증권 1만 원을 모집하도록 위촉되었으므로, 이를 김양한金靄漢(간도 독립군 사령관 김좌진金佐鎭의 친척이 되는 자)과 그 밖의 동지에게 주어 자금을 모집하게 했다. 그러나 겨우 500원을 마련했을 뿐, 도저히 기대했던 만큼의 계획을 수행하기 어려워 다시 가장 과격한 방법을 사용하려고 하여, 폭탄의 제조·입수 등에 고심하며 동분서주하던 중, 경기도경찰부에서 검거하여 1920년 12월 28일 이 사건을 송치했다.

관계자는 아래와 같다.

기記

경성부 연건동 316번지 양반 하숙업 영업 장응규張應圭(49세)	경성부 연건동 325번지 양반 하숙업 영업 여준현呂駿鉉(45세)
경성부 관훈동 100번지 양반 상신여관 김양한金靄漢(22세)	경성부 가회동 83번지 양반 무직 김준한金畯漢(23세)
주소 부정 양반 무직 김성진金聲鎭(40세)	경성부 어성정 116번지 양반 무직 안종운安鍾雲(37세)
경성부 화동 110번지 양반 무직 신석환申奭煥(43세)	경성부 숭일동 86번지 양반 무직 이규승李奎承(38세)
경성부 관훈동 78번지 양반 무직 류장아柳章我(33세)	경성부 남대문통 5정목 40번지 양반 상업 조경준趙景俊(47세)

경성부 평동 13번지 이용식李容植 집 양반 학생 이윤식李允植(22세)	충남 공주군 계룡면 중장리 220번지 상민 농업 이재환李載煥(33세)
경기도 고양군 용인면 공덕리 10번지 양반 무직 서세충徐世忠(33세)	경성부 예지동 양반 무직 이민식李敏軾(55세가량)
경성부 수창동 1번지 양반 무직 이관규李觀珪(36 · 37세가량)	경북 영양군 입암면 병옥리 양반 무직 권영만權寧萬(35세)
경북 경주군(이하 미상) 우이견禹利見 곧 김재수金在洙(42 · 43세)	충남 논산군 논산면 주천리 상민 농업 김도수金道洙(50세가량)
충남 논산군 성동면 개척리 번지미상 양반 무직 소진형蘇鎭亨(35세)	경성부 필운동 83번지 미곡중매 김동진金東鎭(30세)
경북 안동군 풍북면 현애동 358번지 양반 농업 김시현金始顯(38세)	충남 천안군 북면 매송리 22번지 양반 전 면장 정국진鄭國鎭 곧 정인석鄭寅錫(50세)
경성부 가회동 번지미상 양반 무직 이철구李哲求(34 · 35세가량)	경성부 팔판동 번지미상 양반 무직 이상조李相祚(30세가량)
경남 창원군(이하 미상) 신분 · 직업미상 이상만李相萬(연령 미상)	경기도 김포군 검단면 당하리 311번지 양반 농업 심영택沈永澤(50세가량)
경성부 권농동 185번지 상민 무직 김두섭金斗燮(40세)	

책 끝에 남은 기억을 첨부함

단기 4287, 서기 1955(갑오년이면 1954년이다: 편자 주), 갑오년 11월에 공은 서울에서 가족을 인솔하고, 영남으로 돌아와서 달성군 유가면 유곡에 주거를 정하고, 영남 일대의 동지를 방문하기로 시작하여, 그 길에 불영의 집에서 수일간 유련하면서 하는 이야기를 들으니, 이승만 정권이 들어서고 이 나라를 위한 독립운동자들은 속담에 시주하고 흙 떡을 맞은 격이 되었다더라. 나는 공을 모시고 우리 고향에서 주역을 연구하는 望士 老儒한 분을 방문하니 주객 간 삼 봉이 一面如舊로 되어 서로 친숙한 정분으로 수작하고, 그 자리에 초시역임이란 점책이 있는데, 주인이 손을 위로하여 "그대의 수명 여하를 찾아보자" 하고 수범으로 卦를 찾아내니, "朽果臭鮑, 數至神前. 反被遣責, 鬼驚我門", 그 뜻을 해석하는데, "썩은 과실과 냄새나는 어포로, 자주 귀신 앞에 이르렀다가. 도리어 꾸지람을 입었으니, 귀신이 나의 문에 놀랬더라." 해석이 이렇게 되었는데, 주인은 탄식하기를 "그대의 수명이 좋지 못하구나!" 하였다. 공은 반 한숨 반 웃음으로 대답하기를,

"내가 젊을 때 꿈에 어떤 노인이 현몽하되 '너는 정명이 스물일곱 살이라' 하더니, 내가 스물일곱에 종신징역을 받았고, 그 뒤에 또 현몽하기로 '너는 정명이 육십 살이라' 하더니, 내가 육십 살에 해방을 보고 지금 칠십이 되었으니, 십 년을 더 산 것이라 수명이야 무엇 불만이 있으리." 하고 좌중은 고요한 기분으로 수심이 감돌았다. 그쯤에 나는 이 분위기를 돌리고자 하여 말하기를 "이 점괘에 해석을 잘못하였다."고 하니, 그 말에 주인은 불쾌한 기색으로 책을 내 앞으로 밀어 보내면서 "해석을 다시 하라."고 한다. 나는 책을 받아들고 말하기로 "해석을 사람의 정도에 따라서 할 것이고 책에 있는 그대로 해석해서는 안 된다."하고 해석하기를 " '후과취포'는 오래된

일을 말하는 것인데, 독립운동에 의병운동을 비유하는 것이고, '삭지신전'은 이 나라 정부를 비유하는 것이고, '반피견책'은 이 나라 현 정부가 의병운동을 투기하는 것이고, '귀경아문'은 이 나라 역사가들이 나를 슬퍼할 것이라."하니 두 노인은 드디어 눈물을 머금고 나를 바라보면서 탄식하였다. 이 점괘를 탄식할수록 이렇게 거룩한 운동자들을 괄시하는 이승만 정권이 더욱 괘씸하다. 그 이듬해 乙未(1955년: 편자 주) 2월 중순, 공은 나를 찾아와서 말씀하기를 "나는 일생을 두고 독립운동에 몸을 받쳤으나 그 흔적이 전부 수포로 돌아가고 말았는데, 그를 기록이라도 해서 두었으면 좋겠다고 나의 內眷의 권고가 있기로 그대에게 의논을 하고자 하노라." 나는 그 말씀을 듣고 "좋은 經綸이올시다."하고 그 이튿날부터 공은 지나온 사적을 이야기하고, 나는 기록을 시작하였다. 9일 만에 작은 책자 한 권이 결성되었는데, 책 이름을 『白山旅話(백산 지나온 이야기)』라 하고, 대략 대략 기록하였다. 그때에 나는 여아의 혼사를 정해두고 날짜가 박두하게 되었다. 공은 그 이튿날 집으로 돌아갈 예정을 하였더니, 소관이 결정되었다고 방심을 한 관계인지 공이 그날 밤에 병이 발작되었다. 병은 중풍증이라 증세가 자못 위험하게 되었는데, 우리는 온 가족이 총동원되어 신구약을 물론 하고 모두 사용해 보았다. 5일 만에 겨우 起坐를 하고 本家로 가기로 원한다. 이때 紫陽은 버스 교통이 없었다. 처음에는 인부로 지고 약 10리가량 오다가 화물 트럭을 만나서 무橋까지 와서 버스에 올라왔다. 그때의 트럭 운전사의 동정이 너무 고마웠다. 忠孝洞에서 油谷洞까지 거리가 230리라, 유곡동 앞길에 하차하여 어린 아들을 준다 하고 과자를 십 원어치를 사더라. 나는 그 이튿날 집으로 돌아오면서 "여하간 치료를 잘하시오."하고 돌아와서, 그 후 소식을 기다렸으나 1년이 다 되도록 연락이 없기로 우리 형제가 유곡을 찾아가 본즉, 슬프다! 공은 저 세상으로 떠났고, 빈방에 소조한 장막이 두어 폭 있을 뿐이더라.

나는 그 뒤에 『산남의진유사』를 일출하면서 공의 사적에 대하여 특별한 관심은 두었으나 여기에도 여러 가지 문제가 관계되므로 마음대로 뜻을 이루지 못하고, 다시 생각하니, 공은 전기가 특별히 있어야 될 터인데 먼저에 기록한 『백산여화』는 너무나 기록이 소략할 뿐 아니라, 문화 변천이 이렇게 급전을 하는 이때에 한문 글자가 너무 많은 것이 구애되기로 다시 백산실기를 국문으로 편찬하여 두고, 이 뒤의 기회를 기다림.

서기 1971년 4월 일

세의가 오천 鄭路鎔 근고

비문碑文

산남의진 선봉장 단양 우공지묘

우 씨의 선세 단양인이니 역동 선생의 후라. 증조 弘哲, 조 秉圖라 벼슬하지 않았고, 고 邦熙 武司果요, 비 진양강씨 致龍의 여로 4217 甲申 正月 3日 공을 낳으니, 휘 在龍, 자는 利見, 호는 白山이라. 약관 시 위급한 국세에 강계하여 南營參校로 들어감이 그의 구국심의 첫 발현이라. 마침 산남의장 鄭鏞基 잡히다. 시민의 슬퍼함을 보고, 적의 指使를 받고 관병은 守國의 干城이 못됨을 깨달아, 곧 나가 청송에서 募士하다가 정 공의 出獄 再擧함을 듣고 參盟하니, 그 의기에 느낀 정 공은 서로 형제의 의를 맺고 연습장으로 함에 率伍를 교훈하고 每戰에 先登하더니, 정 공 등이 立巖에서 敗死하니 어느 구국 활동의 첫 꺾임이라. 이에 다시 정 공의 父 都察使 煥直을 받들어 전진하다가, 昌寧 武器庫의 탄약을 습취하려고 일대를 이끌고 화왕산으로 행군 중 도찰사 공이 청하에서 피금하니, 이것이 두 번째 꺾임이요. 대장을 중도탈환하려고 팔공산으로 급거 회군하였으나 때 이미 늦었다. 또 약탄을 구하려고 離陣 중 부하들이 그의 節度에 어기어 붙잡혀 능히 끝까지 主將 所在를 가리키지 않고 차례로 就死하고, 공도 마침내 꺾임이요. 합병 후 특사되자 동지들과 광복회를 조직하여 國外 養兵 國內 募資하다가 제 동지 피체되고, 그는 외국으로 빠졌으니, 그 네 번째 꺾임이라. 기미운동 후 들어와 籌備團을 일으키고 청년 노동자들 단결 궐기케 하여 八域에 종횡무진의 활동을 폈으나 적창의 밀고로 또 무기형을 받았으니, 이것이 다섯 번째 꺾임이라. 세계대전의 태동하던 丁丑(1937년: 편자 주) 囹圄의 십구 년을 치르고 나와 또 동지를 찾아 돌다가, 적이 항복한 乙酉(1945년: 편자 주) 상경하여 광복회의 깃발을 거듭 내걸고, 동지 권영만 등과 회 대표하여 입암 전지에 위령제를 행하고, 敵獄에서 얻은 宿疾로 乙未(1955년: **편자 주**) 3월 3일 沒世하여 달성군 유가면 유곡 옥녀봉 계좌에 묻혔다. 그는 항적 구국의 일생에 백절불굴의 정신을 발휘하였으되, 늘 대표적 지위에 앉지 않고 실천을 주하여, 機敏閃忽한 작전으로 적을 괴롭혔다. 配昌寧曺氏 仲賢의 女로 공의 滯獄 중 先逝하고, 一子 興泰 또 早卒, 一女 崔萬庸에게 嫁하고, 繼配 慶州金氏 熙完의 女로 一女 張實京에게 嫁하고, 二男 大鉉, 三男 相鉉이 있다. 癸卯 三一節 建國功勞賞이 追施되고 본회에서 그 起義 永川의 紀念碑와 鄭公父子, 李韓久 義士 및 公의 墓에 表碣할 새 不佞이 그 家乘과 忠蹟을 약술하고, 이어 노래를 받치노니

비슬의 푸른 뫼 여기 대한의 의기남자 우이견 백산이 누웠네, 의기에서 살았으며 의기로서 싸우기 죽는 날까지, 석 자 더꺼친 흙더미 임의 일곱 자 짧은 몸 묻혔으되, 그 의기는 묻지 못해 긴 무지개처럼, 구만리 창공에 뻗고 억만년 내세에 드리워, 길이길이 이 나라 이 겨레를 지켜나가리.

계묘년 월 일

산남의진기념사업회 건

풍산 柳奭佑 찬

광주 盧在環 서

우재룡 지사에 대한 합당한 평가와 기념사업회 활동의 재도약을 기대하면서

이명식 | 백산우재룡선생기념사업회 회장

백산우재룡선생기념사업회는 지난 2012년 대구 두류공원에 '백산 우재룡 애국지사 공적비'를 건립하면서 '백산 우재룡 지사님은 구한말에서부터 일제강점기를 거쳐 자유당 정부에 이르기까지 생애를 오직 국가와 민족을 위한 삶을 살아 오셨다.'라고 새겼습니다. 또 '우리나라 독립운동사에 길이 남을 위대한 업적을 남기신' 백산 우재룡 지사는 '1963년에 건국훈장 독립장을 추서받으셨고, 유해는 국립 서울 현충원 애국지사 묘역에 안장되었다.'면서 '그의 투철한 애국정신과 희생정신은 후세를 살고 있는 우리들에게 큰 귀감이 되고 있다.'라고 추숭했습니다.

비문은 '우리 모두는 백산 우재룡 지사님의 거룩한 애국 애족정신을 마음에 새겨서 더욱 부강한 대한민국의 건설을 위해서 노력할 수 있기를 바라는 마음 간절하다.'라는 말로 끝맺음을 하였습니다. 7년에 시간이 흐른 지금도 여전히 백산우재룡선생기념사업회는 '우리나라 독립운동사에 길이 남을 위대한 업적을 남기신' 우재룡 지사의 '투철한 애국정신과 희생정신'을 '후세를 살고 있는 우리들'은 '큰 귀감'으로 믿고 있으며, '우리 모두는 백산 우재룡 지사님의 거룩한 애국 애족 정신을 마음에 새겨서 더욱 부강한 대한민국의 건설을 위해서 노력하기를 바라는 마음'으로 살아가고 있다고 시시때때로 다짐하고 있습니다.

그러나 돌이켜 볼 때, 우리의 그러한 숭모와 다짐은 언행일치의 경지에 이르지 못한 채 한낱 말뿐인 차원에 머물렀던 것은 아닌가 진심으로 반성이 되기도 합니다. 공적비를 건립한지 어언 7년이 지났건만 그 이후로는 백산선생을 현창하기 위한 사업을 뚜렷이 펼쳐내지 못했기 때문입니다. 1963년 산남의진기념사업회가 묘비 제막을 하고, 국가보훈처와 독립기념관이 2009년 1월 백산선생을 '이달의 독립운동가'로 선정하여 각종 사업을 진행하면서 서대문형무소역사관에서 '우재룡의 항일독립운동' 주제의 강연회가 개최된 것을 계기로 2009년 이르러 김국주 전 광복회장·문희갑 전 대구시장·김범일 당시 대구시장·이인술 당시 광복회 대구경북지부장 등 대구지역의 뜻있는 인사들이 자발적으로 백산우재룡선생기념사업회를 조직했지만, 공적비 건립을 성사시켜낸 뒤로는 더 이상 괄목할 만한 성과를 이루어내지 못했다 싶은 송구함이 앞서는 까닭입니다.

하지만 오늘에 이르러 드디어 백산선생의 평전을 발간하게 되었으므로 한결 마음이 가벼워지는 듯합니다. 평전 발간은 역사적 의의를 갖춘 한 인물을 청사의 한 페이지에 학문적으로 진입시키는 고도의 인간행위인 바, 『광복회 연구』의 저자 이성우 교수에 의해 평전 「대한광복회 우재룡」이 집필되고 이윽고 발간된 오늘의 쾌거는 애국지사 우재룡 선생을 모자람 없는 역사적 인물로 당당히 옹립하는 거사의 완성이라 할 것입니다. 왜냐하면 조선시대의 선비들이 살아생전 과거에 급제해 백성들을 위한 훌륭한 정치를 펼치고, 사후에는 사당에 모셔지는 것을 꿈꾸며 언행일치와 절제의 생애를 영위한 것과, 동시대 시민들로부터 존경을 받고 훗날의 역사에는 준거인물로 기록될 만한 인물이 지도자로 추대되어야 한다는 현대사회의 당위적 논리는 같은 의미이기 때문입니다.

우리는 이번의 평전 발간이 계기가 되어 업적에 비해 상대적으로 덜 알려진 백산선생의 독립운동이 더욱 합당한 평가를 얻게 되리라 믿습니다. 또한 일반국민들 사이에도 백산선생에 대한 현창의 마음이 좀 더 뜨겁게 솟아나기를 소망합니다. 사계 학자들과 문인·예술가들의 연구와 창작 활동도 평전을 바탕삼아 활발히 펼쳐지기를 바랍니다. 물론 백산우재룡선생기념사업회도 더욱 심기일전하여 재도약하게 되기를 스스로 기대하는 바입니다. 감사합니다.

사회적 삶의 진면목을 배울 수 있는 우재룡 선생의 정신과 생애

문희갑 | 전 대구광역시장

제6차 교육과정의 고등학교 국사 교과서는 '1910년대 항일결사 중에서 가장 활발한 활동을 전개한 단체는 대한광복회였다.'고 기술하고 있다. 1910년대는 망국의 충격과 일제의 무력에 짓눌려 제대로 독립운동을 펼칠 수 없었던 시절이다. 따라서 항일결사의 투쟁은 두드러지게 활발한 모습을 보이지 못했다. 그때 분연히 일어나 담대한 활동을 공개적으로 펼침으로써 온 국민에게 희망을 준 단체가 바로 대한광복회였던 것이다.

교과서의 상찬을 받고 있는 대한광복회의 핵심 인물은 총사령 박상진과 지휘장 우재룡 등이었다. 박상진 선생은 대한광복회 활동이 약 4년 만에 일제에 노출됨으로써 젊은 나이에 순국하고 만다. 우리 국민은 이 점을 지금도 안타까워하고 애통히 여긴다. 그래서 그의 고향 울산에 조성되어 있는 '박상진 호수'와 그 아래 생가는 늘 찾아와 추념하는 사람들이 많다.

대한광복회와 관련하여 또 한 가지 안타까운 일은, 행정구역상으로는 경상남도이지만 생활권역으로는 대구 영역인 창녕에서 출생하여 대구에서 거주한 바 있는 지휘장 백산 우재룡 선생에 대한 후대의 숭모가 취약하다는 점이다. 두류공원에 '백산 우재룡 애국지사 공적비'와 흉상이 건립되어 있지만 그 정도로는 예우가 못 된다. 1915년에 대한광복회가 창립된 달성공원에 아무런 조형물도 기념공간도 마련되어 있지 않다는 점은 그 상징이다.

박상진 총사령, 충청도 지부장 김한종, 경상도 지부장 채기중 등이 대구형무소와 서대문형무소에서 순국한 이래 우재룡은 대한광복회를 재건하기 위해 갖은 노력을 다했다. 당시는 상해에 대한민국임시정부가 수립된 직후였으므로 우재룡은 임정과 연관하여 조직적으로 독립운동을 펼치기 위해 주비단을 조직했다. 그러는 한편 충청도 일원에서 독립운동 자금 모금운동도 활발하게 재개했다. 하지만 평생의 동지 권영만이 체포된 1921년에 이르러 우재룡도 결국 피체됨으로써 대한광복회의 활동은 마침내 막을 내린다. 사형을 구형받은 우재룡은 그후 무기징역으로 감형되어 16년에 걸치는 옥살이를 하게 된다.

우재룡의 옥살이는 이번이 처음이 아니다. 그는 18세에 구국일념으로 진위대에 입대했다가 나라가 망국의 위기로 빠져드는 것을 보고 탈영하여 산남의진의 선봉장이 된다. 그는 영천, 청하, 팔공산 등지에서 왜적을 무찌르지만 끝내 잡혀 무기징역을 선고받는다.

그가 감옥에서 나온 때는 나라가 일제에 송두리째 넘어간 직후이다. 투옥된 지 2년 만에 일제는 그를 석방한다. 이른바 '한일합방 특사'이다. 그는 나라가 망한 괴로움과 구하지 못했다는 죄책감으로 한동안 은신한다. 이때 그의 높은 이름을 듣고 조선국권회복단 단원 박상진이 찾아온다. 우재룡은 계몽운동 차원에 멈춘 조선국권회복단의 투쟁 노선으로는 조국 독립을 되찾을 수 없다고 생각하는 박상진과 의기투합한다. 경북 영주 풍기에서 광복단을 조직하여 활동 중이던 채기중 등의 의사들도 힘을 합친다. 그리하여 1915년 8월 25일 대구 달성공원에서 대한광복회가 창립되었다.

백산 우재룡은 길림에서 대한광복회 만주 사령부를 조직한 때를 위시해 임시정부와 연결활동을 하기 위해 주비단을 결성한 때, 그리고 해방 이후 대한광복회를 재건할 때에 이르기까지 단 한 번도 대표를 자임하지 않았다. 실질적 지도자였지만 늘 이름을 묻고 몸소 실천하는 일에만 전념했다. 그렇게 평생을 독립운동에 바쳤고, 사형과 무기징역을 언도받았고, 18년을 감옥에서 보냈던 우재룡 선생! 1945년 8월 15일 꿈에도 그리던 광복을 맞이한다.

그는 이제 해방된 조국의 하늘 아래에서 대한광복회 재건에 나선다. 새 나라의 건설과 발전에 힘을 보태려는 마음이었다. 그러나 친일파들을 요직에 앉힌 미군정은 독립운동가들의 조직 결성을 불허한다. 사정은 이승만 정권 때에도 마찬가지였다. 권세를 잡은 친일파들은 백범 김구 암살 이후 줄기차게 독립운동가들을 탄압했다. 천하의 독립운동가 우재룡도 가족과 함께 살지 못하고 산에 숨어 살고 외딴 곳에 남몰래 거주했다. 이 무슨 불가사의한 일인가? 독립운동가가 해방된 조국에서 암살의 위협을 느껴 도피 생활을 하다니! 그러나 사실이다. 우리는 이제부터라도 그렇게 왜곡되었던 역사를 바로잡아야 한다.

백산 우재룡의 독립운동 전모를 두루 살핀 평전이 출간을 앞두고 있다. 선생의 외로운 아들 대현이 원고를 건네며 헌사를 부탁한다. 내게 그럴 자격이 있나 한편으로 의심되지만 그래도 너무나 영광된 일이라 잠깐의 망설임 끝에 붓을 들었다.

바라는 바는 오직 이 평전이 선생의 정신과 생애와 업적을 더 널리 선양하는 데에 큰 도움이 되었으면 하는 소망뿐이다. 나의 보잘 것 없는 이 헌사도 그에 조금이라도 보탬이 되었으면 한다. 그리하여 이 책의 독자들만이 아니라, 나아가 온 국민이 백산 우재룡을 한결같이 기억하게 되는 날이 어서 오기를 갈망한다.

불굴의 애국자 백산 우재룡 선생의 독립운동정신을 기리며

김능진 | 제9대 독립기념관장

백산 우재룡 선생의 독립운동을 기리는 책의 발간을 축하드리며, 이러한 귀한 책자가 세상에 나와서 백산 선생의 훌륭한 삶과 정신을 많은 이들이 알 수 있게 된 데 대하여 기쁘게 생각합니다. 아울러 이러한 귀한 일을 도모하여 좋은 결실을 맺기 까지 힘써 오신 백산우재룡선생기념사업회 이명식 회장님, 그리고 이 책과 관계되는 여러 분들의 노고에 대하여 깊은 감사의 말씀과 축하의 말씀을 드립니다.

제가 이 짧은 글을 통하여 먼저 이렇게 찬사의 말씀부터 드리는 이유는 이러합니다. 솔직히 고백하건데, 개인적으론 창피한 일입니다만 저는 백산 우재룡 선생에 대하여 아는 바가 없었습니다. 고향이 대구인 저에게 고향의 대선배이시기도 하고 또한 우리 고향을 중심 무대로 하여 크고 긴 독립운동을 펼치신 어른에 대해 그 동안 모르고 지났다는 사실은 너무 송구스런 일입니다. 더구나 저는 우리 민족의 독립운동정신을 널리 알리고 높여야 할 임무를 수행했던 독립기념관의 책임자였던 사람이었기 때문에 그 죄송함은 더욱 컸습니다. 제가 이 책의 내용을 읽고 백산 선생의 삶에 대해 느끼는 감사와 존경, 그리고 안타까움은 그래서 더욱 크고 진할 수 밖에 없다고 할 수 있겠습니다.

그러나 저뿐 아니라 다른 분들도 백산 선생의 치열한 삶과 희생에 대하여 잘 알고 있는 이가 많지 않은 것 같아서 그 점은 매우 섭섭하게 생각합니다.

이 책의 발간이 보다 많은 이들에게 백산 선생의 정신과 위대한 조국사랑을 알리는 계기가 되었으면 좋겠습니다. 맹렬한 독립운동으로 여러 번 체포되어 사형 등의 중형을 구형받고, 두 차례나 무기징역을 선고 받은 끝에 18년간이나 옥고를 치른 대한광복회 지휘장 백산 우재룡 선생을 아는 우리 국민이 많지 않다면 그것은 너무나 안타깝고 잘못된 일일 것입니다. 특히 대구 시민의 경우, 우리가 늘 친근하게 생각하고 어릴 적부터 가까이 놀던 달성공원에서 대한광복회라는 전국 규모의 독립운동단체가 결성되었고, 그 중심에 백산 선생이 있었으며, 그 단체가 그 후에 3.1운동과 의열단 창립의 밑거름이 되었다는 역사적 사실은 반드시 기억해야 할 일이 아닐까요?

백산 선생은 2009년 정부에 의해서 이달의 독립운동가로 선정이 되신 바 있고, 서대문형무소역사관에서 백산 선생의 독립운동을 주제로 하는 강연회도 열린 바 있습니다. 정부 선정 이달의 독립운동가는 저도 선정심사위원으로 참여해 본 경험이 있어서 잘 알지만 전 생애를 통틀어 단 한 점의 부끄럼도 없는 분들만이 받을 수 있는 이 나라 최고의 영광스런 자리입니다. 십여 명의 전문가들이 토론하면서 조금만 이상한 점이 발견되더라도 선정이 되지 않는 어려운 심사를 거쳐야 합니다. 그러므로 이달의 독립운동가로 선정된 이 한 가지 사실만으로도 백산 선생을 우리가 자랑할 수 있는 충분한 이유가 될 것입니다.

그러나 그뿐 아니라 선생께서는 후손들이 우러러 볼 수 있는 수많은 행적들을 남기셨습니다. 왜적들의 소굴이 된 조국을 무사히 탈출하여 행동이 자유스런 만주로 가셨음에도 불구하고 다시 독립투쟁을 위하여 굳이 위험한 사지인 조국 땅으로 돌아오신 점, 일제의 재판 과정에서도 당당하게 자신이 모든 투쟁 사실들의 책임자라고 주장한 점, 또 굳이 그럴 필요가 전혀 없었는데도 다른 독립운동가들의 몫까지 자신이 뒤집어쓰려고 하셨던 점 등은 너무도 자랑스러운 영웅의 모습이었습니다. 재판 과정의 기록에서 나타난 백산 선생의 말씀 중에 제가 무릎을 치며 감탄했던 말씀에는 이런 내용도 있습니다. 판사가 '무력으로 일본의 통치를 벗어나는 일이 가능한 일이라고 생각하는가?' 라는 질문을 했을 때 선생께서 답변하기를 '가능한가 불가능한가 그것에 대해서는 생각한 바 없다. 조선인으로서 국권을 도모하는 것은 의무라고 생각한다.' 이러한 대답이야말로 참으로 당당한 태도이고 또한 끝을 알 수 없는 애국심의 표현이라고 생각합니다.

우리는 존경할만한 수많은 독립운동가들을 역사 속에 모시고 있습니다. 그 어른들 중에는 전 민족이 그 성함을 다 알고 있을 정도로 국민들께 잘 알려진 분들도 많습니다. 그러나 백산 우재룡 선생의 삶과 정신을 살펴보면 그 어느 유명한 분 못지않게 백산 선생께서도 엄청난 분이었던 것을 발견하게 됩니다. 그는 우리나라 전체 독립운동사에서도 그 유례를 찾아보기 어려울 정도도 치열하고 끈질기며 당당하게 투쟁했고, 평생을 조국에 대한 사랑으로 헌신한 분이셨습니다. 따라서 우리는 그 분 앞에 특별한 존경을 표해드리지 않을 수 없습니다.

다시 한 번 백산 우재룡 선생을 기리는 책자의 발간을 축하드리며, 특별히 모든 어려움을 극복하고 자수성가하여 선친의 정신과 삶을 기리고자 애쓰는 백산 선생의 자랑스러운 아드님 우대현 회장의 노고에 감사드립니다. 그리고 혼자 몸으로 우대현 회장을 훌륭하게 교육하여 오늘이 있게 만드신 우대현 회장의 어머님 김소전 여사님께도 극진한 인사의 말씀을 올립니다. 어머님, 참으로 훌륭한 삶을 사셨습니다! 위대한 대한의 어머님이십니다!

통일 조국에서는 나라의 주역으로 온당히 대우받으시기를!

김부겸 | 전 행정안전부 장관

백산 우재룡 선생! 1910년대 암울하던 망국 초기에 박상진 · 권영만 · 김재열 · 이시영 · 홍주일 · 김진만 등 독립지사들과 함께 대한광복회를 결성, 조국 독립을 위해 생애를 바치셨던 애국자이시다. 국운이 기울어가는 것을 보고 18세 어린 나이에 대한제국 군대에 자원 입대했고, 그 후 한국군이 강제 해산당하자 스스로 산남의진을 찾아가 의병 장수가 되어 일제와 전쟁을 치르셨다.

백산은 의병대장 정환직 · 정용기 부자가 순국한 뒤 산남의진이 해산되었을 때에도 귀가하지 않고 잔여 의병군을 지휘하여 팔공산에서 계속 일본군과 싸웠다. 결국 중과부족으로 일제에 체포되어 무기징역형을 언도받고 투옥되는데, 이때 선생의 나이 25세였다.

이른바 '합방 특사'로 풀려난 뒤에도 백산은 안락하게 살아가는 삶을 뿌리치고 29세 때 다시 독립운동에 투신한다. 정점은 박상진 등과 의기투합하여 대한광복회를 결성한 일이다. 지휘장을 맡은 그는 일본의 현금 수송 우편마차를 습격하는 등 목숨을 건 활동으로 독립군 군자금 마련 투쟁에 앞장섰고, 만주에 대한광복회 지부를 세워 이석대 · 김좌진을 지부장으로 임명하였으며, 이름 난 악질 친일파들을 처단하는 일도 지휘하였다.

활동이 일제에 노출되면서 총사령 박상진, 경상도 지부장 채기중, 충청도 지부장 김한종 등 대한광복회 지휘부 대부분이 체포되어 순국의 길을 걷게 된 1918년, 잠시 만주로 탈출했던 백산 선생은 이듬해인 1919년 다시 국내로 돌아온다. 구한말 산남의진 투쟁 때와 마찬가지로 백산의 독립정신은 끝이 없다. 그는 대한광복회 재건을 위해 갖은 노력을 기울이지만 끝내 1921년 전북 군산에서 체포된다. 일제 검찰은 그에게 사형을 구형한다. 선고가 무기징역으로 끝나 다시 기나긴 투옥 생활에 들어간다. 38세인 백산으로서는 두 번째 무기징역의 시작이었다.

16년을 일제 감옥에서 지낸 백산은 54세가 되어서야 풀려난다. 그 동안 아내는 세상을 떠나고 없었고, 딸과 아들도 이내 폐결핵으로 사망하고 만다. 평생을 바쳐 독립운동에 헌신한 그에게 하늘은 어찌 이다지도 무정하단 말인가!

그 이후 백산은 전국을 순회하면서 사람들의 의기를 북돋우는 일을 하게 된다. 그 과정에서 어떤 아가씨의 구애를 받게 되고, 고령을 이유로 거절하지만 끝내 재혼하게 된다. 백산은 해방 이후에도 줄곧 대한광복회 재건운동을 하지만 미군정과 친일파가 준동하는 당시 정부는 그의 활동을 허락하지 않았다.

아, 가장 가슴 아픈 일은 그가 해방 이후 숨어다니며 생활했다는 사실이다. 해방된 조국에서 어찌 쟁쟁한 독립지사가 도피 생활을 한단 말인가! 대한광복회에 의해 처단된 친일파의 자손이 정치권력의 핵심자리에 있으면서 그에게 보복을 시도했다는 풍문이다. 그 권력자가 사망한 이후 우재룡은 세상에 나오지만 이미 남은 시간이 별로 없었다.

백산은 살아생전 자녀에게 '아직 독립이 되지 않았다. 통일이 되어야 비로소 진정한 독립이다.'라고 말씀하셨다. 어서 통일이 되어 백산 선생과 같은 분이 저 세상에서라도 '우리가 회복하려던 조국이 드디어 온전한 모습을 찾았구나!' 하며 기뻐하시기를 간절히 소망한다. 그때 비로소 이 나라의 주역으로서 온당한 대접을 받으시기를….

찾아보기

[지역 · 단체편]

저자소개

이성우(李成雨)

충남대학교 국사학과 졸업
충남대학교 대학원 국사학과 졸업(문학석사)
충남대학교 대학원 사학과 졸업(문학박사)
공주교육대학교 사회과교육과 겸임교수 역임
충남대학교 충청문화연구소 전임연구교수 역임
한국근현대사학회 조직이사(현재)
충남대학교 충청문화연구소 연구원(현재)

주요논저

「1910년대 경북지역 독립의군부의 조직과 민단조합」(2018)
「일연 신현상의 독립운동과 호서은행 사건」(2018)
「경북지역 의병참여자들의 의병전쟁 이후의 활동」(2018)
「창려 장진홍의 생애와 조선은행 대구지점 폭파의거」(2017)
「심암 김지수의 사상과 자결순국」(2015)
「광복회 연구쟁점과 관련자료의 성격」(2015)
「1910년대 독립의군부의 조직과 활동」(2014)
「이학순 이내수 부자의 민족운동」(2014) 외 다수.